تجربة
حزب العدالة والتنمية في الحكم

AF729208

تجربة
حزب العدالة والتنمية في الحكم

تحرير
برهان الدين ضوران
علي أصلان - رمضان يلدرم

دار جامعة حمد بن خليفة للنشر
HAMAD BIN KHALIFA UNIVERSITY PRESS

الطبعة العربية الثانية عام ٢٠١٨

دار جامعة حمد بن خليفة للنشر
صندوق بريد ٥٨٢٥
الدوحة، دولة قطر

www.hbkupress.com

نشر هذا الكتاب بالتعاوين بما بين دار جامعة حمد بن خليفة للنشر و مركز الدراسات السياسية والإقتصادية والإجتماعية

حقوق النشر © SET Vakfı Iktisadi ISletmesi 2018
الحقوق الفكرية للمؤلف محفوظة.

جميع الحقوق محفوظة.
لا يجوز استخدام أو إعادة طباعة أي جزء من هذا الكتاب بأي طريقة بدون الحصول على الموافقة الخطية من الناشر باستثناء في حالة الاقتباسات المختصرة التي تتجسد في الدراسات النقدية أو المراجعات.

الترقيم الدولي: ٩٧٨٩٩٢٧١٢٩٧٢٨

تمت الطباعة في الدوحة-قطر.

مكتبة قطر الوطنية بيانات الفهرسة- أثناء- النشر (فان)

تجربة حزب العدالة والتنمية في الحكم / تحرير برهان الدين ضوران، عبي أصلان، رمضان يلدرم. – الطبعة العربية الثانية.
الدوحة: دار جامعة حمد بن خليفة للنشر، 2018.

صفحة؛ سم

تدمك: 978-9927-911-72-8

1.حزب العدالة والتنمية (تركيا). 2. تركيا -- السياسة والحكومة – القرن 21. ب. ضوران، برهان الدين، محرر، أصلان، علي، محرر، يلدرم، رمضان، محرر. ج. العنوان.

DR603.T35 2018

956.103– dc23

20182711126x

الفهرس

كلمة التحرير

شهدت الدولة التركية الحديثة منذ تأسيسها الكثير من التحولات ولكن مع قدوم حزب العدالة والتنمية إلى الحكم في عام ٢٠٠٢ استطاع أن يقود المشهد السياسي والاقتصادي والاجتماعي في تركيا بطريقة مميزة ونموذجية وقد عايش الحزب في هذا الطريق الكثير من العوائق والصعوبات التي هددت حتى بقاءه في سدة الحكم كان آخرها محاولة انقلابية فاشلة في ١٥ تموز ٢٠١٦، ومع مرور ١٥ عاما على وجوده في الحكم فإن حزب العدالة والتنمية قدم نماذج عدة وراكم خبرات وقاد تحولات في كافة المجالات ولهذا فقد كان من المهم تقييم تجربة الحزب خلال ١٥ عاما والاطلاع على دوره ونضاله والعقبات التي واجهته والكيفية التي تعامل بها معها.

ويقدم الكتاب الذي بين أيدينا للقاريء العربي إطلالة تقيمية شاملة على تجربة حزب العدالة والتنمية في مجالات السياسة والاقتصاد والاجتماع من خلال مساهمات نخبوية أكاديمية وسياسية متابعة للتجربة عن كثب ومعايشة للواقع الذي يعمل فيه حزب العدالة والتنمية.

يبدأ الكتاب بمساهمة قيمة من البرفسور برهان الدين ضوران بعنوان «شيفرات التحول الأيديولوجي لحزب العدالة والتنمية» يتناول فيها ماهية أيديولوجية الحزب وخطابات الهوية

والمراجـع الأيديولوجيـة التي لجأ إليها حزب العدالـة والتنمية من أجل تشـكيل السياسـات التي أراد تطبيقها عند إحـداث التحولات فـي تركية، آخذين بالحسـبان التحولات التـي حصلت في الخطاب الأيديولوجي من حيث عاملي الاسـتدامة والتغيير، بفعل السياسات المتغيرة في سـياق حقائـق الظروف الإقليميـة والدولية.

يـدور هـذ المقـال حـول موضـوعٍ أساسـي، وهـو أن حـزب العدالـة والتنميـة طـرح ثلاثـة خطابـاتٍ متصلةً ببعضهـا دون أن يتخلـى عن أي منهـا واضعاً بعيـن الاعتبار الاحتياجـات الظرفية وهـي: الديموقراطيـة المحافظَـة، وحضارتنـا، والتحـول إلـى ما هـو محلـي ووطنـي. ويمكـن القـول إن الخطابـات الثلاثـة هـذه تسـتند إلـى صورة زعيـم قـوي وبراغماتي قـادرٍ على الـرد على التحديـات التي ظهـرت خلال فترة حكـم حزب العدالـة والتنمية علـى مدى خمسـة عشـر عاماً حيث يشـير التحـول الأيديولوجي لحـزب العدالـة والتنميـة كما يقـول الكاتب إلى ثلاث محاسـبات هامـة مع «الماضـي» و«الحاضـر». ويمكـن تعداد المحاسـبة مع الماضي علـى النحـو التالي:

١- حركـة ملّـي غـوروش (الفكـر الوطنـي) الـذي انحـدر منها القسـم الأعظـم مـن مؤسسـي الحزب.

٢- الكمالية التي شكلت عهد الجمهورية.

٣- النظـام الإقليمـي الذي تشـكل بعد الحـرب العالمية الأولى، والـذي خضع لتحولات كبيـرة إبان الثورات العربية والمحاسـبة مع الحاضـر تتجلـى في مواجهة الفوضى التي عمت الشـرق الأوسـط بعـد الثـورات العربية، والقوى العظمى التي تسـعى لرسـم تصميم

جديد للمنطقة، وصراعات القوى الإقليمية.

ويمكن أن نضيف إلى هذه المواجهة، مواجهة حزب العدالة والتنمية مع أداء حكوماته، من باب الإشارة إلى محاولة انقلاب ١٥ تموز.

وفي المساهمة الثانية في الكتاب يقف السياسي وأحد القائمين على حملات حزب العدالة والتنمية الانتخابية منذ عدة سنوات والناطق باسم الحزب ماهر أونال على خطوات التحول الديمقراطي في عهد العدالة والتنمية حيثبيّن حزب العدالة والتنمية أن التصوّر التركي للمدنية يعتمد على مبدأ «أَحْيِ الإنسانَ تَحْيَ الدَّولةُ»، وأكّد أن الأولوية دومًا هي أن يحيا الأَفراد والشرائح المختلفة في المجتمع حياة حرة في أجواء الديمقراطية التعددية الحرة. وكشف حزب العدالة والتنمية بذلك أن أحد أسباب وجوده هو إغلاق الثغرة الديمقراطية في تركيا. ومن أجل تعزيز الديمقراطية المتقدمة جعل إنشاء مؤسسة سياسية قوية، ومجتمع مدني قويّ، ودستور جديد، ونظام قضاء ديموقراطيّ موثوق به، ومواطن وإدارة سياسية منتجة- هدفًا له، وفي نهاية كل ذلك جعل الوصول إلى نظامٍ اجتماعيٍّ ديموقراطي حرٍّ هدفًا له.

وقد تناول النائب بولنت توران موضوع الصراع مع نظام الوصاية الذي تشكل من تحالف العسكر والنخبة المثقفة التي لم تتخلف لحظةً عن التدخل في السياسة عندما

تعتقد أن تجاوزًا ما حدث «للخط الذي حددته». ولم تكن مذكرة ٢٧ نيسان ٢٠٠٧، ومحاولة ١٥ تموز ٢٠١٦ الانقلابية إلا تحدّيًا لهذا الصراع الذي يقوده حزب العدالة والتنمية.

وفي كلتا المبادرتين، جعل الحزب نفسه متحدّثًا باسم الإرادة الوطنية، وبيّن أنّه لا يوجد مخرج آخر إلا النظام الديمقراطي. ومن خلال نزول الجماهير إلى الشوارع ليلة ١٥ تموز، وتقديمها الشهداء والجرحى، بيّنت أن تركيا لن تُدَار بنظام الوصاية، وأن الشعب هو صاحب القرار بعد اليوم. وقد تعزّز التمثيل السياسي للجماهير من خلال التعديلات الدستورية التي تحقّقت في ١٦ نيسان ٢٠١٧، وتحوّل موقع رئاسة الجمهورية من مقام الوصاية التي اصطُبِغ بها إلى مقام التمثيل السياسي. وبهذا الشكل فازت الديمقراطية لمصلحتها بمكاسب كبيرة في الصراع المستمر منذ عهد الحداثة. وفي هذا الصدد، ستتضمن قوانين التوافق ذات الصلة بالنظام الرئاسي التي سيتمّ تشريعها الإجراءات التي تضيق الخناق على آليات الوصاية.

وتشكل الدعاوى القضائية ذات الصلة بمحاولة تنظيم غولن الإرهابي الانقلابية في ١٥ تموز ٢٠١٦ التي صدر الحكم فيها والمستمرّة- أحد المعالم المهمّة في الصراع ضدّ الوصاية إلى جانب غاية تحقيق العدالة فيها.

وفي مساهمة من الأكاديمي والقيادي في حزب العدالة والتنمية البرفسور ياسين أقطاي تطرق أقطاي فيها إلى مفهومي العدالة والتنمية واللذين استخدمهما الحزب شعارا

لانطلاقته وكيف عمل الحزب على الإصلاح في هذين المجالين ويقول أقطاي أن السياسة أصبحت أكثر عبئاً نتيجة الأداء الذي قدمه حزب العدالة والتنمية في مجالي العدالة والتنمية خلال فترة الخمس عشرة سنة. ويجدر الإشارة هنا إلى أهمية العقلية والإرادة اللازمة للتنمية وتحقيق الإنجازات والتي لا تقل أهمية عن التنمية نفسها. فالبرامج التي يمكن تطبيقها لتحقيق التنمية في كل دولة تقريباً واضحة. وليس من الصعب بمكان وضع مسودات برامج نظرياً على الورق في حال تطبيقها ستحقق التنمية والتقدم للبلد. لكن المسألة الحقيقية تكمن في السياسة أو بالأحرى السياسيين وما سيظهرونه من إرادة ونضال شاق في تحمل مسؤولية تطبيق هذه البرامج على أرض الواقع.. فالتاريخ لم يشهد أي حركة أو سياسة تصحيح أرادت التغيير ولم تواجه بمقاومة كبيرة.

ومن أهم القضايا التي طرحتها هذه المساهمة هي المعارضة الذاتية حيث ابتكر حزب العدالة معارضة ذاتية من داخله لتقييم أدائه وتحسينه في ظل عدم قدرة المعارضة على لعب هذا الدور وأن حزب العدالة قد انتقل إلى الحكم بعد مرور أشهر قليلة على تأسيسه.

ويصحبنا الباحث والأكاديمي علي أصلان في مساهمة حول السياسة المحلية والوطنية التي اكتسبتها السياسة التركية في عهد حزب العدالة والتنمية حيث يشير إلى أن السياسة المحلية والوطنية ليست مجرد مشروع مجتمعي سياسي محدد، من نتاج حزب العدالة والتنمية، بل هي عملية تحوّل مؤسساتي ديمقراطي في السياسة التركية أيضًا. والسياسة المحلية والوطنية من ثَمّ

تُعدُ مضمونًا سياسيًّا ونمطًا سياسيًّا في آن واحد. فالتحوّل المؤسساتي للسياسة المحلية والوطنية يقترح سياسة تغيب فيها حقول المناورة بالنسبة للقوى الخارجية واللاعبين المحليين المرتبطين بتلك القوى. وفي الحقيقة ليس من المستغرب أنه كلّما تجذّر النظام الديمقراطي في البلاد؛ انحسر دور الفاعل الأوليغاركي بوجهَيه السياسي وغير السياسي، وضعف النفوذ الغربي. فهناك علاقة عضوية بين الاستقلال على الصعيد الدولي، والتحوّل الديمقراطي على الصعيد السياسي، والمساواة الاجتماعية على الصعيد المجتمعي في تركيا. وما يجب فعله من أجل الديمقراطية في الفترة المقبلة هو حماية أرضية السياسة المحلية والوطنية، وتحقيق تماسك هذه الأرضية ومتانتها، من خلال توسيع القيم الأخلاقية السياسية المشتركة.

ويسلط الأكاديميان يوسف أوزكير ورمضان أكّير الضوء على موضوع مهم وهو العلاقات المدنية العسكرية في عهد حزب العدالة والتنمية حيث تم تقسيم فترة الـ ١٥ عامًا بشكل أساسي من خلال تحديد الأحداث الرئيسة التي أثّرت في العلاقات، والإصلاحات التي أدّت إلى تراجع الوصاية العسكرية، وبهذا تنقسم المدة إلى ٣ فترات، هي: فترة الصراع السلبي، وتبدأ هذه الفترة من ٣ نوفمبر ٢٠٠٢ حتى ٢٧ أبريل ٢٠٠٧، وفترة الصراع النشط، وتبدأ من ٢٧ نيسان ٢٠٠٧ حتى عملية ١٧-٢٥ ديسمبر ٢٠١٣، وفترة إنشاء التوازن الديمقراطي، وقد بدأت في ديسمبر ٢٠١٣ ولم تنته بعد. وقد كانت أهمّ سمة أساسية في المراحل الثلاث هو عدم تراجع حزب العدالة والتنمية بقيادة أردوغان بأيّ شكل من الأشكال عن نهجه المتمثل في إضفاء الطابع

الديمقراطي على الجيش.

وبينما كانت الديناميات الداخلية لكل مرحلة مختلفة، فقد كانت الدينامية الرئيسة التي حدّدت نهج حزب العدالة والتنمية هي المضي في اتجاه الديمقراطية، وكان حزب العدالة والتنمية مستعدًّا لاستخدام القوة الشرعية للحكم الذي أعطاه إياه الشعب حتى النهاية ولذلك فقد جرت عدة محاولات للهيمنة على حزب العدالة والتنمية من قبل المجلس العسكري وكان هدفًا لأجهزة الدولة الأخرى التي كانت تمثل امتداداً للعسكر.

لذلك عند مناقشة قضية العلاقات المدنية العسكرية في تركيا فإن الفصل بين الحديث عن العلاقة قبل حزب العدالة والتنمية وبعد حزب العدالة والتنمية بعد النموذج هو نهج صحيح؛ لأن مناخ الفترة التي بدأ حزب العدالة والتنمية فيها حكم البلاد كانت السياسة خاضعة تمامًا للبيروقراطية العسكرية، وكان يُذكَر بعد انقلاب ٢٨ فبراير عام ١٩٩٧ أنّ هذا الوضع سيستمرّ ألف عام.

ورغم تعّرضه لانقلاب دموي لم يتراجع حزب العدالة بقيادة أردوغان عن جهوده في إبعاد العسكر عن الحياة المدنية.

ونتيجة لترتيبات مختلفة نحو تقوية الديمقراطية أصبح وضع الجيش أقوى في مواجهة التحديات الخارجية، كما أن تركيا حققت نجاحًا في كفاحها لفيروس العقلية الانقلابية داخل أوساط الجيش.

أما فيما يتعلق بالسياسة الخارجية فإن البروفيسور محي الدين أتامان قد قام بعرض وتقييم مميز لتفسير توجهات السياسة الخارجية التركية في عهد حزب العدالة والتنمية بقيادة رجب طيب أردوغان من خلال دور القيادة السياسية وهوية الدولة التي حددتها هذه القيادة، وتزايد أدوار الفاعلين من غير الدول العابرين للحدود، والتطورات التي تحدث في السياق الإقليمي، وقد أثرت هذه الجوانب الثلاثة في سلوك السياسة الخارجية التركية، كما أنها أثرت في بعضها بعضًا، ووفقًا لهذا وفي ظل حكومة حزب العدالة والتنمية وتماشيًا مع الهوية الجديدة للقيادة السياسية الجديدة أُعيدت هيكلة السياسة الخارجية التركية، وكان هناك أثر كبير لأفعال التنظيمات العابرة للحدود، مثل حزب العمال الكردستاني وتنظيم غولن، سواء في تركيا أم خارجها، إضافة إلى هذه القضايا، أدّت التطورات في الشرق الأوسط على وجه الخصوص إلى تطوير حزب العدالة والتنمية سياسة خارجية تركّز على الأمن بعد تبنيه سياسة خارجية مرتكزة على التنمية.

وفيما يرتبط بالنظام الدولي كانت تركيا أكثر مَن انتقد الهيمنة الأمريكية، وتريد تركيا أن يتغير نظام الأمم المتحدة، وهي تدعو إلى نظام سياسي دولي أكثر إنسانية وعدالة، ونظرًا لأن تركيا في الآونة الأخيرة استطاعت القيام بخطوات ناجحة في المعارضة للنظام الدولي- فقد أصبحت هدفًا لقوى إقليمية ودولية، وبصفة خاصة مع السياسات والمبادرات النشطة التي بدأتها تركيا في المنطقة، بدأت القوى العالمية بوضعها تحت الضغط المستمر، حيث لوحظ أن المشروعات التي تريد تركيا تحقيقها في المنطقة تعمل عدة قوى دولية على عرقلة نجاحها.

وقد شكّلت السياسة الخارجية التي سلكتها تركيا أمام هذه الأزمات تحديات بينها وبين السياسات الخارجية الأخرى لدول المنطقة من حيث المبدأ، وفي هذا السياق اتّبعت تركيا سياسة خارجية مرتكزة بشكل مبدأي على الأخلاق والقيم لا على المواجهة والصراع، وهناك آراء بأن حزب العدالة والتنمية مارس سلوك السياسة الخارجية من منظور (الواقعية الحضارية) في الفترة ٢٠٠٢-٢٠١٠، وأنه منذ عام ٢٠١٠، وإلى يومنا هذا قد اتّبع سياسة خارجية على أساس نهج (الواقعية الأخلاقية)، وفي الواقع، ليس هناك فرق كبير بين هذين المنظورين. ونتيجة لذلك، يُعدّ كل من السياسة الأخلاقية والاستباقية أحد العناصر الأساسية للسياسة الخارجية، ومع أن كلًّا منهما أخلاقي بحد ذاته إلا أنه يُنظَر إلى الأول على أنه أكثر مثالية وإلى الثاني على أنه أكثر واقعية.

ومع تزايد الفاعلية في العلاقات التركية العربية خاصة في العقد الأخير يقدم لنا الباحث سعيد الحاج إطلالة على العلاقات التركية العربية التي يوجد عدة أسباب تدفعها للتعاون متعلقة باستحقاقات الجيوبوليتيك ومسار المصير المشترك، والمصالح المشتركة سواء على مستوى العلاقات الاقتصادية والتجارية المستمرة في النمو، أم الحاجة المشتركة لتحقيق التوازن والاستقرار في المنطقة، أم النظرة الإيجابية من الشعوب العربية وقواها الحية لتركيا ومواقفها من قضايا المنطقة بشكل عام ويقول الباحث أن المبدأ الرئيس في سياسات العدالة والتنمية نحو العالم العربي -أي التكامل والربح للجميع- لايزال في متناول الطرفين العربي والتركي في حال وُجِدت الإرادة

السياسية لتجاوز أزمات الماضي من خلال مراجعات عميقة وتصويبات لا غنى عنها، ثم التخطيط للمستقبل المشترك الذي يمكنه أن يحقّق السلام والأمن والرفاهية لشعوب وقوى وإنسان هذه المنطقة في مختلف الدول التي يوجد فيها وينتمي إليها.

ويضعنا الأكاديمي المتخصص في المجال الاقتصادي بلال باغيش في أجواء قدرات الاقتصاد التركي وما الذي يتوجب الاستمرار فيه من أجل مزيد من النمو، ويرى أن سبب مرور الأزمة المالية العالمية في عام ٢٠٠٨ بتركيا مرور الكرام من دون أن تتأثر بها يعود إلى البنية التحتية القوية التي اكتُسبت بعد عام ٢٠٠١. والأمن والاستقرار من جانب آخر هما أكبر ثروة تملكه تركيا اليوم. فالنظام المالي القوي والاستقرار السياسي عاملان مهمّان يؤثران مباشرةً في قدر الاقتصاد، ومن الواضح أنه أُنجِز قدر كبير من الإصلاحات المتعلقة بالشفافية من أجل إمكانات الاستثمار الأجنبي وماشابه ذلك من تمويلٍ خارجي. واستمرارية عملية الإصلاح في الوقت الذي يكون فيه العجز الجاري والعجز في تمويل الاستثمارات مرتفعًا لهذه الدرجة- أمرٌ أهمّ ممّا يُعتَقَد.

يجب الاستمرار في مسيرة النمو والتحول بدون تهاون واسترخاء هروبًا من أعراض الإنهاك. فالظروف الخارجية تحديداً، والخطوات التي تتخذها البنوك المركزية مثل البنك المركزي الأمريكي وصندوق الاحتياط الفيدرالي- تحمل أهميةً كبيرةً جدًا بالنسبة للأسواق العالمية. ومن الأهمية بمكانٍ اتخاذ الأوضاع المناسبة حتى لا تتأثر الأسواق المالية بصورةٍ سلبية.

والاقتصاد التركي من جانب آخر ينمو ويكبر باستمرار، وتزداد قدرته على مقاومة الأزمات يومًا بعد يوم.

وفيما يصفه الباحث الاقتصادي كرم ألقين بالثورة الصامتة فهو يضعنا في صورة الإصلاحات الاقتصادية والديمقراطية لتحسين صورة تركيا والشعب التركي في العالم، ولإعادة اكتساب عالم الأعمال التركي ثقته بنفسه في هذه الفترة الحرجة. حيث يرى أن الإصلاحات الديمقراطية والاقتصادية بدأت عام ٢٠٠٢، وأُنجِزت بسرعة في أول عامين من ولاية حزب العدالة والتنمية، وفي نهاية عامٍ ٢٠٠٤ اكتسبت بعدًا مختلفًا إثر إعلان ترشيح تركيا للعضوية التامة في الاتحاد الأوربي. والمنظور الذي أمّنته هذه الإصلاحات للاقتصاد التركي فيما يتعلق بالمتانة والشفافية والديمومة حقّق دخول رؤوس الأموال الأجنبية على شكل استثماراتٍ بقيمة ٥٨ مليار دولار في الفترة ٢٠٠٥-٢٠٠٨، بعد أن كانت تتراوح بين مليارٍ وملياري دولار قبل عام ٢٠٠٥. وشهد احتياطي البنك المركزي التركي (TCMB) ارتفاعًا كبيرًا.

ويشير أن الاقتصاديين في تركيا يرون أنّ هناك ثلاثة معايير أساسية ومحورية للنجاح: استقرار الأسعار، والاستقرار المالي، والانضباط المالي. وقد اتخذت حكومات حزب العدالة والتنمية على مدى خمسة عشر عامًا خطواتٍ مهمّة لتحقيق هذه المعايير كما يرى أن نظام الحكومة الرئاسي يشكّل نموذج إدارة اقتصادية جديدة تسرِّع النمو والتنمية ولاسيّما في مجال الاقتصاد، وتؤمّن تقييمًا أفضل للفرص، وتسرّع عملية اتخاذ القرارات وتجعلها بسيطة غير معقدة. ويخضع الوزراء والبيروقراط في الإدارة الاقتصادية الجديدة لعملية تقييم مفصّلة من حيث الأداء حيث

سيمهّد نظام الحكومة الرئاسي الطريق أمام اتخاذ قرارات سريعة وفعّالة في مجال الاقتصاد والأمن والإدارة العامة من خلال مفهوم الحكومة الاحترافية. والإصلاحات وقوانين (الانسجام) التي ستجعل تغيير النموذج السياسي المذكور ذي معنى ومدلول؛ وستسهم كثيرًا في مهارة تركيا في إنتاج القيمة المضافة.

وفي مساهمة مهمة في مجال الحقوق والقضاء يضعنا الباحث والأكاديمي جيم دوران أوزون في صورة الحقوق والقضاء في عهد حزب العدالة والتنمية، حيث قُطعت خطواتٌ مهمّة في موضوع استقلال القضاء وحياديته وفعاليتِه وإنتاجيته طوال حكم حزب العدالة والتنميّة الّذي دام خمس عشرة سنة، وأُجريت خلالها تعديلاتٌ في الدستور، وتمّت الموافقة على حُزَمِ الأحكام وقوانين التكيّف مع الاتّحاد الأوروبي، وأعدّت إستَراتيجيّاتٌ لإصلاح القضاء، وأُدخلت الإصلاحات الّتي تنتَظر طيلة عشرات السنين حيّز التنفيذَ. ولكن لم يكن بالإمكان وضع هذه الإصلاحات كافّة الّتي أجريت حيّز التطبيق بشكلٍ كاملٍ؛ بسبب مفهوم الوصاية الّذي يستخدم القضاء أداةً لها. وجرت مكافحة نظام الوصاية البيروقراطي فترةً طويلةً، ولكن ظهرت وصايةٌ جديدةٌ بدأت تتحكّم بالقضاء في العهود الّتي غلب الظنّ فيها أنّه خُفِّض تأثيرها بعد ٢٠٠٧، بل تجاوزها تمامًا مع التعديلات الدستورية ٢٠١٠، وبعد ذلك بدأ الكيان المسمّى بتنظيم غولن الإرهابي كيان الدولة الموازي يتحكّم بالقضاء بكلّ عناصره بصورة أكثر خفاءً وخطورةً، وجعل منه أداةً لمآربه التنظيميّة الخاصّة. وتمّ كسر وصاية تنظيم غولن الإرهابي على القضاء سنة ٢٠١٤، ولم تحصل النتيجة المطلوبة من جميع الإصلاحات المتحقّقة الّتي خُطّط لها طيلة هذه

المرحلة وإن كانت قد أُنهِيت كليًّا بُعيد ١٥ تمّوز ٢٠١٦.

وإنّ ردّة الفعل الّتي أبداها القضاء على محاولة ١٥ تمّوز الانقلابية بشكل مختلف عن الانقلابات والمذكّرات السابقة، والمكافحة الفاعلة والمؤثّرة الّتي نفّذها ضدّ تنظيم غولن الإرهابي تزيدان الآمال المنعقدة على القضاء.

وإنّ أعضاء القضاء يؤدّون واجباتهم بجهودٍ جبّارة، وإن كان القضاء قد أُثخن بالجراح في هذه العملية. كما أنّ مطالب الإصلاح الّتي تُنفَّذ في حكومات حزب العدالة والتنميّة ستتيح إنشاء نظام قضائي أكثر فاعليةً وإنتاجيّة رغم المراحل الحرجة.

حزب العدالة والتنمية وشيفرات التحوّل الأيديولوجي

برهان الدين ضوران

المدخل

يدور الجدل كثيرًا حول ماهية هوية حزب العدالة والتنمية الذي استطاع الوصول إلى سدّة الحكم بعد عامٍ واحدٍ فقط من تأسيسه، واستطاع البقاء في الحكم بمفرده على مدار خمسة عشر عامًا- وحول أيديولوجيته، وماهية التحوّل الذي طرأ عليه. ويدور هذا الجدل في الداخل والخارج، في سياقٍ مفاده: «إلى أين يريد حزب العدالة والتنمية أن يأخذ تركيا؟». ولا تخلو الأجندات من انتقاداتٍ أيديولوجية كثيرة في هذا الإطار. وتمتد حدود هذه الانتقادات من انتقال مشروع الشرق الأوسط الكبير الذي أطلقته الولايات المتحدة الأمريكية من (حرب بالوكالة) إلى (محور أوراسي منقطعٍ عن الغرب). وتتناول هذه الانتقادات واسعة الطيف تعريفات حزب العدالة والتنمية، وتمتد من(الإسلاموفوبيا الديمقراطية)إلى (الحكم الديني)، ومن (الثورة المضادة) إلى (الكمالية المتدينة). وقد ظهرت بالتزامن مع هذه الانتقادات انتقادات أخرى من قبيل (العودة إلى الإسلامية)[١] و(الانتقال إلى السلطوية)، ولاسيّما بعد أحداث دافوس ٢٠٠٩، ومافي مرمرة ٢٠١٠.

---

(١) ينحو الكُتّاب الحداثيون إلى استعمال مصطلح (الإسلاموية) للدلالة على الأيديولوجيا الإسلامية، وهو نحت غريب على اللغة العربية، وآثرنا استخدام مصطلح (الإسلامية)؛ لأنّ استخدامه مجرداً عن الموصوف كافٍ في الدلالة على هذا المعنى. المترجم.

ولـم يعـد الإعلام الغربي يخلـو من هذه الانتقـادات بعد أحداث غـزي بارك (منتزه تقسـيم) العنيفـة عام ٢٠١٣. وفـي خضم هذه الانتقـادات المكثفـة غفلت الأبصـار عـن أعمـال حـزب العدالة والتنميـة (باعتبـاره لاعبًـا)، وكيفيـة إضفائهـا معنًـى علـى آرائه السياسـية ومراجـع هويته.

مـن الواضـح أن هـذا الحـزب الـذي يزعـم أنـه يبنـي (تركيـا الجديـدة) اسـتطاع أن يجـري العديد مـن التغيرات في السياسـة التركيـة، خلال فترة حكمه على مدار خمسـة عشـر عامًا، في ظل الجـدل والتسـاؤلات الدائرة حول موقع حزب العدالـة والتنمية بين الاتجاهـات الأيديولوجية الإسـلامية والقومية والكمالية. ولا شـكّ أن هـذه التغيـرات التي يقبل ماهيتهـا الجدل والنقـاش تحتاج إلى تحليلٍ شـاملٍ من حيث المحاسـبة مـع التحديث الكمالـيّ باعتباره الأيديولوجيـا المؤسسـة للجمهوريـة، ومسـتقبل العلاقـات مـع الحلفاء الغربيين، والتفاعل مع الشـرق الأوسـط والعالم الإسلامي، والسياسـات الموجهة للمشـكلات الداخلية فـي تركيا.[٢]

حصلت تحوّلات كبيرة في الخطوط المعروفة للسياسـة التركية فـي عهـد حكومات حـزب العدالة والتنميـة الذي اسـتطاع تخطّي عـدد كبيرٍ مـن الأزمات، منها أزمة رئاسـة الجمهورية ٢٠٠٧، وبيان المذكـرة الإلكترونيـة، ومحاولة انقلاب ١٥ تمـوز ٢٠١٦. وإنّ أبعاد هذه التحوّلات الشـاملة التي امتدت على مدار خمسـة عشـر عامًا بشـكل يطـال العلاقة بيـن العناصـر المدنية والعسـكرية والعلاقة

(٢) من أجل هذه التحليلات، يمكن النظر في سلسلة ١٥ عامًا من عمر حزب العدالة والتنمية التي نشرها وقف البحوث السياسية والاقتصادية والمجتمعية (ستا) في أربع مجلدات.

بين السياسية والدين وتغيير النظام السياسي- واسعةٌ لدرجة أن المشكلات والتحديات الإعلامية التي أوجدتها يمكنها أن تشكّل موضوعاتِ أدبياتٍ مطولةٍ.

لهذا السبب أردنا أن يكون هدف دراستنا هذه محدودًا، وسنتناول خطابات الهوية والمراجع الأيديولوجية التي لجأ إليها حزب العدالة والتنمية من أجل تشكيل السياسات التي أراد تطبيقها عند إحداث التحوّلات في تركيا، آخذين بالحسبان التحوّلات التي حصلت في الخطاب الأيديولوجي (من حيث عاملا الاستدامة والتغيير)، بفعل السياسات المتغيرة في سياق حقائق الظروف الإقليمية والدولية.

يدور هذ البحث حول موضوع أساسيّ، هو أن حزب العدالة والتنمية طرح ثلاثة خطابات متصلة ببعضها، من دون أن يتخلى عن أيّ منها، واضعًا بعين الاعتبار الاحتياجات الظرفية، وهي: الديمقراطية المحافظَة، وحضارتنا، والتحوّل إلى ما هو محليّ وملِّي[٣]. ويمكن القَول إن الخطابات الثلاثة هذه تستند إلى

---

(٣) تعرّض مدلول (الملّة) الذي يشكّل أحد كودات التحوّل الأيديولوجي للتطور عبر التاريخ لأغراض أيَديولوجية وسياسية، وأخذت هذه الكلمة معاني متعددة في منعطفاته المختلفة. فهي في الأصل تعني (أتباع الدين)، و(الملة العثمانية) تعني (المسلمين من التابعية العثمانية)، ثم أصبحت بعد الجمهورية تطلق على (شعب تركي افتراضي) بالمفهوم الوطني الجامع بين الإثنيات الدينية والعرقية المختلفة التي تعيش في تركيا، بحسب ما حاولت الكمالية صياغته وتعريفه، وتعني كذلك (القومية التركية) بالاعتبار العرقي، وقد قام على أساسها حزب الحركة القومية (ملّي حركت بارتيسي). وكذلك حاول أ د. نجم الدين أربكان التذكير بالبعد الإسَلامي فاعتمد هذه الكلمة أيضًا، فسمّى حركته (ملّي غوروش) واقترن اسم حزبه بالكلمة بشكل دائم، (ملَي نظام، ملي سلامت، ملَي رفاه، ملَي سعادت) بارتيسي، كناية عن الإسلام، كماَ يشتهر ذلك بين أتباعه. وسنعتمد فَي هذا البحث كلمة (الملِة) واشتقاقاتها. المترجم.

صورة زعيم قويّ وبراغماتيّ قادرٍ على الردّ على التحدّيات التي ظهرت خلال فترة حكم حزب العدالة والتنمية على مدى خمسة عشر عامًا.

يشير التحوّل الأيديولوجي لحزب العدالة والتنمية إلى ثلاث محاسبات مهمّة مع (الماضي) و (الحاضر). ويمكن تعداد المحاسبة مع الماضي على النحو الآتي: ١) حركة ملّي غوروش (الرأي الوطني) التي انحدر منها القسم الأعظم من مؤسّسي الحزب. ٢) الكمالية التي شكّلت عهد الجمهورية. ٣) النظام الإقليمي الذي تشكّل بعد الحرب العالمية الأولى، والذي خضع لتحوّلات كبيرة إبان الثورات العربية[٤]. والمحاسبة مع الحاضر تتجلى في مواجهة الفوضى التي عمّت الشرق الأوسط بعد الثورات العربية، والقوى العظمى التي تسعى لرسم تصميم جديد للمنطقة، وصراعات القوى الإقليمية. ويمكن أن نضيف إلى هذه المواجهة، مواجهة حزب العدالة والتنمية مع أداء حكوماته، من باب الإشارة إلى محاولة انقلاب ١٥ تموز.

عندما نتناول هذه المحاسبات الأربع جنبًا إلى جنبٍ مع الخطابات الثلاثة المذكورة آنفًا في الإطار السياسي والأيديولوجي الذي يمكن أن نسمّيها مرحليًّا (الديمقراطية المحافظَة) و(حضارتنا) و(التحوّل إلى ما هو ملّي ومحلّي)- فإننا نلاحظ أن حزب العدالة والتنمية يخلط من جديدٍ العناصر الإسلامية

---

(٤) برهان الدين ضوران، «فهم الهوية السياسية لحزب العدالة والتنمية: الخطاب الحضاري متعدد الطبقات وحدوده»، سنوية السياسة الخارجية التركية ٢٠١٢، التحرير: برهان الدين ضوران وكمال إنات وأفق أولوطاش، منشورات ستا، أنقرة ٢٠١٣، ص١٥-٣٧

والقومية والغربية والعثمانية التي تشكّل الخطوط الأيديولوجية البديلة عن الحداثة العثمانية التركية. ولا ننسى أن المفاهيم والرموز التي تخص الطراز السياسي المذكور تُقدَّم في الأصل بشكل يدور حول مفهوم (الملّيّة)، وذلك عبر دينامية تتغير تأكيداتها تبعًا للاحتياجات الدورية. فحزب العدالة والتنمية الذي بدا (غربيًّا) في الفترة التي زاد فيها احتمال انضمام تركيا إلى الاتحاد الأوربي، وبدا (شرق أوسطيًّا) و(أمَّتيًّا)[٥] في أثناء الثورات العربية، و(ملِّيًّا مَحلّيًّا) في الفترة التي قاوم فيها محاولة انقلاب ١٥ تموز ٢٠١٦... نعم، حزب العدالة والتنمية هذا يُبّرِزُ عنصرًا من هذه العناصر التي يحاول جمعها في هويته بما ينسجم وروح الفترة، من دون أن يتخلى عن العناصر الأخرى.

في هذه البحث سنشير أوّلًا إلى الأسس المشتركة للمراجع الأيديولوجية والهوية التي يستعملها حزب العدالة والتنمية منذ تأسيسه، وأبعاد التغيّر الذي طرأ عليها. وسنتناول ثانيًا الأوساط التي تشكَّلَ فيها خطاب الديمقراطية المحافظَة، والسياسات التي يشكِّل أساسها، ثم نتناول ثالثًا خطاب (حضارتنا) الذي أطلقه حزب العدالة والتنمية، الذي يتزايد شعوره بالقوة منذ عام ٢٠٠٧، ويعبّر عن ثقته بنفسه من سقف عالٍ في أثناء الربيع العربي. وأخيرًا سنتناول كودات الخطاب الملّيّ المحلي الذي ظهر ردًّا على الاضطرابات التي حصلت في الشهور القليلة الماضية.

(٥) نسبةً إلى (الأمّة)، والقياس (أُمّيًّا). المترجم.

كما سنقيّم هذا الخطاب الناشئ من (وعي الوقوع تحت الهجمة) الذي بلغ ذروته في محاول انقلاب ١٥ تموز ٢٠١٦، والذي شكّل مرجعًا (لمسألة البقاء)؛ فيما إذا جعل حزب العدالة والتنمية يتحوّل إلى حزب (دولانيّ) أو (مليِّ).

(الديمقراطية المحافِظَة) باعتبارها بحثًا عن الانسجام والاندماج:

سلك حزب العدالة والتنمية طريقه عام ٢٠٠١ مدّعيًا أنه سيأتي بفهم جديد للسياسة. فـ(الديمقراطية المحافظَة): العبارة التي تتردد على لسان رئيس الجمهورية أردوغان في كثير من خطاباته- لم تكن معروفة سابقًا، ولم يختر (الديمقراطية الإسلامية)؛ لأنها تشير إلى الدِّين، بل استعمل كلمتي (المحافظَة) للإشارة إلى تقليد المجتمع التركي واستمراريته، و(الديمقَراطية) للإشارة إلى تحوّل النظام السياسي والتحوّل الديمقراطي. وهكذا توجّه حزب العدالة والتنمية إلى استعمال مفهوم (الديمقراطية المحافظَة) من أجل تسمية نتائج مزاعمه بالجمع بين ما هو محلّي وَعالَميّ، وبين الديمقراطية والقيم الخاصة به، إضافة إلى تسمية هويته/ ونظرته إلى العالم(٦). كما أن هذا الخطاب الذي برز في الفترة التي تناولت فيها الأجندات المساعي الرامية إلى الاندماج بالاتحاد الأوربي وعملية التحوّل الديمقراطي- انعكاسٌ للجهود التي يبذلها حزب العدالة والتنمية لتعريف نفسه للسياسة الداخلية والنظام العالمي غربي المركز.

---

(٦) من أجل معلومات أوفى عن حزب العدالة والتنمية، ومفهوم «الديمقراطية المحافظة»، انظر: يالجين أق دوغان، حزب العدالة والتنمية والديمقراطية المحافظة، منشورات ألفا، إسطنبول ٢٠١٤.

كما يعكس خطاب الديمقراطية المحافظَة الذي لا يقبل تصنيفه بـ(الإسلامي) الذي يتماهى مع تقليدَ ملّي غوروش- إرادة حزب العدالة والتنمية في أن يطرح أصالته، وقدرته على محاسبة ذاته، ومحاسبة نظام الكمالية. ولا يمكن تقييد الفكر المحافظ كذلك بـ(تقليده الفكري الخاص به) و(قيمه المحلية)، بل يملك هدفًا محدداً وهو «إعادة إنتاج ذلك الفكر الخاص وتلك القيم المحلية بما يتماشى مع السياسة المحافِظَة بالمعايير العالمية».

ترسم الديمقراطية المحافظَة السياسة على أنها مجالٌ للتوافق، وتعدّ الاختلافات ثراءً، وتجعل الإرادة الشعبية أساس السياسة والحكم. وتؤمن بضرورة بناء السياسة على مبدأ «التوافق والتكامل والتسامح مكانَ الصراع والتنافر والاستقطاب»(٧).

شكّل مفهوم (الديمقراطية المحافظَة) الأرضية الشرعية التي اعتمدها حزب العدالة والتنميةَ لإخراج تركيا من عملية ٢٨ شباط ١٩٩٧، وذلك لتطهير السياسة من الاستقطاب، واتّباع سياسة تحتضن الجميع، أي تطبيعها، وتخطي الأزمات الاقتصادية المتبقية من عملية ٢٨ شباط ١٩٩٧، وتحقيق الليبيرالية الاقتصادية، والقيام بحملات تنموية، وتحقيق التحوّل الديمقراطي بحسب معايير الاتحاد الأوربي.

حقّق حزب العدالة والتنمية تحوّلًا سياسيًّا خلال الفترة ٢٠٠٢-٢٠٠٧، من خلال الاستناد إلى خطاب الديمقراطية المحافظَة من جانبٍ، واستعمال عملية التفاوض للانسجام مع الاتحاد الأوربي

(٧) أق دوغان، حزب العدالة والتنمية والديمقراطية المحافظة، ص١٦.

من جانبٍ آخر، وأبرز حتى أزمة رئاسة الجمهورية ٢٠٠٧ البعد (التوافقي) للسياسة. ولكن يجب ألا يخفى عن الأنظار أن (سياسة التوافق) هذه، جلبت معها محاسبةً خفيةً للوصاية الكمالية بفعل التحوّل المدني/ التحوّل الديمقراطي تماشيًا مع معايير الانسجام مع الاتحاد الأوربي. وعندما حاولت النخب الكمالية قطع الطريق على انتخاب رئيس جمهورية عقيلته محجبةٌ، وحلّ حزب العدالة والتنمية عام ٢٠٠٧؛ اضطر هذا الأخير إلى الرد على (سياسة التوتر) التي اتّبعها العلمانيون. وهكذا اتضحت تدريجيًّا أبعاد (المحاسبة العلنية) مع الوصاية الكمالية بعد عام ٢٠٠٧[٨]. أما مجابهة حزب العدالة والتنمية للتوترات من خلال صناديق الاقتراع وبالاعتماد على الإرادة الشعبية فقد جعلت استعمال التحوّل الديمقراطي وخطاب الإصلاح ممكنًا إلى حين الاستفتاء الشعبي الذي جرى في ١٦ نيسان ٢٠١٧.

كذلك قدَّمَ تحوُّلُ الديمقراطية المحافظَة إلى مفهوم إطارًا مغلقًا وعمليًّا ينسجم مع مقاربة التركيبة التي تبناها حزب العدالة والتنمية خلال الفترة ٢٠٠٢-٢٠١٠. وحول هذا المفهوم اجتمع تطبيع الراديكالية العلمانية لفترة ٢٨ شباط ١٩٩٧ مع حملته نحو التنمية والليبيرالية الاقتصادية، وجهوده في التحوّل الديمقراطي، وسعيه للانضمام إلى الاتحاد الأوربي[٩].

---

(8) Burhanettin Duran, "Whither the Justice and Development Party's 'New Politics'? Steering towards a Conservative Democracy, Revised Islamic Agenda or Management of New Crises", Secular and Islamic Politics in Turkey: The Making of The Justice and Development Party, ed. Umit Cizre, (Routledge, New York: 2008).

(٩) أق دوغان، حزب العدالة والتنمية والديمقراطية المحافظة، ص١٠٦-١٠٧.

يلاحـظ أن حزب العدالة والتنمية يسـتعمل مفهوم الديمقراطية المحافظَـة ليقـول إنه يختلف عـن ملّي غـوروش، وأن أبرز ما يميز حزب العَدالة والتنمية عن ملّي غوروش أنه يؤكد ممارسـة السياسة بعيـدًا عـن الدِّيـن، ويقلع عن انتقـاد الغرب بالنمط الذي يتّسـم به العالَم الثالث، ويتصالح مع مكتسـبات الجمهوريـة، ويكتفي بتطبيع الممارسـات العلمانيـة الكماليـة في تحـوّل الدولة. ويجـب أن نعدّ حملتـه التـي تقوم علـى (الخدمة) في الشـؤون البلديـة عام ١٩٩٤ أمـرًا متبقّيًـا من عهـد حزب الرفاه ومسـتمرًّا إلى وقتنـا الحاضر. وينبغـي هنـا تأكيـد أن رجب طيـب أردوغـان يومها حقّـق نجاحًا كبيـرًا فـي إدارة شـؤون بلديـة إسـطنبول، وفتـح لحكومـة حـزب العدالـة والتنميـة وكادره منظـورًا أدائيًّـا يعتمد علـى الفعل. لذلك كانـت (الخدمـة) و(العمـل) و(التنميـة) معاييـر الشـرعية الدائمة التـي لا تتغير على مدار خمسـة عشـر عامًا من حكمـه للبلاد[١٠].

من الواضح أن تعريف حزب العدالة والتنمية نفسـه بـ(المحافظ) يشـمل تقاليد أحزاب سياسـية يمينيـة، مثل خط منـدرس وأوزال،

---

(١٠) انظـر: أق دوغـان، حـزب العدالـة والتنميـة والديمقراطيـة المحافظـة، ص٩١-١١٣. مـن أجل الاطّلاع علـى تأكيد رجـب طيـب أردوغـان الخدمـة والفعل والتنميـة مـن عـام ٢٠٠٢ حتـى عـام ٢٠١٧، انظـر: «النص الكامل للكلمة التي ألقاها رئيس الوزراء رجب طيب أردوغان في اجتماع مجموعة حزب العدالة والتنمية»، رئاسة مجموعة حـزب العدالـة والتنميـة فـي مجلس الشـعب التركي الكبيـر، ٢٠ أيار/ مايو ٢٠٠٢، http://www.akparti.org.tr/tbmm/haberler/basbakan-recep-tayyip-erdoganin-ak-parti-grup-toplantisinda-yaptigi-konusma/4715 (تاريخ زيـارة الموقـع: ١٢ آذار/ مـارس ٢٠١٨). «المؤتمـر الاسـتثنائي الثالث، حـزب العدالـة والتنميـة، مؤتمـر القيـام والتأسـيس مـن جديـد»، رئاسـة الجمهوريـة التركيـة، ٢١ أيـار/ مايـو ٢٠١٧، https://www.tccb.gov.tr/haberler/410/75276/3-olaganustu-kongre-ak-parti-icin-yeniden-dirilis-ve-kurulus-kongresidir.html، (تاريخ زيارة الموقع: ١٢ أيار/ مايو ٢٠١٨).

لكنه لم يكتف بهذا؛ لأنه جليٌّ جدًّا أنه يملك منظورًا يراعي الحساسيات الدينية، رغم أنه لا يمارس سياسةً تستند إلى الدين، واضعًا نصب العين التحوّل الذي شهده حزب الفضيلة. وهكذا بلغ حزب العدالة والتنمية بنية تركيبية تضمّ المحافظين والقوميين والإسلاميين والغربيين الذين يشكّلون عصب الحياة السياسية في تركيا. واستطاع أن يدافع عن الانضمام إلى الاتحاد الأوربي في فترة تصاعدت فيها شبهات الكماليين حول إمكانية حصول هذا الانضمام. وأولى أهميةً للمطالب الإسلامية مثل الحجاب والتعليم الديني من جانبٍ، وتبنّى علنًا من جانبٍ آخر العلمانية بصيغتها الأنكلوسكسونية(11). واستطاعت هذه الحركة السياسية الجديدة المتشكلة بقيادة أردوغان أن تفتح لنفسها مكانًا واسعًا في المركز.

من المعلوم أن كلمة (المحافظ) في تركيا تُستعمَل أيضًا للدلالة على حماية الوضع الكمالي الراهن. فلا يُلاحَظ أن حزب العدالة والتنمية يهدف إلى ترك المبادئ الأساسية للجمهورية في أثناء عملية التحوّل على المدى البعيد، وإن صحّ أنه يربط هويته بتحوّل النظام القائم. فاكتفى بتصفية النخب الوصائية الكمالية، والإتيان بفهم للدولة التي تضع الشعب في سلّم أولوياتها، وبانتقال العلمانية إلى علمانية أنكلوسكسونية تتصف بأنها أكثر نعومة وليونة. ومن هنا يمكن القول إن حزب العدالة والتنمية منذ البداية يدافع عن الفكر المحافظ الذي يأتي بمعنى (ترميم) الجمهورية، وتحويل الدولة إلى دولة قوية.

---

(١١) انظر: أق دوغان، حزب العدالة والتنمية والديمقراطية المحافظة، ص٩١-١١٣.

قبل عام ٢٠١٣ عَدَّ التحوّل الديمقراطي وتوسيع الحريات طريقًا لتعزيز الدولة وتقويتها. وقد عزّزت عملية التفاوض للانضمام إلى الاتحاد الأوربي إرادة التحوّل الديمقراطي، وواصل حزب العدالة والتنمية طريقه لتحقيق التحوّل الديمقراطي رغم أن هذه العملية توقفت فعليًّا بعد عام ٢٠٠٦، مبيّنًا أن معايير كوبنهاغن هي في الأصل (معايير أنقرة). وفي هذه الأجواء جرى استفتاء ٢٠١٠، لكنّ تسرّب عناصر حركة غولن المعروفة بتنظيم غولن الإرهابي إلى مؤسسات الدولة، وقيامها بمحاولة انقلابية في القضاء ١٧-٢٥ كانون الأول/ ديسمبر ٢٠١٣، أدّيا إلى ظهور حاجة ماسة من قبيل (تطهير المؤسسات وتعزيزها). واضطر حزبَ العدالةِ والتنمية إلى إعطاء الأولوية لتعزيز المؤسسات ومكافحة الإرهاب من أجل ترسيخ الديمقراطية [١٢].

حملت الإصلاحات التي حصلت في إطار الانضمام إلى الاتحاد الأوربي تركيا على مواجهة حقائقها الواقعية، وأتاحت محاولة انقلاب ١٥ تموز ٢٠١٦ الفرصة أمام حزب العدالة والتنمية لإعادة هيكلة مؤسسات الدولة للانتقال إلى النظام الجمهوري الرئاسي. وهنا يوجد تناقضٌ كبيرٌ؛ فمن جانبٍ يُوصَف حزب العدالة والتنمية (بالكمالية الجديدة) و (المحافظ على الوضع الراهن) بمعنى امتلاك مؤسسات الدولة، ومن جانب آخر يصفه حزب الشعب الجمهوري (هادمًا)؛ لأنه أبدى الجرأة للانتقال إلى نظامٍ سياسيّ جديد [١٣].

---

(١٢) من أجل تشديد رجب طيب أردوغان على معايير أنقرة - كوبنهاغن، انظر: تصريحات مهمّة لرئيس الجمهورية رجب طيب أردوغان في قمة أمبودسمان الدولية، صباح، ٢٥ أيلول/ سبتمبر ٢٠١٧.

(١٣) «قليجدار أوغلو: ما حصل تغيّرٌ للنظام»، قناة NTV، ٩ كانون الأول/ ديسمبر ٢٠١٦.

وينشأ هذا التناقض في واقع الأمر نتيجة التحوّل الذي أحدثه حزب العدالة والتنمية في تعريف (المحافِظ). بتعبير آخر، هو تناقض ناشئ عن التركيب الجديد الذي أنتجه بين التغيير والحفاظ على الوضع الراهن. فالدوافع الكامنة وراء دوره بوصفه لاعبًا سياسيًّا تستند إلى النضال والحركية المستمرة. ويمكن القول إن سعيه وراء التركيب وإعادة التعريف قد طال المفاهيم الأخرى التي جيّشها حزب العدالة والتنمية للتعبير عن هويته. فجميع المفاهيم التي يستعملها يتناولها بصيغة مغلقة، وعندما يملؤها يضفي عليها اللون الخاص به، ويحرص على ألا يكون هذا المحتوى حادًّا وراديكاليًّا وإقصائيًّا وتهميشيًّا. ولا ننسى أن كلمة (المحافِظ) تتطلب التكامل مع أوربا والانفتاح على العالم. وهذا الانفتاح ليس اجتثاثًا راديكاليًّا، بل عملية تعزز القيم (المحلية- الداخلية). وعندما ركز حزب العدالة والتنمية على مفهوم الحضارة أراد أن يستند إلى (القيم الملية) القوية باعتبارها بوتقةً تصهر ما هو عالمي. وعرّف كلمة (مِلّة) -سواء أكانت بصيغة (حضارتنا) أم بصيغة (المحلية والملية)، [أي سواء ببعدها الحضاري أو بمدلولها الوطني]- على أنها وحدةٌ تحتضن الإثنيات المختلفة ولا تهمّشها. وتأكيده شعار: (شعب واحد، علم واحد، ملة واحدة، دولة واحدة) لا يعدو كونه تأكيدًا ناجمًا عن وعيه بأنه معرّض للهجوم والاعتداء. وهكذا يستطيع الانتقال من الديمقراطية المحافِظَة إلى مفهوم (حضارتنا) أو العودة إلى الثنائي (المحلي الملّي). ولا شك أن أردوغان وقياديته القوية وقدرته على إقناع قاعدته الشعبية جميعًا يؤدّي دورًا مهمًّا في تأمين هذا الانتقال وهذه الحركية. وقد لوحظ أن حزب العدالة والتنمية في فترة الثورات العربية التي بدأت بثورة الياسمين في

تونس نهاية عام ٢٠١٠، أظهر عنوانه المتمثل بـ(حضارتنا) بشكلٍ يعكس ثقته بنفسه، ومن دون أن يتخلّى عن خطاب الديمقراطية المحافِظَة.

خطاب (حضارتنا) انعكاس للثقة:

في بدايات الثورات العربية كان حزب العدالة والتنمية في ظروف مريحة، سواء من حيث قدرته على إدارة السياسة الداخلية في تركية أم من حيث علاقاته مع اللاعبين البارزين في النظام الدولي. والعلاقات التي تدهورت مع إسرائيل بسبب أزمة (ون مينيت) في دافوس عام ٢٠٠٩، وهجمات ماوي مرمرة ٢٠١٠، لم تكن قد تحولت بَعدُ إلى انتقادات لاذعة موجهة لتركيا في الإعلام الغربي. حتى إن أوباما الذي انتُخب رئيسًا عام ٢٠٠٩ عدّ في رسائله (اللامعة) التي وجّهها إلى العَالم الإسلامي أن «الثورات العربية اتّحدت مع شعارات الحرية والكرامة»؛ ووصف تركيا عام ٢٠١١ بأنها «الدولة النموذج»[١٤]. وقد كُتب النجاح في الجدل الدائر حول هذه الدولة النموذج في خانَة حزب العدالة والتنمية. فالإعلام الغربي كان يقدّم إدارة حزب العدالة والتنمية للعالم الإسلامي ودول الجوار على أنّها حكاية تحوّل ناجحة من حيث «التنمية والتحوّل الديمقراطي والعلاقات مع الغرب». وعدّه (الإسلاميون القدامى) نموذجًا يُقتدَى به من حيث اعتدال الحركات الإسلامية أو (تحوّلها الديمقراطي).

(١٤) برهان الدين ضوران ونوح يلماز، «تنافس الموديلات في الشرق الأوسط: توازنات القوى الجديدة بعد الربيع العربي»، سنوية السياسة الخارجية التركية ٢٠١٢، التحرير: برهان الدين ضوران وكمال إنات ورسول أوصول، منشورات ستا، أنقرة ٢٠١٢، ص١٥- ٨٦.

وكانت تركيا التي أبدت إرادة لحلّ مشكلاتها مع دول الجوار، توسّع ادعاءاتها وانفتاحاتها في السياسة الخارجية من خلال (التعاون الاقتصادي) و(الاستقرار). وكانت تعرف أن الثورات العربية التي تكلّلت بالنجاح في تونس ومصر سوف تنتشر في بقية الدول العربية، لكنها لم تكن تعرف أن الحرب في سوريا ستتحول إلى حرب دامية إلى هذه الدرجة. هذه الأجواء أدّت إلى تحولات شاملة ورنانة تخاطب دول الجوار بالخطابات الأيديولوجية لحزب العدالة والتنمية. فبرز مفهوم مغلقٌ رنّانٌ آخر من دون الاستغناء عن خطاب (الديمقراطية المحافظَة) التي تهدّئ السياسة الداخلية وتبدي انسجامًا مع العالم الخَارجي، ألا وهو مفهوم (حضارتنا).

وضع رئيس الوزراء أردوغان خطاب حزبه الأيديولوجي الجديد في منظور حضاري، كما يتبين من كلمته التي ألقاها في المؤتمر الكبير العادي الرابع لحزب العدالة والتنمية بتاريخ ٣٠ أيلول/ سبتمبر ٢٠١٢. فقد ورد في هذه الكلمة مفهوم (الديمقراطية المحافِظَة) مرةً واحدة، وتكررت كلمة (الحضارة) بالمقابل أربع عشرة مرة! فجاءت أحيانًا بمعنى أسس القيم الملية والمعنوية، وأحيانًا بمعنى أنها تخصّ الشرق الأوسط والعالم الإسلامي، وأحيانًا أخرى بمعنى القيم الإنسانية المشتركة.

كما تطرق أردوغان في كلمته إلى الرموز التاريخية لـ(الشعب العظيم) والقيم الدينية المحافِظَة، ولفت الانتباه إلى وحدة الأتراك والأكراد وتاريخهما المشَترك، وجاء على ذكر رؤية

٢٠٧١ تذكيراً بمرور ألف عام على معركة ملاذكرد ١٠٧١. هذا التوجه الجديد أكّد (مهمة) تركيا الجديدة، وأن حزب العدالة والتنمية يشدد على (الخدمة) التي تركز على التنمية الاقتصادية والمشروعات الملموسة [١٥].

ويمكننا القول: إن خطاب (حضارتنا) الذي أطلقه حزب العدالة والتنمية يتضمن مساعيه لإعادة تعريف مفهوم (الملَّة) في سياق مسؤوليات تركيا أمام دول الجوار. هذا التعريف يؤكّد التاريخ المشترك للأتراك والأكراد، ويعكس بالدرجة نفسها الثقة بالنفس الموجودة لدى حزب العدالة والتنمية الذي سيّرَ عملية الحلّ مرتين على أمل أن يترك حزب العمال الكردستاني (PKK) أسلحته. فحقوق الهوية الفردية التي رفضتها القومية الإقصائية الكمالية اعتُرِف بها في عهد حزب العدالة والتنمية كما تعلمون. وقد عزا أردوغان الذي أبدى استعداده لتجرّع (السّمّ) من أجل تلبية مطالب الأكراد- جهوده هذه إلى تجربة العيش المشترك التي يمتد تاريخها إلى العهد السلجوقي ومعركة ملاذكرد. لكن أردوغان أصبح فيما بعد الزعيم العازم على مكافحة الإرهاب بسبب استغلال حزب الشعوب الديمقراطي (HDP) السياسة لتعزيز البنية التحتية للإرهاب، وانتهاء عملية الحلّ بعودة عناصر حزب العمال الكردستاني إلى العمليات الإرهابية. وقد عارض أردوغان بشدة استغلال عملية الحلّ لبناء سيادة مسلّحة في جنوب شرق تركيا، في الوقت الذي كانت فيها وحدات

---

(١٥) من أجل النص الكامل للكلمة التي ألقاها رجب طيب أردوغان في المؤتمر العادي الرابع الكبير لحزب العدالة والتنمية بتاريخ ٣٠. ٠٩. ٢٠١٢، انظر: http://www.akparti.org.tr/site/haberler/basbakan-erdoganin-ak-parti-4.-olagan-buyuk- kongresi-konusmasinin-tam-metni/31771، (تاريخ زيارة الموقع: ٨ أيار/ مايو ٢٠١٨).

حماية الشعب الكردية (YPG)/ حزب العمال الكردستاني (PKK) تبني إقليمها في شمال سوريا. فأطلق أردوغان حملة قاسية لمكافحة عناصر حزب العمال الكردستاني، ورفع الحصانة عن نواب حزب الشعوب الديمقراطي الذي يدعم الإرهاب.[١٦]

إن تأكيد أردوغان (حضارتنا) يشير إلى الظلم في النظام العالمي، وإلى الرغبة في وضع العلاقات مع الغرب في مسار جديد صحيح. فأردوغان عندما ندّد بالهجوم الإسرائيلي على غزة خلال الفترة ١٤-٢١ تشرين الثاني/ نوفمبر ٢٠١٢، انتقد مجلس الأمن بالأمم المتحدة وأعضاءه الخمسة الدائمين، والولايات المتحدة الأمريكية. ودعا في الكلمة ذاتها منظمة التعاون الإسلامي وجامعة الدول العربية إلى أن تؤدّيا دوراً فاعلاً، فأظهر أن تركيا (لاعبٌ) في العالم الإسلامي.[١٧] إن اللغة التي استعملها حزب العدالة والتنمية والتي تنحاز إلى الحضارة قرأها بعض الكتّاب على أنها «تشكيل لفكر قوميّ جديد»[١٨]. نعم ... مسيرة التحوّل الأيديولوجي التي بدأت بالديمقراطية المحافظة لم تسلم في مراحلها كافة من انتقادات (انحيازها للفكر القوميَ). والتضليل الذي أحدثته هذه الانتقادات يتمثل في أنها ربطت دائماً شعور (نحن) المشترك الذي يسعى حزب العدالة والتنمية إلى بنائه، بالقومية الإقصائية. يعمل حزب العدالة والتنمية في موضوع الانتماء وإنتاج الهوية بحيث يعيد تكوين مضمون كلماتٍ

(١٦) انظر: طلحة كوسا، «Rise and Fall of the AK Party's Kurdish Peace Initiatives»، Insight Turkey، الإصدار ١٩، العدد ٢، ٢٠١٧.

(١٧) من أجل تفاصيل الكلمات التي يتم الحديث عنها، انظر: «رسالة من أردوغان إلى إسرائيل»، تقويم، ١٩ تشرين الثاني/ نوفمبر ٢٠١٢.

(١٨) صولي أوزال، «يبدو أن الدستور سينجز مع حزب الحركة القومية»، خبر تورك، ١١ تشرين الأول/ أكتوبر ٢٠١٢.

معروفة، مثل (ملَّتْ/ الملة) في إطار مفاهيمه الأيديولوجية الخاصة به. ولا يَجب خلط هذا المضمون مع مفاهيم المجموعات التي يتحالف معها سياسيًّا بشكل دوري. فمثلاً عندما بدأ حزب العدالة والتنمية عملية التفاوض للانضمام إلى الاتحاد الأوربي ادّعى أنّه استعمل مفاهيم المجموعات الليبيرالية والغربية التي يشعر أنها قريبة منه، من دون أن يتخلى عن (وقفته المحلية والملية).

مفهوم (حضارتنا) الذي تبناه حزب العدالة والتنمية لا يعبّر عن (الاندماج مع الحضارة الأوربية) ولا عن كونه (ندًّا للغرب) ولا عن (الانتماء إلى الحضارة الإسلامية)؛ بل هو قراءةٌ ترى فرص وضرورات الإحداثيات الإستراتيجية والتاريخية والاقتصادية والثقافية لتركيا، أي أنه يستند إلى مقارنة مفادها: (هذا وذاك في آن واحد). وهكذا اعتقد حزب العدالة والتنمية أنه قادرٌ على الانضمام إلى الاتحاد الأوربي، وتحقيق مزيد من الاندماج مع العالم الإسلامي. لهذا السبب لا يُفهَم من التصريحات الإيجابية التي قدّمها حزب العدالة والتنمية في الفترة التي شهدت علاقات طيبة مع الاتحاد الأوربي أنه (موالٍ لأوربا)، ولا يُفهّم من الانتقادات التي وجهها للاتحاد الأوربي حين تخلّف عن دعمه تركيا في مكافحة الإرهاب، أن حزب العدالة والتنمية (معارض لأوربا)؛ لأن حزب العدالة والتنمية مع تقييم تركيا بجميع انتماءاتها وارتباطاتها. ومن أجل بناء هذا الإطار الواسع أقبل على سلسلة من المحاسبات. فدخل أوّلًا في محاسبة مع الخطابات الإسلامية التي تطلقها بلدان العالم الثالث، ونقل العلاقات مع الغرب إلى ما يمكن قوله بـ(الاندماج الانتقادي) بعد أن كانت في مستوى المعارضة، ومن هنا يمكن القول إن حزب

العدالة والتنمية بتشديده على التحوّل الدولي الذي ظهر في مفهوم (حضارتنا) أراد أن يتمّ وصفه (بالعالَمي) الجديد الذي يرفض المركزية الأوربية والعالم الثالث.

نعم، يشير بحث حزب العدالة والتنمية هذا عن تركيبٍ جديدٍ إلى الجهود التي يبذلها من أجل إنتاج نموذجٍ جديدٍ لعلاقاته مع الغرب. فمن جهةٍ يعير اهتمامًا بالحلفاء الغربيين، مثل الاتحاد الأوربي وحلف الناتو، ومن جهة أخرى ينتقد النظام العالمي غربيّ المركز، ويجذب الانتباه إلى النظام العالمي القائم وأبعاده (المجحفة) بحق البلدان المتخلفة والبلدان الإسلامية على صعيد منطقة الشرق الأوسط، في خطوةٍ لبناء نظامٍ عالميّ جديد. مع ذلك، قد تطال الانتقادات حزب العدالة والتنمية بأن خطاباته التي (تعبث) بحدود الدول القومية في منطقة الشرق الأوسط من منظور حضاري؛ تهمل الحقائق الإقليمية، ويهمل إلى حينٍ التهديد الذي يشكله PKK /YPG الذي نقل الحرب في سوريا إلى حدود تركيا.

إن الادّعاءات المتعلقة بخطاب (حضارتنا) ذات صلة قريبة بالأجواء الإيجابية التي خلقتها الثورات العربية وعملية الحل. في هذه الأجواء أطلق حزب العدالة والتنمية هدفًا يريد تحقيقه، وهو بناء (تركيا الجديدة)، باعتباره نتاج تصوّرٍ بأن تركيا باتت في موقعٍ تصمّم اللُعبة في المناطق المجاورة. لكن الفترة ٢٠١٣-٢٠١٦ اتّسمت بحصول عدد من التطورات التي لا تصبّ في مصلحة النظام الذي تخيّلته تركيا من أجل الشرق الأوسط. ويمكننا أن نذكر أهمّ أمثلة هذه التطورات على صعيد السياسة الخارجية: الانقلاب على مرسي رئيس الجمهورية

المنتَخَب في مصر، وتغيّر توازنات الحرب في سوريا لمصلحة الأسد نتيجة الدعم الروسي، وإقدام PKK-YPG على بناء ممرٍّ في شمال سوريا بذريعة محاربة داعش، وقيام التحالف الإماراتي السعودي المصري بفعاليات مناهضة لتركيا، وتأجيج التنافس السعودي الإيراني للصراعات الإقليمية. أما على صعيد السياسة الداخلية فيمكننا أن نذكر على سبيل المثال: أحداث غزي بارك، والمحاولة الانقلابية عن طريق القضاء ١٧-٢٥ كانون الأول/ ديسمبر ٢٠١٣، وأحداث ٦-٨ تشرين الأول/ أكتوبر ٢٠١٤، والفوضى السياسية الناجمة من انتخابات ٧ حزيران/ يونيو ٢٠١٥، وعودة PKK إلى العمليات الإرهابية، وانهيار عملية الحل، ومحاولة انقلاب ١٥ تموز ٢٠١٦. ويلاحظ أن هذه الأحداث التي حصلت على الصعيدين الداخلي والخارجي عزّزت تصوّر حزب العدالة والتنمية بأنه (تحت الهجمة)، وهو المستهدف، وعمّقت من ثَمّ حسّه بالنضال والمقاومة. فاكتسب خطاب (رابعة والتحوّل إلى المحلي والملي) أهميةً، باعتباره انعكاسًا لقناعة حزب العدالة والتنمية بأنه يحارب ثلاثة تنظيمات إرهابية، ويخوض حرب استقلال جديدة.

خطاب النضال والمقاومة: (المحلّيّ والملّيّ):

المرحلة النهائية في التحوّل الأيديولوجي في حزب العدالة والتنمية، هي خطاب (الملّي والمحلي) الذي عُبِّرَ عنه بإشارة رابعة (ملة واحدة، راية واحدة، وطن واحد، دولة واحدة)، فقد أضيفت إشارة رابعة إلى الميثاق في المؤتمر الأخير للحزب. استُخدمت كلمة (محلي) بمعنى (الالتزام بالقيم المحلية) سواء في خطاب (الديمقراطية المحافظة) أو في (حضارتنا الخاصة). ويأتي (الملّي) في الفترة الأخيرة بمعنى حساسية (الشعور

الوطني) تجاه (مسألة بقاء تركيا)، ويحمل مسؤولية (المقاومة ضد الهجوم الخارجي)، و(الإصرار على تطهير الداخل من الخونة والارهابيين).

وبهذا الاعتبار، يمكن الرجوع في ظهور تركيز حزب العدالة والتنمية على (الملّي والمحليّ) في خطابه الأيديولوجي إلى أحداث عنف غزي بارك[١٩] ٢٠١٣ والانقلاب القضائي في ١٧-٢٥ كانون الأول ٢٠١٣. ولا شكّ أن نقطة الذروة شكلتها المقاومة في ١٥ تموز ٢٠١٦. وبالتوازي مع تصوّر بداية حملة هجوم غربي المركز تَحَوَّلَ (الالتزام بالملِّيَة والمحلية) إلى هوية مقاومة. وقد استعمل هذا الخطاب بداية ضد تنظيم غولن الإرهابي حين كانت عملية السلام مستمرة، ثم أصبح الموضوع الأكثر شيوعًا بعد استئناف حزب العمال الكردستاني الإرهاب في تموز ٢٠١٥. وقد حولت مقاومة ١٥ تموز خطاب (الملّي والمحلي) في الواقع إلى القيمة المركزية للسياسة التركية. واضطرت الأحزاب والقيادات إلى اتخاذ موقع لها وفقًا لمفهوم (الملّي) الجديد. كما أن المواقف المتناقضة التي ظهرت من العواصم الغربية ليلة الانقلاب وضعت حدًّا لهيمنة (السياسة المستغربة) على الحياة السياسية التركية والمستمرّة لأكثر من قرن، [وقام على أساسها مفهوم (المحلي)]. وتسارعت عملية مراجعة علاقة التحالف مع الغرب، والذهاب إلى تعريف جديد لهذه العلاقات[٢٠].

---

(١٩) انظر: فخر الدين ألتون، «The Rising Criticism of Erdoğan During the Gezi Protests»، حزب العدالة والتنمية التركي وزعيمه، التحرير: أوميت جيزرة، Routledge، نيويورك ٢٠١٦. انظر: حاتم أطا وجوشكون طشطان، أحداث غزي بارك بين الحقيقة والخيال، منشورات ستا، أنقرة ٢٠١٣.

(٢٠) علي أصلان، «السياسة المحلية والملية»، حزب العدالة والتنمية في عامه الخامس عشر: المجتمع، منشورات ستا، إسطنبول ٢٠١٧.

والقضية المثيرة الأخرى تكمن في اكتساب كلمة (المحليّ) مفهومًا جديدًا في سياق النضال ضد تنظيم غولن الإرهابي في الفترة الممتدة بين عمليات ١٧-٢٥ كانون الأول ٢٠١٣ ومحاولة ١٥ تموز ٢٠١٦ الانقلابية. فقد أصبح واضحًا أن هذا التنظيم؛ رغم مظهره الديني ومزاعمه، لم يكن ولاؤه لتركيا، بل بالعكس، كان يقدّم خدماته للاستخبارات الأجنبية. إضافة إلى أن (الانفصال عن المحلي) كان أشدّ الأمور الحرجة التي ميّزت حركة غولن بين الحركات الدينية في تركيا[٢١]. وهكذا ظهرت معاني (تفضيل المصالح التركية) و(عدم خيانة الدولة) عناصرَ حيةً في مفهوم (المحلي).

كما تحوّلَ تعريف (الملّي والمحلي) الذي صيغَ انطلاقًا من (الروح الملِّيَّة) التي تبلورتَ خلال اللقاء الجماهيري لحزب العدالة والتنمية في يني قابي إلى اسم سياسي لتحالف حزب العدالة والتنمية حزب الحركة القومية. وتحقّق استقطاب سياسي لم تشهده الحياة السياسية التركية من قبل. ومن هنا مُرِّرَ النظام الرئاسيّ[٢٢] في البرلمان بوصفه نموذجًا لرئاسة ملِّيَّة محلِّيَّة في البداية، بفضل الدعم الذي منحه حزب الحركة القومية لرئيس الجمهورية بعد مقاومة ١٥ تموز ٢٠١٦. وصدر القرار بـ(نعم)

(٢١) برهان الدين ضوران، «حركة غولن وضياع الكودات الصنعية»، برنامج الرأي المفتوح على قناة ستار، ٢٨ كانون الأول/ ديسمبر، ٢٠١٣.

(٢٢) من أجل النظام الرئاسي وتأثيره في السياسة التركية، انظر: نبي ميش وبرهان الدين ضوران، تحول النظام السياسي في تركيا والنظام الرئاسي، منشورات ستا، إسطنبول ٢٠١٧. نبي ميش وبرهان الدين ضوران، «"The Transformation of Turkey's Political System and the Executive Presidency»، Insight Turkey، الإصدار ١٨، العدد ٤، ٢٠١٦. نبي ميش وبرهان الدين ضوران، «Turkey's Constitutional Referendum and its Effect on Turkish Politics»، أورينت، الإصدار ٥٨، العدد ٣، ٢٠١٧.

للانتقال إلى النظام الرئاسي في الاستفتاء في ١٦ نيسان ٢٠١٧. وقد حمل النظام الرئاسي الذي صِيغَ للتخلص من مشكلات النظام البرلماني القائم- الهدف المَتمثل في تلبية الحاجات المليَّة لتركيا. ويُعتَقد أن هذا النظام يحمل (كولاج) الهوية المليَّة الشاملة، إضافة إلى الحفاظ على سلامة البلاد وأمنها. ومن أجل التحالف بين حزبي العدالة والتنمية والحركة القومية في الطريق إلى النظام الرئاسي في ٢٠١٩، استُعمِل مفهوم (التحالف الملّي المحلي) و(التحالف الجماهيري).

وهكذا، حُشِد خطاب (الملّي والمحلي) من أجل مجموعة واسعة من المجَالات، بدءًا مِن مكافحة الإرهاب ونظام حكومي جديد، إلى إنشاء شعور جديد بالوفاق، وذلك في سياق بيان الهوية والموقف السياسي، وبهدف العثور على لغة شاملة بنّاءة. ووفقًا لهذا التوجه في الخطاب الجديد للحزب، وكما حصل في استخدام مفهومَي (الديمقراطية المحافظة) و(حضارتنا) من قبل؛ لاتزال الإرادة مستمرّة لتحويل تركيا إلى تمثيل دورٍ فعالٍ في النظام الدولي، يتجاوز كونه هوية الحزب، فهو يشير إلى رغبة التحوّل إلى صفة مثالية لتركيا المشتركة بين مختلف الشرائح.

يُستخدَم خطاب (الملّي والمحلي) منذ ٢٠١٣ لتعريف الردّ على التحديات التي تواجهها تركيا ومواجهة الهجمات ضدها؛ أي لتعريف المقاومة. ويكمن في جوهره (أن تكون تركيًا)، أي (الوعي على أولوية مصالح تركيا). ففي خطاب المقاومة هذا يُصوَّر حزب العمال الكردستاني وتنظيم غولن الإرهابي (أداتَيْنِ) بيد القوى التي تريد تقسيم تركيا. وتُنتَقد الولايات المتحدة الأمريكية والدول الأوربية الداعمة للتنظيمين الإرهابيين

المذكورين لتصرفاتها المخالفة لـ(قانون التحالف) والمطالبة بتغيير سياساتها. ورسالة رئيس الجمهورية أردوغان: «نحن نتدبر شؤوننا بأنفسنا» [وبعبارة أخرى ننزع شوكنا بأيدينا]؛ تستند من جانب إلى واقعية ترتبط بانقطاع الدعم المتوقع من الاتحاد الأوروبي وحلف الناتو، وتؤسس من جانبٍ آخر لأرضية مشاعرَ تجعل قرار النضال في سبيل حل مشكلات تركيا قرارًا مثاليًّا.

يمكن أن يقال عن خطاب (الملّي والمحلي) الذي قدّمه حزب العدالة والتنمية بأنه لا يزال يحمل شكلاً غامضًا في هذه المرحلة. لكن بقاء هذا الخطاب غامضًا لا يشكّل مشكلة طالما أن الحزب لم ينشئ هويته أبدًا في قالب أيديولوجي صارم منذ ٢٠٠١. بل تُمكن الإشارة كذلك إلى أنه بوصفه حزبًا براغماتيًّا يأمل في الاستفادة من هذا الغموض. ومن الواضح رغم ذلك أن العديد من الشرائح الاجتماعية وبخاصة الأكراد، يرى أن خطاب (الملّي والمحلي) يُستخدَم عادة في إضفاء الشرعية على السياسات الحاسمة، مثل مكافحة الإرهاب.

أقوى المبادرات الملموسة لحزب العدالة والتنمية في هذا الخصوص، كان في إضافته إشارة رابعة (ملة واحدة، راية واحدة، وطن واحد، دولة واحدة) إلى الميثاق في المؤتمر الأخير. لكنه من الواضح أن هذا التركيز على (وحدانية) عناصر الرباعي لم يُجّلِ هذا الغموض أيضًا. ويبقى سؤال (من أعدّ مضمون مفهوم الملّي والمحلي وكيف؟) يقف مسألة حرجة أمام حزب العدالة والتنمية. ويمكن القول إن هذا المجال شهد نوعًا من المنافسة، وسيكون ملء مضمون خطاب (الملِّي والمحلي) من قبل نمطٍ

سياسيّ امتلك الإرادة الملية، وناضل ضد كل أنواع الوصاية، وأظهر مقاومته في ١٥ تموز ٢٠١٦- دوراً فعّالاً في بلورة الحياة الديمقراطية.

في حين أن النهج القومي- الأوراسي الراغب في توجيه قوة مؤسسات الدولة وفق أجندة أيديولوجية محددة، متغذّياً من الاضطرابات التي شهدتها السنوات الأخيرة- سيكشف الفئات التي تعتقد أنها خارج النظام. كما أن هذا النهج سيتوجّه إلى تشويه نمط سياسة حزب العدالة والتنمية الشاملة التي ينتهجها منذ التأسيس. إن ملء (الهوية الملية) بالعداء الجوهري للغرب/ لأوربا، أو بالقومية المتجذرة بالعرقية سيكون له معنى بأن حزب العدالة والتنمية أسير أجندة انفعالية منعزلة. كما أن أحد شروط إدارة مكافحة الإرهاب بشكلٍ فعال يكمن فيٍ منع سيطرة رد الفعل الإقصائي الكمالي على البيروقراطية الأمنية. وبالمثل، يوجد هناك خطر من قيام هؤلاء البيروقراط المنفعلين باسم مكافحة تنظيم غولن الإرهابي بتصنيف الجماعات الدينية مصدر (تهديد) للدولة.[٢٣]

إن احتواء تعريف (الملّي) لدى حزب العدالة والتنمية الذي يحتضن مختلف الشرائح الاجتماعية بمعدله الانتخابي الذي وصل إلى ٥٠٪ في مضمونه على المحلي والتعددي والمدني والديمقراطي- سيسهم في نقل حركته السياسية الخاصة إلى المستقبل أيضًا. ويشكّل التعريف المذكور تحدّياً في تعريفه

(٢٣) برهان الدين ضوران، «انقطاع الكودات المحلية لتنظيم غولن الإرهابي ومستقبله»، تركيبة تنظيم غولن الإرهابي، التحرير: أنس بيرقلي، وأفق أولوطاش، منشورات ستا، إسطنبول ٢٠١٧، ص١٧٤- ١٨١.

المصلحة مع (حلفائها) الولايات المتحدة الأمريكية والاتحاد الأوربي الذي يتشاجر معه حول التأثير السلبي للحرب الداخلية في سوريا والعراق؛ لأن هذا التعريف يتمّ في فترة تشهد فيها تركيا توترات شديدة. وإلى جانب أنه لا يتم في ظروف مناسبة كالظروف التي ظهرت فيها (الديمقراطية المحافظة) أو خطاب (حضارتنا الخاصة)؛ فهو يحمل كذلك أثقال خمسة عشر عاماً من السلطة.[(٢٤)]

يرتبط تحديد محتوى الخطاب الملي والمحلي بالوجهة التي تتجه إليها المعارضة السياسية. فانشغال أجندات المعارضة السياسية بالخطابات (الراديكالية) و(الهامشية) التي تطلقها المجموعات المناهضة لتركيا- يشكّل أحد وجهَي الميدالية. أما الوجه الآخر فيتمثل في الخطر الناجم من جرٍّ المعارضة إلى (القومية الشعبوية) من خلال استغلال وجود اللاجئين السوريين في تركيا. وأبرز علامات هذا الخطر يكمن في أن العديد ممن ينتمون إلى حزب الشعب الجمهوري يختلقون مشكلةً من قبيل: لماذا لا يعود السوريون إلى وطنهم ويحاربون بدلًا من العيش برفاهية في تركيا؟[(٢٥)]. لهذا السبب يجب أن يأخذ تعريف حزب العدالة والتنمية للملّية إطارًا يحيّد به العبارات التي تطلقها المعارضة، من قبيل: «بينما يحارب الجنود الأتراك، يجلس الشباب السوريون في المقاهي ويشربون النرجيلة»، ولا يسمح بإقصاء وتهميش اللاجئين السوريين.

---

(٢٤) برهان الدين ضوران، «من سيقوم بالتعبئة من أجل الخطاب المحلي والملي؟»، صباح، ٩ أيلول/ سبتمبر ٢٠١٧.

(٢٥) «قليجدار أوغلو: السوريون سيفسدون نظامنا بأكمله»، خبر تورك، ١٢ آذار/ مارس ٢٠١٦.

وإقدام حـزب العدالة والتنمية علـى التحالف مع حزب الحركة القوميـة جعلـه محـطّ انتقاد، فأضفـى عليه صفة حـزب الحركة القوميـة، ووصفـه أيديولوجيًّـا بـ(القومـي التركي). وتسـتند هذه الانتقـادات فـي فرضيتهـا إلـى أن حزب العدالـة والتنميـة انتقل مـن الخط الإسـلامي (الأمّتي) إلـى الخط القومـي. وعند النظر فـي إطارٍ أوسـع يُلاحَظ أن الأجنـدات لم تتناول هـذه الانتقادات في سـياق حـزب الحركة القومية فحسـب، بل اعتبـرت العَصَبَيْنِ القوميين الآخرين للسياسـة التركية: (العصب الوطني الأوراسـي، والعصـب الكمالـي العلمانـي) أثَّرا أيضًـا في هوية حـزب العدالة والتنمية وسياسـاته:

أولًا؛ هـذا الجـدل الدائر بأن حـزب العدالة والتنميـة قد انزاح نحـو (القوميـة) باعتبارهـا التقليـد السياسـي الذي ينحـدر منه؛ ليـس جديداً. فالساسـة والمثقفـون المحافظون تحدّثـوا عن هذا الأمـر فـي الفتـرة التـي ظهر فيهـا تعريـف (القوميـة). ويمكن أن نضـرب أمثلـة كثيـرة علـى ذلك، منهـا: تبنّـي مفهومـي (القومي) و(المحافـظ) في فترة حرب الاسـتقلال، وإن كان بألـوان مختلفة، والتشـديد علـى (التركي) من قبـل نجيب فاضـل قيصاكورك ونور الديـن طوبجـو، واسـتعمال حركة ملّي غـوروش لكلمـة (ملّي) منذ بداياتـه، والتحالـف الذي أجراه عام ١٩٩١ مـع حزب العمل القومي (MÇP).[٢٦]

---

(٢٦) «الإسـلامية والقوميـة»، غوكهـان جتيـن قايـا، الفكـر السياسـي فـي تركيـا الحديثـة، (المجلـد ٦): الأيديولوجيـة الإسـلامية، التحريـر: تانيـل بـورا ومـراد غولتكينغيـل، منشـورات إلتيشـيم، إسـطنبول ٢٠٠٥، ص٤٢٠- ٤٢٢.

ثانيًا؛ يُصوَّر حزب العدالة والتنمية بأنه الطرف (المستسلم) في التفاعل مع الهويات والمجموعات (القومية) المختلفة. فبينما تُرسَم الهوية الأيديولوجية للمجموعات التي يتفاعل معها سواء أكانت المجموعات كمالية أم قومية على أنها الهوية (المهيمنة)؛ تُرسَم هوية حزب العدالة والتنمية على أنها مادةٌ لاتزال قيد التكوين. بيد أن المخيلة الإسلامية التي يتغذى منها حزب العدالة والتنمية أثّرت كثيرًا في المجموعات القومية التي تفاعل معها، وإن كانت بتدرّجات ناعمة. ويمكن القول إن هذا التأثير أعمق ولاسيّما لدى الشرائح المثالية. ولا ننسى أن حزب الحركة القومية، قُبَيل مقاومة ١٥ تموز ٢٠١٦، انزاح خطه (الملّي) إلى قومية حزب الشعب الجمهوري العلماني. ويمكن القول إن التحالف الذي أجراه مع حزب العدالة والتنمية حال دون حدوث هذا الانزياح، وعزّز الصبغة (الإسلامية العثمانية) في تقليده المثالي. وخير مثالٍ على ذلك هو الدعم الذي قدّمه حزب الحركة القومية لأردوغان في ردّة فعله على إعلان الرئيس الأمريكي ترامب القدسَ عاصمة لإسرائيل. ويمكن أن نضيف مثالًا آخر، هو تأييد حزب الحركة القومية الانتقادات التي وجهتها حكومة حزب العدالة والتنمية إلى النظام العالمي القائم، باعتباره يمارس الظلم على العالم الإسلامي.

تتبلور العلاقة التي بناها حزب العدالة والتنمية مع القوميين حول مقاومة ١٥ تموز ٢٠١٦ . وفي مركزه التصورات السياسية للشرائح الإسلامية المحافظة، وحساسيات (الملّة) و(الدولة) المندمجة في تقليدها . وضمن هذا الإطار المفهومي ينبغي أن نفهم استعمال أردوغان قوله: «إننا نخوض أكبر حربٍ من أجل الاستقلال، ومن أجل المستقبل بعد حرب الاستقلال»- في

وصفه النضال ضدّ التنظيمات الإرهابية الثلاثة، وتشديده على (مسألة البقاء). وينبغي هنا أن نعلم أن (المقاومة) و(النضال) يستندان إلى مقاربة استيعابية لمفهوم (حضارتنا) أكثر من كونهما يستندان إلى منظور قومي.

في المؤتمر العادي السادس لحزب العدالة والتنمية بولاية أسكي شهير ٢٠١٨ أشار أردوغان إلى تراكمات الحضارة التركية باعتبارها جذور روح المقاومة والنضال:

نحن حزب العدالة والتنمية نمثل حضارة غنية، وإن كنّا حركةً عمرها ١٧ عامًا. نحن ممثلو التقليد العريق الذي يمتدّ جذوره للماضي السحيق، أليس كذلك؟ جذور هذه الحركة في جبل حراء وملاذكرد ودوملوبينار وسقاريا وجنق قلعة. في أساس هذه القضية توجد وصية الشيخ أدب عالي، وشجاعة سيد أونباشي وعشق الخدمة عند حسن بولاتكان. نحن أحفاد السلطان محمد الفاتح الذي قال قولته ولما يتجاوز ٢١ عاماً: «إما أن آخذ بيزنطة أو تأخذني بيزنطة»... ونحن بالتأكيد نمثّل المتوكلين على الله الذين يقولون: «لا غالب إلا الله».(٢٧)

والبعد الآخر المحوري للتعريف الجديد الذي يطرحه حزب العدالة والتنمية لـ(الملّيّة) هو ماهية العلاقات المتغيرة مع الغرب. فالانتقادات الكثيرة التي وجهها أردوغان لأمريكا والاتحاد الأوربي مؤخرًا خلقت نوعًا من جدلٍ مفاده: إلى أين

(٢٧) «رئيس الجمهورية أردوغان يتحدث في المؤتمر العادي السادس في ولاية أسكي شهير»، حزب العدالة والتنمية، ١٧ شباط/ فبراير ٢٠١٨،
http://www.akparti.org.tr/site/haberler/cumhurbaskani-erdogan-eskisehir-6.-olagan-il-kongresinde-konustu/97422#1.
(تاريخ زيارة الموقع: ٨ آذار/ مارس ٢٠١٨).

تأخذ حكومة حزب العدالة والتنمية تركيا؟. وينتقد الإعلام الغربي لجوء تركيا إلى التعاون مع روسيا وإيران عندما تقتضي الحاجة في إطار حقيقة بقائها مضطرةً «لنزع شوكتها بيدها» في مكافحة الإرهاب بأنه «انزياحٌ للمحور» أو «الانفصال عن الغرب». ولا ننسى أن محاولة إدارة ترامب لإعادة تعريف دورها العالمي حول شعار (أمريكا أوّلًا) أدّت إلى الغموض في النظام العالمي، وعدم الاستقرار، وصراع القوى. في هذه الأجواء تغيّرت بنية علاقات القوى العظمى والعلاقات عبر الأطلسي على حدّ سواء. وتأتي تركيا في مقدمة البلدان (الحليفة) التي خبرت هذه التغيرات. وكان لا بدّ لتركيا في فترة الغموض المقبلة أن تبني نظام خطاباتها وسياساتها التي تضمن مستقبلها. والأكثر من ذلك، يجب على حزب العدالة والتنمية الذي يواجه تحدّيات في مقدمتها المشكلات الأمنية المتولّدة من الحرب في سورياً والعراق، والمحاولات الرامية لإعادة تصميم منطقة الشرق الأوسط[٢٨]- أن يقدّم إطارًا لهويّته ينسجم مع الاضطرابات التي تشهدها تركيا والمنطقة. ولا بدّ أن يكون هذا الإطار داعمًا للتنبؤات باحتمال استمرار الأزمات الإقليمية والعالمية والإمكانات القادرة على تحويل هذه الأزمات إلى فرص.

---

(٢٨) انظر: أفق أولوطاش وبرهان الدين ضوران، «ما يجري في الشرق الأوسط؛ تنافس إقليمي أم تصميم إقليمي؟»، حزب العدالة والتنمية في عامه الخامس عشر: السياسة الخارجية، التحرير: كمال إنات وعلي أصلان وبرهان الدين ضوران، منشورات ستا، إسطنبول ٢٠١٧، ص٦١- ٨٤.

إن (الحكم الذاتي)[٢٩] الذي يتزايد تدريجيًّا في السياسة الخارجية ليس له صلة بخيار (الترك النهائي) في علاقته مع الغرب. ومن الجليّ أن حزب العدالة والتنمية لا يعمل من أجل (انسجام إلزامي) في السياسات التي تعارض مصالح تركيا. ففي الفترة الجديدة التي تشهد تسييرًا لسياسة (الاندماج الانتقادي) مع الغرب، حلّت الخيارات البراغماتية والإستراتيجية محل الأفهام الغربية الجوهر. ولا ننسى أن ردود الأفعال على المحاولات الأمريكية لتجييش وحدات PKK-YPG ودعمها لبناء دولة كردية في شمال سوريا، قد أدت إلى تصاعد الكراهية لأمريكا في الرأي العام التركي. ويمكن لتعريف (ما هو محلي وملي) أن ينتج شعورًا يتجرأ على الوقوف في وجه أمريكا -إن اقتضت الحاجة- من أجل مصلحة تركيا. مع هذا، فإن تعبئة تعريف (ما هو محلي وملي) بكراهية أمريكا أو أوروبا سوف تكون قوميةً إقصائية، وردود أفعال بسبب الشعور بأن أمريكا وأوربا تخلفتا عن دعم تركيا، بل أبدتا عداوتهما لتركيا في حربها ضد PKK وتنظيم غولن الإرهابي. ومن الواضح أن هذه القومية ستشكل حقيقة خارج الكودات الأيديولوجية لحزب العدالة والتنمية. ومن المهمّ الحيلولة دون وصول ردود الأفعال على عناصر PKK-YPG إلى مستوى عداء الأكراد السوريين تحت تأثير الشهداء الذين يقعون في عملية غصن الزيتون.

---

(٢٩) انظر: مالك مفتي، «Turkey's Choice»، Insight Turkey، الإصدار ١٩، العدد ١، ٢٠١٧. انظر: علي أصلان، «إطار مفاهيمي لفهم السياسة الخارجية التركية: البحث عن الحكم الذاتي»، حزب العدالة والتنمية في عامه الخامس عشر: السياسة الخارجية، التحرير: كمال إنات وعلي أصلان وبرهان الدين ضوران، منشورات ستا، إسطنبول ٢٠١٧، ص١٧- ٤٠.

إن تقييم علاقة الخطاب المحلي والملّي بالتصورات الإسلامية في تركيا سيكون مفيداً لإضفاء معنى على التحوّل الأيديولوجي لحزب العدالة والتنمية. فشريحة المسلمين المحافظين تتبوّأ مكاناً مهمًّا في قاعدة ناخبي حزب العدالة والتنمية، وكوداته رفيعة المستوى، رغم كونه حزبًا يمثّل الكتل المختلفة. ومن اللافت للانتباه أن هذه الشريحة على خلاف تنظيم غولن الإرهابي توصف بـ(الدولانية)، بمعنى إعطاء الأهمية للمصالح التركية ورعاية مصالح الأمة على المدى الطويل. أما خصائص الحركات الدينية التي تشكّل التيار الأمّ فهي انسجام مع (الكودات المحلية والسُنِّيَّة). وهذه الكودات بمثابة (الخميرة) التي تقي من المؤثرات الأيديولوجية الخارجية السلفية والشيعية على حدّ سواء. باختصار، يمكن تعريف الموقف (الدولاني) بأنه يؤمّن عدم التغريب في الدولة والمصالح الملية، ويقدّم الدعم الأكبر للخطاب (المحلي والملّي)، رغماً عن الكماليين العلمانيين الذين تسلّموا الحكم في عهد الجمهورية. وقد تجلى الموقف (الدولاني) الذي تبنته شريحة المسلمين في عهود الاستبداد بدءًا من عهد الحزب الواحد ووصولاً إلى عملية ٢٨ شباط ١٩٩٧- على شكل توسيع مجال وجودها بإمكانات الديمقراطية، بدلًا من الاستسلام التام. وهذا يعني إلى حدّ ما تقييماً للمبادئ والحساسيات الإسلامية التي تضع تركيا في المركز، وبذل الجهود في سبيل تطبيقها.[٣٠]

(٣٠) حرصَ الإسلامويون الذين تم تصفيتهم من البرلمان والسياسة في عهود الجمهورية المبكرة، على عدم الوقوف في وجه الدولة رغم المعاناة التي تجرعوها. واعتبروا التبعية للدولة رغم كل المشكلات مطلبًا للبقاء (محليين). كما اعتبروا عدم الدخول في تحالفات دولية ضد دولتهم مطلبًا يفرضه عليهم الانتماء العميق إلى الوطن والملة والأمة. ومما يشير إلى حس الانتماء هذا، ما قاله رئيس الجمهورية أردوغان: «إن ذاكرة هذه الأراضي والجغرافيا أقوى من الإنسان ذاته؛ تكافئ من يخدمها ويحبها، وتعاقب من يبيعها ويخونها». انظر: برهان الدين ضوران، «الإسلامية في عهد الجمهورية»، الفكر السياسي في تركيا الحديثة، المجلد ٦: الإسلاموية، التحرير: تانيل بورا ومراد غولتكينغيل، منشورات إلتيشيم، إسطنبول ٢٠٠٥، ص١٢٩ – ١٣٥. انظر: برهان الدين ضوران، «حركة غولن من الخدمة إلى تنظيم إرهابي»، Kriter، العدد ٤، آب/ أغسطس ٢٠١٦.

وعند النظر من هذا الإطار يمكن القول إن التكوينات الإسلامية التي تأثّرت بتجارب إيران ومصر وباكستان لم تتبن مقاربة (الدولانية) وقتًا طويلاً، على خلاف الجماعات والطرائق السُنّية المنحدرة من التاريخ العثماني. علاوة على ذلك، تمثّلَ قسم كبير من الحركات الإسلامية في عهدي حزب الرفاه وحزب العدالة والتنمية، الكودات (المحلية) و(الدولانية). فكان لما أضافته الخيارات السياسية لرجب طيب أردوغان على خط ملّي غوروش أثر كبير في هذا التحوّل؛ لأن أردوغان انتهج سياسةً تحتضن جميع شرائح المجتمع المختلفة، ولم يتناول العلاقات مع الغرب من باب الرفض الأيديولوجي، وإنما من باب (التفاعلية) و (المصالح المنطقية).

وأخيرًا من المناسب أن نتناول الخطاب (المحلي الملي) من حيث نظرته إلى أتاتوك مؤسس الجمهورية. فقد أثارت المشاركة الكبيرة لأعضاء حزب العدالة والتنمية في ذكرى أتاتورك بتاريخ ١٠ تشرين الثاني/ نوفمبر ٢٠١٧ جدلًا كبيرًا. وفسر بعض الصحفيين اعتبار حزب العدالة والتنمية أتاتورك (قيمةً مشتركةً)» على أنه (انفتاح على الأتاتوركية)، حتى إنهم قالوا: إن حزب العدالة والتنمية رأى الحقيقة أخيرًا، وأن أتاتورك بدا على حقٍّ حتى في عام ٢٠١٧.

يجب تقييم هذا الجدل مع الانتقادات التي تقول إن حزب العدالة والتنمية استسلم للمنعكسات الدولانية وأنتج الكمالية المتدينة. فحزب العدالة والتنمية تبنى منذ تأسيسه مبدأ تحديث أتاتورك (الوصول إلى مستوى الحضارة العصرية) بتفسيراتٍ خاصة به، وعدّ أتاتوركَ قائد حرب الاستقلال (قيمة

مشتركة) لدى الشعب بما يتناسب مع المقاربة العامة للمحافظين الأتراك. كما ينبغي ألا ننسى أن ممارسات التحوّل العلماني الراديكالي في عهد الحزب الواحد تم انتقادها من خلال حزب الشعب الجمهوري وعصمت إنونو. وتمّ انتقاد إغلاق فرقة حزب الجمهورية التقدمي (ترقي برورَ جمهوريت)، ومحاكم الاستقلال، وإصدار قانون تقرير سكون [قانون الطوارئ]، وأطروحة التاريخ التركي، ونظرية لغة الشمس[٣١] باعتبارها جهوداً أيديولوجية.

ويأتي دفاع حزب العدالة والتنمية عن أتاتورك في سياق التطبيع في تركيا، أكثر من كونه استغناء عن النضال في وجه بؤر الوصاية الكمالية وتكريس الوضع الراهن. فأردوغان الذي يعتقد أنه حاسب بؤر الوصاية الكمالية وحقّق انفتاحات من شأنها تحويل العلمانية الراديكالية؛ يتحرك من منطلق أنه استطاع أن يلبّي مطالب المسلمين في تركيا (الحجاب والتعليم الديني)، بفضل تعريف النظام. كما يُلاحَظ أن تأكيد حزب العدالة والتنمية أن (أتاتورك) يأتي من باب تعزيز الوعي بمكافحة الإرهاب وصدّ الهجمات الخارجية ولاسيّما في الأعوام الأربعة الماضية. وشعار رابعة الذي يرفعه أردوغان دائماً في أثناء تعريفه لما هو محلي وملي- يجمع بين القيم (الإسلامية) و(أتاتورك بصفته قائد حرب الاستقلال). ويُلاحَظ أن رفع هذا الشعار خطوةٌ واقيةٌ حتى لا يحوِّل معارضو حزب العدالة والتنمية أتاتوركَ إلى (رمز المقاومة الهامشي)[٣٢].

---

(٣١) نظرية تَعدّ اللغة التركية أولى اللغات في تاريخ العالم، وقد لقيت دعم أتاتورك عام ١٩٣٠. المترجم.

(٣٢) برهان الدين ضوران، «هل القادم أتاتوركية جديدة؟»، صباح، ١٤ تشرين الثاني/ نوفمبر ٢٠١٧.

لقد كان المثال الأخير للموقف الوطني لحزب العدالة والتنمية هو البيان الانتخابي للرئيس أردوغان من أجل انتخابات ٢٤ حزيران / يونيو ٢٠١٨.

لقد قدم أردوغان في ٧ مايو ٢٠١٨، ملخصا لنضاله السياسي كزعيم وملخصا لنضال حزب العدالة والتنمية وكذلك ملخصا لتصوره المستقبلي، وكانت أول رسالة وجهها هي شعار «نحن تركيا» وهي رسالة وشعار يغطي كل قطاعات المجتمع ويراعي حساسياتها ومشاعرها.

لقد كان واضحا استخدام ٣ مفاهيم في الخطاب عند الحديث عن هوية حزب العدالة والتنمية أثناء عرض البيان الانتخابي وهي (الديمقراطية المحافظة، حضارتنا، الوطنية والمحلية)

لقد ذكر أردوغان في كلمته عندما خرج من سجن بينارحصار مفهوم «الموقف الوطني» والذي نجده حاضرا بشكل جوهري في البيان الانتخابي.

يتصف البيان الانتخابي باحتواءه على لغة شاملة فيما يتعلق بالداخل، ولغة حسم وقرار فيما يتعلق بالخارج بشكل واضح.وقد جمع البيان أهدافا مثل تحقيق الرخاء والعدالة والحرية ووعود التنمية مع هدف أن تصبح تركيا قوة عالمية وقد تم تخطيط الانتقال إلى النظام الرئاسي كبداية لقفزة للبلاد وتألقها.

وقد لوحظ أن البيان الانتخابي قد احتوى على عدد من الثلاثيات بشكل ظاهر، ومن ذلك الحديث عن (التأسيس - النهضة - التوهج) في قصة حزب العدالة والتنمية وأيضا على المفاهيم الثلاثة المركزية (الإرادة - الفضيلة - الشجاعة).

كانت فترة التأسيس حتى عام ٢٠٠٢، وكانت فترة النهضة في تجربة الحكم حتى عام ٢٠١٨، ويتم حاليا إنشاء نظام جديد بعد عام ٢٠١٨ تم رسمه كمسار صعود وتوهج.

وعلاوة على ذلك، حدد أردوغان حديثه عن تركيا وعن نفسه في متن البيان الانتخابي في ثلاثة أجزاء:
كانت هناك في الجزء الأول وصفة لهوية مشتركة مليئة بالعواطف والحماس والرمزية والتاريخ حول موضوع ومفهوم «نحن».

كان هناك استمرار لمفهوم «نحن» والنضال المشترك بدءا من ملاذ كرد في عام ١٠٧١ والأوقات التاريخية من الإمبراطورية العثمانية والجمهورية مثل جناق قلعة، وقد امتدت قصة هذه الملحمة حتى ١٥ يوليو. لقد تم النظر إلى «نحن» على أنها تمثّل نموذج لكل من الاستمرارية والشمولية وروح البطولة.

وفي الجزء الثاني، تم التأكيد على تجارب حزب العدالة والتنمية كتجارب تغيير، ونضال وتجربة نجاح. وقد ركز أردوغان في هذا الجزء الذي أشار إلى تجلي الإرادة الوطنية في الحياة السياسية في تركيا على نجاح التنمية وانهاء نظام الوصاية.

وفي الجزء الثالث تم التركيز على الحقبة الجديدة في تركيا والتي ستتشكل مع تأسيس النظام الجديد وماذا سيتم العمل بها. وقد تعاهد أردوغان مع الشعب على المضي بتركيا لتصبح قوة عالمية ووعد بخلق دولة أكثر ازدهارًا وحرية للجميع:

«إذا لم يكن أحدنا حرا، فإن الآخر لا يعد حرا... إذا رأى أحدنا مستقبله غير آمن فإن الآخرين كذلك وسوف نبذل كل الجهود حتى لا يكون أي من مواطنينا مستبعدا من التنعم بالوجود في دائرة العدالة».

وقد أكد أردوغان على «العمل المشترك والاستمرار في الطريق» خاصة مع النساء والشباب:

«أنتم، في سنتي ٢٠٥٣ و ٢٠٧١ تمثلون المستقبل الذي نحن مؤتمنون عليه ونحن لن نأمركم ولن نملي عليكم لن نعمل لنضع لكم القوالب بل سنعمل معكم فقط» . وفي هذا البيان الانتخابي، أرسل أردوغان رسالة على انعكاس للموقف الوطني الأصلي على السياسة الخارجية.

حيث أن هناك تصميم على إبقاء تركيا وجعلها «جزيرة الاستقرار» في عالم يعج بالغموض والصراعات أكد أردوغان مجددا على تصميمه على المكافحة في البيئة العالمية وفقا للمصالح الوطنية لتركيا وقال أنه لديه إرادة للعمل مع الاتحاد الاوروبي ومع تحالفات أخرى. وفي هذا الإطار برزت رؤية القائد على أعتاب تأسيس نظام جديد(٣٣).

(٣٣) برهان الدين ضوران، شيفرات البيان الانتخابي لأردوغان، صباح، ٨ مايو ٢٠١٨.

الخاتمة:

إن أهم قوة لحزب العدالة والتنمية منذ عام ٢٠٠١ في موضوع الإصلاح هو كونه متقدماً الأحزاب السياسية الأخرى دائماً، وتموقعه الدائم حول التغيير والاستقرار بشكلٍ مستمر[٣٤]. وهذا التموقع نتيجة ادعاء حزب العدالة والتنمية وزعيمه بتغيير تركيا. وقد مرّ هذا الادعاء من عملية ديناميكية عاشت فيها المحاسبة والأزمات إلى جانب الإصلاح والانفتاح والترميم. وتأتي خطابات الحزب لإضفاء الشرعية على السياسات التي تشكّل جواباً لآلام مخاض هذه العملية.

تستند التغييرات الأيديولوجية/ الخطابية التي عاشها حزب العدالة والتنمية في الحكم إلى خطابات ثلاثة مرتبطة بالتأكيد التابع للتجربة والحاجة أكثر من كونه انكسارات غير مترابطة: الديمقراطية المحافظة، والتعهد بحضارتنا، والموقف المحلي الملي. وإنّ دعوى (تركيا الجديدة) الحضارية خلال الإصلاحية في سياق الإندماج بأوربا وحركات التمرد العربي وخطابه المحلي الملي بعد ١٥ تموز- تشكل جزءاً لا يتجزأ من التحوّل الأيديولوجي. والتحوّل الأيديولوجي موضوع البحث لحزب العدالة والتنمية هو حاصل تجربته الخمسة عشر عاماً في السلطة. ويستند إلى تراكم الحسابات مع الوصاية الكمالية والماضي الإسلامي والنظام الإقليمي. وقد تمكّن الحزب من إضفاء الشرعية على تغيراته السياسية بامتلاكه قيادة قادرة على شرح التحوّل الذي يعيشه لناخبه.

(٣٤) مَلْتَم مفتولر - باج وفؤاد كَيمان،
«The Era of Dominant-Party Politics»، Journal of Democracy
الإصدار ٢٣، العدد ١، كانون الثاني/ يناير ٢٠١٢، ص٨٥-٩٩.

إذ تمكّن من القيام بإستراتيجيته في مكافحة قاسية موجّهة لحزب العمال الكردستاني في الداخل التركي والعراق وسوريا في آن واحد بعد تموز ٢٠١٥ وسط دعم كبير يستند إلى أحقيته في ذلك بعد تجربتين لعملية سلام خاضها بين عامي ٢٠٠٩ و٢٠١٥. وتمَّ تأمين التداخلات الديناميكية بين الخطابات الثلاثة بقيادة أردوغان القوية. فقد استطاع أردوغان نقل الموضوعات المشتركة للتيارات المحافظَة والقومية والإسلامية باعتبارها المحاور الأساسية للحياة السياسية في تركيا إلى مستوى الخطاب والعمل بما تقتضيه الحاجة والإمكانات المرحلية. ويظهر أردوغان القادر على الجمع بين المنافع الملية التركية والإحساس بالمسلمين المظلومين من سوريا إلى الصومال وأرقان لدى ناخبيه في الوقت ذاته- بصفته ناقداً معارضًا للنظام العالمي الظالم في قيادة الغرب. واستطاع أردوغان من تقديم سياساته باعتبارها تركيبًا لمثاليات السياسة الكلية (الماكروية) التي يسعى خلفها ببراغماتية تتقن الوصول إلى السلطة وتُعنَى به[٣٥].

ومن الواضح أن هناك ارتباطٌ بين الخطابات والتأكيدات الثلاثة التي استعملها حزب العدالة والتنمية بالمشكلات الداخلية والخارجية التي واجهها في أثناء وجوده في السلطة. ففي وسط تداخلت فيه السياسة الداخلية والخارجية واجه حزب العدالة والتنمية حاجته لتحكيم هويته في الداخل في بعض الأحيان من خلال خطابه السياسي الخارجي. وخدمت

(٣٥) من أجل الجوانب المتعددة لقيادة أردوغان، انظر: يالجين أق دوغان، أردوغان والقيادة السياسية، منشورات تركواز، إسطنبول ٢٠١٧.

حركاته الحرجة في السياسة الخارجية، كعملية السلام ومقاومة ١٥ تموز ودرع الفرات وعملية غصن الزيتون- الحاجة إلى توحيد الداخل وتماسكه عند اللزوم في بعض الأحيان. وتمّ تأمين الاحتياجات الديناميكية للسياسة الداخلية والخارجية في وسط تداخلت في هذه الخطابات الثلاثة من خلال تقديم بعضها على بعض. وتولّى التواصل المؤثر الذي أسسه أردوغان مع الرأي العام وقيادة أردوغان القوية دوراً معيناً وميسراً لانتقال التأكيد بين هذه الخطابات الثلاثة.

وتنتقد المعارضة كذلك ميل حزب العدالة والتنمية إلى القسوةَ في مكافحة الإرهاب، خصوصاً بعد تطبيق حالة الطوارئ عقب محاولة انقلاب ١٥ تموز ٢٠١٦- بأنه (استسلام للقومية التركية). وهذا يستدعي مزاعم تحول حزب إلى (الكمالية) أو (المقاوم للتغيير) أو (التتريك). والواقع أن مفهوم (الملّي) الذي استعمله حزب العدالة والتنمية منذ تأسيسه تداخل مع مفاهيم (المحافَظَة)، ثم (الحضارة)، ثمّ (المَحَلّي). لكن مفهوم (الملية) في كل صيغة من صيغه يختلف عن كل من المليَّة الكمالية والملية التركية التي يحملها حزب الحركة القومية.

والأمر الذي ينبغي بيانه هنا أنه رغم خيبة الأمل في عملية السلام الناجمة عن تحوّل الولايات والمدن الشرقية إلى (حروب الخنادق) التي يؤيّدها حزب الشعوب الديمقراطي- فإن تأكيد (دولة واحدة، ملة واحدة) الذي تردّد على ألسنة مسؤولي حزب العدالة والتنمية حذف من هذا المفهوم محتوى عدم الاعتراف بالهوية الكردية وإقصائها . فمفهوم (ملة واحدة) يشير إلى هوية ملية تستوعب جميع الهويات التي تضمّها تركيا، ولم يحدث

تراجع عن الحقوق التي اكتسبتها الهوية الكردية بالإصلاحات التي جرت على يد حزب العدالة والتنمية، بل جاء التفاف الأكراد حول (وطن واحد، علم واحد) سعيًا إلى (محلية قوية) تشمل تركيا كلها، وعزمًا على الصراع مع الذين يستغربون عن تركيا، ويستهدفون استقلالها، كتنظيم غولن الإرهابي، وحزب العمال الكردستاني. فإن كنتم تريدون الاستقلال الحقيقي التام؛ يجب عليكم تعميم (المحلية والملِّيَّة)، وإحيائها في المجالات كافة. والتاريخ التركي في الواقع أُسِّس على الصراع بين أنصار (الملية والمحلية) والمستغربين عن بلدهم وملَّتِهِم[٣٦].

والخط السياسي المحلي والملي لحزب العدالة والتنمية يعمل على نقل دور تركيا في النظام الدولي إلى موقع أكثر فاعلية. ومن الواضح أن هذا الجهد يأتي استجابة للبحث عن توازن جديد داخل التحالف الغربي والوضع لإقليمي على حد سواء. وتظهر الحاجة إلى جاهزية تركيا لخوض الصراعات إلى جانب الاستقرار السياسي في معادلة القوى العظمى المتجهة إلى فترة غموض جديدة.

---

(٣٦) رجب طيب أردوغان، «المحلية والملية ينبغي أن تكون معاييرنا»، Kriter، العدد ١، أيار/ مايو ٢٠١٦.

خطوات التحوّل الديمقراطي في عهد حزب العدالة والتنمية

ماهر أونال

المدخل

تُمثِّل حكايةُ التحوّل الديمقراطي في تركيا تاريخ التغيراتِ والانعطافات والأزمات الكبيرة، فالخيارات الجديدة التي تشكل الجمهورية التركية الفتية أصبحت محدِّدات حاضرنا التي لا مفرّ منها، والبنية الذهنية التي شكّلت هذه الخيارات أرادت أن تتغافل عن أنّ عنصر الإنسان في الدولة الجديدة الناشئة هو من بقايا مجتمع الإمبراطورية، وتتجاهل علاقة الاستمرارية بين الدولة الناشئة والدولة السابقة، ورفضت القبول بأنّ الظاهرة التي تغيرت مع الجمهورية إنّما شمِلت المجال الإداري فحسب، وتوصّلت في النهاية إلى مفهوم الحداثة القائمة على رفض الموروث، وأحدثت في هذا الصدد تحوّلًا جذريًّا في الشيفرات الوراثية للدولة والأمة، ولو كلّف ذلك صراعًا مع خيارات المجتمع وقيمه وحقائقه. وبناءً على هذا الطراز من مفهوم التغيير، تجاهلت هذه البنية الذهنية منظومة قيم الأمة وتراثها وتراكمها وذاكرتها الممتدة إلى عصور، واستوردت كل شيء تقريبًا من الغرب. وكشفت بعض التطبيقات التي طُوِّرت في سياق هذا الفهم الخاطئ للتحديث في الفترات المختلفة في تاريخ الجمهورية- الصراعَ الدائرَ بين الدولة والأمة، ومنعت اندماج

الشعب في الدولة بكل مؤسساتها، بل مهّدت الطريق أمام تحوّل هذه المؤسسات إلى أدوات وصاية لممارسة الضغط على الشعب.

وفي هذه المرحلة، ظهر الفهم الجاكوبي الذي يرى نفسه صاحب الجمهورية والنظام والدولة وحارسها الحصري مع ظهور حزب الشعب الجمهوري (CHP)، واحتكر الحزب لنفسه أجهزة الدولة في عهد الحزب الواحد. أمّا الحداثة التي بدأت في سياسة البلد مع نشأة الحزب الديمقراطي (DP) فقد شرعت في عملية تمنحُ إرادة الأمة؛ أي (إرادة الشعب)[1] دورَ الفاعلية في آلية تشغيلٍ أجهزة الدولة، وقد وجدت الأمة الفرصة للتعبير عن نفسها وخياراتها وقيمها من خلال هذا التطور.

كما أن العملية المذكورة كانت نقطة البداية للصراع بين أولئك الذين يريدون سيادة إرادة الأمة في الدولة وبين معارضيها. حيث إن تقليد حزب الأمة و(رجال الأمة) الذي بدأ مع عدنان مندرس القائل (كفى! القول والقرار للأمة) وحزبه الديمقراطي DP في هذه الفترة انتهى مؤخرًا إلى رجب طيب أردوغان وحزب العدالة

---

(١) يستعمل الكاتب هنا كلمتي (ملّت) و(خَلْق)، ولئن كانت كلمة (خَلْق) في التركية تعني (الشعب)؛ فإن كلمة (ملّت) تطورت عبر التاريخ، وأخذت معاني متعددة في منعطفاته المختلفة؛ فهي في الأصل تعني أتباع الدين، والملّة العثمانية تعني المسلمين من التابعية العثمانية، ثم أصبحت بعد الجمهورية تطلق على الشعب التركي والقومية التركية، وقام على أساسها حزب الحركة القومية (ملّي حركت بارتيسي)، كما حاول أ.د. نجم الدين أربكان التذكير بالبعد الإسلاميّ، فاعتمد هذه الكلمة أيضًا، فسمى حركته (ملّي غوروش) واقترن اسم حزبه بالكلمة بشكل دائم، (ملّي نظام، ملّي سلامت، مَلّي رفاه، ملّي سعادت) بارتيسي، كناية عن الإسلام، كما يشتهر ذلك بين أتباعه. والمقصود هنا في المقال إرادة الشعب، وآثرنا كلمة (الأمة) تمييزًا عن كلمة (خَلْق) اللصيقة بحزب الشعب الجمهوري. المترجم.

والتنمية، وبدأت إرادة الأمة تعرض نفسها في مواجهة كلّ أنواع الوصاية، وأوضح مثال على ذلك هو ما أظهره الشعب من المقاومة في وجه الانقلابيين بعد محاولة ١٥ تموز.

كان العمل على فرض الأيديولوجيا الشخصية على الدولة، وتقديم الحداثة والتطور للأمة من خلال قراءتهما في الإطار الشخصي الضيق- هما الفهم السائد في تركيا حتى مطالع الألفين التي تسلّم فيها السلطة حزب العدالة والتنمية. وكان هذا الفهم يستمر في وجوده بوصفه آلية تدفع أي تيار للتحوّل الديمقراطي إلى الانحسار من خلال الآليات التي تكسبها لبنية النظام، فتقوم من أجل ذلك بعمل انقلابي أحيانًا، وتفتعل أزمات اقتصادية وسياسية أحيانًا، وتعمل على شلّ الحكومات أحيانًا كما حصل في عملية ٢٨ شباط. ومن المهمّ هنا أن نفهم كيف قام الفهم السياسي الديمقراطي الذي يحمله حزب العدالة التنمية بتحويل هذا النظام، وتقييم المسألة بطريقة سليمة.

وصول حزب العدالة والتنمية إلى السلطة:

حين وصل حزب العدالة والتنمية إلى السلطة في عام ٢٠٠٢ دافع عن السياسة الديمقراطية المدنية والسياسات التحويلية في وجه الأيديولوجيات التي أنشأتها مراكز الوصاية على الإمبراطورية المشتتة، وجعلتها ضرورية من زاوية استمرارية الدولة الوطنية، ونفوذها داخل الدولة. وقد برز ذلك في برنامج الحزب بشكل واضح:

«إن حزبنا هو حزب يهدف إلى تقديم حلول أصيلة ودائمة لمشكلات البلاد من خلال التراث التقليدي والماضي بما ينسجم مع الواقع العالمي، ويقوم على أساس خدمة المجتمع،

ويتبنّى ممارسة السياسة في منصّات القيم الديمقراطية المعاصرة بدل منصّات الأيديولوجيات. وبهذا الوصف، يحتضن الحزب المواطنين جميعًا من دون تفريق بينهم في الجنس والجذور العرقية والعقيدة والرؤية العالمية. ويشكل تطوير وعي المواطنة القائم على الفهم التعددي هذا، ومشاركة شعور الاعتزاز بالانتماء إلى الوطن الذي نعيش فيه مع جميع المواطنين وحمايته من أهداف حزبنا الأساسية»[٢].

وهكذا نرى أن هناك تأكيدًا قويًا في برنامج الحزب لحقوق الإنسان وحرية التعبير والصحافة والتحوّل الديمقراطي والمجتمع المدني. والأهمية الممنوحة لمبدأ القيم الديمقراطية المعاصرة، كما أن تأكيده في هذا الإطار عدم التفرقة بين المواطنين من حيث الجذور العرقية والدين والرؤية العالمية يكشف عن خطوط النظام الاجتماعي الجديد الذي يهدف إليه حزب العدالة والتنمية؛ لهذا السبب يأتي على رأس الأمور الأكثر أهمية التماسك الداخلي في تركيا، وبناء علاقات أكثر قوة مع العالم الخارجي.

وينسجم مع هذا المفهوم تركيز الحزب على الديمقراطية خلال إنشاء هويته الجديدة، وهذا جاء نتيجة المعضلات السياسية والاجتماعية التي شهدتها الحياة السياسية التركية قبل عهد حزب العدالة والتنمية. وفي هذا السياق كان من

---

(٢) «برنامج حزب العدالة والتنمية» حزب العدالة والتنمية، https://www.akparti.org.tr/upload/documents/tüzük-2013-1.pdf (تاريخ الزيارة: ٧ مارس / آذار ٢٠١٨).

المهمّ أن يؤكد رئيس حزب العدالة والتنمية رجب طيب أردوغان أنّ حزبه لا يتبنّى سياسة اليمين ولا سياسة اليسار الكلاسيكيّتين، وأنه يملك هوية ديمقراطية محافظة[٣].

وهذا بدوره مؤشر على أن حزب العدالة والتنمية لا يبني هويته الجديدة فحسب، بل يقدّم أيضًا منظورًا جديدًا لمستقبل تركيا؛ منظورًا يرتكز على فكرة المصالحة أكثر من ارتكازه على فكرة الصراع، ويحقّق تكامل المفاهيم التقليدية والحديثة التي يبدو للوهلة الأولى أنه لا يمكن التوفيق بينها[٤].

هذا الفهم الجديد الذي حاول حزب العدالة والتنمية إحداثه في السياسة هو السبب الأساسي في الضغوطات التي واجهها الحزب في كل المجالات منذ عام ٢٠٠٢، فانكسار فهم الوصاية في تركيا، والعمل على تأسيس السيادة الشعبية في كل المجالات، يعني فقدان بعض الأطراف المواقع المتميزة التي يتمسّكون بها منذ سنوات طويلة. وقد تمثّلت الهجمات التي طُوِّرت لمحاربة الفهم الجديد لحزب العدالة والتنمية، في بقاء رجب طيب أردوغان ممنوعًا من ممارسة العمل السياسي قبل وصوله إلى السلطة، ومحاولة الأنظمة البيروقراطية والأوليغاركية العسكرية الحفاظ على وجودها من خلال اختلاق الأزمات لشلّ حزب العدالة والتنمية.

---

(٣) «الديمقراطية المحافظة»، İHA، ٥ أغسطس/ آب ٢٠٠٢.

(٤) يالجين دوغان، الديمقراطية المحافظة، منشورات حزب العدالة والتنمية، أنقرة ٢٠٠٣، ص١٢٨-١٣٤.

ويعود الفضل في استقرار هذا الفهم الجديد إلى قائد الحزب، وسياسته الحكيمة، وقدرته على اتخاذ المبادرات، ونجاحه في الصراع من أجله. فالنجاح الشخصي لأردوغان على مستوى قيادة الحزب وحلّ المشكلات جعل قيادةَ الحزب في موقع مهمّ للغاية[٥]. إذ إنّ قدرة أردوغان على نقل السياسة إلى أبعد من خيال الكتلتين اليمينية واليسارية، وتطويره فهمًا لا يحتضن شريحة دون غيرها، بل يحتضن شرائح المجتمع كافة، ويقدّم الحلول لمشكلاتهم، كانت من العوامل التي جعلت حزب العدالة والتنمية حزبًا جماهيريًّا. واكتسب نجاح أردوغان بقيادة حزبه في مواجهة الأزمات أهمية أكبر؛ لأنه كان السبب في تماسك سياسات حزب العدالة والتنمية.

التحوّل الديمقراطي لرئاسة الجمهورية:

يمثّل التصويت على الاستفتاء الشعبيّ عام ٢٠٠٧ عددًا من نقاط التحوّل في تاريخ السياسة التركية. ويرمز الاستفتاء إلى تحوّل كبير من حيث التحوّل الديمقراطي في رئاسة الجمهورية الذي يعدّ مؤسسة وصائية بحسب دستور ١٩٨٢، وتحوّله إلى موقع يمثّل الشعب إلى جانب تمثيله للدولة. فالبنى الوصائية تستعمل انتخاب رئيس الجمهورية من قبل البرلمان صمَامَ أمان، إذ تلغي بذلك دور المجتمع في العملية الانتخابية، وتقدّم للبرلمان العضو الذي تراه (الشرعي) والمحقّق لشرط (الانسجام الأيديولوجي). ولكن الشرط

---

(٥) متين هابر، حياة تركيا السياسية من الناحية التاريخية والمؤسساتية والمقارنة، منشورات دوغان، إسطنبول ٢٠١١، ص٣٢٦.

الذي صُوِّت عليه في الاستفتاء والذي يقضي بانتخاب رئيس الجمهورية من قبل الشعب، كان خطوة مهمّة في طريق التحوّل الديمقراطي لرئاسة الجمهورية عن طريق إلغاء هذه الآلية المؤسساتية[٦].

أدّت المقاومة التي أبدتها البنى الوصائية في العملية الانتخابية لرئاسة الجمهورية دورًا مهمًّا في إعداد التعديل الذي صُوِّت عليه في استفتاء ٢٠٠٧.

فالبنى الوصائية كانت تريد أن ترشِّح للبرلمان من ينسجم مع أيديولوجياتها الخاصة، وعندما أخفقت في ذلك استخدمت آليات الوصاية التي بين أيديها لعرقلة انتخاب رئيس الجمهورية. والعملية المؤلمة التي أدخلت الوصاية الكمالية إلى جريمة عضوية والتي كانت مسرحًا لصراعات سياسية شديدة- أدت إلى نشوب صراعات كبيرة في جبهات مختلفة مرتبطٍ بعضها ببعض في هذا الصراع الدائر حول الموقع الرئاسي.

مع اقتراب عام ٢٠٠٧ جرت نقاشات حادّة حول الأسماء المحتملة في الترشّح لانتخابات رئاسة الجمهورية، فالوصاية الكمالية كانت تَعدّ انتخاب المرشح لرئاسة الجمهورية الذي لا يتوفر فيه شرط الانسجام الأيديولوجي- خسارةً للسلطة، وتحاول اللجوء إلى أيّ وسيلة أخرى: سواء أكانت قانونية وأخلاقية أم غير قانونية ولا أخلاقية- لعرقلته والحدّ دون

(٦) علي أصلان ونبي ميش وعبد الله أرن، «التحول الديمقراطي لرئاسة الجمهورية في تركيا»، تحليلات ستا SETA ، العدد ١٠٣، أغسطس/ آب ٢٠١٤.

انتخابه رئيسًا للجمهورية، فخلقت أزمة ٣٦٧ صوتًا لمنع انتخاب رئيس الجمهورية في مجلس الشعب التركي الكبير، وتدخّلت في الشؤون السياسية من خلال شخصيّات في الجيش، تملك ميولًا (طغموية)، ومنظمات مختلفة اكتست كسوة المنظمات غير الحكومية. وألغت المحكمة الدستورية عملية التصويت لانتخاب رئيس الجمهورية في المجلس لعدم اكتمال نصاب ٣٦٧، وهذا أدّى إلى شلّ العملية ووصول الديمقراطية التركية مرة أخرى إلى طريق مسدود.

وظهرت في هذه المرحلة منعكسات وصائية، إذ قدّم حزب العدالة والتنمية بالمقابل للمجلس مشروعًا ينصّ على انتخاب رئيس الجمهورية مباشرةً من قبل الشعب، لتجاوز الأزمة من ناحية، وتفاديًا لحادثة مشابهة أخرى في طريق التحوّل الديمقراطي. من خلال هذا التعديل تم الإقرار بانتخاب رئيس الجمهورية من قبل الشعب، ولم يعد هذا الموقع أداة بيد البنى الوصائية، وتم الإقرار بهذا التعديل بالدعم الشعبي، وانتهت بذلك آلية الرقابة الوصائية على انتخاب رئيس الدولة.

خطوات التخلّص من الوصاية القضائية والعسكرية:

بدأت مراكز الوصاية التي فقدت مواقعها نتيجة عملية التحوّل الديمقراطي تستخدم القضاء الذي بقي في يدها بصورة فعّالة منذ عام ٢٠٠٨، وأرادت بهذه الطريقة الاحتفاظ برقابتها على السياسة. وملأت البيروقراطية القضائية الفراغ الذي تركته الوصاية العسكرية، وتبنت مهمة حراسة النظام، ووضعت نفسها في موقع المراقب على السياسة والكابح لها.

وفي هذا الوسط، قام حزب العدالة والتنمية بالعمل السياسي محطّمًا هذه الأوليغارشية من ناحية، وعمل على المحافظة على وجوده في وجه هجمات هذا الكيان المترسّخ من جهة أخرى. وأعدّ في هذا الصدد حزمة تعديلات دستورية في عام ٢٠١٠ وعرضها للاستفتاء الشعبي.

تضمنت حزمة التعديلات الدستورية التي أعدّها حزب العدالة والتنمية تعديلات مختلفة، مثل: التعديلات التي تمسّ القضاء الأعلى، وعدم اعتبار التمييز الإيجابي بحقّ المرأة مخالفًا للدستور، وحصول حقوق الأطفال على الأساس الدستوري، واتخاذ التدابير اللازمة لحماية البيانات الخاصة، وتخفيف القيود على المغادرة خارج البلاد، وإجراء التنظيمات المختلفة في الحقوق النقابية، والاعتراف بالتحصيل المعلوماتي حقًّا دستوريًّا، وتضمين بند الحقّ في الالتماس الفردي إلى المحكمة الدستورية، وإنشاء الهيئة العامة للتفتيش، وفتح العقوبات التأديبية بحق قرارات المجلس العسكري الأعلى والمسؤولين الحكوميين أمام المراجعة القضائية. كما أنّ حزمة الدستور تضمنت موضوعًا مهمًّا آخر هو إلغاء المادة ١٥، وإجراء محاسبة الانقلابات على أسس قانونية لأول مرة في تاريخنا السياسي.

وكان حزب العدالة والتنمية الذي قدّم حزمة التعديلات الدستورية إلى البرلمان- يهدف إلى قبول التعديلات المقترحة بتوافق الآراء، لكن التوافق لم يحصل، حيث قدّم كل حزب من الأحزاب المعارضة في المجلس بعض الشروط وفقًا لأجندته

الخاصة. ومع ذلك تمكّن حزب العدالة والتنمية من جمع الشرائح الاجتماعية المختلفة حول أجندة التحوّل الديمقراطي، وقُبِلت نتيجة الاستفتاء الذي نال الدعم من الشعب (٧).

رحلة الديمقراطية المتقدّمة لحزب العدالة والتنمية:

بيّن حزب العدالة والتنمية أن التصوّر التركي للمدنية يعتمد على مبدأ «أَحْيِ الإنسانَ تَحْيَ الدَّولةُ»، وأكّد أن الأولوية دومًا هي أن يحيا الأفراد والشرائح المختلفة في المجتمع حياة حرة في أجواء الديمقراطية التعددية الحرة. وكشف حزب العدالة والتنمية بذلك أن أحد أسباب وجوده هو إغلاق الثغرة الديمقراطية في تركيا. ومن أجل تعزيز الديمقراطية المتقدمة جعل إنشاء مؤسسة سياسية قوية، ومجتمع مدني قويّ، ودستور جديد، ونظام قضاء ديموقراطيّ موثوق به، ومواطن وإدارة سياسية منتجة- هدفًا له، وفي نهاية كل ذلك جعل الوصول إلى نظامٍ اجتماعيٍّ ديموقراطي حرٍّ هدفًا له (٨).

في سياق الأهداف المذكورة، كشف حزب العدالة والتنمية في عام ٢٠١٣ عن (حُزمة التحوّل الديمقراطي) التي تشمل مجالات شتّى. وفي إطار الحُزمة قُدِّمت اقتراحات ووعود مختلفة إلى الرأي العام، مثل: تغيير نظام الانتخابات مع ثلاثة بدائل، والمساعدة الانتخابية لمصلحة الأحزاب

---

(٧) «تركيا في عام ٢٠١٠»، تحليلات ستا، العدد ٣٢، يناير/ كانون الثاني ٢٠١١، ص٣٤ - ٣٥.

(٨) «البيان الانتخابي لحزب العدالة والتنمية في الانتخابات العامة لعام ٢٠١١»، حزب العدالة والتنمية، (تاريخ زيارة الموقع: ٨ مارس/ آذار ٢٠١٨)
https://www.akparti.org.tr/upload/documents/2011-beyanname.doc

السياسية، والترتيبات التي تسهّل قبول الأعضاء والتنظيم، والسماح بالدعاية السياسية بمختلف اللغات واللهجات، وتوسيع نطاق جريمة الكراهية، وتفعيل دور مجلس المساواة ومكافحة التمييز، وبعض الترتيبات التي تسهل الإجراءات في قانون عقد الاجتماعات والمظاهرات، والتعليم في المدارس الخاصة بمختلف اللغات، والضمانات القانونية لحماية البيانات الشخصية، وإلغاء منع الحجاب في الحياة العامة. وقد تحقّق أغلبها في المدى القصير والمتوسط، بينما لم يُنفَّذ بعضها بسبب عدم التوصل إلى وفاق بشأنها مع الأحزاب المعارضة. لكن من خلال الترتيبات المذكورة تمّ التقدّم بخطوات حثيثة نحو الهدف النهائي في إنشاء نظام اجتماعي ديمقراطي حرّ(٩).

من ناحية أخرى، تحمل المؤسسة السياسية القوية أهمية كبيرة في سياق الهدف الأساسي والنهائي هذا، وقد قام حزب العدالة والتنمية الذي يدرك أهمية ذلك بإجراء انتحاب رئيس الجمهورية لأول مرة في عام ٢٠١٤ بإجراء عملي لبند انتخاب رئيس الجمهورية بشكل مباشر من الشعب الذي اعتُمِد وفقًا لاستفتاء عام ٢٠٠٧، من دون أن يُعَدّ ذلك مجرّد إجراء انتخاب، بل عدّه تحوّلًا ديمقراطيًّا في موقع رئاسة الجمهورية الذي كان يرمز إلى السيطرة الوصائية المذكورة، ولهذا السبب كان مرشح حزب العدالة والتنمية لرئاسة الجمهورية هو مؤسّس

(٩) «حُزمة التحول الديمقراطي ٢٠١٣»، حزب العدالة والتنمية
http://www.akparti.org.tr/upload/documents/demokratiklesme-paketi.pdf
(تاريخ زيارة الموقع: ٨ مارس/ آذار ٢٠١٨).

الحركة ورئيس الحزب رجب طيب أردوغان. ومعنى هذا الترشح هو وضع الإرادة الشعبية في رأس الأولويات، والتحوّل الديمقراطي في موقع رئاسة الجمهورية، وفي تركيا أيضًا، وتعزيز المؤسسة السياسية. ومن ثمّ، كان انتخاب الشعب نفسه رجب طيب أردوغان أول رئيس للجمهورية الخطوة الأولى نحو تعزيز المؤسسة السياسية وتحوّلها الديمقراطيّ (١٠).

وفي هذا الصدد هناك معنى آخر لانتخاب رجب طيب أردوغان رئيسًا للجمهورية في طريق التحوّل الديمقراطي في تركيا، وهو أن وصول حزب العدالة والتنمية بقيادة رجب طيب أردوغان له إلى السلطة في ٢٠٠٢، وعملية التحوّل والتغيير التي بدأ بها، يشيران إلى عملية الترميم التي تمّ فيها تطبيع السياسة والمؤسسات وتحوّلها الديمقراطي في تركيا وفقًا (لسياسة أردوغان)(١١). وقد ظهرت المرحلة الجديدة من عملية الترميم هذه من خلال انتخاب أردوغان رئيسًا للجمهورية، إلى جانب رؤية (تركيا الجديدة) القائمة على الديمقراطية والتنمية الاقتصادية. فكونه رئيس الجمهورية الذي انتُخِب باسم مجتمع تركي أكثر ديمقراطية ورفاهية، وأول اسم ينتخَب لهذا الموقع، والشخص الذي قام بتحويل هذا الموقع، هو أهمّ الخطوات التركية في طريق التحوّل الديمقراطي.

(١٠) علي أصلان ونبي ميش وعبد الله أرن، «التحوّل الديموقراطيّ لرئاسة الجمهورية في تركيا».

(١١) نبي ميش وعلي أصلان، «سياسة أردوغان ورسالته البانية لرئاسة الجمهورية»، تحليلات ستا، العدد ١٠٩، سبتمبر/ أيلول ٢٠١٤.

وقد تبوّأ تغييرُ نظام الحكم الهدفَ الأهمّ في أعقاب انتخاب رجب طيب أردوغان رئيسًا للجمهورية، في سبيل بناء مؤسسة سياسية قوية وديمقراطية، فبعد انتخاب رئيس الجمهورية مباشرة من قِبَل الشعب كشف الواقع عن نظام سياسيّ ذي شرعية مزدوجة: فهناك رئيس الحكومة الذي يتمّ التصويت عليه داخل المجلس الذي انتخبه الشعب في طرف، وهناك رئيس الجمهورية ذو الصلاحيات الواسعة الذي انتخبه الشعب مباشرة من طرف آخر. وفي هذا الوضع الجديد والنظام الجديد الذي يمكن وصفه بالنظام نصف الرئاسيٍّ الفعليٍّ أصبح الجهاز التنفيذي يخضع لرأسين يفتح الطريق لظهور تناقضات السلطة التنفيذية بين رئيس الوزراء ورئيس الجمهورية، حتى لو كانا من المدرسة السياسية نفسها، وتنشأ بذلك عملية مفتوحة للأزمات السياسية.

لهذا السبب، كان الهدف الأكبر في الانتخابات العامة التي جرت عام ٢٠١٥، سواء من حيث الرئيس أردوغان أم حزب العدالة والتنمية، هو انتقال النظام الحكومي إلى النظام الرئاسي(١٢). فهذا النظام الذي يُدار برأس واحد ويفصل بين سلطات الدولة الثلاث بشكل دقيق ديمقراطي؛ يحتاجه تركيا من أجل الرقيّ بالمؤسسة السياسية التي شهدت تعزيزًا وتحوّلًا ديمقراطيًا في عهد حزب العدالة والتنمية إلى مستويات أعلى من ناحية، ولتوفير الإدارة المستقرّة التي تحتاجها للتنمية الاقتصادية في البلاد من ناحية أخرى. وفي انتخابات ٧ حزيران و١ تشرين الثاني، ٢٠١٥ أكد حزب العدالة والتنمية الحاجة إلى عقد

---

(١٢) «أردوغان/ النظام الرئاسي شرط من أجل تركيا الجديدة»، İHA، ١١ مايو/ أيار ٢٠١٥.

اجتماع جديد في إطار دستور ديمقراطي جديد ونظام رئاسي، وأشار إلى أن تركيا الجديدة لن تُحكَم بعقلية تركيا ومؤسساتها القديمة، وطلب الدعم من الشعب مرة أخرى من أجل تأسيس (تركيا الجديدة)[١٣]، وقد توجّه الشعب وجهة حزب العدالة والتنمية في انتخابات ٢٠١٥، وسلّمه السلطة بمفرده مرة أخرى في انتخابات ١ تشرين الثاني ٢٠١٥.

عقب استلام حزب العدالة والتنمية السلطة بمفرده ازدادت شدة الهجمات الموجهة ضدّ تركيا، التي بدأت في عام ٢٠١٣، فأحداثُ عنف (غزي بارك) في تقسيم التي يمكن تفسيرها بمحاولة لجمع الجماهير بالعنف، والمحاولةُ الانقلابية الأمنية والقضائية التي نفّذها تنظيم غولن الإرهابي التابع لفتح الله غولن في ١٧ - ٢٥ كانون الأول ٢٠١٣، وأحداث كوباني وسياسة (الخنادق)، والهجمات الإرهابية المستمرة بانتظام، ومحاولة ١٥ تموز ٢٠١٦ الانقلابية- كانت أحداثًا أجبرت تركيا على الاهتمام المكثّف بالسياسات الأمنية. واستلزم هذا الأمر إجراء قراءات جديدة، وتعريفات جديدة، واتّخاذ احتياطيات جديدة. وفي هذا الصدد، تُعَدّ مكافحة الإرهاب الموجّهة نحو التنظيمات الإرهابية مثل: حزب العمال الكردستاني PKK وحزب الاتحاد الديمقراطي PYD وداعش- عملية مهمّة من أجل المحافظة على الإرادة الشعبية والقيم الديمقراطية والرفاه الاقتصادي واستقراره.

في هذا الوسط عمل حزب العدالة والتنمية على تحقيق التحوّل الديمقراطي محطّمًا تأثيرات مراكز الوصاية المدنية

(١٣) «تركيا الجديدة هي تفاحتنا الحمراء»، تقويم، ٥ يونيو/ حزيران ٢٠١٥.

والعسكرية، إلى جانب العمل على حماية وجوده من هجمات هذا الكيان المترسّخ. ولايزال حزب العدالة والتنمية يرفض بشكل حتميّ السماح لدخول المجتمع في دوامة العنف من خلال سياسة مكافحة الإرهاب، كما أن الحزب الذي لايزال مستمرًّا في موقفه الديمقراطي إصلاحًا وخطابًا، كان ينظر بخطورة إلى مفهوم العجز السياسي الذي يؤكّد (السلام) من دون نزع السلاح من اليد، وقام بمواجهته. هذا الموقف الذي يرى أن الطريق إلى السلام الاجتماعي والمجتمع المزدهر يمرّ عبر بناء سياسة قوية تعيد هيكلة معادلة الديمقراطية والأمن وفقًا لسلامة الأمة وازدهارها.

وصلت هذه الهجمات إلى ذروتها في المحاولة الانقلابية في ١٥ تموز ٢٠١٦، هذه المحاولة التي نفّذها تنظيم غولن الإرهابي من خلال عناصره الإرهابية المتغلغلة في صفوف القوات المسلحة ومؤسسات الدولة، فقتلت المدنيين من أجل الاستيلاء على حكم البلاد. أجل، إنّ الجماهير تصدّت لهذه المحاولة الانقلابية، فاندفعت إلى الشوارع وقاومت الانقلابيين؛ تلبية للنداء الذي أعلنه رئيس الجمهورية أردوغان، وللدورِ القيادي الذي أظهره أردوغان. وفي هذا الصدد كانت مقاومة الجماهير المحاولة الانقلابية في ١٥ تموز بمثابة دليل على مدى التقدّم الذي شهدته تركيا من حيث الديمقراطية في عهد سلطة حزب العدالة والتنمية، ومستوى الاستجابة لذلك في أذهان الجماهير، فهذه هي المرة الأولى التي ينزل فيها الناس إلى الشوارع، ويقاومون الانقلابيين ويدافعون عن

القائد الذي انتخبوه بأنفسهم، وعن المسؤولين، وعن إرادتهم وديموقراطيتهم، وبذلك أصبح واضحًا للعيان عدم إمكانية تشكيل الديمقراطية في تركيا الجديدة خارج الإرادة الشعبية.

وقد أدى تضامن الأمة وروح وحدتها الذي نشأ بعد ١٥ تموز ٢٠١٦ إلى إدراك الحاجة إلى حلّ المسائل المحتقنة سياسيًّا والمهدِّدة لبقاء تركيا بشكل مباشر. وقد أدرك بعضُ الأحزاب في هذا الصدد ضرورة دفاع حزب العدالة والتنمية عن فكرة «المؤسسة السياسية القوية من أجل الديمقراطية المتقدمة، والنظام الرئاسي من أجل المؤسسة السياسية القوية»[١٤].

وكان لدعم حزب الحركة القومية التركي MHP هذا الموضوع بشكل خاص دورٌ كبير في إيجاد فرصة كبيرة في إقرار النظام الرئاسي الذي دافع عنه حزب العدالة والتنمية مع الحقائق التي بُحثت آنفًا. وفي هذا السياق عُرِض الترتيب القانوني الجديد الذي أُعدّ في هذا السياق، القائم على النظام الرئاسي المسمّى باسم (النظام الرئاسي الجمهوري)، للاستفتاء الشعبي في ١٦ نيسان ٢٠١٧، وقُبِل النظام الرئاسي بمعدل ٥١,٤١ بالمئة من أصوات الشعب، وتخلّصت تركيا بفضل ذلك من الأزمات التي عانتها مدةً تزيد عن الأربعين عامًا.

إن أولوية حزب العدالة والتنمية تكمن في إنهاء ترتيبات الانسجام القانونية اللازمة من أجل بناء مؤسسة سياسية قوية

---

(١٤) «السبب الكامن وراء إصرارنا على النظام الرئاسي هو أنه سوف يسهم كثيرًا في تحقيق الأمن والاستقرار»، الجمهورية التركية، (تاريخ زيارة الموقع: ٨ مارس / آذار ٢٠١٨):
www.tccb.gov.tr/haberler/410/32341/baskanlik-konusundaki-israrimizin-temel-sebebi-istikrar-ve-guven-ortamina-yapacagi-guclu-katkidir.html

من المؤسسات والمنظمات والقوانين التي صُمِّمت لسنوات طويلة وفقًا للوصائية والبرلمانية في تركيا والتي كان يفترض أن تستمر حتى عام ٢٠١٩، وضمان تكيفها مع النظام الرئاسي.

وبهذا الشكل يتمكن حزب العدالة والتنمية من الدخول في المرحلة الجديدة من الإصلاح والترميم الذي بدأه حين جاء إلى السلطة في عام ٢٠٠٢، والقيام بقفزة نوعية في التنمية والديمقراطية التركية.

الخاتمة:

لم يدخل حزب العدالة والتنمية منذ تأسيسه في التوقعات المرتقبة من خارج الساحة السياسية القائمة على الديمقراطية المدنية؛ بل كان الحزب الذي قام بحملات لتحطيم سيادة هذه الساحات على المجتمع والسياسة. ولهذا السبب لم يحافظ على وجوده في أي فترة من الفترات عبر التحوّل (الدّولاني) من خلال مؤسسات الدولة، ولا من خلال الفهم القائم على استلام دور الحماية السائد في الماضي. بل طوَّر فهمًا يرتكز على الأمة في صدد الاستمرار في بقائه وسياسته. فحزب العدالة والتنمية يرى في الدولة آلية منظمة لتوفير السلامة والازدهار للأمة، ولضمان استمرارية ذلك يهتمّ بالدولة، ولم يهدف أبدًا إلى تكريس فهم الدولة الطاغية.

إنّ حزب العدالة والتنمية قيَّمَ الجغرافيا التي نحيا فيها منذ مئات السنين وفقًا لنظرته الخاصة، واتّخذ خطوات

احترازية في وجه القوى التي تحاول صدّه عن تصميماته الجديدة، واكتسب صفة الأصالة في البلد وفي المنطقة. وبتعبير آخر، أصبح حزب العدالة والتنمية آلية ثقة نجحت في توجهاتها التي تقوم على ضمان الاستقلال في وجه التدخلات الخارجية، والمحافظة على الثقافة الذاتية للأمة. فقيادة رجب طيب أردوغان التي تحتضن المجتمع وتساعده على الخروج من الأزمات- تتوافق مع حاجة البلد إلى قائد، وقد سُلِّطت عليه المنظمات الإرهابية لعرقلته والحدّ من طاقاته، ويبدو أنه ليس من السهولة أن تلبّي كلّ أمة هذه الحاجة [للقائد] في عالَم يعاني الأزمات الأمنية اليوم.

يظهر تميّز حزب العدالة والتنمية من حيث قدرته على قراءة التغييرات والسسيولوجيات في العالَم بوضوح عند مقارنته بالماضي. فقد بقيت تصورات الحداثة لدى النخبة التي تبنّت فهمًا قائمًا بالكامل على رفض التراث العثماني في عهد الجمهورية المبكّر محدودة بعقلية التقليد. وهذا الفهم للحكم الذي يقيِّم التحديث والتطوير بالاعتماد على الخيال المحدود في تركيا- بنى علاقةً إشكالية بين الأمة والدولة، ففي التحليل الأخير عزّز حزب العدالة والتنمية الجمهورية من خلال التنظيم القانوني لهذه العلاقة الإشكالية التي لا يمكن استدامتها.

إنّ حزب العدالة والتنمية بفضل شرعيته الديمقراطية، وخططه الناجحة؛ استطاع خلال خمسة عشر عامًا، أن

يحقّق تغيّرات وتحولات يمكن وصفها بـ(الثورة الصامتة)[١٥] ، علمًا أنه الممثّل الأخير للنبض السياسي في تركيا التي تتوق إلى سياسةٍ تضع الشعب في المركز، وتعمل على تحقيق الوئام والوحدة بين الدولة والشعب، لا على تفريقهما . وطالت هذه الثورة الصامتة التحوّل الديمقراطي، والإصلاحات في إدارة الدولة، والصحة والتعليم، والأمن الداخلي، والقضاء، والصناعة الدفاعية، والبحوث التكنولوجية، والنقل والمواصلات، والبنى التحتية الأخرى، فأصبح الحزب الذي يعمل تبعًا لفهم سسيولوجي مسالم مع الشعب، متحلّيًا بثقته في إدارة التغيير. وهذا النمط السياسي يكمن وراء نجاح قصة حزب العدالة والتنمية.

(١٥) الثورة الصامتة، جرد التغير والتحول الديموقراطي في تركيا، ٢٠٠٢ - ٢٠١٢ (الطبعة الثالثة)، استشارية الأمن والنظام العام الرئاسي، أنقرة ٢٠١٤.

الصراع مع نظام الوصاية في عهد حزب العدالة والتنمية

بولنت توران

المدخل

بدأ حزب العدالة والتنمية بخوض الحياة السياسية في تركيا، في ١٤ آب/ أغسطس ٢٠٠١، باعتباره الحزب الـ٣٩ بقيادة رجب طيب أردوغان، وبعد عام واحد فقط من تأسيسه، أي في ٣ تشرين الثاني/ نوفمبر ٢٠٠٢، حصل على ٣٤,٢٨٪ من الأصوات في الانتخابات العامة، واستطاع أن يحصل على ٣٦٣ مقعداً من أصل ٥٥٠ مقعداً في مجلس الشعب التركي الكبير، وأن يكون الحزب الحاكم بمفرده. فصار حزب العدالة والتنمية الحزب الذي حصل على الدعم الأكبر بعد الحزب الديمقراطي (DP) في تاريخ مجلس الشعب التركي الكبير. وكان رجب طيب أردوغان قد أُلقي في السجن وسُلبَت حقوقه السياسية سنة ١٩٩٨؛ بسببَ شعرٍ قرأه في الفترة التي كانت تشهد استمراراً لآثار انقلاب ٢٨ شباط ١٩٩٧م. ونعت بعض الجرائد حياة أردوغان السياسية، بإنتاجها أخباراً من قبيل «لن يستطيع بعد الآن أن يكون مختار محلّة»[١]، ومنعته الهيئة العليا للانتخابات (YSK) من ترشّحه ليكون نائباً. لكن أردوغان،

(١) «لن يستطيع بعد الآن أن يصبح مختار محلة»، راديكال، ٢٤ أيلول/ سبتمبر ١٩٩٨.

رغم كل هذه العراقيل البيروقراطية، نال حق الدخول إلى المجلس، بصفته نائبًا عن مدينة سيرت، في الانتخابات البينية التي جرت في ٩ آذار/ مارس ٢٠٠٣.

أعطى حزب العدالة والتنمية وهو في طور التأسيس إشارةً إلى أنه سيكون رائدًا في اتباع سياسة مختلفة في تركيا. فقال في برنامجه الحزبي: إنه لن يعترف بسلطة غير الإرادة الشعبية، ولن يسمح بممارسات وتطبيقات تلقي بظلالها على الإرادة الشعبية، وسوف يكافح نظام الوصاية[٢]. فنظام الوصاية المستمر منذ تأسيس الجمهورية في أشكال وهيئات متنوعة، أضعف المؤسسات الديمقراطية في تركيا، وحال دون الانتقال إلى ديمقراطية سليمة. وظل نظام الوصاية متمكنًا في كل مرة إثر شلّ العملية الديمقراطية بفعل الانقلابات العسكرية. لهذا السبب بقيت عملية تعزيز الديمقراطية، وعملية تأمين التحول المؤسساتي الديمقراطي- تعتمدان على تراجع نظام الوصاية على نطاق كبير. والتحول الذي حقّقه حزب العدالة والتنمية في تركيا في المجال الديمقراطي استند كثيرًا إلى مكافحة الوصاية. إنّ هذه الدراسة تقيّم الأعمال التي قام بها حزب العدالة والتنمية من أجل التحوّل الديمقراطي، في إطار مكافحة نظام الوصاية. ومن أجل فهم حاضر تركيا، وسنتناول بدايةً عملية [مأسسة] نظام الوصاية، ثم الخطوات التي اتُخذت في عهد حزب العدالة والتنمية في سياق تحوّل المؤسسات الوصائية.

---

(٢) «برنامج حزب العدالة والتنمية»، حزب العدالة والتنمية،
http://www.akparti.org.tr/site/akparti/parti-programi#bolum،
(تاريخ زيارة الموقع: ٢٩ كانون الأول/ ديسمبر ٢٠١٧).

الميراث الذي انتقل من العهد العثماني إلى عهد الجمهورية:

من الصعب جدًّا أن نصف شكل التنظيم السياسي في الإمبراطورية العثمانية بأنه نظام إقطاعيّ كما هو الحال في الإمبراطوريات الأوربية. ورغم صعوبة رسم مفهوم لشكل التنظيم السياسي والمجتمعي للإمبراطورية العثمانية التي كانت تتمتع بنظام إداري معقد، فإنه يمكن القول إن "البيروقراطية الموروثة" هو المفهوم الذي من شأنه أن يقابل شكل الحكم فيها[٣].

هناك خاصية أساسية يتمتع بها الحكم الموروث، وهي أنه يحفظ الرقابة على الرعية. فالإمبراطورية العثمانية رسمت إطارًا لكل شريحة من شرائح المجتمع، وجعلتها لا تخرج عن هذا الإطار. وعندما فعلت ذلك، استعملت البيروقراطية المتكونة من الذراعين العسكري والمدني[٤]. لكن هذا النظام الإداري تغيّر منذ اللحظة التي بدأت فيها حركة الحداثة العثمانية التركية في القرن التاسع عشر. وكانت الإصلاحات التي حدثت متركزة على التحول المركزي. وقد عززت هذه العملية البيروقراطية، واندلع صراع بين القصر والبيروقراط. وجاءت المشروطية الثانية نتيجة هذا الصراع تحديداً. وانتهى الحال بالانتقال من نظام مَلَكي مطلق إلى نظام أوليغاركي بيروقراطي.

ظهرت الحداثة العثمانية التركية باعتبارها عملية تتطور من الأعلى إلى الأسفل، ومركزها النخبة، أكثر من كونها تحولًا

---

(٣) شريف ماردين، المجتمع والسياسة في تركيا، منشورات ياينلار Yayınlar، إسطنبول ٢٠١٢، ص٢٠٧.

(٤) ماردين، المجتمع والسياسة في تركيا، ص٢٠٧- ٢٠٨.

للبنية الاقتصادية والمجتمعية. والصفة الأساسية لهذه العملية هي أنها تستند إلى فهم بيروقراطي، وتركز على الدولة، وتتطلع إلى تعزيز مكانة الدولة في السياسات الخارجية أكثر من رغبتها في تحقيق رفاه المجتمع. وفكرتها الأساسية مبنيةٌ على (إنقاذ) الدولة والمجتمع. لهذا السبب لا تقول بحرية مطلقة للمجتمع، وترى أن تكون الحداثة منضبطة. وهذه الأفكار المتعلقة بالحداثة هي في الحقيقة تنسجم أيضًا مع الوضعية، وهو الفهم الذي كان فاعلاً ومؤثرًا حينذاك(٥).

جاء إنقاذ الإمبراطورية التي وصفتها أوربا بـ(الرجل المريض) في مقدمة الموضوعات التي أجهد مثقفو عصر التحديث فكرهم حولها، ودارت موضوعات المناقشات كافة في هذه الفترة وتركزت حول إنقاذ الدولة. وكانت مهمّة (الإنقاذ) التي تشكلت في إطار التحديث العثماني التركي أهم ميراث ينتقل من العهد العثماني إلى العهد الجمهوري، وتجلّى المثال الأوضح لذلك في المشروطية الثانية وما بعدها.

فالجنود المنتمون إلى جمعية الاتحاد والترقي الذين انتفضوا وصعدوا جبال مقدونيا في فترة المشروطية الثانية مطالبين السلطان عبد الحميد خان بإعلان القانون الأساسي من جديد- تحركوا بناءً على فكرة (إنقاذ الدولة). وشكل هذا الوضع النموذج المثالي لتحالف الجندي والمثقف الذي تمّ رصده في فترة الحداثة.

---

(٥) حسن بولنت قهرمان، تحليل بنية السياسة التركية ١: المفاهيم والمؤسسات، منشورات أغورا Agora، إسطنبول ٢٠٠٨، ص٤ - ٥٤.

ورغم أن المشروطية الثانية حدثٌ قام به الضباط من المستوى المتوسط والأدنى باسم (الشعب)، لكنها أنشأت نظامًا سياسيًّا جعل الشعب في الخطة الثانية[٦]. فافتُتِح مجلس المبعوثان، وبدأت الأحزاب السياسية تمارس نشاطاتها، ووزِّعت السلطات بين السلطان والشعب من خلال التعديلات التي أُجرِيت على القانون الأساسي عام ١٩٠٩ رغم أنها كانت على الورق، لكن مهمة (الإنقاذ) التي فصلها العسكر وفقًا لمقاسهم، أظهرت تأثيرها داخل القانون خلال فترة قصيرة.

كانت حروب البلقان من أكثر الموضوعات التي تشكل عبئًا على الدولة العثمانية في بدايات عام ١٩١٣. فقد وصل الجيش البلغاري إلى جاطليجة، وأخذ سفراء الدول العظمى في إسطنبول يوجهون تحذيرًا إلى حكومة كامل باشا، ويطالبونه بإيقاف نشاطات الجيش العثماني، وأوضحوا أنه في حال الرفض لن يقتصر الاحتلال على إسطنبول فقط بل سيشمل الأناضول كله[٧].

في ٢٣ كانون الثاني/ يناير عام ١٩١٣، وفيما كانت حكومة كامل باشا مجتمعة في الباب العالي، مركز الحكومة، تُناقِش الرد على التحذير، اجتمعت مجموعة من المدنيين والعسكريين الأعضاء في جمعية الاتحاد والترقي بقيادة أنور بيك، أحد قادة جمعية الاتحاد والترقي الشباب، واقتحمت بناء الحكومة، وأجبرت كامل باشا تحت تهديد السلاح بالتوقيع على الاستقالة. كما قتل

---

(٦) شكور خاني أوغلو، «لماذا لا يحصل؟»، صباح، ٢٦ تموز/ يوليو ٢٠١٥.

(٧) مصطفى أق سكال، في رفقة الحرب العمومي، منشورات جامعة إسطنبول بيلغي، إسطنبول ٢٠١٠، ص٨٩.

العساكر الانقلابيون خلال الاقتحام ناظر الحربية ناظم باشا، وهكذا بدأت الانقلابات العسكرية بالتحول إلى ثقافة مستدامة في تاريخنا السياسي المعاصر.

تحوّل نظام الضغط الذي بدأ باقتحام الباب العالي إلى استبداد الحزب الواحد بعد عملية الاغتيال التي راح ضحيتها الصدر الأعظم محمود شوكت باشا في ١١ حزيران/ يونيو ١٩١٣. وصار الصدر الأعظم يتغير لكن السلطة الأساسية تبقى بيد جمعية الاتحاد والترقي، ودخلت الإمبراطورية الحرب العالمية الأولى بهذا المفهوم الإداري، وتعرضت لهزيمة منكرة.

كانت ذهنية جمعية الاتحاد والترقي في الإدارة البيروقراطية القائمة على الإمساك بالسلطة بقوة من وراء الكواليس، تنظر إلى السياسة لفرض مشروعاتها الخاصة على المجتمع بدلًا من تحقيق المطالب الاجتماعية[٨]. نتيجة لذلك، تمّ القبول بالدولة بوصفها كائنًا (ينبغي إنقاذه)، ولم تنته مهمة الإنقاذ أبدًا.

ووفقًا لذلك، حين تخرج الدولة خارج الحدود المرسومة لها تقرع أجراس الخطر، وتختفي الدولة. ولهذا السبب ينبغي أن تستمر مهمة الإنقاذ، وأن يستغني المرء عن نفسه، ويستخدم ذاته كلها من أجل بقاء الدولة. وهذه الذهنية هي التي تقف وراء الافتراءات على السياسة الديمقراطية[٩]. واستمر مفهوم الإساءة إلى السياسة وارتفاع شأن البيروقراطية،

---

(٨) شكور خاني أوغلو، «لماذا لا يحصل؟».

(٩) قهرمان، تحليل بنية السياسة التركية ١: المفاهيم والمؤسسات، ص٧٥.

وفي مقدمتها الجيش، في عهد الجمهورية أيضًا، فباسم (حماية البلاد)، أُرسِلت نداءات إلى العسكر على شكل دعوة (الجيش إلى مهمته) من قبل جماهير الشباب التي ملأت الساحات أحيانًا، ومن رؤساء الجامعات أحيانًا أخرى. فالدور الذي فصّله العسكر لنفسه، هو الوقوف على رأس السياسة كالحارس، وإطلاق الصفارة عند اللزوم، والتدخل في اللعبة.

ومفهوم (الدولة البريتورية) يأتي باعتباره أكثر المفاهيم انسجامًا مع هذا الوضع في أدبيات علم السياسة. وبريتور اسم أُطلِق على حراس سزار في روما القديمة. إذ كُلِّف الحراس البريتوريون بمهمّة حراسة المسؤولين، وتحوّل هؤلاء العساكر إلى وحدة حراسة الإمبراطور، واشتد عودهم فيما بعد إلى أن وصلوا في النفوذ إلى حدّ عزل الإمبراطور، وتعيين آخر مكانه؛ أي أن سلطة الحكم كانت بيد الإمبراطور ظاهرًا لكن السلطة في حقيقتها تتمركز في يد الحراس. وفي العصر الحديث يستخدم هذا المفهوم من أجل الأنظمة البرلمانية التي تعتمد على التمثيل الديمقراطي في الظاهر، وتعتمد في الواقع على القرار الصادر من البيروقراطية العسكرية[١٠].

(١٠) أحمد إنسل، «الدولة البريتورية وأصحابها»، مجلة بيريكيم Birikim، العدد ٢١٨، حزيران/ يونيو ٢٠٠٧، ص١٧.

الترتيبات القانونية التي أنشأت نظام الوصاية ووفّرت له الاستمرارية:

انقلاب ٢٧ أيار/ مايو ١٩٦٠

لدى الأخذ بعين الاعتبار قولبة الحياة السياسية بالتدخلات العسكرية، يمكن اعتبار تركيا حتى التاريخ القريب (نظامًا بريتوريًّا). فبعد وضع حدّ لانفراد حزب الشعب الجمهوري (CHP) بالسلطة عقب فوز الحزب الديمقراطي بالسلطة بمفرده في انتخابات ١٤ أيار ١٩٥٠، زارت مجموعة من العسكريين عصمت إينونو، زعيم حزب الشعب الجمهوري، وطلبت منه الإذن بالتدخل في السلطة، وقد ظهر استمرار هذا الاتفاق إلى العلن من خلال الانقلاب الذي قامت به لجنة الاتحاد الوطني (MBK) على حكومة الحزب الديمقراطي في ٢٧ أيار/ مايو ١٩٦٠ بعد فوزه بالحكم عشر سنوات.

شاركت لجنةُ الاتحاد الوطني الجمعيةَ التأسيسية في إعداد دستور صُمِّم في قالب لا يحتاج إلى تدخل عسكري آخر. إذ يشير دستور عام ١٩٢٤ إلى أن السلطة السيادية لا يمارسها إلا مجلس الشعب التركي الكبير، لكن عُدِّل في دستور ١٩٦١ إلى صيغة: «يمارس الشعب سيادته من خلال الهيئات المختصة وفقًا للمبادئ المنصوص عليها في الدستور». وإلى جانب مجلس الشعب القائم، شُكِّل مجلس الشيوخ الجمهوري الذي يضمّ في عضويته الدائمة أعضاء لجنة الاتحاد الوطني الذين نفّذوا الانقلاب، كما عُمِل على تأسيس نظام يمكن من

خلاله بوساطة كيانات مثل المحكمة الدستورية ومجلس الأمن القومي، أن يخطط للسياسة ويحافظ عليه ضمن إطار معين.

كما أُضيفت مواد، بعضها مؤقّت، إلى دستور ١٩٦١ من شأنها توفير الحصانة للقادة العسكريين من القضاء، وتستبعد تصرفات الإدارة العسكرية عن إطار التحقيق القضائي. وأصبح رئيس هيئة الأركان الذي كان في السابق مسؤولًا أمام وزارة الدفاع الوطني، مسؤولًا أمام رئيس الوزراء وفقًا لدستور ١٩٦١. وبهذا الشكل رُفِع مستوى موقع المنصب الذي يشكّل القمة في السلطة العسكرية في تراتبية الدولة[١١]. وإلى جانب هذه السلطات التي حصل عليها العسكر في المجال التشريعي والتنفيذي، وُضِعت لوائح عزّزت موقع العسكر داخل النظام في المجال القضائي أيضًا، فمن خلال دستور ١٩٦١ شُكِّل نظام قضائي ذو رأس مزدوج. وبهذا الشكل وضع العسكر نفسه خارج مجال تفتيش القضاء العدلي، وتحوّل القضاء العسكري إلى مؤسسة دستورية. والمحاكم العسكرية التي يمكن للضباط أن يكونوا أعضاء فيها هي مؤسسات شُكِّلت في الأساس بشكلٍ يخالف الدستور؛ لأنه من غير الوارد الحديث عن استقلالية الضابط تحت نفوذ قائد الوحدة.

(١١) سراب يازيجي، التدخلات العسكرية في تركيا وآثارها الدستورية، منشورات يتكين Yetkin، أنقرة، ١٩٩٧، ص٧٦ - ٨١.

كما أن المعاملات الشخصية للقضاة العسكريين تجريها وزارة الدفاع الوطني لا المجلس الأعلى للقضاة والمدّعين العامّين كما هو حال القضاء العدلي. والجدير بالذكر أن هذه الإجراءات مخالفة لمبدأ استقلالية المحاكم[١٢].

لم تتوقف فكرة (الإنقاذ) في إطار العسكر والمثقف في حدود انقلاب ٢٧ أيار/ مايو، بل قامت القوات المسلحة التركية بعد ٢٧ أيار بعدة محاولات انقلابية، ومنها محاولتا ١٩٦٢ و١٩٦٣ التي قادها اللواء طلعت أيدمير. كانت الفكرة التي تقف وراء هذه الانقلابات تعتمد على أيديولوجية الثورة الديمقراطية الوطنية (MDD) التي تبنت فكرة «قيام زمرة عسكرية مدنية مثقفة بثورة اشتراكية نيابة عن الطبقة العاملة التي لا وجود لها في تركيا»[١٣]؛ أي أن تحالف المثقف-العسكري المتجسد في المشروطية الثانية عام ١٩٠٨ استمرّ بالشكل نفسه في الستينيات.

مذكرة ١٢ آذار/ مارس ١٩٧١

كان حزب العدالة الذي فاز في انتخابات ١٩٦٥ و١٩٦٩ لفترتين متعاقبتين بقيادة سليمان دميرال متفرداً في السلطة في آذار/ مارس عام ١٩٧١، ولم تكن هناك أيّ مشكلة فيما يتعلق بالشرعية السياسية، لكن الجيش تدخل في السياسة

---

(١٢) فاضل حسني أردم، ووهاب جوشكون، «القضاء العسكري في تركيا»، التقرير القضائي والمؤسسات القضائية في عملية التحول الديمقراطي، ستا، أنقرة ٢٠١٠، ص٧٢ - ٧٤.

(١٣) أركان شن، «محاولة انقلاب ٩ آذار/ مارس ١٩٧١ بخطته الخلفية التاريخية والسياسية والفكرية»، أطروحة ماجستير منشورة، جامعة التجارة إسطنبول/كلية العلوم الاجتماعية، ٢٠١٤، ص٨٣.

متذرّعًا بتحركات الشارع. وتضمنت المذكرة التي سُلِّمت إلى رئيس الوزراء دميرال مزاعم بأن البرلمان والحكومة يجران البلد إلى الاضطراب والفوضى، وأن مستقبل الدولة تتعرض إلى مخاطر جسيمة، وأنه يجب -وفقًا لمقدمي المذكرة- أن تتشكل حكومة قوية ذات مصداقية تقوم بإجراء الإصلاحات من منظور أتاتوركي. وإلا فإن القوات المسلحة العسكرية ستقوم باستلام السلطة من جديد[١٤].

بعد مذكرة ١٢ آذار، استقالت حكومة دميرال، وتشكلت حكومة تكنوقراط برئاسة نهاد أرمين بتكليف من الانقلابيين. وأُدِير النظام في تركيا بحكومات شبيهة بحكومات التكنوقراط حتى عام ١٩٧٤. وفي هذه الفترة أُجرِي بعض التعديلات على دستور ١٩٦١ وعُزِّز نفوذ العسكر داخل الدولة. وإلى جانب التعديلات التي عزّزت من نفوذ مجلس الأمن الوطني في الحكومات المدنية، استُبعدت النفقات العسكرية من مراجعات التدقيق الحسابي. كما أُجرِي بعض الترتيبات في مجال القضاء العسكري، وأُسِّست المحكمة الإدارية العسكرية العليا التي يمكن أن ندعوها بـ(المجلس العسكري للدولة)،إلى جانب ذلك، شُكِّلت محكمة أمن الدولة (DGM)، ومحاكم الأحكام العرفية في هذه الفترة أيضًا[١٥].

---

(١٤) أريك جان زورتشر،التاريخ الآخذ في الحداثة، ترجمة: ياسمين صانر، منشورات إلتيشيم İletişim، إسطنبول ٢٠١٣، ص٣٧٣.

(١٥) سراب يازيجي، التدخلات العسكرية في تركيا وآثارها الدستورية، ص١٢١ - ١٣٣.

انقلاب ١٢ أيلول/ سبتمبر ١٩٨٠

الجيش الذي نزل إلى الشارع من أجل تنظيم السياسة عام ١٩٧١، أعاد الكَرّة فنزل إلى الساحات في ١٢ أيلول ١٩٨٠ مرة أخرى، وأعلن رئيس هيئة الأركان كنعان أَوْران في شاشات التلفزة التركية TRT أن الأجهزة الرئيسة في البلاد أضحت مشلولة، وأن الأنشطة الهدامة والانفصالية ازدادت في هذه الأجواء، وأنه استناداً إلى الصلاحيات التي منحها له قانون الخدمة الداخلية في القوات المسلحة التركية فإنّه يعلن سيطرته على السلطة. ووفقًا لذلك أُوقف العمل بدستور ١٩٦١ وحل البرلمان، واعتُقل جميع القادة السَياسيين، وأُعلنت الأحكام العرفية في أنحاء البلاد كافة[١٦].

وحين أُودِعت أمانة إدارة البلاد في مجلس الأمن القومي، أُنشئ مجلس الدولة من أجل إعداد دستور جديد، وظهر دستور ١٩٨٢ الذي تم القبول به باستفتاء شعبي، وتضمن أحكامًا يحفظ للعسكر ممارسة نفوذه على الحكومة بعد انسحابه من الحكومة، ويأتي في مقدمة تلك الأحكام منصب رئاسة الجمهورية، وقائد الانقلاب كنعان أوْران. فمن خلال المادة الأولى التي أُلحِقت مؤقتًا بدستور ١٩٨٢، يرتبط تسلم أوْران رئاسة الجمهورية بالتصويت عليه من قبل الشعب. وإلى جانب ذلك، واعتبارًا من انعقاد الجلسة الأولى لمجلس الشعب التركي الكبير بعد إجراء الانتخابات، يخضع أعضاء مجلس الأمن القومي باعتبارهم أعضاء في مجلس رئاسة

(١٦) زورتشر، تاريخ التحول الحداثي التركي، ص٤٠١.

الجمهورية لقانون الحصانة لمدة ست سنوات مثل أعضاء البرلمان[١٧].

كما جاء دستور ١٩٨٢ بتعديلات أساسية في ميدان القضاء العسكري أيضًا، فالمحكمة الإدارية العسكرية العليا التي أُسِّست من قبل باسم مجلس الدولة نُظِّمت في حكم خاص، كما أن الإدارة العسكرية عزّزت قوة الضباط من خلال التعديلات التي أجرتها على الدستور في ١٩٨١. علاوة على ذلك، لم يكن هناك شرط لازم لكون الضباط حقوقيين. وقد وّسع هذا الوضع مجال الاستقلالية الذاتية للعسكر داخل النظام القضائي[١٨]. كما نُظِّم من خلال دستور ١٩٨٢ مجلس الأمن القومي الذي عزّز سلطاته في التعديلات الدستورية التي أجريت بعد مذكرة ١٢ آذار، ليكون في صالح العسكر، ففي السابق. حُدِّد الوزراء الذين يحق لهم حضور الاجتماع بالقانون، كما كان يحق لرئيس الوزراء حينما يشاء دعوة الوزراء الآخرين أيضًا إلى الاجتماع، ويشكل المدنيون بصفة عامة أغلبية مجلس الأمن القومي، لكنه في دستور ١٩٨٢ أصبح المدنيون أقليةً في مجلس الأمن القومي.

فالمادة ١١٨ من الدستور تنظم تشكيل أعضاء مجلس الأمن القومي من خمسة أعضاء عسكريين مقابل أربعة أعضاء مدنيين سوى رئيس الجمهورية. وكما هو الحال في نموذج كنعان أوْران، حين يكون رئيس الجمهورية عسكريًّا، يكون عدد العسكريين المشاركين في مجلس الأمن القومي ستة مقابل أربعة مدنيين.

(١٧) يازيجي، التدخلات العسكرية في تركيا وآثارها الدستورية، ص١٧٥ - ١٨١.

(١٨) أردم وجوشكون، «القضاء العسكري في تركيا»، القضاء العسكري، ص٧٥-٧٦.

وختامًا، قام العسكريون الانقلابيون بإضافة مادة مؤقتة إلى الدستور تتضمن إعفاءهم من المقاضاة طوال العمر. ووفقًا للمادة ١٥ المؤقتة، لا يخضع العسكريون الانقلابيون للمحاكمة عن نشاطاتهم خلال فترة الحكم العسكري[١٩]، وبحسب بيان تفصيلات أكثر لاحقًا، فإن إلغاء المادة ١٥ المؤقتة، وإمكانية محاكمة انقلابيي ١٢ أيلول، لن يتحقق إلا من خلال التعديلات الدستورية التي أجراها حزب العدالة والتنمية عام ٢٠١٠.

تمّ التحوّل إلى الحياة المدنية من خلال الانتخابات التي جرت في ١٩٨٣ بعد انقلاب ١٢ أيلول ١٩٨٠. إذ فاز في هذه الانتخابات حزب الوطن الأم بقيادة تورغوت أوزال، وصرف أوزال جهودًا كبيرة خلال الفترة بين عامي ١٩٨٣ و١٩٩٣ في أثناء تسلّمه رئاسة الوزراء ورئاسة الجمهورية من أجل أن تأخذ البلاد مكانها في الحياة المدنية. لكن بسبب نقص الإصلاحات الهيكلية، وهيمنة الجيش على مكافحة إرهاب حزب العمال الكردستاني بسطت السلطة العسكرية نفوذها على كل المجالات.

انقلاب ٢٨ شباط/ فبراير ١٩٩٧

اختار انقلابيو ١٢ أيلول ١٩٨ أهدافهم من اليمينيين واليساريين. وعندما يتعلق الأمر بتسعينيات القرن العشرين، نرى أن المجموعات الإسلامية المؤسَّسة نظاميًّا استقرت تحت اسم (الإسلام السياسي)، ولاسيّما حركة ميلي غورش في لوحة الهدف. وسجل حزب الرفاه الذي يمثل حركة ميلي غورش فوزًا ساحقًا في الانتخابات المحلية، وفاز برئاسة بلديتي إسطنبول

---

(١٩) يازيجي، التدخلات العسكرية في تركيا وآثارها الدستورية، ص١٨٤- ٢٠٦.

وأنقرة الكبرى بتاريخ ١٩٩٤ . وفي الانتخابات التي جرت في ١٩٩٥ فاز حزب الرفاه بأغلبية ٣٨, ٢١٪. وفيما كانت اللقاءات جارية بين حزب الرفاه وحزب الوطن الأم من أجل إقامة حكومة ائتلافية بعد الانتخابات. اتصل رئيس هيئة الأركان إسماعيل حقي قره ضايي برئيس المجلس مصطفى قَلَمْلي، وأخبره بأن تشكيل حكومة ائتلافية سيدفع العسكريين إلى التدخل[٢٠]. وبسبب تدخل قرضايي هذا من وراء الكواليس اضطر حزبا الرفاه والوطن الأم إلى التخلي عن تشكيل حكومة ائتلافية. فتشكلت حكومة أنايول (الطريق الأم) الائتلافية بين حزب الوطن الأم وحزب الطريق القويم بضغط من العسكريين، ولم تستمر في السلطة سوى ثلاثة أشهر.

بعد انهيار حكومة الطريق الأم، تشكّلت حكومة الرفاه الطريق القويم الائتلافية برئاسة نجم الدين أربكان، فتعرضت إلى التدخل العسكري. حيث أرسل الجيش في ٤ شباط ١٩٩٧ عشرين دبابة، وخمس عشرة مدرعة لتتجول في شوارع سنجان على أنّها رسالة تهديد إلى الحكومة. وقد وصفت الطغمة الموجودة في الجيش هذه الحملة الموجِّهة للسياسة الديمقراطية المدنية بأنها «معيار ميزان الديمقراطية». واجتمع مجلس الأمن القومي في ٢٨ شباط/ فبراير، واتخذ القرارات التي من شأنها التضييق على الفئات المتدينة في شؤون حياتهم، مثل إغلاق

(٢٠) جاء مصطفى قَلَمْلي على ذكر هذه الموضوعات في الكلمة التي ألقاها في اجتماع اللجنة الفرعية لمجلس الشعب التركي الكبير في ٢١ حزيران/ يونيو ٢٠١٢ للبحث في انقلاب ومذكرة ٢٨ شباط. انظر: مجلس الشعب التركي الكبير، ٢١ حزيران ٢٠١٢، (تاريخ زيارة الموقع: ٢٥ كانون الثاني/ يناير ٢٠١٧).
https://www.tbmm.gov.tr/arastirma_komisyonlari/darbe_muhtira/docs/tutanak_son/28_subat_alt_komisyonu/28_subat_alt_komisyonu/21.06.2012/Mustafa%20Kalemli-21.06.2012.pdf

الأقسام المتوسطة من مدارس الأئمة والخطباء، وطلب من الإدارة السياسية التوقيع على هذه القرارات.

وخلال فترة قصيرة وجد التدخل العسكري في مجلس الأمن القومي صداه في القضاء أيضًا، ففي ٢١ أيار في عام ١٩٩٧ قام كبير المدّعين العامين في المحكمة العليا فورال صواش، برفع دعوى قضائية لإغلاق حزب الرفاه، وصدر الحكم في ١٦ كانون الثاني/ يناير ١٩٩٨ بإغلاق حزب الرفاه. وفي ١٨ حزيران/ يونيو ١٩٩٧ قدّم نجم الدين أربكان استقالته إلى رئيس الجمهورية سليمان دميرال لتتمكن تانسو جيلر، زعيمة حزب الطريق القويم، حليفته في الحكومة من تشكيل حكومة جديدة برئاستها.

وقبِل سليمان دميرال استقالة أربكان، لكنه كلّف مسعود يلماز، رئيس حزب الوطن الأم بتشكيل الحكومة بدلًا من تكليف جيلر بحسب ما هو معمول به. وفي هذه المرحلة أَجبر دميرال والعسكريون بعض أعضاء البرلمان من حزب الطريق القويم على الاستقالة، وانتقل هؤلاء الأشخاص إلى حزب تركيا الديمقراطي(DTP) الذي أسسه حسام الدين جين دوروك، وبهذه الطريقة اكتملت عملية الانقلاب، وأُقصِيت حكومة الرفاه-الطريق القويم عن السلطة، ونفّذت الحكومة الجديدة القرارات التي اتُخِذت في اجتماع مجلس الأمن القومي في ٢٨ شباط ١٩٩٧بعد الانقلاب بندًا بندًا، وتعزّزت وصاية العسكر في النظام السياسي من خلال هذا الانقلاب.

نظام الوصاية في عهد حزب العدالة والتنمية

الإصلاحات البناءة

الفوز الذي حقّقه الحزب الجديد حزب العدالة والتنمية في انتخابات ٢٠٠٢ أدهش نظام الوصاية، والنظرة الإصلاحية التي أتى بها حزب العدالة والتنمية حول القضايا المزمنة في تركيا، مثل مسألة قبرص أزعجت البيروقراطية العسكرية وفئات الأمر الواقع. وقد تجسّد هذا الانزعاج لدى العسكر عند كل من إسماعيل حقي بكين الجنرال في القوات المسلحة التركية في ذلك العهد وأحمد ياووز[٢١].

بعد سنة واحدة فقط من فوز حزب العدالة والتنمية بالسلطة، في ٣ كانون الأول/ ديسمبر ٢٠٠٣ عقد مجلس الشورى العسكري الأعلى في مقر قيادة هيئة الأركان اجتماعًا ضمّ جميع الضباط الأعضاء، وبحثَ خيارات التدخل المختلفة ابتداءً من إعلان رئيس الجمهورية أحمد نجدت سزار حلّ البرلمان وانتهاءً بإعداد دستور جديد[٢٢]. وفي مثل هذه الظروف الصعبة حاول حزب العدالة والتنمية الصراع مع نظام الوصاية.

---

(٢١) إسماعيل حقي بكين، وأحمد ياووز، العسكر والسياسة، منشورات قاينق Kaynak، إسطنبول ٢٠١٤، ص١١٨.

(٢٢) عصمت برقان، هل العسكر يعطينا الحكم؟ منشورات أفرست Everest، إسطنبول ٢٠١١، ص٤١ - ٤٨.

سوف نتناول الإصلاحات التي حاولت حكومة حزب العدالة والتنمية إنجازها في إطار الصراع مع نظام الوصاية تحت عنوانين رئيسين:

العنوان الأول: مراجعة الإصلاحات المنجزة حتى المحاولة الانقلابية في ١٥ تموز ٢٠١٦.

والعنوان الثاني: تقييم الترتيبات القانونية المنجزة بعد ١٥ تموز، والتعديلات الدستورية التي تم الاستفتاء الشعبي عليها في ١٦ نيسان/ أبريل ٢٠١٧م.

الإصلاحات ما بين عامي ٢٠٠٢ و٢٠١٦:

إلغاء محاكم أمن الدولة (DGM):

أُنشئت محاكم الدولة بوصفها مؤسسة دستورية في فترة هيمنةَ السلطة العسكرية في ١٩٧٣، وكانت مثار جدل منذ تلك الفترة. وأُسِّست هذه المحاكم حفاظًا على الأمر الواقع أكثر من كونها حمايةً للحقوق الشخصية والحريات. وقد أنهت حكومة حزب العدالة والتنمية تطبيق العضوية العسكرية التي جاءت نتيجة التعديلات الدستورية التي جرت بموجب القانون رقم ٤٣٨٨ في ١٩٩٩ [٢٣]، وألغت محاكم أمن الدولة بالكامل في عام ٢٠٠٤ [٢٤]، وحُوِّلت الدعاوى التي تدخل في صلاحيات هذه المحاكم إلى محاكم الجنايات العليا المحددة.

---

(٢٣) «القانون رقم ٤٣٨٨»، الجريدة الرسمية، ١٨ حزيران/ يونيو ١٩٩٩، http://www.resmigazete.gov.tr/arsiv/23729_1.pdf

(تاريخ زيارة الموقع: ٢٥ كانون الثاني/ يناير ٢٠١٧).

(٢٤) «القانون رقم ٥١٧٠»، الجريدة الرسمية، ٢٢ أيار/ مايو ٢٠٠٤، http://www.resmigazete.gov.tr/eskiler/2004/05/20040522.htm

(تاريخ زيارة الموقع: ٢٥ كانون الثاني/ يناير ٢٠١٧).

الأمين العام لمجلس الأمن القومي مدني:

أُنشئ مجلس الأمن القومي بموجب دستور ١٩٦١، وتعزز نفوذه بعد مذكرة ١٢ آذار ١٩٧١ وانقلاب ١٢ أيلول ١٩٨٠، وتحوّل في عهد حكومة حزب العدالة والتنمية إلى مجلس استشاري في قضايا الأمن القومي كما هو الحال في الأنظمة الديمقراطية. ونتيجة التعديل الذي جرى بموجب القانون ٤٩٦٣ في ٢٠٠٣ مُهِّد الطريق لاختيار الأمين العام لمجلس الأمن القومي من صفوف المدنيين(٢٥).

إلغاء بروتوكول التعاون الشُّرطي الأمني EMASYA:

بروتوكول التعاون الشُّرطي الأمني EMASYA وثيقة تحمل درجة السرية، وقّع عليها الجنرال جتين دوغان باسم رئاسة هيئة الأركان، والمستشار تيومان أونوسان باسم وزارة الداخلية في تاريخ ٧ تموز/ يونيو ١٩٩٧، الفترة التي يهيمن عليها انقلاب ٢٨ شباط. يمنح هذا البروتوكول للقادة العسكريين إمكانية التدخل في الأحداث العامة بدون طلبٍ من موظفي الخدمة المدنية. وقد أحدثت سرية البروتوكول وعدم نشره في الصحف الرسمية جدلًا واسعًا(٢٦). وأُوقف تنفيذ بروتوكول التعاون الشُّرَطي الأمني EMASYA بموجب البَروتوكول الذي وُقِّع بين رئاسة هيئة الأركان ووزارة الداخلية بتاريخ ٤ شباط/ فبراير ٢٠١٠ (٢٧).

---

(٢٥) «القانون رقم ٤٩٦٣»، الجريدة الرسمية، ٧ آب/ أغسطس ٢٠٠٣، http://www.resmigazete.gov.tr/eskiler/2003/08/20030807.htm (تاريخ زيارة الموقع: ١٠ شباط/ فبراير ٢٠١٧).

(٢٦) أحمد فاروق غونش، «استخدام العسكر باعتبارهم قوات حفظ الأمن وأماسيا»، القطاع التركي الألماني الأمني ٢٠٠٦ - ٢٠٠٨، والرقابة الديموقراطية، المحرر: علي بيرم أوغلو وأحمد إنسل، TESEV، إسطنبول ٢٠٠٩، ص٢٠٤- ٢٠٦.

(٢٧) «EMASYA يلغي البروتوكول»، حرّيَّت، ٥ شباط/ فبراير ٢٠١٠.

تمكين الشعب من اختيار رئيس الجمهورية:

بقي رؤساء الجمهورية أعضاء في حزب سياسي حتى انقلاب ٢٧ أيار ١٩٦٠، حيث أعدّ الانقلابيون الذين وضعوا دستور ١٩٦١ نظامًا من شأنه تعزيز موقع رئيس الجمهورية في وجه البرلمان، ويجعل هذا الموقع ممثلاً للعسكر دومًا. وقد ظل اختيار رؤساء الجمهوريات محصورًا بين رؤساء هيئة الأركان أو قادة القوات المسلحة حتى انتُخِب تورغوت أوزال عام ١٩٨٩. حين شارفت فترة رئاسة أحمد نجدت سزار على نهايتها في شهر أيار ٢٠٠٧، وحلّ أوان انتخاب رئيس جديد للجمهورية في المجلس في نهاية شهر نيسان؛ بل قبل ذلك بعامٍ تقريبًا بدأت بعض الأوساط تنشر آراءها، وتعمل على تشكيل الرأي العام بعد قيام حزب العدالة والتنمية باختيار رئيس الجمهورية. وذكر المدعي العام السابق صبيح كَنَط أوغلو في مقال نشره في صحيفة جمهوريت في ٢٦ كانون الأول/ ديسمبر ٢٠٠٦ أنه لن يُصوَّت في المجلس في الجلسة الأولى في حال عدم اكتمال أغلبية ثلثي كامل أعضاء البرلمان (٣٦٧)[٢٨]. لم يحمل هذا الرأي أيّ أهمية في بداية الأمر، لكنه تحوّل فيما بعد إلى ذريعةٍ من ذرائع معارضي حزب العدالة والتنمية.

ثم انطلقت المعارضة في (اجتماعات الجمهورية) التي بدأت في ١٤ نيسان/ أبريل ٢٠٠٧ في ميدان طاندوغان بأنقرة لاختيار أيّ شخص من حزب العدالة والتنمية. وفي اجتماع مجموعة حزب العدالة والتنمية في ٢٤ نيسان/ أبريل ٢٠٠٧ أعلن رئيس

(٢٨) صبيح كَنَط أوغلو، «حزب العدالة والتنمية لا يمكنه الانتخاب بمفرده»، جمهوريِّت، ٢٦ كانون الأول/ ديسمبر ٢٠٠٦.

الوزراء رجب طيب أردوغان اسم عبد الله غول نائب رئيس الوزراء ووزير الخارجية مرشح الحزب لرئاسة الجمهورية(٢٩).

كان من المفروض أن إجراء الجولة الأولى من التصويت على مرشح رئيس الجمهورية في يوم ٢٧ نيسان ٢٠٠٧، ووفقًا لدستور ١٩٨٢، كان ينبغي حضور ثلثي كامل أعضاء البرلمان؛ أي ٣٦٧ عضوًا لإجراء الجولة الأولى من التصويت لاختيار رئيس للجمهورية. وفي التصويت الأول على عبد الله غول حصل على ٣٥٧ صوتًا من أصل ٣٦١ صوتًا لمن حضروا الجلسة، ووفقًا للدستور فإنه يجب على المرشَّح أن يحصل في الجلسة الأولى على ٣٦٧ صوتًا من أصوات نواب البرلمان البالغ عددهم ٥٥٠ نائبًا؛ لذا لم يَفُز في الاختيار، فأُجِّل التصويت إلى الجولة التالية. فتقدم حزب الشعب الجمهوري CHP بطلب إلى المحكمة الدستورية العليا لاعتبار الجلسة الأولى غير قانونية لأن عدد الحضور أقل من ٣٦٧. وفي اليوم نفسه، نُشر بلاغ يحمل صيغة المذكّرة على موقع القوات المسلحة التركية الإلكتروني. وفي اليوم التالي أعلنت حكومة حزب العدالة والتنمية معارضتها للمذكرة في سابقة هي الأولى في الحياة السياسية التركية، وبيّنت أن العسكر تابع للحكومة. وفي ١ أيار/ مايو ٢٠٠٧ أصدرت المحكمة الدستورية قبولها ادّعاءات حزب الشعب الجمهوري، وحكمت ببطلان التصويت.

بناءً على المذكرة والقرار الصادرين عن المحكمة الدستورية اتخذ حزب العدالة والتنمية قرارًا بإجراء انتخابات مبكرة، لكن

(٢٩) «توافق حزب العدالة والتنمية وغول إلى القصر»، مليِّت، ٢٥ نيسان/ أبريل ٢٠٠٧.

التعديلات الدستورية بموجب القانون رقم ٥٦٧٨ مهّدت الطريق أمام انتخاب رئيس الجمهورية من قبل الشعب مباشرة[٣٠]. إذ قدم رئيس الجمهورية في ذلك العهد أحمد نجدت سزر هذه التعديلات للتصويت الشعبي. وفي ٢١ تشرين الأول ٢٠٠٧ أُجرِي التصويت الشعبي على التعديلات الدستورية، فنالت ثقة ٦٨,٩٥ بالمئة من الأصوات. وبذلك أُخرِج منصب رئاسة الجمهورية من موقع الوصاية من خلال هذه التنظيمات التي أشرف عليها حزب العدالة والتنمية، وحُوِّل إلى موقعه الطبيعي في تمثيل الشعب.

تضييق مجالات القضاء العسكري:

يأتي القضاء العسكري الذي مهد الطريق أمام الرئاسة المزدوجة في القضاء، في مقدمة الموضوعات التي يدور الجدل حولها في تركيا. ونتيجة التعديلات الدستورية التي جرت في ٢٠١٠ بموجب القانون رقم ٥٩٨٢ ضُيِّق مجال القضاء العسكري[٣١]. وهكذا فُتِح الطريق أمام محاكمة العسكريين المتّهمين بجنايات خطيرة في المحاكم المدنية. كما وُضِع حد لمحاكمة المدنيين أمام محاكم عسكرية خارج حالة الحرب. كما حُذِفت العبارة التي تنظم تأسيس وتشغيل الأجهزة القضائية العسكرية وفقًا للأصول العسكرية من الدستور.

(٣٠) «القانون رقم ٥٦٧٨»، مجلس الشعب التركي الكبير، ٣١ أيار/ مايو ٢٠٠٧، https://www.tbmm.gov.tr/kanunlar/k5678.html
(تاريخ زيارة الموقع: ١٠ شباط/ فبراير ٢٠١٧).

(٣١) «القانون رقم ٥٩٨٢»، مجلس الشعب التركي الكبير، ٧ أيار/ مايو ٢٠١٠، https://www.tbmm.gov.tr/kanunlar/k5982.html
(تاريخ زيارة الموقع: ١٠ شباط/ فبراير ٢٠١٧).

تغيير قانون الخدمة الداخلية للقوات المسلحة:

اعتمدت الطغمة الانقلابية التي نفذت انقلاب ١٢ أيلول/ ديسمبر في نشاطاتها على المادة ٣٥ من قانون الخدمة الداخلية للقوات المسلحة التركية. وبموجب القانون رقم ٦٤٩٦ تاريخ ١٣ تموز/ يوليو ٢٠١٣ أُجرِي تعديل على هذا البند، وحُذِفت عبارة (الحماية والحراسة) من نص المادة[٣٢].

فتح طريق القضاء أمام قرارات مجلس الشورى العسكري الأعلى YAŞ:

تسبّب إغلاق قرارات مجلس الشورى العسكري الأعلى في وجه المساءلة والتدقيق، ولاسيّما في عهود الانقلابات في إبعاد الكثير من العسكريين من القوات المسلحة التركية، وعدم تمكنهم من البحث عن حقوقهم، وأحدثت السلطة العسكرية درعًا لنفسها يحميها من المساءلة أمام القضاء، لذلك جاءت التعديلات الدستورية في ٢٠١٠ لتمكّن هؤلاء من البحث عن حقوقهم، وفتحت أمامهم القضاء، وقطعت علاقة مجلس الشورى العسكري الأعلى بالقوات المسلحة التركية.

فتح الطريق أمام مقاضاة انقلابيي ١٢ أيلول ١٩٨٠:

وكان من التعديلات الدستورية التي جرت في ٢٠١٠ وتقليص نفوذ السلطة العسكرية كذلك إلغاء المادة ١٥ المؤقتة في الدستور التي تقف عائقًا أمام مقاضاة انقلابيي ١٢ أيلول، وبإلغاء المادة المؤقتة مُهِّد الطريق أمام مقاضاة المسؤولين في عهد الإدارة

---

(٣٢) «القانون رقم ٦٤٩٦»، الجريدة الرسمية، ٣١ تموز/ يوليو ٢٠١٣، http://www.resmigazete.gov.tr/eskiler/2013/07/20130731-10.htm (تاريخ زيارة الموقع: ١٠ شباط/ فبراير ٢٠١٧).

العسكرية. وبدأت محاكمة كل من كنعان أوْران وتحسين شاهين قايا من قادة الانقلاب اللذينِ بقيا على قيد الحياة في تلك الفترة، وكانت المرة الأولى التي يُحاكَم فيها الانقلاب في تاريخ تركيا.

الإصلاحات والتعديلات الدستورية التي جرت بعد ١٥ تموز/ يوليو ٢٠١٦

إلحاق القيادة العامة للجندرمة وقيادة خفر السواحل بوزارة الداخلية:

كانت القيادة العامة للجندرمة، فيما سبق، تابعة لرئاسة هيئة الأركان من حيث المهمّة والتدريب والتعليم، وتابعة لوزارة الداخلية من حيث الخدمات الأمنية وحفظ النظام. إنّ إلحاق مؤسسة تخدم في مجال مهمات وزارة الداخلية بجوانبها كافة بوزارة الداخلية يكتسب أهمية كبيرة من حيث البناء الهيكلي للدولة. وقد أُلحقت القيادة العامة للجندرمة بوزارة الداخلية بموجب القرار (بمثابة القانون) ذي الرقم ٦٦٨ المنشور في الجريدة الرسمية في ٢٧ تموز/ يوليو ٢٠١٦، كما أُخرِج خفر السواحل من كوادر وتشكيلات القوات المسلحة، وأُلحق بوزارة الداخلية[٣٣]. وقد شكّل تعزيز السلطة المدنية في محاسبة السلطات العسكرية إلى هذا الحد- إصلاحًا حقيقيًّا بالنسبة لتركيا.

---

(٣٣) «القرار (بمثابة القانون) ذي الرقم ٦٦٨»، الجريدة الرسمية، ٢٧ تموز/ يوليو ٢٠١٦،

http://www.resmigazete.gov.tr/eskiler/2016/07/20160727M2..htm

(تاريخ زيارة الموقع: ١٠ شباط/ فبراير ٢٠١٧).

تغيير نظام عضوية مجلس الشورى العسكري الأعلى

يحمل مجلس الشورى العسكري الأعلى الذي يُبحَث فيه كلُّ القضايا التابعة للقوات المسلحة التركية- طبيعة الكيان الذي يغلب عليه العسكريون. في التنظيمات التي أجريت بموجب القرار (بمثابة القانون) ذي الرقم ٦٦٨ بعد محاولة انقلاب ١٥ تموز ٢٠١٦، غُيِّرت سمة العضوية في مجلس الشورى العسكري الأعلى أيضًا. إذ كان يترأسه رئيس الوزراء، ويضمّ في عضويته في السابق رئيس هيئة الأركان، ووزير الدفاع الوطني، وقادة القوات، والقائد العام للجندرمة، والقيادات التي تحمل رتبة الفريق/ الأميرال. فجاءت التنظيمات الجديدة لتجعل الغلبة فيها للمدنيين، فبقي في المجلس من الجناح العسكري رئيس هيئة الأركان، وقادة القوات فقط، وأصبح مساعدو رئيس الوزراء ووزير العدل ووزير الخارجية ووزير الدفاع الوطني أعضاء فيه إلى جانب رئيس الوزراء.

إلحاق قيادة القوات بوزارة الدفاع الوطني

أُلحقت القوات البرية والبحرية والجوية بوزارة الدفاع الوطنيِ بموجب القرار (بمثابة القانون) ذي الرقم ٦٦٩ المنشور في ٣١ تموز ٢٠١٦[٣٤]، وكانت في السابق ملحقة برئاسة هيئة الأركان، وإلحاقها بوزارة الدفاع الوطني يُعَدّ خطوة إصلاحية مهمّة للغاية من حيث تعزيز سلطة المساءلة المدنية عليها.

---

(٣٤) «القرار (بمثابة القانون) ذي الرقم ٦٦٩»، الجريدة الرسمية، ٢٥ تموز/ يوليو ٢٠١٦،

http://www.resmigazete.gov.tr/eskiler/2016/07/20160731-4.pdf

(تاريخ زيارة الموقع: ١٠ شباط/ فبراير ٢٠١٧).

التنظيمات التي حدَثت مع مشروع الدستور:

إنّ المواد التي تضمنها مشروع الدستور التي نالت موافقة البرلمان في ٢٠ كانون الثاني/ يناير ٢٠١٧، وعُرضت على الشعب للتصويت عليها في ١٦ نيسان/ أبريل ٢٠١٧- تحمل صفة استمرارية الثورة الصامتة التي بدأ بها حزب العدالة والتنمية في عام ٢٠٠٢. وإنّ مشروع الدستور هذا يشكّل أهمّ حجر في بناء الصراع مع الوصاية. فدور (حماية النظام) الذي فُصِّلَ لرئيس الوزراء في دستورَي ١٩٦١ و١٩٨٢، وصل إلى حالة الجمود بعد القبول بحكم استفتاء ٢٠٠٧ القاضي «بانتخاب رئيس الجمهورية بشكل مباشر من الشعب». وبعد انتخاب رجب طيب أردوغان رئيسًا للجمهورية في ٢٠١٤ بأغلبية حوالي ٥٢ بالمئة من الأصوات، فقدَ هذا التفصيل الذي فصَّله الانقلابيون حكمه تمامًا. وتحول دور «رئيس الجمهورية صاحب الصلاحية الذي يحظى بالحصانة القانونية» بعد تعديلات ١٦ نيسان ٢٠١٧ إلى «رئيس الجمهورية صاحب الصلاحية المسؤول». وهكذا، تحوّل منصب رئاسة الجمهورية من موقع الوصاية إلى مؤسسة ديمقراطية يمثل الشعب بالمفهوم الحقيقي.

نظام حكومة رئاسة الجمهورية (النظام الرئاسي)

يعكس القرنانِ الأخيران من تاريخ تركيا تجربة التحول الديمقراطي. فالجدل الذي كان يدور بين البيروقراطية والسلطان اعتبارًا من بدايات محاولات التحديث تحوّل مع مرور الزمن إلى صراع بين البيروقراطية والشعب(٣٥)، وإنّ القبول بالنظام

(٣٥) علي أصلان، «على ماذا سنصوّت في ١٦ نيسان؟»، برنامج الرأي المفتوح على قناة ستار التلفزيونية، ٨ نيسان/ أبريل ٢٠١٧.

الرئاسي من هذه الناحية يعزّز من قوة الشعب في صراعه مع البيروقراطية. إذ إنّ جلوس شخص نال ثقة أكثر من ٥٠ بالمئة من أصوات المجتمع على كرسي رئاسة الجمهورية يُعدّ تطوراً مهمًّا في مفهوم انتشار الديمقراطية في القاعدة.

إنّ انفتاح موقع رئاسة الجمهورية الذي تعزّز بمنطق الوصاية و(الحصانة) في الدساتير التي أُعِدّت في عهود الانقلابات على التمثيل الشعبي يعني تراجُعَ مفهوم الوصاية البيروقراطية، والفصلَ التامَّ بين أركان الديمقراطية الأساسية الثلاثة؛ السلطات التشريعية والتنفيذية والقضائية، وتمهيدَ الطريق أمام تعزيز المؤسسات الديمقراطية والسياسة الديمقراطية.

إلغاء القضاء العسكري:

ذكرنا آنفًا التنظيمات التي أُجرِيت في عهد حزب العدالة والتنمية حول مجال سلطة القضاء العسكري، الذي أُدخِل إلى النظام القضائي من خلال دستور ١٩٦١ وازداد نفوذًا بعد كل انقلاب. ومن خلال مشروع الدستور دُفِعت هذه الخطوات الإصلاحية إلى الأمام بشكل أكبر. ووُضِع حدٌّ لازدواجية رئاسة القضاء، وأُلغِي القضاء العسكري تمامًا.

رفع الأحكام العرفية:

ترافق تطبيق الأحكام العرفية في الغالب مع فترات الانقلابات، ولذلك تحمل أذهان الجماهير صورة سيئة عنها للغاية، حيث تشكّل عهود الأحكام العرفية التي تهيمن عليها

السلطات العسكرية، العهود التي شهدت انتهاكات حقوق الإنسان، ومن خلال مشروع الدستور الجديد حُذِفت أصول الأحكام العرفية تمامًا من الدستور.

الخاتمة:

شكّل تحميلُ تحالف العسكر والنخبة المثقفة مهمّةَ (الإنقاذ) واحدًا من أهم أبعاد الميراث الذي انتقل من الحداثة العثمانية التركية إلى عهد الجمهورية. واستمرّت مهمة الإنقاذ هذه طوال تاريخ العهد الجمهوري أيضًا. ولهذا السبب عَدَّت السلطة العسكرية نفسها صاحبة النظام وحارسه. فلم تتخلف لحظةً عن التدخل في السياسة عندما تعتقد أن تجاوزًا ما حدث "للخط الذي حددته".

إذ بدأت الانقلابات بحادثة الهجوم على الباب العالي عام ١٩١٣، واستمرت حتى تاريخ ١٥ تموز ٢٠١٦، وكل عملية انقلابية أحدثت مسوّغًا للعملية الانقلابية اللاحقة. وعدم إجراء أيّ عقوبة ضد الانقلابيين مهد الطريق لبروز انقلابيين جدد. وبهذا الشكل لم تتجاوز الجمهورية حدّ نظام الوصاية. وعندما وصل حزب العدالة والتنمية إلى السلطة في عام ٢٠٠٣ أقدم باعتباره ممثلاً للسياسة المدنية على خطوة في الصراع مع الوصاية لا يمكن التراجع عنها.

ولم تكن مذكرة ٢٧ نيسان ٢٠٠٧، ومحاولة ١٥ تموز ٢٠١٦ الانقلابية إلا تحدّيًا لهذا الصراع الذي يقوده حزب العدالة والتنمية. وفي كلتا المبادرتين، جعل الحزب نفسه متحدّثًا

باسم الإرادة الوطنية، وبيّن أنّه لا يوجد مخرج آخر إلا النظام الديمقراطي. ومن خلال نزول الجماهير إلى الشوارع ليلة ١٥ تموز، وتقديمها الشهداء والجرحى، بيّنت أن تركيا لن تُدَار بنظام الوصاية، وأن الشعب هو صاحب القرار بعد اليوم.

وقد أثبت الصراع الذي أُعلِن عنه بعد ١٥ تموز أن تركيا لن تُدَار من خلال المراكز البيروقراطية مرة أخرى، وكشفت السياسات التي أنتهجها حزب العدالة والتنمية خلال خمسة عشر عامًا من حكمه، والخطاب الذي تكلّم به، عن مدى تجذر ثقافة مواجهة الانقلاب.

وقد تعزّز التمثيل السياسي للجماهير من خلال التعديلات الدستورية التي تحقّقت في ١٦ نيسان ٢٠١٧، وتحوّل موقع رئاسة الجمهورية من مقام الوصاية التي اصطُبِغ بها إلى مقام التمثيل السياسي. وبهذا الشكل فازت الديمقراطية لمصلحتها بمكاسب كبيرة في الصراع المستمر منذ عهد الحداثة. وفي هذا الصدد، ستتضمن قوانين التوافق ذات الصلة بالنظام الرئاسي التي سيتمّ تشريعها الإجراءات التي تضيق الخناق على آليات الوصاية. وتشكل الدعاوى القضائية ذات الصلة بمحاولة تنظيم غولن الإرهابي الانقلابية في ١٥ تموز ٢٠١٦ التي صدر الحكم فيها والمستمرّة- أحد المعالم المهمّة في الصراع ضدّ الوصاية إلى جانب غاية تحقيق العدالة فيها.

ولا شكّ أن الحياة الديمقراطية لا نهاية لحدودها، وطالما هناك حياة اجتماعية، تكون هناك أزمات. وكما أن الحاضر

يشهد أزمة التمثيل الديمقراطي، فهناك احتمال ظهور أزمات مختلفة غداً. وكل ما ينبغي القيام به في العهود الجديدة هو اتخاذ خطوات من شأنها تخفيض الأزمات إلى أدنى مستوى لها بالاستفادة من تجارب العهود الماضية.

سيفتح الانتقال إلى النظام الرئاسي من خلال الانتخابات القادمة الباب أمام حقبة جديدة. ولا شك أن النضال بهذا الوعي سيكون الروح الذي يؤسِّس تركيا الجديدة.

حزب العدالة والتنمية بين العدالة والتنمية

ياسين أقطاي

المدخل

حقّق حزب العدالة والتنمية في الحياة السياسية أقوى النجاحات في البنية الاجتماعية والسياسية التركية، وكان قبله حزب الشعب الجمهوري هو المؤثّر بشكل كبير في الحياة السياسية في فترة الجمهورية، إذ أدار هذا الحزب الأخير الجمهورية والنظام منذ تأسيسه، ولمدة ٢٧ عامًا، من خلال حكومة الحزب الواحد. وحتى بعد الانتقال إلى الحالة التعددية استمرّ وجود أيديولوجيا الحزب لسنوات عديدة؛ بسبب ادّعائه أنه الحزب المؤسِّس للنظام، وحتى خلال الفترات التي لم يكن فيها حزبًا حاكمًا، كان مستفيداً من هذا الادّعاء، وبهذه الخاصية، كان هذا الحزب بمثابة حاكم وهو في المعارضة، بسبب القوّة التي كان يستمدّها من المؤسسات التي أسّسها سابقًا، وقد زوّد هذا الأمر حزب الشعب بميزة تنافسية غير عادلة في بيئة من السياسات الديمقراطية الحرّة، ولم يتردّد الحزب في استخدام هذه الميزة باستمرار، وكأنها (سيف ديموقليس)[1].

وفي مقابل هذا، كانت هناك كتلة شعبية حاولت حكومة حزب الشعب الجمهوري الفعلية السيطرة عليها وتشكيلها وقمعها. وبالرغم من كل جهوده الاستبدادية كان هذا الحزب

---

(١) ملاحظة من المترجم: سيف ديموقليس مثَل يضرب للتهديد بالخطر.

يجد الكثير من المقاومة أمام عملية إنشاء مجتمع جديد، وقد تعامل حزب الشعب مع هذه المقاومة على أساس أنها معارضة، سواء وصلت إلى السلطة أم لا، وكانت هذه المعارضة ممثّلة في الحزب الديمقراطي في الخمسينيات، وفي حزب العدالة في الستينيات، وفي حزب العدالة وحزب السلامة الوطنية في السبعينيات، وحزب الوطن الأم في الثمانينيات، وحزب الرفاه في التسعينيات، وفي نهاية المطاف وجدت هذه المعارضةُ الاجتماعية والسياسية ضدّ هذا النظام العميق أقوى ممثّل لها ولتنظيمها ولقاعدتها- وجدتَها في حزب العدالة والتنمية.

والواقع أن الوضع الذي كان حزب الشعب الجمهوري ونخبه يحاولون الحفاظ عليه لم يكن حسنًا، إذ لم تكن حالة تركيا فيه حالة دولة غنية أو كبيرة، مقارنة مع إمكانات تركيا، ولو وُظِّفت إمكانات تركيا في الفترة المذكورة بكفاءة لاستطاعت أن تكون بلدًا كبيرًا، ولاستطاعت الوصول إلى موقف أقوى من ذلك بكثير، ولكن هذا لم يكن ممكنًا من نخب حزب الشعب التي أرادت الحفاظ على الوضع الراهن، وكذلك الحال من نخبه العسكرية التي أرادت الحفاظ على وصايتها على السياسة.

ومن المؤكّد أنّ هذه العقلية السياسية التي كانت سارية المفعول منذ عام ١٩٦٠ عائقًا كبيرًا أمام التنمية في البلاد؛ لأن العقل الذي لا يكون عادلًا أو منطقيًّا أو شاملاً، ولا تكون لديه قدرة على عمل تقييم كاف لرأس المال الاجتماعي للبلد ويريد أن يتحكم من خلال الأيديولوجيا- لا يستطيع أن ينهض بالبلاد، وفي هذا السياق، كان آخر انقلاب وقع في ٢٨ فبراير ١٩٩٧، يتحدّى العناصر الأساسية للمجتمع نفسه، مدّعيًا أنه

سيستمرّ لألف سنة. إن الغطرسة والعمى الأيديولوجي اللذينِ تضمنهما هذا التحدّي يشيران إلى أن أصحاب هذه العقلية كانوا غير قادرين على رؤية حركة المجتمع بعمق. فمنذ عام ١٩٥٠ انتقل أكثر من ٦٠ في المئة من السكّان في تركيا من المناطق الريفية إلى المناطق الحضرية، وقد تسبّب ذلك في سلسلة من الاحتياجات الاجتماعية والسياسية والاقتصادية. ولم يكن من الممكن لهذا المجتمع أن تحكمه العقلية التي تجلّت في الانقلاب الأخير في ٢٨ فبراير ١٩٩٧.

كان عدد السكان يزداد في المناطق الحضرية، وهذا أبقى على الطبقة المتوسطة نسبيًّا من دون تغيير، وجعلها في مواجهة النخبة الاقتصادية والاجتماعية، مع مطالبات بخدمات أفضل في الصحة والنقل والبنية التحتية للاتصالات، وأكثر فعالية وكفاءة في إدارة الاقتصاد وخدمات التعليم العالي، وفي مقابل هذا كانت الإدارة في تركيا آنذاك تفتقر إلى إدراك هذه الحالة، وإلى إمكانات التعامل مع هذه الأوضاع.

وعند هذه النقطة وفي المرحلة التي وصل فيها حزب العدالة والتنمية إلى الحكم يمكننا تلخيص قضية البلاد في مشكلتين رئيستين، هما: (العدالة) و (التنمية)، حيث كان أداء الحكومات قبله بعيدًا عن الاستجابة لمطالب مجتمع ديناميكي، وكان المجتمع يعاني غياب العدالة. وفي مواجهة هذه الحالة ومنعًا لانعكاس حالة عدم الاستقرار على الإرادة الوطنية قامت جهات عديدة ليس لها وظيفة سياسية بتدخلات غير ديمقراطية، وقد أدّى هذا إلى زعزعة أسس العدالة المجتمعية. وفي هذه المرحلة، فإن تعريف العدالة السياسية هو أن يختار المواطنون الإدارة

في اتجاه إرادتهم، وأن لا تكون الإدارة محكومة بتدخلات غير سياسية حيث يظهر هذا في كثير من الأحيان على أنه استقرار في الحكومة كما يتمّ توفير الظروف الأساسية للتنمية، خاصة إذا تمّ تحقيق هذا الوضع من خلال مشاركة المجتمع. وتحديداً في عام ٢٠٠١ عندما كانت العدالة السياسية والديمقراطية والتنمية الاقتصادية، مطلبًا مجتمعيًّا حقيقيًّا تم إنشاء حزب العدالة والتنمية الذي أعطى الأهمية لشعارين أساسيين هما العدالة والتنمية، وقد مرّ على إنشاء حزب العدالة والتنمية ١٦ عامًا وعلى وجوده في الحكم ١٥ عامًا، والسؤال الأهم الآن الذي سيواجهه هذا الحزب في هذه العملية هو: هل نجح أو أخفق من منظور العدالة والتنمية؟

في هذه الدراسة نجري تقييمًا لموقع مفهومَي العدالة والتنمية لدى حزب العدالة والتنمية خلال ١٥ عامًا من حكمه، وأكثر النقاط جذبًا هنا هو المعضلة التي عاشها حزب العدالة والتنمية بين تأسيسه وفترة حكمه، وهذه المعضلة هي أن حزب المعارضة في المرحلة التأسيسية قد تناول مفهومي العدالة والتنمية وهو حزب معارض وكان الوقت الذي قضاه الحزب في المعارضة أقلّ من سنة ونصف، وهي فترة قليلة، ولكنه مع ذلك قام بالحفاظ على مزاعمه وأفكاره حول هذين المفهومين مرة أخرى عندما وصل إلى الحكم، وكانت هذه الميزة -في الانتقال المباشر من التأسيس على أساس حزب معارض إلى آخر موجود في الحكم، إلى حزب حاكم- قد فرضت نفسها بوصفها تحدّيًا أساسيًّا، ومن الجدير بالذكر أن حزب العدالة والتنمية ركز في انطلاقته على ضرورة تطبيق العدالة والتنمية، ومع هذه البداية وجد الحزب نفسه أمام مرحلة لا ينتقد فيها الآخرين، بل عليه

أن يمارس المعارضة الذاتية؛ ولهذا فإن حزب العدالة والتنمية مرّ بتجربة أصيلة في تلك المرحلة تحديدًا.

مرحلة (المعارضة الذاتية) في أثناء الحكم:

تُعدّ الفترة الممتدة ١٥ عامًا -بين عامَي ٢٠٠٢ و٢٠١٩- من حكم حزب العدالة والتنمية أطول فترة لحزب سياسيّ في السلطة في تاريخ الجمهورية، وبالنظر إلى معدلات التنمية مقارنة بمعدلات التنمية في الفترة الماضية نجد أنه تمّ الوصول إلى أرقام عالية جدًّا ونوعية، وهذا أسهم في تأمين حالة استقرار مميزة ولايزال هذا التطور مستمرًّا ومتحركًا.

وعند النظر إلى أرقام النموّ يمكن القول إن النسبة في عهد حزب العدالة والتنمية في تركيا نمت أكثر من ثلاثة أضعاف، على الرغم من أنه قاد عملية تطوير وإصلاح، فإنه لايزال مستمرًا في خطاب الإصلاح والتغيير، وعلاوة على ذلك، يتضمن هذا الخطاب أيضًا مقاربة ذاتية النقد. وقد أعرب القائد المؤسّس لحزب العدالة والتنمية والزعيم رجب طيب أردوغان عن انتقادات لحزبه، وتشير هذه (المعارضة الذاتية) إلى خطاب ومرحلة جديدة.

وكما ذكرنا آنفًا، فإن السلطة والقوة اللتين كان حزب العدالة والتنمية يمتلكهما حتى وقت قريب كانتا تستندان إلى حدّ كبير إلى ما يشبه (المعارضة الذاتية) حول الإصلاحات الديمقراطية التي كان يريد تحقيقها في الماضي القريب، وعلى الرغم من قوته هذه وتشكيله الحكومة وحده فقد تعرض لمقاومة طبقة عميقة من الحكومة.

وجد حزب العدالة والتنمية معارضته، في الجهات التي لا تريد أن تترك الوضع الراهن، وفي مواجهة هؤلاء بدأ حزب العدالة يحقّق المكاسب باسم الديمقراطية والتنمية. وسواء في الإصلاحات التي تتعلق بالقضية الكردية أو بمسائل الحريات الديمقراطية التي نفّذها حزب العدالة من منطلق تمثيله لروح إصلاحية جديدة- كانت الجهات التي تدّعي تمثيل اليسار وأحزاب المعارضة وعلى رأسها حزب المعارضة الرئيس تقف في وجه هذه الإصلاحات وترفضها.

وعند هذه النقطة، نجا حزب العدالة والتنمية بأعجوبة من محاولات إحباطه، إذ تعرّض لدعوى الإغلاق في السنة السادسة من وصوله إلى السلطة في عام ٢٠٠٨، وهو؛ أي إغلاق الحزب هو النتيجة التي كانت تريدها جهات في الدولة العميقة.

وبالرغم من كل هذه العقبات والمضايقات التي تعرضت لها حكومة حزب العدالة والتنمية فإنّه عمل بدينامية، واستطاع أن يحقّق الكثير من التقدّم والمكاسب والإنجازات الضخمة، ورغم ذلك، فإن هذه المكاسب التي حُقّقت أوصلت إلى نتيجة لا يمكن معها أن تكون هذه السلبيات عاملاً قاهرًا للحزب من قبل الذين أرادوا الحفاظ على الوضع الراهن، وفي هذه المرحلة لم تكن هناك جهة راهنة أو سلطة سيادية يمكن لحزب العدالة والتنمية أن يحمّلها مسؤولية أي إخفاق يتعرض له. ومن المعلوم أنّ الجهات الفاعلة التي أرادت المحافظة على الوضع الراهن لاتزال موجودة في السياسة التركية، ولاتزال تعمل هي والمتعاونون معها بطرق غير روتينية، وقد كان من الممكن أن تتكشّف في بعض الأحيان صور أنشطة هؤلاء الفاعلين المتعلقة بفترة (الدولة العميقة) في

البلاد، لكن حزب العدالة والتنمية استطاع من خلال الحكومة الديمقراطية صاحبة الرأي في إدارة البلاد، ومن خلال عملية التحوّل التي تحدثنا عنها- استطاع أن يصل إلى حدّ تكوين معارضته الذاتية، وهذا وضعٌ له وزنه وصعوبته.

في السنوات الأولى من السنوات الخمس عشرة لحكم حزب العدالة والتنمية كان هناك حطام يمكن للحزب أن يتذمر منه، لكن اليوم، على الرغم من أن معاني التذمّر لم تدخل في أدبيات حزب العدالة والتنمية فإن مدة ١٥ عامًا من الحكم لا تسمح له بالحديث عن الحطام الذي كان موجودًا، حيث إن هذه الفترة الطويلة يمكن أن تنتج حطامًا خاصًّا بها، أو يمكن أن تؤدّي إلى نسيان ما قبلها من الأعمال الجيدة، والحقيقة أنّ ما فعله حزب العدالة والتنمية خلال هذه السنوات الخمس عشرة لا يمكن أن يقارن مع الحطام السابق.

في هذه المرحلة، كان حزب العدالة والتنمية واجه شيئًا، يمكن تسميته (روتنة الكاريزما)، ومن خصائص هذه المرحلة افتقاد الناس وعيهم بالقضية، ونسيان مهماتهم، وتجاهل البعد الروحي لعملهم، والغرق في الإنجازات الدنيوية، ومن الذين اكتشفوا هذه المشكلة قائد الحزب رجب طيب أردوغان، فبعد تفعيل بعض مواد الدستور المتعلقة بالنظام الرئاسي بعد الاستفتاء وعودة أردوغان إلى رئاسة الحزب- عبّر أردوغان عن العديد من الانتقادات في سياق حديثه عن استقالة بعض رؤساء البلديات في تركيا، وقد حشد هذا ملامح ديناميكية جديدة، أشرنا إليها بما يسمّى بالمعارضة الذاتية، من خلال

نقد كوادر الحزب لأنفسهم،[٢] حيث إن أردوغان زعيم الحزب لمدة خمسة عشر عامًا ورغم كل ما فعله الحزب في النواحي كافة، والذي قد يعدّ ثورة في كل مجال منها- عدّ ما أُنْجِزَ وحُقِّقَ غير كاف، وبصرف النظر عن موضوع الكفاية أشار أردوغان أيضًا إلى أن هناك أخطاء في بعض الأمور المتعلقة بعمل البلديات، وفي مجال العدالة الاجتماعية، وأنه كانت هناك مسافة بعيدة بين المستوى المطلوب والممارسة.

وهذا الوضع عند تناوله من منظور حزب العدالة والتنمية يصبح أصعب بكثير مما يُعتَقد، وقد استطاع حزب العدالة والتنمية ملء الفجوة الناجمة عن عدم وجود معارضة قوية وكافية حتى الآن، وفي الوضع الحالي، يملأ فجوة (المُعارضة) حزب العدالة والتنمية نفسُه، ولكن هناك مشكلات جديدة وأصلية لإيجاد هذا الحزب المعارضة لنفسه. إنّ حزب العدالة والتنمية عارض نفسه من بُعد مختلف، من خلال انتقاد ما فعله لمدة خمسة عشر عامًا، بينماً كان يحاول التغلب على نفسه في هذه المرحلة.

كانت هناك مقاومة كبيرة لحزب العدالة والتنمية في السنوات الأولى من وجوده في السلطة، وحاولت هذه المقاومة لفترة طويلة منع الحزب من متابعة الإصلاحات التي كان يريدها، حتى في مجالات حقوق الإنسان والديمقراطية، وقد اضطر هذا الأمر

(٢) للاطلاع على ظاهرة الكاريزما في السياسة التركية يمكن النظر في كتاب: ياسين أقطاي زمان الكاريزما، نظرة من منظور علم الاجتماع السياسي، الطبعة الثانية، منشورات تذكرة، ٢٠١٤، أنقرة.

الحزب إلى أداء دور غريب، وهو ما سمّيناه حزب (المعارَضة الحاكم)! وفي هذه المرحلة ظل حزب العدالة والتنمية يجدّد نفسه باستمرار، ويُبقي نفسه أملاً للشعب، ورغم وجود التوترات أزال حزب العدالة والتنمية العديد من العقبات التي كانت تعترض حرية التعبير في تركيا، وكان يهدف إلى اتخاذ جميع التدابير لتحقيق المعايير الأوروبية في التحوّل إلى الديمقراطية، بل يمكن القول إن بعض هذه التدابير جعلت من الصعب اتخاذ تدابير جديدة ضد الأنشطة الإرهابية.

قد يبدو هذا التأكيد مثيرًا للجدل، ولكن بعد قيام حكومة حزب العدالة والتنمية بإجراءات ضدّ مدبري الانقلاب في تركيا في ١٥ تموز ٢٠١٦، وضد حزب العمال الكردستاني الذي كان يحفر الخنادق في المدن التركية تحت اسم الحكم الذاتي. وإزاء هذه الإجراءات بدأت تقارير الاتحاد الأوروبي تنتقد هذه التدابير ضد حزب العمال الكردستاني، على أنها انحراف عن الديمقراطية، ومع ذلك، فإن معايير الديمقراطية التي أرادها الاتحاد الأوروبي بشأن حرية التعبير في تركيا بمثابة عوائق لتركيا في مكافحة الإرهاب، حيث إن مسؤولي الاتحاد الأوروبي يريدون تغيير قوانين الإرهاب، والحقيقة أن هذه الخطوات تصبح دروعًا تحمي الإرهابيين، بدلًا من أن تطوّر مجالات الديمقراطية وحرية التعبير.

بسبب موقف تركيا الحسّاس ووجود ضحايا بسبب الإرهاب بشكل يومي، فضلاً عن أن أكثر من ٢٥٠ شخصًا قُتلوا في المحاولة الانقلابية عام ٢٠١٦- فإن قوانين مكافحة الإرهاب التي كان يتحدث عنها الاتحاد الأوروبي لم تكن سوى عامل

لتقييد يد الحكومة في مكافحة الإرهاب، كما أن دول الاتحاد الأوروبي عموماً لم تعبّر عن تضامنها مع الحكومة الديمقراطية يوم ١٥ تموز ٢٠١٦، بل من جهة أخرى عملت على حماية كل من حزب العمال الكردستاني، وأعضاء تنظيم غولن، ومع ذلك، فقد شهدت دول الاتحاد نفسها العديد من الأمثلة الحديثة أو حتى المتزامنة، ولم تتردد في تفعيل تدابير الطوارئ في مواجهة أقل عمل إرهابي، ورغم ذلك لم تعدّ ذلك انحرافًا عن مسار الديمقراطية.

باختصار يمكن القول إن حزب العدالة والتنمية في تركيا أنجز ثورة صامتة على الرغم من المقاومة التي تعرّض لها سنوات عديدة، حيث تعرّض مرارًا وتكرارًا لمحاولات انقلابية، أو استعدادات داخل هذه المقاومة، وبُذِلت محاولات اغتيال عديدة لقائده، وفي عامه السادس من الحكم وحده في عام ٢٠٠٨، عندما وصل إلى السلطة بنسبة ٤٩ في المئة من الأصوات- كان يواجه قضية إغلاق الحزب وحظره.

وبينما كان حزب العدالة يقود البلاد إلى مزيد من التطور من الناحية الاقتصادية والديمقراطية في عام ٢٠١٣ بدأت سلسلة متتالية من التطبيقات العنيفة، مثل أحداث غيزي بارك في ٢٠١٣، ثم الانقلاب القضائي في ١٧-٢٥ ديسمبر من العام نفسه، وأحداث كوباني، وصولًا إلى محاولة الانقلاب في ١٥ تموز ٢٠١٦، كما تعرضت البلاد بين هذه الفترات إلى ضربات اقتصادية.

ومن خلال تجربة حزب العدالة والتنمية وصراعه في الحالة الراهنة فقد أثبت أن جذور المعارضة للديمقراطية ليست داخل البلاد، وأن مصدر هذه الطاقة خارجيّ، وهو النظام الدولي بذاته، والمعارضة حاليًّا ليست لحزب العدالة والتنمية، بل لتركيا التي يقودها حزب العدالة والتنمية.

وكما وُوجِهت قوة حزب العدالة والتنمية بمعارضة عميقة وسرية وقديمة في الداخل فإن تركيا حاليًّا تواجه عالميًّا بطريقة استهداف مشابهة، وقد عبّر الرئيس أردوغان في خطاب واضح بما فيه الكفاية عن هذا الأمر عندما قال:

«إنّ أولئك الذين يقولون إن تركيا لا علاقة لها بالعراق وبليبيا وبشمال إفريقيا وبالقوقاز وبالبلقان؛ إما أنهم لا يدركون شيئًا، أو أنهم يدركون كل شيء، وهم في الحالين جزء من العملية التي تستهدف تركيا».

قبل خمسة عشر عامًا، كانت تركيا منغلقة نسبيًّا، تستهلكها المشكلات الكثيرة على أجندتها المحلية الخاصة بها، أمّا الآن فإنّ تركيا في المرتبة الـ١٧ في الاقتصاد العالمي، وأصبحت بلدًا له دور وتأثير لا يمكن تجاهلهما في السياسة الدولية، ولها ارتباط حتى بالتطورات الكبيرة كافة في العالم، ولا شكّ أنّ هذا الموقف يثبت أدوارًا جديدة ومسؤوليات أكبر على تركيا وقيادتها، إذ يتعرض حزب العدالة والتنمية الآن إلى ضغوط لفهم هذا الدور بشكل أفضل، والعمل بشكل أفضل وبأهداف أكبر.

بعد حكم حزب العدالة والتنمية الذي دام خمسة عشر عامًا، ليس لدى الحزب مسوّغ أمام مواطني تركيا بأنه هناك (وضع راهن أو مقاومة) تعارض عمله، فهذه المرحلة مرحلة التنافس مع نفسه، وأيّ أمرٍ يخالف هذا، فمن المحتّم أن حزب العدالة والتنمية سيستهلك نفسه تدريجيًّا.

تأثير حزب العدالة والتنمية في الوضع العالميّ الراهن:

إنّ فترة الخمسة عشر عامًا التي قضاها حزب العدالة والتنمية متفرّدًا في السلطة كما ذكرنا آنفًا تُعدّ فترةً زمنيّة يمكنه من خلالها أن يترك بصمته في تغيير المجتمع وتحوّله تحوّلًا جذريًّا من أعلاه إلى أدناه. وقد استطاع الحزب خلال هذه الفترة خلق تأثير؛ ليس في تحديد وتغيير سياسة تركيا وسوسيولوجيتها فقط، بل في المنطقة برمّتها. ولاشكّ أنّ الحزب استطاع اليوم أن يشعر بوجوده وتأثيره في سياسة المنطقة بأسرها من أوربا إلى الشرق الأوسط. ولا يمكن في هذه النقطة أن نتجاهل أن رغبة التحوّل في الشرق الأوسط تأثرت بمعدل كبير بالتغير الحاصل في تركيا، وصداه الإيجابي في المنطقة. ويُعدّ مفهوم (النموذج التركي) واحدًا من أكثر التعبيرات الّتي استُعملت في توضيح العمليات الّتي شهدها موضوع الربيع العربيّ الذي انطلق من تونس في أواخر عام ٢٠١٠ حتّى ٢٠١٣؛ أي حتّى اليوم الّذي تحوّلت فيه الثورة إلى الاتّجاه المعاكس مع عملية الثورة المضادة. وممّا لا ريب فيه أبدًا أنّ تركيا تجاوزت دور الملهم في التغيير إلى التأثير فيه، وشكّلت العنوان الأساسي لمطالب تأسيس عالم جديد في الشرق الأوسط. وإنّ البحوث

التي أُجرِيت في العالم العربي في هذه المراحل حول تصوّر تركيا تظهر أنّ هذا التعريف يحمل معنىً يتجاوز وهم التركيّ البسيط. وممّا لا شكّ فيه كذلك أنّ عمليات الثورة المضادّة أو الانقلاب المضادّ الّذي قام فيما بعد أثّر في تركيا في الدرجة الأولى، ووضعها بين أهدافه. وتركيا في حكم حزب العدالة والتنمية في سياق هذا المعنى هي في مركز هذه التغيّرات جميعها إيجابيّةً وسلبيّة، وهذا الدور المركزيّ مرتبطٌ بنموّها بشكلٍ مباشر، إذ تضاعفت صادراتها خمسة أضعاف خلال فترة تقارب عشر سنوات، وارتفعت إيراداتها من ٣٠ مليار دولار إلى ١٥٠ مليار دولار.

واليوم يتأثر مسار الاتّحاد الأوربّي من جهة ومطالب الديمقراطية والتقلّبات الاقتصاديّة المتنامية في الشرق الأوسط من جهة أخرى بصورةٍ جدِّيَّة بخيارات حزب العدالة والتنمية والسياسات الّتي تنتهجها تركيا في الداخل والخارج. وإلى جانب كون هذا الحزب لاعبًا من عدّة لاعبين يسعَوْن لتبوُّؤِ أدوارٍ حاسمة في هذه الأحواض السياسيّة كافّة- فإنّه يدخل في معترك التنافس مع لاعبين آخرين حينًا، ويقود سياسةً مسايرةً لهم حينًا في أثناء سعيه لخلق هذا التأثير.

ويجب ألا ننسى هنا أنّه ليس هناك لاعبٌ واحد أو عاملٌ واحدٌ يملك الدور الحاسم في أيّ تطوّر اجتماعي، لذلك لابدّ لنا حين نتحدّث عن تأثير حزب العدالة والتنمية أن نتجنّب المبالغة التي تصوّره لاعبًا وحيدًا يملك الدور الحاسم، فالواقع يثبت أنّ

التميّز التدريجيّ لهذا التّأثير الإقليميّ للحزب إلى جانب لاعبين آخرين بات حقيقةً لا جدال فيها.

ومن النقاط المهمّة الّتي لابدّ من مراعاتها في هذا السياق رؤية التغيير التي يحملها حزب العدالة والتنمية في الشرق الأوسط على وجه الخصوص، ومعرفة أنها تشمل نهوض البلدان كافّة، وتطوّرها، وازدهارها، وتحرّر شعوبها، وأن تصبح صاحبة الكلمة في السلطة، وأن يبلغ احترام حقوق الإنسان ومراعاتها مستوى واضحًا معيّنًا. وفي الوقت الّذي تنجذب فيه شعوب المنطقة إلى بعضها ثقافيًّا واقتصاديًّا ومجتمعيًّا كالمغناطيس؛ فإنّ إزالة بعض العراقيل الّتي تقوم بينها كانت كافيةً لتلاقيهم. فنظام التجارة والتداول الحرّ الّذي طُوِّر بين تركيا وسوريا والأردن ولبنان قبل ٢٠١٠ (ولا يزال مستمرًّا مع الأردن ولبنان نسبيًّا مع مطلع سنة ٢٠١٧) كان حقيقة خطوةً مرشّحة لإنشاء شرق أوسط جديد كليًّا، والمطالب التركية من هذه الخطوات هي السلام والوحدة والنهضة والتنمية والتطوّر والحريّة والكرامة.

كان من الممكن أن يمتدّ هذا النموذج ليطال العراق ومصر وليبيا وبلدانًا أخرى خلال فترة وجيزة، وينبثق شرق أوسط جديد بهذه الحلّة من عالَم الخيال والحلم في لحظة ما فجأةً، وفي الوقت الّذي تُظْهِرُ فيه العمليّة أنّ نظام الشرق الأوسط القائم منذ قرنٍ من الزمن قد تغيّر كانت تركيا بلا شكّ اللاعب الأفضل والأكثر تميّزًا في هذا التغيير. وتُمكِنُ

قـراءة جميـع الأحـداث المتطـوّرة الّتـي قلبـت اتجـاه العمليـة لاحقًـا[٣] على أنّهـا تدابير اللاعبين المعروفين السـاعين لكسـر هـذا التأثيـر التركيّ.

إنّ اللاعبيـن الّذيـن تبنّـوا دورًا مناهضًـا لهـذا النفـوذ الإيجابـي الفعّـال الّـذي وفّـرت تركيـا مـن خلالـه التحـوّل في الشـرق الأوسـط يمثّلـون (الشـرّ المطلق)، ليس فقـط من وجهة نظـر أنقـرة، بـل بحسـب القيـم الإنسـانيّة العامّـة، والمناظيـر الديمقراطية، وحقوق الإنسـان، وشـعوب الشـرق الأوسط أيضًا، ويتبلـور الاختـلاف الواضـح في هـذا المعنـى بين الـدور الذي تؤدّيه تركيا في الشـرق الأوسـط والسياسـة الّتي ينفّذها لاعبون آخـرون مـن ضمنهـم الولايـات المتحـدة الأمريكيـة والاتحـاد

(٣) في حزيران عام ٢٠١٣ انطلقت في مصر حملة الحركة التي تُسمَّى (تمرّد) بدعم من الليبراليين الغربيين ضدّ رئيس الجمهورية المنتخب محمد مرسي بمزاعم عدم تشاركه السلطة مع أحد، وعجزه عن حل مشكلات البلد خلال الأشهر العشرة التي بقي فيها في الحكم. واختُتم باجتماع في ساحة التحرير في ٣٠ حزيران، ودعوة الجيش لوضع يده على السَلطة. لم يمض على هذا الاجتماع الذي حشد له الجيش كما هو جليّ واضحٌ من أجل استصدار دعوة الاستيلاء على السلطة حتى قام الجيش بقيادة وزير الدفاع الفريق أول عبد الفتاح السيسي الذي عينه محمد مرسي وزيرًا للدفاع بالانقلاب والاستيلاء على السلطة. بالمقابل اجتمع أنصار محمد مرسي بحشود سلمية أكبر بكثير في ميدان رابعة بإصرار وعزيمة لا تلين طيلة ٤٥ يومًا. ولكن تمّ تشتّيت هذه الجموع بغدر ووحشية دموية لم يشهدها تاريخ مصر. والطريف في الأمر أن الغربيين دعموا السيسيَ وما قام به من دون أن يصفه أحد منهم بأنه انقلاب. واستمرت عملية قمع احتمال قيام الديمقراطية وحلمها في اليمن وليبيا وتونس. وبذلك تأجّلت الديمقراطية التي تعرفت عليها هذه البلاد بالمعنى الحقيقي بعد الاستعمار إلى ربيع آخر. انظر: طوران قشلقجي، الربيع العربي، (İlimyurdu، إسطنبول، ٢٠١٢). وانظر كذلك: غراهام فولر مسؤول السي آي إي الأسبق في الشرق الأوسط في كتابه الذي يؤكد فيه دور تركيا في عملية الربيع العربي، وهو الأطرف بين أمثاله من الكتب.
Turkey and the Arap Spring: Leadership in the Middle East, (Bozorg Press, 2014).

الأوروبّـي. إذ يدعم هذان الأخيـران الديكتاتوريّـات وانقلاباتها، ويبحثـان عـن مزيـد مـن الانقسـامات، ويغضّـان البصـر عـن الخروقـات فـي حقوق الإنسـان، في الأماكـن الّتي تراعـي فيها تركيـا الديمقراطيّـة وحقـوق الإنسـان ووحـدة الدولـة، وهمـا يفعـلان ذلـك مـن دون أن يكـون هنـاك سـبب وجيه إلا الشرّ.

وقـد أعلن فرانسـيس فوكوياما قبل سـنوات أن التاريخ انتهى لمصلحـة الديمقراطيـة الليبراليـة[٤]، واليوم ثمّة عـدد كبير من إشـارات الاسـتفهام في هذه النقطة حـول الكيفيّة الّتي سـيحلّ بهـا هـؤلاء حقيقة دعم الـدول التي تقدّم نفسـها علـى أنها دول ديمقراطيـة ليبراليـة للديكتاتوريـات والانقلابات فـي منطقتنا، وارتـكاب المجازر في سـبيل بقائها.

ويمكننـا أن نعيـد مـا أسـلفنا ذكـره سـابقًا بسـياقٍ آخـر: إنّ القـوّة الإصلاحيّة والتحوّليـة لحزب العدالة والتنميـة داخل تركيا حتّـى الآونـة الأخيرة اسـتندت إلـى دوره الخلّاق عندمـا كان في موقـع (المعارضة). وعندما وصل إلى سـدّة الحكـم بصورة فعلية بقـي وجهًـا لوجه مع مفارقـة غريبة، وأدرك فـي النهاية «أنه حين تـرك موقعـه المعارض للكـوادر الّتي فتحت الطريـق أمام تغيرات انقلابيّـة فـي البلاد- بـات يواجه خطـرًا، من قبيـل أن تكرر تلك الكـوادر نفسـها، ويفقـد ادعاءاتـه وهـو يدخـل في مناوشـات لا تنتهـي مـع تلـك الكـوادر». وهـذا الإدراك جعله ينتفـض؛ لأنه لا

(٤) فرانسـيس فوكوياما، أهـذه مشـكلة التاريـخ؟ التحريـر: أرتـان أوزنسـل ومصطفـى أيـدن، (منشـورات وادي، أنقـرة ٢٠٠٢).

توجد معارضةٌ يمكنها أن تحلّ هذه المشكلة. ومن ثَمّ فإنّ هذا الوضع الّذي وصفه أردوغان بأنّه (عتبة الإجهاد) في حزبه، وعدّه نقطة الاستنفار- مرحلةٌ روتينيّة يمكن أن يتعرّض لها كلّ حركة كاريزماتيّة. وقد استطاع تجاوز هذه المرحلة بالإيمان بالنقد الذاتيّ الصارم والتحديث، وإطلاق العمل مجدّداً. وأعظم فائدة للحركة الكاريزماتيّة في هذه النقطة تتمثل في أن يبقى على رأسها قائدها الّذي لا يزال يزيد من إنجازاته وإخلاصه وديناميكيّته وشرعيّته، ويزداد مع الأيام دعمُه الجماهيري.

قام حزب العدالة والتنمية بثورات عديدة لم يكن يُتخيَّل أن يقوم بها رغم شدة مقاومته للعراقيل الّتي واجهته في أثناء انطلاق مسيرته قبل خمسة عشر عاماً. ومن غير الصواب إسناد كلّ هذه الإنجازات والنجاحات إلى مجرد حماس أن يكون بمفرده معارضًا، ولا إلى الطاقة التي بذلها، إذ الامتدادات الخارجيّة لتلك القوى الّتي انحسرت اليوم كثيراً داخل البلاد لا تزال تبدي معارضتها بصورةٍ غير أخلاقيّة. ومن هنا فإن (الوضع العالمي الراهن) الّذي يسعى لكسر تأثير حزب العدالة والتنمية باعتباره فاعلاً يواصل العمل على تقديم الإمكانات والمعنويات من أجل إيجاد المعارضة الّتي يحتاجها حزب العدالة والتنمية بالمعنى الإيجابي.

(العدالة) و (التنمية) بعد ١٥ عاماً:

مرّت خمسة عشر عامًا على وصول حزب العدالة والتنمية إلى سدة الحكم وفتحه صفحة جديدة في تاريخ تركيا. ولدينا فرصة جيدة لتقييم ما حصل في هذه الأعوام تقييمًا يتمتع بمزيد من برودة الأعصاب. فعندما أُسِّس حزب العدالة والتنمية

رفع شعار (العدالة) و(التنمية)، ووعد بأنه سينتهج سياسة تقوم على هذين المبدأين. وهذان المفهومان في الأصل يشكلان بالنسبة لبلدٍ مثل تركيا في هذا العالم الذي نعيشه- مهمّتين كبيرتين يجب أداؤهما من قبل حركة سياسية. ومن يقوم بالتركيز على هاتين المهمتين يكون قد حمل على عاتقه أمرًا يمسّ حياة الناس ويحتضنهم بغض النظر عن العمر والجنس والفئة والعرق والدين والمرجعية الفلسفية.

إن المعضلة التي يعانيها العالم المعاصر وتركيا في ماضيها القريب تتجلى في أنهما لم يستطيعا تطبيق سياسات التنمية من دون التخلي عن مبدأ العدالة. فالسياسات التنموية تُسيَّر عبر نماذج وموديلات تفتح الباب على مصراعيه أمام جشع الإمبريالية، وتجعل الطبقية المجتمعية أكثر حدة. وهناك قناعة شائعة بأن المهمّة النيوليبرالية التي تُلصَق بسهولة بحزب العدالة والتنمية بسبب السياسات التي ينتهجها تحمل بين طياتها فظاظة راديكالية حيال مفهوم الدولة الاجتماعية التي تحقّق عمقًا أكبر في العدالة الاجتماعية. وهذا هو الحقل والمجال الأهم الذي أظهر فيه حزب العدالة والتنمية ميزته واختلافه عن الأحزاب الأخرى؛ أي أنه سيّر سياساته التنموية القوية بشكلٍ ينظم أرضية العدالة الاجتماعية، ويعززها ويمكنّها.

فانتشر الرفاه الاجتماعي حتى بلغ الطبقة الدنيا في المجتمع، بفضل السياسات التي يطبقها حزب العدالة والتنمية، واستثماراته في البنى التحتية التي تُعدّ بمثابة ثورةٍ أحدثها في مجال الصحة والتعليم والنقل والمواصلات والإنشاءات والزراعة. وارتفع إجمالي الناتج القومي لكل فرد إلى ١١ ألف دولار في

أيار ٢٠١٣ بعد أن كان ٣ آلاف دولار تقريبًا، وانعكس ذلك على حياة الناس من الشرائح كافة. ومن أهم مؤشرات التنمية في هذا المجال زوال الفوارق بين الخدمات الصحية التي يتلقّاها المواطن الذي يعيش في أقصى بقاع الأناضول أو أصحاب الطبقة الدنيا، وبين الخدمات الصحية التي يتلقّاها أفراد الطبقة العليا الذين يعيش في أكثر الأحياء تقدّمًا في إسطنبول أو أنقرة. كما أن مشافي المدن الصغيرة في عام ٢٠١٢ باتت توازي المشافي الحكومية الكبيرة من حيث نسبة عدد الأطباء والممرضات وعمال الصحة، ومستوى الخدمات كمًّا ونوعًا.

شهدت الخدمات الصحية في الولايات كافة تقدّمًا كبيرًا مقارنة مع عام ٢٠٠٢، إذ لوحظ ارتفاع في عدد أسرّة العناية المشددة بنسبة ١,٥٠٠ بالمئة، وفي عدد أسرّة حديثي الولادة بنسبة ٥٠٠ بالمئة، وفي عدد الأسرّة في قسم الحرائق بنسبة ١,٢٠٠ بالمئة، وفي عدد أجهزة الرنين المغناطيسي بنسبة ١,٢٠٠ بالمئة، وفي عدد أجهزة التصوير الطموغرافي الذي يعمل على الحاسوب بنسبة ٣٥٠ بالمئة، وفي عدد أجهزة التصوير بالإيكو بنسبة ١,١٠٠ بالمئة، وفي عدد أجهزة غسيل الكلى بنسبة ٤٠٠ بالمئة، وفي عدد مراكز صحة الفم والأسنان بنسبة ٩٠٠ بالمئة[٥]. بالتوازي مع هذه الأرقام هناك ارتفاع في

(٥) من أجل البيانات الإحصائية للخدمات التي قامت في عهد حزب العدالة والتنمية منذ عام ٢٠٠٢ يمكن زيارة موقع مؤسسة الإحصاء التركية (TÜİK,www.tuik.gov.tr). ومن أجل الإحصائيات الصحية وتقارير وزارة الصحة؛ انظر: «الإحصائيات الصحية العامة، معلومات موجزة»، وزارة الصحة، (تاريخ الزيارة: ١٢ مارس/ آذار ٢٠١٨)
http://rapor.saglik.gov.tr/istatistik/rapor/index.php.

عـدد كليـات الطب التـي توفر زيادة فـي عدد الأطباء مـن أجل كل مريـض، إذ ارتفع عـدد طلاب كليات الطب مـن ١٤ ألفًا عام ٢٠٠٢ إلـى ثلاثـة أضعافـه عـام ٢٠١٧ . وهذه الزيـادة في عـدد الطلاب حصلـت بفضـل الجامعات وكليـات الطب التـي افتُتِحـت حديثًا .

والبيـان الآخـر الـذي يبين الفرق بشـكل واضحٍ، والـذي يمكن اعتبـاره مؤشـرًا للتقـدم الاقتصـادي هـو كالآتـي: ٣٢ بالمئة من أفـراد المجتمـع التركي كانوا يعيشـون في عـام ٢٠٠٢ تحت خط الفقـر الـذي يقـدَّر بـ٤ دولارات يوميًّا . أمـا الآن فقـد صُفِّر هذا الرقـم. وهـذا وحده يكفي للإشـارة إلـى نجاح سياسـات العدالة الاجتماعيـة التـي تُسيَّر مع سياسـات التنمية.

وهكـذا فـإن حـزب العدالـة والتنميـة من جهـةٍ يعطـي مكانًا للسياسـات النيوليبراليـة، ومـن جهـةٍ أخـرى يعيـر أهميـة للسياسـات والخدمـات الاجتماعيـة، ومـن هنا لا يمكـن تصنيفه بسـهولة ضمن النيوليبراليـة. فالطريق الذي يتبعـه حزب العدالة والتنميـة من حيث سياسـات الاقتصاد العالميـة طريق خاص به. ففي سياسـات التنمية التـي يتبعها يراعي حـزب العدالة والتنمية مـن جانـبٍ أن يحقّق المسـتثمرون أرباحًا ، ويعمـل من جانب آخر علـى أن يسـتفيد المواطنـون من الطبقـة الدنيا من هـذه الأرباح اقتصاديًّا .

ثمـة مثال آخر علـى مؤشـرات التنميـة ألا وهو الممارسـات والتطبيقـات فـي مجال الإنشـاء والبناء. فسياسـات الإنشـاء في الحقيقـة تُعَـدّ واحدة مـن أكثر المجـالات التي يُنتقَـد فيها حزب

العدالـة والتنميـة. فالمقولـة السـاخرة التـي تتكرر على الألسـن اليـوم من قبيل (مسـاكن توكي!) – وهي التي تبنيها رئاسـة دائرة المسـاكن الجماعيـة- يمكـن عدّهـا إشـارة إلـى أن المواطنين لا يحبذونهـا. وهنـاك شـيءٌ مـن الأحقيـة للانتقـادات التـي تطال (مسـاكن توكـي) مـن قبيـل أنهـا لا تضفـي جمـالًا ورونقًـا علـى المـدن، ويجعـل النـاس يعيشـون حيـاة روتينيـة لا تتغيـر. ولكن يجـب أن نتذكر المشـكلة التـي على أساسـها تحرّكت إدارة هذه المسـاكن، وأن نرى الإسـهامات التـي قدمتها في نهايـة المطاف للعدالـة الاجتماعية.

إن مجـال الإسـكان أحد أهمّ المجـالات التي يمكنها أن تسـهم فـي العدالـة الاجتماعية عبر سياسـات التنمية، وقـد نجح حزب العدالـة والتنميـة فـي هـذا الأمـر. فهـذه المسـاكن التـي تبنيها رئاسـة دائـرة المسـاكن الجماعية (توكي) بصورة سـريعة تشـكّل قبـل كل شـيءٍ بدائـل عن بيـوت الصفيـح والبيوت باهظـة الثمن التـي لا تتوفـر فيها البنـى التحتية والشـروط الصحيـة. وبفضل هـذه البدائـل بات بإمكان الشـريحة التـي لم تكن تتخيّـل يومًا أن تملـك شـقةً نظـرًا لإمكاناتها الماديـة المحدودة، أن تملك شـقةً، ويتغيـر نمـط حياتهـا. يمكننـا القـول -إن جـاز التعبيـر- إن ٣٢ بالمئـة مـن أفـراد المجتمـع انتقل بسـرعة إلى الطبقة الوسـطى بفضـل (توكـي). ولا ننسـى أن (توكـي) فـي عهودهـا الأولـى لم يكـن لهـا هـدف أو مشـكلة، مـن قبيـل أن تبنـي مسـاكن مثالية تليـق بحضارتنـا وثقافتنـا وتخطيط مدننـا علـى المـدى المثالي والبعيـد. علـى العكـس، أرادت أن تبنـي بيوتًـا للمواطنيـن الذين يرجـون أن يكـون لهـم بيـت يقيهم حـر الصيـف وبرودة الشـتاء،

ونجح في ذلك إلى حدّ كبير؛ لأن أصحاب الدخل المحدود، بفضل مساكن (توكي)، استطاعوا أن يعيشوا حياة كريمة.

بفضل سياسة الإسكان هذه، بدأ قطاع الإنشاءات وجميع القطاعات الجانبية تشهد انتعاشًا كبيرًا خلال وقت قصير. ففي الوقت الذي دفعت فيه معايير الإسكان الناس المألوفين من أصحاب الدخل المتوسط إلى البحث عن مساكن تتمتع بمزيد من الجودة، فقد أسهم ذلك إسهامًا ملحوظًا في جودة المساكن الجماعية التابعة لتوكي.

في نهاية الأعوام الخمسة عشر بات المجتمع لا يُعجَب بما فيه الكفاية بالمساكن التي تبنيها (توكي) تلبيةً للاحتياجات الاجتماعية الطارئة. فالمجتمع يريد الأفضل والأحسن؛ لأنه بات يملك القدرة الاقتصادية التي تؤهله للمطالبة بالأفضل. في هذه النقطة ينبغي على الحزب الحاكم أن يأخذ بعين الاعتبار هذه المطالب ويلبيها عن طريق سياسات جديدة. فضلاً عن أن القدرات التنموية لقطاع الإنشاءات (الذي يُعدُّ أحد أهم القوى المحركة لسياسات التنمية في عهد حزب العدالة والتنمية) محدودة. لكن قطاع الإنشاءات يجعل القطاع الخاص في غنى عن اللجوء إلى بقية القطاعات البديلة الحرجة؛ لما لديه من جاذبية في تأمين مردود عالٍ نسبيًا. علاوةً على ذلك، لوحظ مؤخرًا انزياح عدد من المستثمرين الناجحين في قطاعات مهمّةٍ جدًا إلى قطاع الإنشاءات. وينبغي القول إن هذه الحال من شأنها أن تكون أحد أهم العراقيل في سياسات التنمية التي ينتهجها حزب العدالة والتنمية.

ثمة قطاع آخر يُعدُ من أهم المجالات التي ظهرت فيه آثار الحملات التنموية في عهد الحزب الحاكم على مدى خمسة عشر عامًا، وهو التعليم. ويمكننا أن نوجز إحصائيًّا التطورات في هذا المجال على النحو الآتي:

جاء بالتعليم الإلزامي ١٢ عامًا على مراحل بعد أن كان تعليمًا إلزاميًّا على مدار ٨ أعوام، وقُسِّم إلى ثلاث مراحل. وخُفِّض عمر البدء الاختياري بالمرحلة الابتدائية إلى ٦٠ شهرًا، والإلزامي إلى ٦٦ شهرًا. وبلغت ميزانية وزارة التربية الوطنية ٨٥ مليار ليرة تركية عام ٢٠١٧ بعد أن كان ٧,٥ مليار ليرة تركية عام ٢٠٠٢، أي زادت ميزانيتها بمعدل ١,٠٣٩ بالمئة مقارنة مع عام ٢٠٠٢، حيث ارتفعت الحصة التي تأخذها وزارة التربية الوطنية من الميزانية العامة من ٧,٦ بالمئة عام ٢٠٠٢ إلى ١٣,١٨ بالمئة عام ٢٠١٧.

وارتفعت ميزانية التعليم العالي إلى ٢٦ مليارًا عام ٢٠١٧ مقارنة بـ٢,٦ مليار عام ٢٠٠٢. وبلغ عدد الطلاب الجامعيين ٧ ملايين و١٩٨ ألفًا و٩٨٧ للعام الدراسي ٢٠١٦-٢٠١٧ بعد أن كان ١ مليون و٩١٨ ألفًا و٤٨٣ في العام الدراسي ٢٠٠٢-٢٠٠٣.

في العام الدراسي ٢٠١٦-٢٠١٧ بلغ العدد الإجمالي للطلاب في مؤسسات التعليم العالي ٧ ملايين و١٩٨ ألفًا و٩٨٧؛ منهم ٢ مليون و٥٥٥ ألف و٩٢٦ طالبًا في مرحلة التمهيد الجامعي، و٤ ملايين و٧١ ألف و٥٧٩ طالب ليسانس، و٤٨٠ ألف و٢١٥ طالب ماجستير، و٩١ ألف ٢٦٧ طالب دكتوراه. وارتفعت نسبة التعليم العالي من ٤,٦٥ بالمئة عام ٢٠٠٢ إلى ٤٢,٤٣ في العام الدراسي ٢٠١٦-٢٠١٧. وبلغ عدد الجامعات ١٨٦ جامعة في

نهاية عام ٢٠١٧ بعد أن كان هناك ٧٧ جامعة في عموم تركيا عام ٢٠٠٢.

لا شك أن التطورات المذكورة أعلاه تشير إلى البعد الإحصائي للتنمية في مجال التعليم. وخلف هذه المؤشرات توجد رؤية سياسية مهمّة جدًّا. فلم تعد التنمية في هذا المجال عمليةً تتحقق في مناطق معينة من تركيا دون غيرها، بل شملت جميع أنحاء البلاد، تُشيَّد جامعة في كل ولاية؛ لأن هذه الجامعات المبنية في كل ولاية تقوم بعملٍ وظيفي. فالجامعات المعروفة بين عامة الشعب باسم (المصانع بلا مداخن) طوّرت ديناميةً اقتصاديةً مهمّةً جدًّا لجميع المدن ولاسيّما للمدن النائية. وهكذا يلاحظ تطوّر ينعكس ذاتيًّا على تخطيط جميع المدن التي تُبنَى فيها الجامعات. وممّا لا مفرّ منه أن المدن النائية التي تستقبل ١٠-٢٠ ألف طالب ومدرس من المدن الأخرى تسجّل تطورًا كبيرًا خلال وقت قصير. كما لمست الجامعات الجوانب التاريخية والفلوكلورية والأدبية والحضارية والجغرافية للمدن ومواردها الطبيعية، فأضفت بالتأكيد بعدًا علميًّا على تنمية المدن، وهذا يتزايد ويستمرّ مع كل يوم يمضي. وعلاوة على ذلك أصبحت هذه الجامعات مصدرًا مهمًّا للعمالة بأبعادها التعليمية والتربوية والخدمية في مرحلة التشييد وما بعدها.

هذا النمو الذي بلغ أكثر من ثلاثة أضعافه في مجال التحوّل الجامعي إنما هو انعكاسٌ آخر من انعكاسات مفهوم العدالة لدى حزب العدالة والتنمية. ففي العهود الأولى من حزب العدالة والتنمية كانت تسود ذهنيةٌ تحول دون تطور التحوّل الجامعي.

فكان التعليم العالي يُدَار بعقلية تركز على منع المحجبات من الالتحاق بالجامعات، وعدم قبول طلاب الأئمة والخطباء وطلاب المدارس الفنية والمسلكية في الجامعات، وهذا خلق حالة خطيرةً من عدم المساواة في المجتمع، ومن هنا غياب العدالة الاجتماعية. كان التعداد السكاني آنذاك سبعون مليونًا وبلغ الطلب على التعليم العالي ١ مليون و٧٠٠ ألف سنويًّا. ولم تكن مؤسسة التعليم العالي تستطيع أن تلبّي سوى ١٠ بالمئة من هذا الطلب، ولم تكن تستطيع التخطيط لرفع قدراته الاستيعابية. بيد أن التعليم العالي بابٌ يفتح الفرص أمام الناس، وفتحُ هذا الباب أمام الجميع سياسةٌ لازمة من أجل التنمية والعدالة الاجتماعية على حدّ سواء.

جاء حزب العدالة والتنمية وفتح الطريق أمام كل من يرغب في تلقّي التعليم العالي عن طريق تشييد جامعات جديدة، ورفع عدد المقاعد الشاغرة في الجامعات الموجودة. فالتعليم الجامعي يؤدّي دورًا مركزيًّا جدًّا في أرضية تشهد بروزًا تدريجيًّا لقطاع الخدمات في تركيا، بالتوازي مع التطورات الجارية في العالم كله، وتخلفت تركيا عن هذه التطورات ولم تستطع مواكبتها بسبب المقاومة التي أبداها حيال التحوّل الجامعي. لكن تركيا الآن تملك على الأقل البنية التحتية اللازمة في هذا الموضوع(٦). والهدف في المرحلة المقبلة يتمثل حتمًا في رفع جودة التعليم بما فيه الكفاية.

---

(٦) من أجل معلومات أوفى عن هذا الموضوع، انظر: ياسين أقطاي، «الديناميات السسيولوجية للديمقراطية في تركيا: الديمقراطية والجامعة»، التحول الديمقراطي التركي ٢٠٠٢-٢٠١٢، التحرير: مراد يلماز وحامد أمره باريش، معهد الفكر الإستراتيجي، أنقرة ٢٠١٢.

العدالة باعتبارها امتحانًا:

(العدالة) ليست اسمًا اختاره حزب العدالة والتنمية لنفسه من باب أنها تمثّل فقط مفهومًا شائعًا، فمفهوم العدالة يجعل الحزب على ارتباط دائم مع روحه، ويمثّل مرجعية العالم التي يطالب بها عندما يكون في موقع المعارضة، ويقوم بعملٍ وظيفيٍّ موجّه نحوه عندما يكون في موقع الحزب الحاكم. وهو في ذات الوقت بمثابة منبه، ينبه حزب العدالة والتنمية عندما يشعر بوهنٍ ورخاوة في ادعاءاته وهو في موقع الحزب الحاكم، ويؤمن عودته إلى صوابه مرةً أخرى. بالنتيجة تشكل العدالة الجواب الشافي والكافي لسؤال الهوية عند حزب العدالة والتنمية. لاشكّ أن الشرط الأول لتحقيق العدالة يمرّ من الافتراض الدائم بأنه ينبغي تطبيقه على أنفسنا وعلى من حولنا، ويوجب التمسك بالعدالة حتى لو كانت عواقبه لا يصب في مصلحتنا.

عندما وصل حزب العدالة والتنمية إلى سدة الحكم في البلاد كانت العدالة في مجال الاقتصاد والاجتماع والسياسية والقضاء في حالة يُرثَى لها. وبعد فترة قصيرة من تسلّمه الحكم لوحظ تقدّم في العدالة الاقتصادية والاجتماعية، وهو الذي أمّن قطع أشواط مهمّة في تحقيق هذه العدالة. وعندما ننظر إلى الأرقام اليوم نجد أنه قُطعت مراحل مهمّة في هذا الخصوص. لو تطلب الأمر التكرار هنا لأمكننا القول إن ٣٢ بالمئة من أفراد المجتمع كان دون خط الجوع الذي هو دون ٤ دولارات يوميًّا، أما اليوم فلم يبق أحدٌ في هذا الخط، وهذا بالتأكيد بيانٌ مهمٌ باعتباره مؤشرًا للعدالة الاجتماعية. فمستوى الرفاه الذي بلغه المجتمع في مجال الصحة والتعليم والخدمات الاجتماعية عاد بالفائدة على جميع شرائحه. لكن حزب العدالة والتنمية اليوم ليس في

وضعٍ يسلّي به نفسه ويمتدح أعماله مقارنة بالنقطة التي انطلق منها، بل بلغ حالةً يتنافس فيها مع نفسه، وعليه أن يشكّل نقاطه المرجعية الجديدة لتأسيس العدالة. حتى نقيس اليوم المسافة للوصول إلى العدالة يجب عدم النظر إلى ما أُنجِز، بل إلى ما سيُنجَز، فنجعل ما لم يُنجَز أساسًا وقاعدة يقاس عليه. ولا ننسى أن الإدارة غير البنّاءة للموارد البشرية والمادية هي العائق الأكبر أمام وصول العدالة إلى مستويات متقدمة. ويجب القول إن هذا الموضوع يُعدّ مؤخرًا أصعب موضوع أمام حزب العدالة والتنمية، رغم أنه أبدى إلى الآن اختلافًا كبيرًا في هذا الخصوص مقارنةً بالأحزاب الأخرى.

(العدالة) في واقع الأمر ذات صلة بكل مجالٍ من مجالات الحياة، وتأتي بمعنى إعطاء الحقوق لأصحابها، ووضع كل شيءٍ في مكانه المناسب. ولا شكّ أن التقييمات المتعلقة بماهية الحقوق الممنوحة تبدي اختلافات كبيرة من حيث الفلسفة الليبرالية والاشتراكية والمحافظَة. وبناءً على الممارسات والبرامج الموضوعة في هذا الخصوص تُصنَّف الحركات أو السلطات السياسية. ولكن عندما يتعلق الأمر بحزب العدالة والتنمية يمكننا الخوض في أي نوعٍ من النقاش فيما إن كان محافظًا أو اشتراكيًّا أو ليبراليًّا. يمكننا القول إن حزب العدالة والتنمية يبدي قدر المستطاع أداءً ليبراليًّا فيما يتعلق بحقوق الأقليات وسياسات الأسواق، وأداءً محافظًا فيما يتعلق بالدّين والأسرة، وأداءً ديمقراطيًّا اجتماعيًّا عندما يتعلق الأمر بتمويل الخدمات الاجتماعية وسياسات الدولة الاجتماعية، وأداءً ديمقراطيًّا راديكاليًّا فيما يخص التحوّل الديمقراطي وحرية التعبير.

هـذا الأداء الذي لا يناسـب أيًّـا من الفئات السياسـية المعروفة يتميـز صراحةً بأنه نموذج خاص بحزب العدالـة والتنمية. ويمكننا أن نجـد الإصلاحات القانونية والسياسـات المتبعة في جميع هذه المجـالات على شـكل قائمة واسـعة في كتابٍ منشـورٍ تحت عنوان (الثـورة الصامتة) خلال الأعوام ٢٠١٢-٢٠١٤، حيث سـاد الاعتقاد لسـنوات طويلـة أن فوقية البيروقراطية علـى القانون وتطبيقه هي العائـق الأكبـر أمامً تحقيق العدالة في تركيـا. بيد أن فوقية القانون ينبغي أن تكون أهم مسـتند مؤسّسـاتي تقـوم عليه العدالة.

وفيمـا يأتـي العناوين التـي تمّ التطـرق إلى تحقيقها ولاسـيّما فـي مجال القضـاء تحت عنـوان (الثـورة الصامتة):

تحقيـق التحـوّل الديمقراطي في بنية المجلـس الأعلى للقضاء والمدّعيـن العامّيـن، وتحويـل بنية المحكمـة الدسـتورية إلى بنية أكثـر ديمقراطية وتعدديـة، وتعزيز حرية التعبير والنشـر والإعلام، وإجـراء تحسـينات مـن أجل محاكمـات عادلـة وسـريعة، وتنظيم الحريـات لتعزيز حـق الفرد فـي الحرية والأمن، وتأسـيس محاكم الأسـرة، وتوسـيع نطاق الإفراج تحـت المراقبة[٧].

---

(٧) الثورة الصامتة، مسيرة التغيّر والتحوّل الديمقراطي في تركيا ٢٠٠٢-٢٠١٢، (الطبعة الثالثة)، مستشارية الأمن والنظام العام/ رئاسـة الوزراء، أنقرة ٢٠٠٢-٢٠١٤. تَردُ الترتيبـات القانونيـة التـي تشـكّل الثـورة الصامتـة فـي الكتـاب تحت عناوين متعددةَ. ويتضمن هـذا العنوان: (تغيير المنهج الأمني) الترتيبات القانونية الآتية: رفع حالة الطـوارئ، إلغـاء محاكـم أمـن الدولـة والمحاكـم ذات الصلاحيـات الخاصـة، إطـلاق مشـروع الأخـوّة والوحـدة الوطنيـة، تأسـيس مستشـارية الأمـن والنظـام العـام، إعـادة حقوق الذين خرجوا مـن المواطنة والجنسية، تسـهيل الحياة اليومية، إعادة الأسـماء القديمـة إلـى وحـدات الإسـكان، تخفيـض عـدد البيروقـراط مـن خـلال زرع الأمـن والأمـان فـي نفـوس المواطنيـن.

وتحت عنـون (الخطـوات التـي اتُخـذت فـي مجـال الرصـد والرقابـة المدنيـة) توجـد الترتيبـات المتعلّقـة بالمسـائل الآتيـة: انتخـاب رئيـس الجمهوريـة مـن قبـل الشـعب، فتح الطريق أمـام كون الأميـن العـام لجهاز الأمـن القومـي مدنيًّا، تضييـق صلاحيات

القضاء العسكري، إلغاء بروتوكول أماسيا Emasya، إنهاء العمل بتعيين عسكريين في بعض المؤسسات والهيئات العامّة، فتح الطريق أمام القضاء ضدّ قرارات الشورى العسكرية العليا، محاكمة الانقلابيين الذين نفّذوا محاولة انقلاب ١٢ أيلول ١٩٨٠، تأسيس لجنة البحث والتحقيق في بنية مجلس الشعب التركي الكبير. ويمكن وصف هذه الترتيبات بأنها خطوات من شأنها أن تملأ مضمون سياسات العدالة التي يتبعها حزب العدالة والتنمية.

وتناول عنوان (الخطوات التي اتُخذت في مجال حماية حقوق الإنسان وتوسيعها) الترتيبات الآتية: سياسة عدم التَسامح حيال التعذيب، إغلاق الباب أمام العهود التي كانت تُسجَّل فيها الجرائم ضد مجهول، إخراج المافيات والعصابات من أجندة البلد، إلغاء عقوبة الإعدام، وفتح الطريق أمام تجديد المحاكمات استناداً إلى قرارات المحكمة الأوربية لحقوق الإنسان، الاعتراف بفوقية المعاهدات الدولية على القوانين الداخلية فيما يتعلق بحقوق الإنسان الأساسية، الاعتراف بحق الحصول على المعلومات، تأمين حرية التنظيم بما ينسجم والاتفاقات الأوربية لحقوق الإنسان، توسيع نطاق استعمال حقّ الفرد في عقد الاجتماعات والمظاهرات السلمية، تسهيل طريق التملّك أمام أوقاف الأقلّيات وتوسيع حرياتهم، الإتيان بحق مراجعة المحكمة الدستورية بصورة فردية، إلغاء قيود الرقابة القضائية، إضفاء مزيد من الضمان على الأحزاب السياسية ونواب البرلمان، تأسيس هيئة الرقابة العامة، بناء المجلس التركي لحقوق الإنسان، تعزيز حقوق الطفل، تعزيز حقوق المرأة، زيادة عقوبة استعمال القوة غير المنضبطة، تحسين شروط الاعتقال (حقوق المشتبه به)، إغلاق السجون التي لا تتوفر فيها مقاييس الأمم المتحدة والمجلس الأروبي، السماح بزيارة الأقارب للمعتقلين والمحكومين بدخول السجون والاطمئنان عليهم في الحالات المرضية الحادّة.

وتحت عنوان (الخطوات التي اتُخذت في مجال التعليم والتحوّل الديمقراطي وتوسيع الحقوق الثقافية) اتُخذت خَطوات يمكن اعتبارها عناوين ثانوية ضرورية للقول إن حزب العدالة والتنمَية أوفى بوعوده المتعلقة بالعدالة، وملأ محتوى برنامجه السياسي، وهذه العناوين الثانوية هي كالآتي: إمكانية التعليم والنشر بلغات ولهجات مختلفة وتوسيعها، والسماح للمعتقلين والمحكومين بالحديث مع أقاربهم بلغتهم الأم، إزالة العراقيل أمام المواطنين حتى يسموا أولادهم كما شاؤوا، السماح بالبحث الأكاديمي في الجامعات بمختلف اللغات واللهجات، بناء المعاهد ووضع مواد دراسية اختيارية، القيام بالدعايات السياسية بلغات ولهجات مختلفة، رفع الحظر عن الأعمال السينمائية والتلفزيونية والموسيقية، ودعم الأنشطة الثقافية بلغات مختلفة، بناء مراكز النداء وتوظيف مترجمي اللغة الكردية للاستفادة من الخدمات العامة، توظيف الملالي (علماء الدين المحليين) من قبل الدولة، تحقيق التحوّل الديمقراطي للنظام التعليمي، زيادة عدد الجامعات والحصص المخصصة للتعليم العالي، إلغاء تطبيق المُعامل المختلف الذي يُطبّق في امتحانات الالتحاق بالجامعات، حرية اللباس في الجامعات، إلغاء مادة الأمن القومي من المنهاج التعليمي.

فعند تطبيق العدالة باعتبارها تمنح الفوقية للحقوقيين اعتُبرت البيروقراطية القضائية حقلاً يجب الاستيلاء عليه، إذ قُدِّمت الفوقية الممنوحة لشريحة معينة من المجتمع نتيجة امتلاكها القضاء على مبدأ العدالة بصورة فعلية، وعملت عمل مؤسسة وصائية عبر التحالف الذي بنته مع القوى العسكرية والبيروقراطية الأخرى. ومن منطلق أن تغيير هذا الوضع يشكّل الخطوة الأولى لتأسيس العدالة أُجْرِي العديد من الإصلاحات في مجال القضاء. واتُخذت خطوات للتخلص من الثنائي القضائي العسكري المدني، وإلغاء المحاكم العسكرية لاحقًا بصورة نهائية. وطرأت تغييرات على بنية المجلس الأعلى للقضاة والمدّعين العامّين بحيث منعت ممارسة القضاء بشكل مغلق من قبل شريحة معينة من المجتمع. وباتت بنية المحاكم الدستورية تتمتع بمزيد من التعددية والديمقراطية، وتمّ القيام بترتيبات قانونية مهمّة لتوسيع حرية النشر والصحافة والتعبير، وأُجرِيت تحسينات لإجراء محاكمات عادلة ونزيهة وسريعة. وتعزيز حق الفرد في الحرية والأمن، وتوسيع إطار تطبيق الإفراج تحت الرقابة.

وقد أشار الاستفتاء الشعبي الذي أجري في ١٢ أيلول/ سبتمبر ٢٠١٠ إلى مدى ارتفاع مطالب المجتمع بهذه التغييرات التي تمّت في هذا المجال. ولكن الزمن كان كفيلاً بإظهار حصة بقية اللاعبين في هذا الأمر. فهذه الخطوة الكبيرة التي تمّت (لتأسيس العدالة اللازمة للجميع) ومن أجل التحوّل الديمقراطي اعتبرها تنظيم غولن الإرهابي (العدالة التي تعمل من أجله دون غيره)، فشمّر عن ساعديه مبكّرًا في إطار تحقيق هذا الهدف، وقام باستعدادات فاقت استعدادات الجميع. وتعرضت

مبادرة العدالة هذه لسكتة كبيرة جدًّا؛ لأن عناصر تنظيم غولن الإرهابي عدّوا هذه الإصلاحات الجديدة فرصة أكبر للتسرّب إلى مؤسسات الدولة.

فأنتجت الكوادر المتموضعة في نظام القضاء، التي تنتظر الفرصة المناسبة لبث سمومها نفسها من جديدٍ على يد تنظيم غولن الإرهابي. وبعد الأحداث التي حصلت تبيّن بكل وضوحٍ أن جذور هذه الكوادر تمتد إلى عادة التسرّب والتسلّل التي تعود للماضي السحيق. وقد أشارت حالة الطوارئ التي أشعرت بالحاجة لإيجاد حل راديكالي للمشكلات الموجودة في القضاء- إلى مدى صعوبة تحقيق مبدأ العدالة بصورة نهائية.

لا أعتقد أن تحقيق العدالة يتم في أوساط مريحة جدًّا. والفراسة التي يحتاج إليها تحديد ما كان تهديدًا للعدالة وما كان تهديدًا لبقاء تركيا وما كان سوء استعمال للعدالة في أحداث ١٧-٢٥ كانون الأول/ ديسمبر ٢٠١٣ بحد ذاته- تعدّ موضوعًا لمَلَكَة العدالة. ولو لم تظهر هذه الملَكة بهذا الشكل لكانت تركيا في ظلمات مَن يَعدّون العدالة حكرًا لهم، وبعيدة جدًّا عن العدالة التي تتمتع بها اليوم. هذا الوضع يدفع الإنسان إلى التفكير بصورة أعمق وأكبر في العلاقة بين العدالة والسياسة، وأبعاد العلاقة بين النفوذ والسلطة والملك والعدالة.

في السياسة، من غير الممكن أبدًا للسلطة أن تجد بيئة خالية من الاحتكاك أو التوتر أو العوائق لتمرير الأشياء التي تريد تحقيقها، ولم يُلاحَظ أنّ أيّ عمل أو مشروع سياسيّ قد تمّ تسليمه الإمكانات التي يحتاج إليها من أجل خلق مجتمع

أو نظام مناسب لمثله العليا. إن أيّ شخصين يعيشان معًا في إطار واحد يمكن أن تنشأ بينهما منطقة تبدأ فيها مصالحهما بالانقسام والتعارض. فكيف يكون الحال إذن في مجتمع لا يترك السلطة المطلقة نقية إلى أي مجموعة بسبب تضارب المصالح ومناطق التوتر. حتى القوى التي يُعتقَد أنها تملك السلطة المطلقة قادرة على اختراق جزء صغير فقط من المجتمع وبأبعاد محدودة، ولكن المفارقة في هذه النقطة أن القطاعات التي لا تتأثر هي مؤسساتها وطواقمها وشركاؤها، وعندما تشعر الحكومة أنها حقّقت انتصارًا محددًا ضدّ خصومها، فإنها قد تشهد مقاومة أو غيابًا للتوافق أو تطورات لم تكن في الحسبان داخل صفوفها.

عندما وصل حزب العدالة والتنمية إلى السلطة في ٣ نوفمبر ٢٠٠٢، وبسبب المقاومة التي واجهها، اضطر إلى إظهار قوته لفترة طويلة بطريقة متصاعدة تدريجيًّا. لم يستطع الحزب أن يفعل ما يريد أن يفعله مرات عديدة، وبالطبع، في طريقه للخروج، وضع برنامجًا سياسيًّا ونفّذ الكثير من هذا البرنامج. وبخاصة في مجال التنمية، حيث استطاع حتى أن يتجاوز أهدافه. فعلى سبيل المثال، حين أعلنت الحكومة عن نيتها شق ١٥ ألف كيلومتر من الطرق ذات الاتجاهين، فإنها تمكنت من تنفيذ هذا الهدف قبل النهاية المحددة له، مع زيادة المسافة إلى ٢٠ ألف كيلومتر.

في بداية طريق حزب العدالة والتنمية كانت لديه مجموعة من الموظفين الأَكْفَاء والديناميكيين المؤهّلين الذين يعرفون

كيفية القيام بأعمالهم، ولكن الطريق الذي خاضه الحزب علَّم هذا الطاقم الكثير وزاد من كفاءته. وهكذا دُعِّمَت مسيرة الحزب بالكثير من الخبرات والمكتسبات التي تعلّمها طاقم الحزب من واقع تجربته. وقد أصبحت مؤسسة طوكي TOKİ من خلال تحركاتها في قطاع النقل والإنشاءات أن تكون ديناميةَ تحوّلٍ مجتمعي في فترة قصيرة، وقد تمكّن رجال الأعمال الذين نشأوا في تركيا مع تجاربهم المكتسبة محليًّا من جعل تركيا في المرتبة الثانية عالميًّا بعد الصين في مجال الإنشاءات والعقارات.

كان على حزب العدالة والتنمية أيضًا أن يجمع إلى ضغطه على الدولة العميقة والخطابات الانقلابية الأيديولوجية كثيراً من القضايا. فعلى سبيل المثال كان تطوير نماذج وحدات سكنية أفضل يبدو إفراطًا في الرفاهية أول الأمر. كما أنه كان عليه أن يسهم في بناء الإنسان، وهذا ما أصبح قادراً عليه في السنوات الأخيرة، وبخاصة من خلال الاستثمار في البنية التحتية للتعليم، وفي هذا السياق، رفع حزب العدالة والتنمية عدد الجامعات من ٧٧ إلى ١٨٦ جامعة على النحو المذكور آنفًا. بحيث أتمّ عام ٢٠٠٧ مشروعه (في كل ولاية جامعة واحدة على الأقل). هذا المشروع فضلاً عن أنه أتاح فرصًا واسعة ومتساوية للتعليم، فقد رافقه نظام معياري واضح ومنهجي يساعد على تحقيق هذه الفرص.

كما ذكرنا أعلاه، في ظل توجّه العالم بسرعة نحو تعزيز قطاع الخدمات، فإنّ تركيا صارت تدرك لأول مرة هذا التوجه العالمي في الوقت المناسب. لأن أهم شرط للتكيف مع قطاع

الخدمات هو وجود بنية تحتية تعليمية قوية. وفي الوقت ذاته، بفضل هذه التطورات انتشر الرخاء ليصل إلى الجماهير الأوسع، ومن هنا أُتيحت الفرصة لوضع أساس هيكلي لبناء العدالة الاجتماعية. اليوم، أصبح من الواضح أن الجامعات المنشأة في الولايات البعيدة (مناطق الأطراف) تؤدّي دوراً مهمًّا في تحقيق هذه الأهداف، حتى لو كانت خالية من الألوان، وخالية من الأيديولوجيا. ومع ذلك، فإن هذه الجامعات والتحوّل الاجتماعي الذي خلقه إنشاؤها لا يعطيان انطباعًا بالتنمية التي يقوم بها حزب العدالة والتنمية من وجهة نظر العالم.

من الواضح أنه لا يوجد تركيز موازٍ للاستثمار في قضايا فهم العلم ونوعيته وجودته، والعرف والأسلوبِ الأكاديميين، والتاريخ والثقافة، وتحويل الذهنيات كما هو موجود في الاستثمار بالبنى التحتية للجامعات. ولذلك، هناك شعور بعدم الراحة في قاعدة حزب العدالة والتنمية. وكما يمكن فهمه من الأسباب المذكورة آنفًا، وبعد خمسة عشر عامًا لحزب العدالة والتنمية في الحكم- فإنّ الحزب لا يتمتع برفاهية التعبير عن أيّ عذر لهذا التفاوت وعدم التناسب الحاصل، وهذا الشيء نفسه ينطبق على كل مرحلة من مراحل التعليم والثقافة. بالنظر إلى تطوير الأعمال، شهد الاهتمام بالبنية التحتية وتطويرها اختراقات كبيرة في زمن قصير، وهو ما لا ينطبق على البنية الفوقية بالوتيرة ذاتها.

من المثير للاهتمام أن موضوع الفجوة القائمة بين سرعة أو إيقاع تطور البنية الفوقية والبنية التحتية كان دائمًا موضع اهتمام الماركسيين وأطروحاتهم. ومع ذلك يتعامل الماركسيون مع هذه الحالة بوصفها أمرًا ناتجًا عن شروط ظروف العمل لا بصيغة

الشكوى،[٨] ومن المؤكد أنه لا تُمكن مقارنة تجربة حزب العدالة والتنمية بتجربة أي حركة اشتراكية. وبالنهاية تعدّ المسافة المقطوعة في التنمية والقدرة على تنمية النوع البشري والقيم الإنسانية اختبارًا قويًا لجميع الحركات السياسية، وبالطبع ليس حزب العدالة والتنمية معفوًّا من هذا الامتحان.

خاتمة: سياسة على طريقة حزب العدالة والتنمية

ختامًا يمكن القول إن السياسة أصبحت أكثر عبئًا نتيجة الأداء الذي قدّمه حزب العدالة والتنمية في مجالَي العدالة والتنمية خلال فترة الخمس عشرة سنة. وتجدر الإشارة هنا إلى أهمية العقلية والإرادة اللازمة للتنمية وتحقيق الإنجازات، والتي لا تقل أهمّية عن التنمية نفسها. فالبرامج التي يمكن تطبيقها لتحقيق التنمية في كل دولة تقريبًا واضحة. وليس من الصعب وضع مسوّدات برامج نظريًا على الورق، وفي حال تطبيقها ستحقق التنمية والتقدم للبلد. لكن المسألة الحقيقية تكمن في السياسة أو بالأحرى في السياسيين وما سيظهرونه من إرادة وكفاح شاق في تحمل مسؤولية تطبيق هذه البرامج على أرض الواقع. فالتاريخ لم يشهد أيّ حركة أو سياسة تصحيح أرادت التغيير ولم تواجَه بمقاومة كبيرة. ولهذا كانت السياسة في طبيعتها عملاً صعبًا وشاقًّا.

ومن هنا فإن السياسة تستلزم طلب وإرادة (التغيّر والتغيير). أما طواقم السياسة التي تقبل الواقع كما هو فإنّها بذلك قبلت

(٨) انظر على سبيل المثال: والتر بنيامين، الفن إعادة بناء التقنيات، ترجمة أحمد جمال ، (منشورات يابي كريدي، إسطنبول: ٢٠١٦).

ورضيت أن تكون أداةً معمولة في السياسة لا عاملة. ولهذا كان تاريخ السياسة مليئًا بالشخصيات التي بدت على أنها شخصيات سياسية كبيرة لكنها في الواقع لم تسعَ إلى تغيير أيّ شيء، ولم يكن لها دور سوى خدمة المستفيدين من الواقع الراهن. وكما حدث سابقًا في التاريخ بأن قام السيّئون الذين اكتسبوا الحصانة تحت مظاهر (الحيادية) و(جدّية السياسة) و(السياسة المبجلة) بمحاصرة السلطة والاستيلاء عليها - فإنّ من المؤكد أن هذا الأمر سيتكرر أيضًا.

وقد اكتسب السيّئون حصانة ومناعة قوية عبر التعامل السياسي المؤسّس الناتج عن مظاهر الجدية السياسية والحيادية.

وقد أخذت السياسة شكلاً جعلت من رؤية هذا الفساد المتسلسل والمرتبط بشبكة الاستغلال والسلطة العالمية كأمرٍ سيء شيئا صعبا، وفي حال رؤيته فإن إظهاره أصعب، وفي حال إظهاره فإن العمل على تغييره أصعب مهمةٍ في الدنيا.

وفي هذا المجال فإن تحمّل مسؤولية هذه المهمّة الصعبة هو مهمة السياسي المثالي. وإنّ تجلية الأخطاء والقبائح التي تُصوَّر للمجتمع على أنها جميلة شجاعةٌ لا يقدر عليها سوى السياسيين المثاليين، فالاعتراض على الأسس التي يقوم عليها النظام العالمي، يُعرِّض صاحبه لهجوم واستهزاء واستخفاف وإهانة القوى المسيطرة. إن السياسي المثالي ينطلق في طريقه آخذًا بعين الاعتبار هذه المخاطر، التي ستواجهه بشكل طبيعي. والتاريخ شاهد على أن لا أحد من السياسيين المثاليين كان معفوًّا

من هذه المخاطر، وبعضهم نجح لكن الغالبية كانوا فاشلين. وليس النجاح فحسب، بل إنّ القدرة على تطبيق هذه الممارسة السياسية أمرٌ قائمٌ بذاته.

إنّ حديث رئيس الجمهورية رجب طيب أردوغان في معرض تطرقه لحزب العدالة والتنمية عن (سياسة على طرز العدالة والتنمية) هو في الحقيقة تقديمٌ لإطارٍ مفاهيمي للسياسة المثالية. والصحيح أنّ هذا الطرز السياسي هو محدّد بشخص الرئيس أردوغان. وعند النظر إلى المشكلات الموجودة يبدو واضحًا أنّ عدد هذه المشكلات كبير جدًّا، وقسم كبير منها ناتج عن شبكة العلاقات المؤسسة. وإنّ النضال ضد هذه الشبكة يتطلب إعادة تصحيح ميزان العدالة الذي أفسده نظام العلاقات والتغلب عليه. وإنّ صعوبة هذه المهمّة تكمن في كون الظلم الموجود قد حدّد كل العادات السياسية. حتى ضحايا هذا النظام وقعوا تحت وطأة تأثير وسطوة أيديولوجيا هذا النظام.

إنّ السياسة الطبيعية المعتادة في تركيا إلى الآن تقوم على مراعاة الحدود المرسومة لها، في حين أنّ أردوغان تميّز من غيره من خلال نقاشه بداية لهذه الحدود، ثم تغييرها. والأمر هنا غير متعلق بالسعي للأمر الصعب، وإنما بعدم وجود مخرج من الحالة المتشابكة الراهنة. قد يكون أردوغان أكثر قائدٍ واجه الصعوبات في تاريخنا الديمقراطي، لكنه عند مواجهته للصعوبات لم يفكّر في أي وقت بأخذ قبعته والانسحاب، بل فضّل مواجهتها. وإذا قمتم بتحليل ماضيه السياسي فسوف تجدون في كل ترجيحاته الحسّاسة هذه المخاطرة وهذا التحدّي. إنّ أردوغان وصل إلى النجاح نتيجة صراعه مع مَن دعوه للتصالح معهم وإلا واجهوه

بالتهديدات الوقحة آخذًا بعين الاعتبار المستبدين المهدّدين له والسياسيين المرتشين والمبتزّين.

من الواضح الجليّ أن أردوغان يمثّل إرادة تغيير العادات، وتحدّي المتعارَف عليه، وقد أنشأ نظامًا جديدًا عبر تأسيس عادات جديدة. وبفضل هذا، فإن السياسة التي يطرحها (جوهريةً)، أي أنّها تقوم على المشي في طريق مرمّم في مواجهة الصعوبات المحققة. وإذا كان لا بدّ من طرح مثال في هذا السياق، فإنّ أردوغان لم يتراجع في مرحلة انتخاب عبد الله غول لرئاسة الجمهورية عن كون عبد الله غول رئيسًا للجمهورية، ولا عن انتخاب رئيس الجمهورية من قبل الشعب على الرغم من الرسائل التي أرسلها من يظنون أنفسهم أصحاب النظام، وكان آخر ما أخرجوه من جعبتهم ما أشاروا إليه بمانع عدم وجود ٣٦٧ نائبًا في البرلمان. وبوقفه في وجه شمعون بيريز في حادثة دافوس، الذي مثّل انطلاقة مهمّة في مرحلة استقلال السياسة الخارجية التركية. وفي إدارة الاقتصاد، تعرّض لتداعيات اضطرته أحيانًا للوقوف وحيدًا في مواجهة سياسة الفائدة في مرحلة الاستقلال عن مؤسسة النقد الدولية.

أصرّ أردوغان أنّ أحداث غزي بارك العنيفة -في الوقت الذي كان يقول فيها الجميع إنها أحداث بسيطة تعبّر عن الحرص على الأشجار، وأنها تحمل رسالة من الشباب- على أنّها لا تحمل أي رسالة، بل تمثّل حملة ضد النظام، وكان محقًّا في ذلك. كما ظهرت صوابية رؤيته في فهمه للمحاولة الانقلابية التي قام بها

تنظيم غولن الإرهابي في ١٧-٢٥ كانون الأول/ديسمبر ٢٠١٣، حيث عدّها الخطة الثانية لذات المركز.[٩]

وقد رأى أن مسألة المعاهد الخصوصية (درس هانلر) وادعاءات الخدمة التي تلاها ليست أكثر من مصدر للفتنة، وأخذ على عاتقه مواجهتها. وهنا يجب تقبّل حقيقة أنه لا يوجد أحدٌ آخر غيره مستعدّ لتحمّل المسؤولية والخروج في وجه تنظيم خبيث على مستوى عالميّ يتلقّى الدعم من القوى الدولية. إنّه وحده دخل في هذه الحرب، وأنقذ ليس فقط تركيا بل العالم الإسلامي أجمع من هذه الفتنة المحرّفة للإسلام.

إنّ أردوغان حدّد من خلال ريادته وإصراره ومتابعته التي أظهرها خلال فترة ١٧-٢٥ كانون الأول/ديسمبر ٢٠١٣، وخلال عملية السلام وانتهائها، وخلال مرحلة ١٥ تموز ٢٠١٦، وخلال الانتقال إلى النظام السياسي- الخطوطَ الرفيعةَ للسياسة.

باختصار، إنّ ما نراه من التنمية، والتحوّل الديمقراطي، والحكم الرشيد الذي حصل في السنوات الخمس عشرة الماضية الذي أثّر مباشرةً في حياة الشعب- كان بفضل حُكم حزب العدالة والتنمية، وبفضل قائد هذا الحُكم رجب طيب أردوغان. هذا الطرز من السياسة الذي يمكن تعريفه بطرز حزب العدالة والتنمية لا مكان فيه للتساهل والترخّص. وفي

(٩) لتفصيلات أكثر حول تنظيم غولن الإرهابي، وخلفيته التاريخية، وقاعدته المجتمعية، انظر: ياسين أقطاي، الخدمة والهمّة قُبَيل وبعد ١٧-٢٥ ديسمبر، منشورات تذكرة، أنقرة، ٢٠١٤.

المقابـل هنـاك العمل، والسـعي، والتحدي والتغييـر إذا لزم الأمر، إضافـة إلى المحافظة على المكانة سـليمة فـي قلوب الجماهير.

السياسة المحلية والوطنية

علي أصلان

المدخل

يضرب نهج ما بعد السياسة بدمغته على جدل التحوّل الديمقراطي في تركيا، إذ يُتناوَل جدل الديمقراطية الذي هو مشكلة النظام في إطار هذا النهج على أنه مسألة تقنية رغم صفته السياسية. ولكن لا يُنصَح باللجوء إلى التدخل غير السياسي في العمل السياسي الطبيعي من أجل الوصول إلى نظام ديمقراطي[1]. فالصورة التي يرسمها نهج ما بعد السياسية للوضع السياسي القائم في تركيا تتجلى في التحوّل السياسي المفرِط، وعدم إمكانية التخلّص من هذا الوضع (العتيق) و(الشرقي) ما لم تتأسَّس الديمقراطية[2]. والديمقراطية يمكن تعريفها باختصارٍ بوضعها أمام ما هو سياسي، وأنها كائن يأتي بعد السياسة.

---

(١) المشكلة الأساسية هنا هي التناقض بين وجهة النظر التي تقول بإمكانية «وضع حدٍ للسياسة الحقيقية من قبل قوة أخرى فحسب»، ووجهة النظر التي تقول بإمكانية وجود «حياة مجتمعية مطهّرة من صراع القوى» التي تستند إلى المثالية. فنهج ما بعد السياسة السياسي الذي يتبنى وجهة النظر الثانية يُنتج تحت عنوان «التدخلات الخارجية» كينونات من قبيل «الذهنية الديمقراطية» و«سيادة القانون». انظر: أيتان محجوبيان، «في سبيل البحث عن الذهنية الديمقراطية»، قرار، ٢٧ أغسطس آب ٢٠١٧. طه أق يول، «ديمقراطية أو قانون؟»، حريّت، ٢٩ تشرين الثاني ٢٠١٦.

(٢) علي بيرم أوغلو، «هل الديمقراطية في هذه الأراضي خيال؟»، قرار، ١١ أغسطس/ آب ٢٠١٧.

إن النظـام الديمقراطـي الذي يقترحه نهج ما بعد السياسـة هو نظـام سيـاسـي (يوتوبـي) يتحقق في نهايتـه وفاقٌ عالمـيٌ، وتنتهي السياسـة مـع انتهاء الصـراع المجتمعـي[٣]. وهناك شـروط لازمة لبنـاء هـذا النظـام: أولها: الانتقـال من بنيـة مجتمعيـة تقوم على الجماعـات إلـى بنيـة مجتمعية تقـوم على الأفـراد. وثانيهـا: بناء حيـاة مجتمعيـة تهيمـن عليهـا العقلانيـة والمنطقيـة بعيـدًا عن المشـاعر والعواطـف[٤]. وثالثهـا: بناء نظـامٍ سياسـيّ يرتكز على (مباحثـات دائمـة) مفتوحة النهايـة، تتناول كيفية اتخـاذ القرارات المهمّـة في القضايـا المحورية عوضًـا عن اتخاذهـا[٥]. ويمكن أن نضيـف إلى هذه الشـروط؛ أن يأخذ المختصون والتكنوقراط مكان الساسـة فـي إدارة البـلاد[٦]. ويمكن القـول بإيجاز إنـه يتم تصوير نظـامٍ مجتمعـيّ تتنافـس فيهـا (المصالـح المتنورة) القـادرة على جمـع النـاس حولها بـدلًا من مجتمـعٍ تتنافس فيـه الأيديولوجيات البعيـدة كل البعـد عـن الوفـاق، بتعبير أوضـح: سياسـة المصالح تحـلّ محلّ سياسـة الدعوات.

إذن يمكننـا أن نقـول: إن ديمقراطيـة مـا بعـد السياسـة هـي النظـام الذي تهيمـن فيه العلاقات غير السياسـية، مثل العلاقات الاقتصاديـة والأخلاقيـة علـى حيـاة الفـرد الاجتماعيـة. هـذا

---

(٣) من أجل هذا الموقف السياسي انظر:
James Bohman ve William Rehg, Deliberative Democracy: Essays on Reason and Politics, (MIT Press, Cambridge, M. A.: 1997).

(4) Chantal Mouffe, On the Political, (Verso, Londra: 2005).

(5) Carl Schmitt, The Crisis of Parliamentary Democracy, (MIT Press, Massachuttes, M. A.: 1985).

(6) Slavoj Zizek, "Carl Schmitt in the Age of Post-Politics", The Challenge of Carl Schmitt, ed. Chantal Mouffe, (Verso, Londra: 1999), P. 18-37.

النظام يعادل حركة المجتمع المدني الذي يبتعد فيه الأفراد عن بناء علاقاتٍ عاطفيةٍ جماعيةٍ، وتتحول فيها العلاقات إلى أدوات. وكل بنيةٍ جماعيةٍ سياسيةٍ تفوق حركة المجتمع المدني أو تلقي الظل عليها -الدولة المهيمنة مثلاً- تُعَدّ تهديداً للنظام الديمقراطي(٧).

والحياة المجتمعية في هذا النظام عبارة عن فانتازيا برجوازية تنسحب فيها السياسة إلى قوقعتها، ويتحرر الإنسان من الخوف من الموت، ويغيب فيها التعلق بإحدى الفرص المتعاقبة أو التبعية لإحدى الأماكن(٨).

أما الأمر الذي لم تحسبه هذه الفانتازيا المجتمعية فهو أن السياسة لا يمكن إزالتها وقمعها والحطّ من شأنها؛ لأنها تعود لنظام وجودي لا يمكن ترميزه(٩). والأكثر من ذلك أن هذا الوضع بات حادًّا وخطيراً نتيجة انتزاع المجتمع من ثوابته الميتافيزيقية بفعل التحوّل العلماني في العصر الحديث. فالسياسة حقيقةً مفهومٌ يعود لنظامٍ سياسي أُنطولوجي (كينوني) يمكن تهدئته لبعض الوقت، أكثر من كونها واقعةً تعود لنظام سياسيّ عمليّ يمكن إزالته بلمساتٍ وترتيباتٍ تقنية. وممّا يضع هذا الوضع

---

(7) G. W. F. Hegel, Elements of the Philosophy of Right, (Cambridge University Press, Cambridge: 1991).

(8) Carl Schmitt, Political Romanticism, (MIT Press, Massachuttes, M. A.: 1986).

(٩) الوضع الفانتازي نفسه الذي يحاول أن يحطّ السياسة على الاقتصاد، ويحاول أن يقمع السياسي- ينطبق على الماركسية. انظر:
Paul Ricouer, History and Truth, (Northwestern University Press, Evanston: 1965), P. 247-270.

نصب العين وصفُ الدولة بأنها (شرٌّ إلزاميٌّ)(١٠). في تلك الحال ينبغي أن نوجّه هذا السؤال: هل يمكن لنهج ما بعد السياسة الذي يعاني من ضعفٍ وعجزٍ في الأساس الفكري المتعلق بمفهوم الحقيقة السياسية أن يؤدّي دورًا إيجابيًّا في بناء نظامٍ ديمقراطيّ قابلٍ للعيش في تركيا بعد أن استطاع أن يؤثر كل هذا التأثير في الجدل الدائر حول النظام المجتمعي؟.

والنقطة التي تجعل هذا السؤال محوريًّا وجوهريًّا هي السعي الدؤوب لممثلي هذا النهج لقمع وشلّ اللاعبين السياسيين الذين يعملون على الانتقال إلى نظام ديمقراطي بطرقٍ سياسية. فاللاعبون السياسيون الذين لا يتحرّكون تبعًا لنهج ما بعد السياسة يتلقون ردود أفعال كبيرة؛ لأنهم يحولون دون التحوّل البنيوي الذي أوشك تحقيقه أن يكون قانونًا مجتمعيًّا(١١). وفق هذا البيان، تكون تركيا التي تشهد (تحوّلًا متروبوليًّا) سريعًا نتيجة ارتفاع معدّل التحوّل (المديني) ومستوى النمو الاقتصادي والتعليم- قد دخلت في مرحلةٍ تراجعت فيها السياسة والعلاقات

---

(١٠) الدولة المهيمنة هي المؤسّسة الحديثة الفريدة المسؤولة عن السيطرة على السياسي. انظر:

Carl Schmitt, Political Theology: Four Chapters on the Concept of Sovereignty, (Chicago University Press, Chicago: 1985).

وهذا الوضع نفسه ينطبق على نظرية «العقد الاجتماعي» التي تحاول تأسيس مشروعية الدولة من نظرة ليبرالية كلاسيكية. انظر:

Thomas Hobbes, Leviathan, (Cambridge University Press, Cambridge: 1996); John Locke, Two Treaties of Government, (Cambridge University Press, Cambridge: 1988); Jean-Jacques Rousseau, The Social Contract and Other Political Writings, (Cambridge University Press, Cambridge: 1997).

(١١) أتيان محجوبيان، «هل يحتاج حزب العدالة والتنمية إلى الشعبوية؟»، قرار، ٧ أيلول ٢٠١٧. علي بيرم أوغلو، «أين هو موقع حزب العدالة والتنمية في الشعبوية؟»، قرار، ٨ أيلول ٢٠١٧.

المجتمعية التقليدية[١٢]. هذه الشروط السسيولوجية تتطلب نظامًا مجتمعيًّا سياسيًّا تعدديًّا، يتمزّق فيه الحزب الحاكم قدر الإمكان، بدلًا من أن تتطلب نظامًا مجتمعيًّا سياسيًّا يرتكز على الدولة المهيمنة التي تسعى إلى فرض النمط الواحد[١٣]. ولكن رغم كل هذه التحوّلات لا يزال اللاعبون السياسيون يتّبعون سياسة تركز على الدولة والسلطة.

لكن نهج ما بعد السياسة الذي بلغ أوجه في عملية العولمة التي ضربت دمغتها على تسعينيات القرن الماضي بقي وجهًا لوجهٍ مع أزمات جادّة في تركيا والعالم على حدّ سواء[١٤].

فهذا النهج الذي استحوذ على إقبال كبير إثر انتهاء الحرب الباردة فقد بهاءه مع انغلاق عهد العولمة الليبيرالية الجديدة، والانتقال إلى فترة تصاعد الصراعات المجتمعية[١٥].

(١٢) «بكر أغردر: هناك مسألة التحول المتروبولي (الحضري) التي تتجاوز التحول المدنيَ»، Medyascope.tv، ١٤أيلول٢٠١٧، (تاريخ الزيارة: ٨ تشرين الثاني ٢٠١٧) http://medyascope.tv/2017/09/14/bekir-agirdir-kentlesmeyi-asan-metropollesme-diye-bir-mesele-var,

(١٣) مصطفى أق يول، "Introducing Post-Kemalist Turkey"، المونيتور، ٤ نيسان٢٠١٣.

(١٤) علي أصلان، «أزمة الديمقراطية الليبرالية»، برنامج الرؤية المفتوحة في قناة ستار، ١٩ تشرين الأول ٢٠١٦.

(15) Chantal Mouffe, The Return of the Political, (Verso, Londra: 1993).

في ضوء هذه التطورات التي تسلّم مرةً أخرى باستحالة قمع السياسة، يجب التساؤل حول مدى إسهام نهج ما بعد السياسة في ظهور نظامٍ ديمقراطي في تركيا(١٦).

هل الديمقراطية نظامُ ما بعد السياسة أم نظامٌ سياسيّ بكل معنى الكلمة؟ هل وصول نهج ما بعد السياسة إلى طريقٍ مسدود يأتي بمعنى وصول التحوّل الديمقراطي إلى طريق مسدود أيضًا؟ هل انحراف اللاعبين السياسيين عن خطاب ديمقراطية ما بعد الحداثة يدل على انفصال الدولة عن التحوّل الديمقراطي؟ ما نوعية التحوّل الذي يمكن أن يطرأ على النظام الديمقراطي في تركيا في ما وراء خطاب ديمقراطية ما بعد السياسة؟

حركتا الديمقراطية:

إن فراغ موقع السلطة يشكّل أساس السياسة الديمقراطية الحديثة(١٧). والحفاظ على وجود موقع السلطة يشكل استمراريةً للنظام المجتمعي الموجود في فترة ما قبل الحداثة، لكن تفريغ مضمون هذا الموقع يعني انقطاعًا راديكاليًّا من هذا النظام. كان المجتمع في فترة ما قبل الحداثة يمثّل حقيقة كونية على الصعيد الميتافيزيقي، أما في العهد الحديث الذي

(١٦) ميل ظروف ما بعد السياسة التي تهيمن على المجتمعات الأوربية إلى التراجع الشعبوية التي تتحرك من خلال الإقصائية القائمة على أسس العرق والدين، وتصاعد ذلك إلى مستويات لا يمكن تجاهلها يشكّل ضغطًا على الكتّاب الذين يتحركون في إطار هذا النهج. والبحث عن المشكلة في هذه النقطة ينبغي أن يكون في الآلية العامة لعمل الحياة السياسية، وفي العوامل الخارجية لا في الحياة السياسية ذاتها. انظر: أيتان محجوبيان، «شعبوية ما بعد الحداثة»، قرار، ١ أيلول ٢٠١٧.

(17) Claude Lefort, Democracy and Political Theory, (Polity Press, Cambridge: 1988).

تغيب فيه الثوابت الميتافيزيقية فإن المجتمع اضطرّ إلى أن يمثل نفسه بنفسه -وهذا شيء مستحيل- ومن ثَمّ اضطر إلى أن يُبنَى حول فراغ. وعندما يتلاشى مصدر الشرعية الخارجي للمجتمع، ويتلاشى اللاعبون السياسيون الذين يمثلونه في المحافل العالمية[١٨]؛ أي عندما تُسلَّم السيادة لشعب "لم يُبْنَ بَعْدُ" يدخل المجتمع في سعي لا يعرف النهاية وراء نظام وشرعية. والمجتمع الديمقراطي الحديث الذين يتحرك في هذا الضرب من الأرضية الوجودية السياسية مبنيٌّ على حركتين متناقضتين:

تتمثل إحدى هاتين النزعتين اللتين يمكن أن نسميهما حركتَي المجتمع الديمقراطي الحديث- في تأمين فراغ السلطة، والأخرى في بناء نظامٍ مجتمعيّ بعد ملء موقع السلطة بمضمون معين. فالحركة الأولى التي توصف باللامركزية، تؤكّد وقتيّة نظام المجتمع القائم، وإمكانية وجوده من عدم وجوده، ويذكّر بفراغ موقع السلطة. أما الحركة الثانية التي توصف بالمركزية فتشدّد على ضرورة بناء المجتمع حول هويات وقيمٍ محددة. وتتكون الحركة الأولى من خطابات تنتقد السلطة، مثل: الحقوق والحريات، والتعددية، والاختلافات، وفصل السلطات، وفوقية القانون. وتتكون الحركة الثانية من مفاهيم تحمي سلطة الدولة

(١٨) هذا يستدعي في الأذهان مقولة أوديب: «سأقتل أبي». والزيادة التي شهدتها الأعوام الأخيرة على وجه الخصوص في العزو إلى مجال الميتافيزيقيا والغيبيات في السياسة التركية- نجحت في نقل هذا الجدل إلى جدول الأعمال من جديد. هذا الوضع الذي يبعث الحيوية في السلطة يخلق خيبة أمل كبيرة عند ممثلي نهج ما بعد السياسي.«أورهان باموق: كلما ابتعدت تركيا عن أوروبا تنمو فيها السلطوية»، جمهوريَّت، ١٧ تشرين الأول ٢٠١٧.

مثل: وحدة المجتمع وسيادته، والأمن والاستقرار، والواجبات والمسؤوليات تجاه المجتمع. وهاتان الحركتان المتناقضتان تتمّمان بعضهما من جهةٍ، وتتنفيان بعضهما من جهة أخرى[١٩].

إنّ عدم إعطاء الأهمية المطلوبة لإحدى هاتين الحركتين مؤشرٌ على عدم فهم طبيعة الديمقراطية فهمًا تامًّا[٢٠]. فنهج ما بعد السياسة، كما أسلفنا، يتجاهل تمامًا الحركة الثانية، أو أنكى من ذلك، يعدّها غير مشروعة. لهذا السبب، يهدف نهج ما بعد السياسة إلى حماية الأفراد والمجتمعات المدنية من مركز النظام السياسي، أي من سلطة الدولة. والأهمية الكبيرة التي يعيرها لمبادئ من قبيل فصل السلطات وفوقية القانون تخدم هذا الهدف. والأكثر من ذلك، يعمل على الحطّ من أهمية وجود سلطة الدولة التي تكوّن مركز النظام السياسي، وعدم تفعيلها لصالح المجتمع المدني. ومن أجل بناء نظامٍ ديمقراطيّ يتجه إلى تمزيق المجتمع إلى أفراد، وتأسيس بنيةٍ مجتمعيةٍ تخلو من المركزية والهرمية والصراع. وعندما يلاحظ انتقالاً إلى نزعة معاكسة، أي إلى الحركة الثانية، يردّ عليه وينتقده بأنّه يحرّض على المركزية الذكورية واتباع العادات

---

(١٩) من أجل الجدل حول هاتين النزعتين المتناقضتين؛ انظر:
Two Concepts of Liberty, (Clarendon Press, Londra: 1961).

(٢٠) من أجل نموذج نمطي لهذا الوضع في تركيا يمكنكم النظر في الحرج الذي عاناه أحمد إنْسَل وهو ينقل آراء أرنستو لاكلو الذي ينتصر لديمقراطية مختلفة، أو بالأحرى التحريف الذي وقع فيه في كتابته الزاوية؛ انظر: أحمد إنسل، «لاكلو، الشعبوية وأردوغان»، راديكال، ٢٠ نيسان ٢٠١٤.

والتقاليد[٢١]، والتعددية[٢٢]، والاعتماد على الإرادة الوطنية[٢٣]، والشعبوية[٢٤]، والفاشية[٢٥]، والسلطوية[٢٦]، والاستقطاب[٢٧].

من الواضح أن نهج ما بعد السياسة يتجاهل الدور الأكيد الذي يؤدّيه الحرص والقرار وما هو جماعي؛ في السياسة الديمقراطية. ومما يسهم في ذلك إسهامًا كبيرًا، هو أن نهج ما بعد السياسة الذي يستند إلى العقلانية، يسلّم مبدئيًّا بالواقعية المجتمعية الوضعية، والفرد الديكارتي الذي يملك أصلاً إيجابيّة وبنية متكاملة[٢٨]. فالأفراد والمجتمعات المحرومة من المركزية والأرضية الوجودية، بانتزاعها من الثوابت الميتافيزيقية- تتحرر من الحاجة لأرضية جديدة ومركز جديد، وتضرب بعرض الحائط مسألة البحث عنهما[٢٩]. ويتكلّل هذا التجاهل باضمحلال الحاجة لهويةٍ لدى الفرد والمجتمع، والاستخفاف بها[٣٠].

---

(٢١) أيتان محجوبيان، «العقلية والفكر الحر»، قرار، ١٤ تموز ٢٠١٧.

(٢٢) مراد بلغه، «التعدد والتعددية»، قناة T٢٤، ٦ أيلول ٢٠١٧.

(٢٣) شاهين ألباي، «الديمقراطية ليست الإرادة الوطنية فحسب»، زمان، ٢٢ آذار ٢٠١٢.

(٢٤) «يوكسل تكين: حزب العدالة والتنمية أسّس لثقافة شعبوية لا يمكننا أن تعيش بلا عدو»، ديكان، ٧ تشرين الثاني ٢٠١٥.

(٢٥) أحمد إنسل، «الحقد المحلي والوطني، الفاشية»، جمهوريَّت، ١٦ أيلول ٢٠١٧.

(٢٦) «علي بيرم أوغلو: تعريف السلطة الشعبوية النرجسية»، جريدة ديفار / Gazete Duvar، ٧ نيسان ٢٠١٧.

(٢٧) بكر أغردر، «تركيا لا تستطيع أن تتحمل هذا الاستقطاب»، أكسيون، ٧ تشرين الأول ٢٠١٣.

(28) Slavoj Zizek, The Ticklish Subject: The Absent Centre of Political Ontology, (Verso, Londra: 1999).

(29) Oliver Marchart, Post-Foundational Political Thought, (Edinburgh University Press, Edinburgh: 2007).

(٣٠) رضا تورمان، «جدل الهوية»، ٢٤ نيسان ٢٠٠٩.

بيد أن الفرد المعلول بنقص من الناحية الوجودية لا يمكنه أن يبني نفسه ويملك وجوداً مجتمعيًّا إلا باعتباره جزءًا من الكلّ[٣١].

فسعي الإنسان وراء بناء تكاملية ذات مدلولٍ، تنظّم حياته، أي سعيه وراء (بناء الهوية)، يجعل السياسة حقيقة لا غنى عنها في حياة المجتمع[٣٢]. وبما أن السعي وراء التكاملية يتبلور في الخروج من الصعيد الفردي والدخول إلى الصعيد الجماعي، فلا يمكن شطب السياسة من حياة المجتمع[٣٣]. وفي مركز السياسة يوجد نضال الجماعات، أي أن التمييز بين (نحن) و(هؤلاء) هو العنصر الوحيد الذي يعرّف ما هو سياسي[٣٤]. أما العامل الذي يحرّك الفرد في جميع هذه المراحل السياسية التي يوجد في مركزها التمييز بين العدو والصديق فهو الحرص[٣٥]؛ لأن الفرد لا يمكنه أن يبني صلةً مع الجماعة التي تفوق وجوده، ولا يمكنه أن ينضمّ إليها، إلا بفضل الحرص الذي يثيره الإحساس بالنقص. في هذه النقطة يجتمع الفرد والجماعة ويتحاكيان؛ فينخرط الفرد في الجماعة ويبني وجوده في المجتمع، ويغدو جزءًا منه، أي يكتسب به هويته[٣٦].

---

(31) Bruce Fink, The Lacanian Subject, (Princeton University Press, Princeton, N. J.: 1995).

(32) Yannis Stavrakakis, Lacan and the Political, (Verso, Londra: 1999).

(33) Ernesto Laclau, Emancipation(s), (Verso, Londra: 1996), P. 47-65.

(34) Carl Schmitt, The Concept of the Political, (Chicago University Press, Chicago: 1996).

(٣٥) مراد شوقي جوبان، «شانتال موف: لا يوجد صحيح في السياسة»، قناة T٢٤، ١٩ آذار ٢٠١٥، (تاريخ الزيارة: ٨ تشرين الأول ٢٠١٧).
http://t24.com.tr/k24/yazi/chantal,115

(36) Ernesto Laclau ve Lilian Zac, "Minding the Gap: The Subject of Politics", The Making of Political Identities, ed. Ernesto Laclau, (Verso, Londra: 1994), P. 11-39.

والسياسة التي تتحقق في وسط تتوفر فيه الاختلافات الوجودية والأيديولوجية، تشعر بالحاجة إلى عملية تقوم على اتّخاذ قرارات تملي إرادتها على الآخر، فتحدده، أكثر من حاجتها إلى محادثات من أجل إيجاد أرضية مشتركة بين الأطراف.

والديمقراطية من ثَمّ تتضمن بناء مجتمع باعتباره تكاملاً جماعيًّا(٣٧). فالديمقراطية لا تُبنَى من الأعلى إلى الأسفل، باعتبارها الهندسة المجتمعية التي تتبناها الدولة، وإنما تُبنَى من الأسفل إلى الأعلى، في مجال تظهر فيه الاختلافات المجتمعية. فتتشكّل السياسة الديمقراطية الحديثة بهذه الحال من قبل اللاعبين السياسيين الذين يملكون مشروعات المجتمع المنافس، ونضالهم من أجل الهيمنة بعد ربط المطالب المجتمعية بهم(٣٨).

وفي مركز هذا النضال توجد المساعي والجهود الرامية لخلق صورة توحي بأن تصورات مشروعات المجتمع التعددي الخاصة تمثل المجتمع كلّه. والسياسة حقيقةً ترتكز على النضال في سبيل تمثيل المجتمع بشكل مجازي(٣٩).

في هذا النضال تحافظ الديمقراطية على وجود حركتيها الأولى والثانية على حد سواء. فالقوى المجتمعية المهيمنة المعارضة تناضل لبيان محدودية تمثيل المجتمع المهيمن،

(37) Chantal Mouffe, "Deliberative Democracy or Agonistic Pluralism", Social Research, V. 66, Issue: 3, (1999), P. 745-758.

(38) Ernesto Laclau, On Populist Reason, (Verso, Londra: 2005).

(39) Ernesto Laclau, New Reflections on the Revolution of Our Time, (Verso, Londra: 1990).

وانفتاحها على البدائل، بغية إسقاط الهيمنة القائمة. من جانبٍ آخر، تعمل القوى المجتمعية المهيمنة على فرض هيمنتها قدر المستطاع، من خلال ضم الاختلافات المجتمعية إلى هويتها، وعندما يتعسّر ذلك، تعمل على تهميش الاختلافات. هذا يعني أن هناك من جانبٍ، إزالة المجتمع القائم وتفريغ موقع السلطة، ومن جانب آخر بناء المجتمع كلًّا متكاملاً، وملء موقع السلطة بمضمون معين. من وجهة النظر هذه، يمكننا أن نضع نصب أعيننا كلّاً من حركتي الديمقراطية، وفهمهما بشكل متكامل تحليلي[٤٠].

والمضحك في الأمر أن نهج ما بعد السياسة الذي يركز فقط على الحركة الأولى، يسعى من أجل التكاملية أيضًا . فالفردية والتحوّل العقلاني، والتركيز على الحوار، واعتبار السياسة مسألة تقنية تقترح تكاملاً مجتمعيًّا في حركة المجتمع المدني. فالأفراد الذين يتحرّكون ضمن النهج المذكور يعملون على أن يبنوا هويتهم باعتبارهم الطبقة المتوسطة في المجتمع عبر الانخراط في التكامل الذي تحدّد خطوطه الفانتازية البرجوازية[٤١].

في النتيجة، يتّبع نهج ما بعد السياسة سياسةً محددةً وإن كان يحاول إقصاء ما هو جماعي، والعواطف والمشاعر، والصراعات، والقرارات. هذه السياسة تتبلور حول الدفاع عن نظامٍ مجتمعيّ، تتوفر فيه محدِّداتٌ تتمثل في رؤوس الأموال

(40) Ernesto Laclau ve Chantal Mouffe, Hegemony and Socialist Strategy, (Verso, Londra: 1985).

(41) Slavoj Zizek, The Plague of Fantasies, (Verso, Londra: 1997).

والطبقات المتوسطة العلمانية الموجودة في المركز، أمام الكتل الشعبية الواسعة من المتدينين المحافظين الموجودين في المحيط المجتمعي. والسياسة التي تحددها الجماعات هي أقوى سلاح في يد المحيط المجتمعي، فيما يشكل المجتمع المدني الذي يحدده الأفراد؛ أي القطاعين الاقتصادي والثقافي أقوى سلاح في يد نهج ما بعد السياسة. أما الذي يحدّد نتيجة النضال بين الكتلتين المجتمعيتين المذكورتين، فهو في أيّ من هاتين الأرضيتين تتحقق العلاقات المجتمعية: السياسة أم المجتمع المدني؟ وما الأرضية المشروعة؟.

أزمة الكمالية:

يمكننا أن نتناول عملية التحوّل الديمقراطي في تركيا في فترتين مختلفتين بناءً على حركتين للديمقراطية. ففي الفترة الأولى التي تشمل الأعوام ١٩٩٠-٢٠١٠ حصل تطوران بنيويّان، هما: الانتقال من نظامٍ أوليغاركيّ إلى نظامٍ ديمقراطيّ، وانحسار هيمنة الكمالية.

من الأوليغاركية إلى الديمقراطية:

إن إمكانية الحديث عن وجود النظام الديمقراطي يحتاج إلى الإبقاء على السياسة مفتوحة؛ أي يحتاج إلى وجود ساحة حرّة يمكن فيها لكل مشروعات المجتمع التعددي أن تمارس فيها نضالها من أجل الهيمنة ضمن شروط متساوية.

فلا يمكن الحديث عن النظام الديمقراطي في وسط تغلق

فيه الدولة السياسة، أو تتحكم فيه بشكلٍ مطلق؛ لأن السياسة مؤسسة حساسة مهمّة تؤسس العلاقة بين الدولة والمجتمع، ومن ثَمَّ تؤمن عدم حصول افتراقٍ مطلقٍ بين الحاكم والمحكوم.

وعند أخذ هذه الظروف بعين الاعتبار؛ نجد أن فترة الكمالية التي امتدت ما بين العشرينيات إلى التسعينيات كانت بعيدة كل البعد عن رسم صورة النظام الديمقراطي. فبينما كانت المؤسسة السياسية مغلقة تمامًا في فترة الحزب الواحد؛ خضعت في فترة تعددية الأحزاب إلى رقابة صارمة، وتدخلات عسكرية وبيروقراطية مدنية دورية[٤٢]. وفي هذا الوضع حَدّدت الافتراقَ بين الحاكم والمحكوم نخبةٌ كمالية تتحكم بالدولة بعيداً عن السياسة، وبدون وجود أي نضال سياسي مستقل بالمعنى الديمقراطي. وقد جاء دستورا ١٩٦١ و١٩٨٢ اللذان أدّيا دوراً رئيسًا في تشخيص الافتراق بين الحاكم والمحكوم من قبل النخبة بعد الانقلابين العسكريين عام ١٩٦٠ وعام ١٩٨٠. وبناءً على ذلك أصبح مَن يحمل القيم العلمانية والقومية التي تشكل العناصر المؤسسة للهوية الكمالية تلقائيًّا في موقع الحاكم، وأصبح من لا يحملها في موقع الطرف المحكوم. وأصبحت الشريحة التي تتصف بالهوية العلمانية والقومية من البيروقراطيين ومن الطبقات الاجتماعية المتوسطة والعليا تلقائيًّا هي الطبقة

(٤٢) علي أصلان، «النظام الرئاسي في تركيا»، تحليلات ستا، العدد: ١٢٢، (نيسان ٢٠١٥)، ص٢٦-٢٧.

الحاكمة، وصارت الغالبية العظمى التي تشكّل المحيط المحافظ المتدين هي الطبقة المحكومة تلقائيًّا[٤٣].

فالنظام السياسي للفترة الكمالية بهذه الحال يدل على الحكم الأوليغاركي الذي يتحدد من خلال فروق الغنى والثقافة والأيديولوجيا لافتراق الحاكم والمحكوم. لكنه في أواخر فترة الثمانينيات بدأ المحيط الديني والمحافظ يعترض على موقعه نتيجة الانزياحات الحاصلة في تقاسم القوة والتغييرات الاجتماعية كالتحوّل الحضري (المديني) للمحيط المجتمعي، واكتساب الطبقة المتوسطة مزيدًا من الثقة بالنفس[٤٤].

وقد أدّى تنظيم هذه الاعتراضات المجتمعية من قبل القومية الكردية والإسلام السياسي الذي ضرب دمغته على فترة التسعينيات إلى تشكيل الحركات والخطابات المختلفة. ولم تكتف هذه الحركات المجتمعية بالاعتراض فحسب، بل اكتسبت موقعًا مهمًّا ضد النظام الكمالي. وفي هذه النقطة لابد من ذكر فوز حزب الرفاه في الانتخابات المحلية والعامة في التسعينيات بشكل خاص.

---

(٤٣) يمكن دراسة بنية الدولة الأوليغاركية على أساس أطروحة الافتراق على أساس المركز والمحيط، ومبدأ العلمانية هنا العنصر الفريد الذي يحدد الافتراق بين الدولة والمجتمع. انظر: شريف ماردين،
"Center-Periphery Relations: A Key to Turkish Politics?"Daedalus
المجلد: ١٠٢، العدد١ :(١٩٧٣)، ص ١٦٩ - ١٩٠.

(٤٤) علي أصلان، «مسيرة الديمقراطية، أزمة النظام البرلماني»، برنامج الرؤية المفتوحة في قناة ستار، ٢٤ كانون الثاني، ٢٠١٥.

وهذه العملية الاجتماعية الصاعدة من الأسفل اعتبارًا من الثمانينيات التي اضطرت فيها البلاد إلى سياسات الاقتصاد الليبرالي العالمي الحديث، رافقها ضعف تدريجي لسيطرة الدولة على الثقافة والاقتصاد والسياسة وغيرها من القطاعات. وأدى فقدان الدولة لوسائل السيطرة على المجتمع إلى صعوبة استمرار بنية الدولة الأوليغاركية في أرضية كمالية.

وفي ظل هذه الظروف الجديدة أصبح من المستحيل بقاء إدارة افتراق الحاكم والمحكوم بيد الهوية العلمانية القومية وتحديدها من قبل الدولة. واضطرت الحكومة الكمالية التي فقدت الرقابة الآلية المؤسساتية أن تتدخل بشدة في المجتمع مباشرة.

وأدت الشروط التي تغلف الدولة في هذا البلد إلى وضع شاذٍّ لا يدعم نظامًا أوليغاركيًّا، لكنه يرى أن الدولة والنظام السياسي بشكل عام يحتاجان إلى مؤسسة أوليغاركية حتى الآن. وبقيت الدولة مضطرة إلى التراجع خطوةً إلى الوراء أمام الحملات المتقدمة للمجتمع المحيط والمجالات الاقتصادية، ولم يظهر نظام مؤسساتي جديد حتى الألفينيات.

فأصبحت حركة حزب العدالة والتنمية التي صعدت إلى السلطة في عام ٢٠٠٢ ووفقًا للظروف الاجتماعية الجديدة العامل الفاعل في التحوّل المؤسساتي للدولة والنظام السياسي عمومًا بشكلٍ ينسجم مع المبادئ الديمقراطية. وبتعبير آخر فإن حزب العدالة والتنمية الذي ظهر بوصفه إرادة سياسية جديدة

في الدولة أزال مشكلة عدم التوافق بين الحقائق الاجتماعية والسياسية التي أوصلت البلاد إلى شفا الانهيار، وأدى مهمّته في تحقيق التوافق بينهما.

وفي هذا الصدد اتّخذت حكومة حزب العدالة والتنمية خطوات راديكالية نحو انفتاح الدولة على المجتمع بموجب مبدأ فراغ سلطة الدولة الذي هو المبدأ الأساسي للسياسة الديمقراطية الحديثة.

وأهمّ تحول بنيوي في هذه النقطة هو توسيع وتعزيز المجال السياسي، وذلك بإزالة الضغوط الخارجية غير السياسية على السياسة. ولذلك حُدَّ من الوصاية العسكرية والبيروقراطية المدنية التي تضغط على المؤسسة السياسية. والتطور الذي يجب الحديث عنه بشكلٍ خاصٍ في هذا السياق، هو تأسيس نظام الحكومة الرئاسي الجمهوري الذي فتح الدولة تمامًا للمجتمع. ويُعَدّ هذا التغيير الخطوة الأكثر أهمية للاتجاه نحو الديمقراطية المؤسساتية في البلاد. وقد أُسِّس النظام الرئاسي في ثلاث خطوات، وذلك بقبول انتخاب رئيس الجمهورية للمرة الأولى عبر التصويت الشعبي في تشرين الأول عام ٢٠٠٧ بعد أزمة (٣٦٧) التي سببتها بيروقراطية الأقليات. ثم تحديد رئيس الجمهورية بالتصويت الشعبي العام في آب عام ٢٠١٤. ثم التحوّل الديمقراطي إلى نظام الحكومة بالاستفتاء الذي جرى في ١٦ نيسان عام ٢٠١٧ (٤٥).

(٤٥) علي أصلان، «ما الذي سنصوّت له في ١٦ نيسان؟»، الرؤية المفتوحة في قناة ستار، ٨ نيسان ٢٠١٧.

وبتحقيق التماثل بين الحاكم والمحكوم، وجعل الافتراق بينهما عبر العمليات الديمقراطية (كالانتخابات الحرة على سبيل المثال) تكون بنية البلاد السياسية قد اكتسبت الطابع الديمقراطي قدر المستطاع.

من هيمنة إلى مشروع هيمنة:

إن فقدان الكمالية سيطرتها على الدولة كثيرًا أدّى إلى إزالة الهيمنة الأيديولوجية التي تستند إليها. والسبب الأساسي في ذلك يعود إلى قدرتها المحدودة في النفوذ إلى جميع شرائح المجتمع المدني والاستحواذ على رضاها[٤٦]. ولا ننسى حقيقةَ أن هيمنة الكمالية تقتصر على الدولة دون المجتمع المدني. فالعلاقة غير الديمقراطية بين الدولة والمجتمع، وفرض الدولة رقابة مشددة على المجتمع المدني- حالتا دون حدوث نضال الهيمنة، والهيمنة في عاقبته. وإن كنّا نريد الحديث عن علاقة هيمنة حقيقية، فيجب أن تنشب مجادلةٌ بين أكثر مشروعات المجتمع، وتكون حدود المجتمع مفتوحة للتغيير[٤٧].

ومع ذلك كان للكمالية تأثير ملحوظ في السياسة والحياة المجتمعية. ويمكن ملاحظة آثار هذا التأثير في اتخاذها مرجعًا من قبل جميع اللاعبين السياسيين من الجناح اليساري واليميني خلال الفترة ١٩٦٠-١٩٨٠. فهل أدّت الكمالية في هذه الفترة دور خط الأفق الأيديولوجي الذي يحدّد التصورات المجتمعية كافة

(٤٦) مسعود يكن، «الكمالية والهيمنة»، الفكر السياسي الحديث في تركيا: الكمالية، منشورات إلتيشيم، إسطنبول ٢٠٠٩، ص٥٦ – ٧٤.

(47) Laclau ve Mouffe, Hegemony and Socialist Strategy, P. 136-137.

أو أنها تحوّلت إلى مؤشرٍ فارغٍ يَستعمله مرجعًا جميع اللاعبين السياسيين: اليساريين واليمنيين، ولكنه في صيغة المجهول؟؛ سؤالٌ يثير الجدل والنقاش[٤٨].

ربما المصدر الأكبر لهذا الغموض يكمن في انقطاع السياسة عن الأرضية المجتمعية في هذه الفترة، وتحديدها من قبل ظروف الحرب الباردة العالمية بين الشيوعية والرأسمالية. لهذا السبب، كان تأثير الشريحة المتدينة المحافظة في السياسة محدودًا جدًّا، على اعتبار أنها تناضل من أجل مصالحها (الحقيقة).

ويجب البيان هنا أن سليمان دميرال، والدور الذي أدّته الأحزاب اليمنية المركزية؛ عَملا معًا على تمويه العلاقات المتوترة بين هذ الشريحة والدولة الكمالية. ولكن التقاء السياسة من جديدٍ بالأرضية المجتمعية في الثمانينيات، نتيجة بطلان فعاليةٍ استقطاب الحرب الباردة، أدّى إلى أن يظهر مرة أخرى موقع الكمالية في النظام المجتمعي التركي. فبدأت السياسة تتعين من جديدٍ اعتمادًا على نتيجة الكفاح بين القوميين العلمانيين والمتدينينَ المحافظين، فاتّضح من جديدٍ أن الكمالية تملك هيمنة فعّالة على الدولة، وهيمنة محدودة على المجتمع.

إنّ تحوّل النظام السياسي في التسعينيات من بنية أوليغاركيةٍ إلى بنيةٍ ديمقراطيةٍ تزامن مع ظهور حقيقةٍ تقول إنّ الكمالية

(٤٨) نور بتول جليك، «الكمالية: نوع من نظام الهيمنة»، الفكر السياسي الحديث في تركيا: الكمالية. منشورات إلتيشيم، إسطنبول ٢٠٠٩، ص٧٥ – ٩١.

القومية العلمانية لا تعكس المجتمع كله، وإنّ البلد منفتح على مشروعات مجتمعية بديلة. فالكمالية فقدت عالميتها وتحوّلت إلى سلطة جزئية، أي أنها تراجعت من الهيمنة إلى أيديولوجية هيمنة. وأُضيفت الخطابات الديمقراطية التي برزت في المركز المجتمعي إلى أيديولوجيات القومية الكردية والإسلام السياسي الذي نشأ من المحيط المجتمعي. فالقومية الكردية توصف بالهيمنة المعارضة التي تخاطب قسماً من المجتمع، بدلًا من أن تخاطب المجتمع كله، والتي تعمل غالبًا على القضاء على الهيمنة الكمالية. أما (النظام العادل) الذي طرحه حزب الرفاه فهو مشروع مجتمع هيمنةٍ يزعم أنه يحتضن المجتمع كله. ولكن يجب القول إن هذا المشروع، ناهيك عن احتضان شرائح المجتمع كافة، يملك تأثيرًا محدوداً حتى في أوساط المجتمع.

ومشروع المجتمع الديمقراطي يحمل صفة الهيمنة المعارضة، مثل القومية الكردية، ولكنه يختلف عنها في أنه يخاطب المجتمع كله، ويزعم أنه يحتضن أطيافه كافة. فيعمل المجتمع الديمقراطي بحالته هذه على تفريغ سلطة الدولة من مضمونها الكمالي، ويعد بأن يكون مجتمعًا ملموسًا مرسومةً حدوده.

هذه المشروعات المجتمعية الثلاثة، في نهاية المطاف، نجحت إلى حدٍّ ما في إزالة الكمالية التي لاتزال تُعَدُّ الأقوى بين مشروعات الهيمنة، وإن تزعزع موقعها المهيمِن، لكن آثارها ظلّت محدودةً. فاكتسبت مظهرًا (أسطوريًّا)، وخاطوا من جديدٍ ترقيعات المجتمع الكمالي، وحاولوا تقديم ممثل جديد

للمجتمع(٤٩). وعملوا على إعادة ملء فحوى القيم المؤسِّسَة مثل (العصرية) و(الملَّة) التي طالما عرّفتها الكمالية، والتي خرجت عن سيطرتها في الفترة الأخيرة(٥٠). إلى جانب ذلك، ناضلوا حتى تظهر للعيان المطالب المجتمعية التي زعموا أن الهيمنة الكمالية أخفقت في تحقيقها. ويمكن أن نقول إن (العدالة) و(الحرية) و(التنمية) هي من بين هذه المطالب التي تعمل باعتبارها مؤشراتٍ فارغة(٥١).

وجاءت ردود الأفعال على هذه التحديات، من اللاعبين الكماليين الذين اتضح من جهةٍ أنهم لن يستطيعوا التغلب بذراع الدولة، وقد بدأت عملية تصفيتهم منها بالفعل؛ على شكل النزول إلى ميادين المجتمع المدني، ومساعدة البيروقراط العسكريين والمدنيين على ترميم النظام الكمالي(٥٢).

كما أن سياسة قمع حركة المجتمع المدني، كانت في مركز النضال السياسي ضد الدولة التي كانت محل اهتمام الأيديولوجيا الديمقراطية الليبيرالية تحديداً. في هذا السياق نجحوا إلى حدٍّ كبيرٍ في قمع تحدّي الإسلام السياسي، مع انطلاق عملية ٢٨

(49) Laclau, New Reflections on the Revolution of Our Time, P. 61.

(50) Yılmaz Çolak, "Ottomanism vs. Kemalism: Collective Memory and Cultural Pluralism in 1990s Turkey", Middle Eastern Studies, V: 42, I: 4, (2006), P. 587-602.

(51) Ernesto Laclau, Emancipation(s), P. 36-46.

(٥٢) نجمي أردوغان، «الكمالية الحديثة، الأزمة العضوية والهيمنة»، الفكر السياسي الحديث في تركيا: الكمالية. منشورات إلتيشيم، إسطنبول ٢٠٠٩، ص٥٨٥.

شباط ١٩٩٧ المعروفة بانقلاب ما بعد الحداثة.(٥٣) ويجب أن نضيف إلى هذا، بالتأكيد، تراجع تأثير القومية الكردية بعد اعتقال زعيم حزب العمال الكردستاني عبد الله أوجلان، وإيداعه السجن عام ١٩٩٩.

ولكن الحملات القاسية التي أطلقتها الدولة الكمالية أدّت إلى تعاظم الخطاب الديمقراطي، وإدراج مطالب المحيط المجتمعي في الأجندات بخطابات ديمقراطية. حاولت الخطابات الديمقراطية الكمالية الهيمنةَ، كما فعلت في الستينيات، لكن محاولتها هذه المرة باءت بالإخفاق(٥٤)؛ لأن المحيط المجتمعي المتدين المحافظ، خلال الأربعين عامًا، تغيّر كثيرًا فيما يتعلق بالتطور الطبقي، والتوعية السياسية. وفي ذات الوقت، كانت هناك فروقات كبيرة بين الفترتين من حيث الظروف الأيديولوجية العالمية. وهكذا شهدنا تصاعد الخطاب الديمقراطي وبلوغه موقعًا مهيمنًا في العقد الأول من الألفينيات. وشرعت شرائح المجتمع كافةً تعبّر عن مطالبها بخطاب ديمقراطي. واستُعمِل

(٥٣) وكان بين هذه الأعمال المعروفة: مقولة «دقيقة ظلام من أجل ضياء مستمر»؛ بإطفاء الأنوار ثم إشعالها في التاسعة ليلاً، والضرب بالطناجر والأطباقِ والملاعق والصافرات من شرفات المنازل، والخروج إلى الشوارع بالشموع، وما شابهها من أعمال العصيان 'المدني'، وينبغي أن نسجل هنا أيضًا محاول رفدها واستمرارها بأعمال حديقة تقسيم (غزي بارك) عام ٢٠١٣، ومسيرة العدالة عام ٢٠١٧. أليف إنجة، «النداء الموزع عبر الفاكس: دقيقة ظلام من أجل ضياءٍ مستمر»، بيانت، ٩ كانون الأول ٢٠١٤. (تاريخ الزيارة: ٨ تشرين الثاني):
http://bianet.org/bianet/siyaset/160561-faksla-yayilan-cagri-surekli-aydinlik-icin-bir-dakika-karanlik,

(٥٤) نور بتول جليك، «الكمالية: نوعٌ من نظام الهيمنة»، بيريكيم، عدد: ١٠٥ – ١٠٦، (١٩٩٨).

(التحـوّل الديمقراطـي) للتعبيـر عـن مطالـب شـرائح المجتمـع المختلفـة، مثل الحريات الدينيـة والمذهبية، والحقوق المتولّدة من الهويات الإثنيـة، وحقوق الأقليات، والحقوق والحريات السياسـية. فارتقت الديمقراطية من مسـتوى الخطابـات إلى أن صارت تصوّراً سياسـيًّا متكاملاً، يحدّد آفـاق المجتمع السياسـية(٥٥).

ومـع ذلـك، لم تسـتطع الديمقراطيـة الانفلات مـن التحوّل إلى مؤشـر فـارغ. وبـدأ تعريفها بشـكل مختلف مـن قبـل الليبيراليين والمحافظيـن والاشـتراكيين والكماليـيـن. فالليبيراليـون فهمـوا الديمقراطيـة علـى أنهـا تعـادل الحركة الأولـى مـن الديمقراطية في سـياق تقييد السـلطة. فيما فهمها المحافظون والاشـتراكيون والكماليـون على أنهـا تقابل حركتها الثانية، في سـياق إيجاد ممثل للمجتمـع. وسـعت الأيديولوجيـات الثـلاث وراء خلـق مـا يسـمى بـ(ديمـوس)، أي أن يكـون للشـعب تأثيـر ذو معنـى علـى الحكومة وممارسـاتها. فنشـب جدال بين خطابـات الديمقراطية المحافظة التـي تنادي بالحضـارة، وخطابـات الديمقراطية الاشـتراكية التي تنـادي بالمسـاواة الاقتصاديـة، وخطابـات الديمقراطيـة الكمالية التـي تنـادي بالقوميـة والعلمانية؛ لبنـاء تطابق فـي المجتمع(٥٦).

تحـددت هذه الفترة بخطوطها العامـة من قبل الصراع بين قوى الوصايـة البيروقراطية والكتلـة الديمقراطية التـي قطعت الحدود بيـن محيـط المجتمـع ومركزه بشـكل متصالب، في سـياق صراع

(55) Laclau, New Reflections on the Revolution of Our Time, P. 64.

(56) Ali Aslan, "Between Identity and Difference: Turkey's AK Party and Its Discourse of Conservative-Democracy", American Journal of Islamic Social Sciences, V: 30, I: 4, (2013), P. 62-92.

التحوّل الديمقراطي. في هذا الصراع بلغ التوتر أوجه في أثناء مؤتمرات الجمهورية التي أُقيمت بقيادة جمعية الفكر الأتاتوركي (ADD) في مدن كبيرة، مثل إسطنبول وأنقرة وإزمير عام ٢٠٠٧. والمؤتمرات التي أطلق فيها اللاعبون الكماليون شعارات (الدفاع عن الجمهورية!) و(تركيا علمانية وستظل علمانية)، ضد احتمالية انتخاب مرشح متدين محافظ، في الفترة المقبلة على انتخابات رئاسة الجمهورية- شكّلت نقطة المقاومة الأخيرة لدى الكمالية[٥٧].

فاللاعبون الكماليون عدّوا هذا الصراع بين العلمانية والرجعية، فيما عدّها المحافظون بين الشعب والنخبة البيروقراطية[٥٨].

ردّ حزب العدالة والتنمية على مؤتمرات الجمهورية بأن أجرى انتخابات عامة مبكرة، فالانتخابات العامة التي أجريت في ٢٢ تموز ٢٠٠٧ تكلّلت بفوزٍ ساحقٍ لحزب العدالة والتنمية، فيما انهارت أحزاب يمينية مركزية، مثل حزبَي (الطريق القويم DYP) و(الوطن الأم ANAP)[٥٩].

وفي أغسطس/ آب ٢٠٠٧ انتُخب مرشح حزب العدالة والتنمية عبد الله غول رئيسًا للجمهورية. وفي ٢١ أكتوبر/ تشرين الأول ٢٠٠٧ أُجرِي استفتاء شعبي على التعديل الدستوري الذي ينصّ

(٥٧) «مئات ألوف الـ٦٥٪»، حريَّت، ٢٧ أيار ٢٠٠٧.

(٥٨) «أردوغان: «كفى، القرار للشعب»، الأخبار، ٢٧ أيار ٢٠٠٧.

(٥٩) محمد علي بيراند، «انتخابات ٢٢ تموز غيّرت التوازنات»، جمهوريَّت، ٢٦ تشرين الثاني ٢٠٠٧.

على انتخاب رئيس الجمهورية مباشرةً من قبل الشعب[٦٠].

هذه الانتصارات المتتالية لحزب العدالة والتنمية فتحت الطريق أمام تغيير راديكالي للسياسة في تركيا. فالكمالية، خلال عشرين عامًا تقريبًا، تراجعت في البداية من موقع الهيمنة إلى قوة مهيمنة، لكنها استطاعت أن تحافظ على مرتبتها الأولى بين القوى المجتمعية المهيمنة في المجتمع. ولم تلبث أن بدأت تفقد قوتها المهيمنة اعتبارًا من عام ٢٠٠٧، وغدت معدومة المدلول سياسيًّا على نطاق واسع[٦١]، لدرجة أن كمال قليجدار أوغلو، بعد أن أصبح رئيسًا عامًّا لحزب الشعب الجمهوري عام ٢٠١٠، هجر الكمالية بعض الشيء تحت مسمى (حزب الشعب الجمهوري الجديد)، وبدأ يمارس السياسة عبر خطابات ديمقراطية تنادي غالبًا بالحرية[٦٢].

أما الشخصيات الكمالية في حزبه فتمت تصفيتها بالتدريج[٦٣].

تركيا ما بعد الكمالية:

بدأت الفترة الثانية بانتهاء مقاومة الهيمنة الكمالية، وفقدان الكمالية لموقعها بصفتها قوة مهيمنة، وأخذت تتبلور حول مشروعَي المجتمع اللذين طرحهما حزب العدالة والتنمية، وحول الجدل والنقاش الذي دار حول هذين المشروعين. في هذه الفترة لم يكتف حزب العدالة والتنمية بنقل المحيط المجتمعي

---

(٦٠) «الاستفتاء يتكلل بـ(نعم)»، صباح، ٢١ تشرين الأول ٢٠٠٧.

(٦١) طه أق يول، «فترة ما بعد الكمالية في حزب الشعب الجمهوري»، مليِّت، ١٧ آذار ٢٠٠٩.

(٦٢) علي أصلان، «حزب العدالة والتنمية بين 'القديم' و'الجديد'»، تركيا في عام ٢٠١٤، (منشورات ستا، أنقرة ٢٠١٤)، ص ٢٥-٣٥، «حزب الشعب الجمهوري ما بعد الكمالية»، منظور صباح (Sabah Perspektif)، ١٧ حزيران ٢٠١٧.

(٦٣) «عيارات حزب الشعب الجمهوري الجديد»، حرّيّت، ٣١ آذار ٢٠١٥.

المتدين المحافظ إلى المركز، وجعله فاعلاً سياسيًّا فقط، بل عمل أيضًا على توسيع نفوذه وسلطته باسم المجتمع، متعدّيًا حدود سسيولوجية المتدينين المحافظين. وعملت سياسة (الحضارة) دليلاً لهذه النزعة السياسية التي تشكّل حملة هيمنة في الفترة الممتدة من ٢٠٠٩ إلى ٧ حزيران ٢٠١٥ حيث الانتخابات العامة، أما في الفترة التي تلت هذه، فكانت السياسة (المحلية والوطنية) هي الدليل.

سياسة الحضارة:

بدأ حزب العدالة والتنمية، اعتبارًا من عام ٢٠٠٩، يبني مجتمعًا ديمقراطيًّا محافظًا أسماه مشروع (الانفتاح الديمقراطي)، أو مشروع (الوحدة الوطنية والأخوّة)[٦٤]. والأمر الأساسي الذي حدّد الخطوط الرئيسة لهذه الفترة التي أُكّد فيها ما هو محليٌّ ووطنيٌّ- تجلى في استيعاب جميع الاختلافات المجتمعية، ونبذ الفروقات الموجودة في المجتمع[٦٥]. فهذا المشروع يهدف إلى الاستخفاف بالفروقات الأساسية التي تمزق المجتمع وتثير الاستقطاب، مثل: المتديّن والعلماني على الصعيد الأيديولوجي، والتركي والكردي على الصعيد الإثني، والسُنّي والعلوي على الصعيد المذهبي، والمسلم وغير المسلم على الصعيد الديني، والغني والفقير على الصعيد الاقتصادي[٦٦]. في هذا السياق

---

(٦٤) «تنطلق مرحلة الانفتاح الديمقراطي»، خبر تورك، ٣٠ تموز ٢٠٠٩.

(٦٥) «كتيّب بعنوان «حزب العدالة والتنمية يُقبِل على انفتاح ديموقراطي»، حرّيّت، ٢٢ كانون الثاني ٢٠١٠.

(٦٦) رئيس الوزراء آنذاك رجب طيب أردوغان يدلي بتصريحات صادمة في هذا المنوال: «القضية الكردية قضيتي»، من أجل تفصيلات أوفى، انظر: « القضية الكردية قضيتي!»، مليّت، ٢ حزيران ٢٠١١. وفي الوقت ذاته يذكر في هذه النقطة

خُوطبت شرائح المجتمع التي تجاهلت الدولة الكمالية مطالبها طويلاً، أي لم تعاملها باعتبارها جزءًا من السياسية. إذ حُوِّلَت هذه الشرائح إلى جهات سياسية فاعلة، وشُرِع بذلك في توسيع حدود المجتمع والأرضية الشرعية. فقامت في هذا السياق اجتماعات وورشات عمل شاركت فيها شرائح المجتمع المتنوعة[٦٧]. وانطلقت مرحلة منح الحريات والحقوق الأساسية لهذه الشرائح بعد أن قُيِّدت في عهود سابقة.

إذ أُكِّد أن هذه الفروقات والاختلافات التي تشكّل النضال السياسي في تركيا لفترات طويلة هي مصدر الثراء المجتمعي، والتشديد كذلك على وجود وحدة المصير بين جميع شرائح المجتمع، والتشديد على أن هذه الوحدة المرجوّة سوف تبني (تركيا القوية) في وجه الخارج[٦٨]. وهذا التأكيد والتشديد كانا عنصرًا مهمًّا من عناصر السياسة التي توحّد خطوط الاختلافات المجتمعية في وجه الخارج، أي في وجه البلدان الأخرى، بدلًا من توجهها نحو الداخل. فكان شعار (شعب واحد، ودولة واحدة، وعلم واحد، ووطن واحد) الذي انطلق لأول مرة في الفترة المقبلة على الانتخابات العامة ٢٠٠٧- تعبيرًا عن الرغبة في بناء وحدة تحتضن هذه الاختلافات. أما الهوية العليا (التركية) فكانت بمثابة العقدة التي تقوم عليها هذه الوحدة[٦٩]. وكانت

الاعتذار الذي قدّمه أردوغان باسم الدولة على أحداث درسيم التي وقعت في فترة الحزب الواحد. «أردوغان: أعتذر باسم الدولة»، NTV، ٢٣ تشرين الثاني ٢٠١١.

(٦٧) «التقرير النهائي لورشة عمل العلويين»، حرّيّت، ٣١ آذار ٢٠١١. «انفتاح على 'رومان' من رئيس الوزراء أردوغان»، حرّيّت، ١٤ آذار ٢٠١٠.

(٦٨) «أردوغان يشدد على تركيا 'قوية'»، خبر ٧، ١٧ تشرين الأول ٢٠٠٩.

(٦٩) شكر خان أوغلو، «من العثمانية إلى التركية»، صباح، ٧ أيلول ٢٠١٤.

(التركية) تنصّ على الوحدة بين شرائح المجتمع على أرضية خطابات الحضارة المنقوشة بذكر أمجاد الماضي من السلاجقة والعثمانيين، باعتبارها بدائل عن الهوية القومية العلمانية التي تتبناها الكمالية[٧٠]. وهكذا حلَّت مكانَ السياسة التي تبسّط المجال المجتمعي من خلال استقطابه- سياسةٌ جديدةٌ أكثر تعقيداً، تبدّد الاختلافات المجتمعية وتجعلها تنخرط في بوتقة واحدة[٧١].

لكن الأعمال التي قام بها حزب العدالة والتنمية للتخفيف من أهمية الاختلافات المجتمعية وصهرها في بوتقة (مجتمع واحد)؛ لم تسلم من مقاومةٍ كبيرة. تجلّت أولى نقاط المقاومة في الخط العلماني والمتدين، الذي طالما استقطب المجتمع مدة طويلة. وأحداث تقسيم (غزي بارك) التي حصلت بشكل يحكي أيضًا التمييز السني والعلوي خلال أيار وحزيران عام ٢٠١٣؛ كانت حركةً أراد العلمانيون من خلالها الهيمنة حفاظًا على مكانتهم أمام تحرّك حزب العدالة والتنمية، لتوحيد المجتمع على أساس خطابات الحضارة. بتعبير آخر جاءت أحداث تقسيم للحيلولة دون بناء حزب العدالة والتنمية لهيمنته عبر امتصاص الاختلافات المجتمعية وصهرها في بوتقة واحدة. وبعبارةٍ أوضح، كان هناك سخط واستياء طبقي تجاه انقلاب المحيط المجتمعي المتدين والمحافظ إلى فاعل سياسي يُبنَى عليه مجتمع الهيمنة[٧٢]. لذا عمل العلمانيون في أحداث تقسيم على

---

(٧٠) برهان الدين ضوران، «داود أوغلو وسلطة خطابات الحضارة»، صباح، ٢٢ آب ٢٠١٤.

(71) Laclau ve Mouffe, Hegemony and Socialist Strategy, P. 130.

(٧٢) «غزي بارك: امتعاض برجوازية الصغار»، الجزيرة ترك، ٢٩ أيار ٢٠١٤.

رسم خطٍّ ضدّ اتساع سلطة حزب العدالة والتنمية وتعمقه، عبر التحريض على الاستقطاب العلماني والمتدين، بمساعدة من الخارج[٧٣]. ومن أجل ديمومة هذا الخط، جاءت الجهود لتحويل أحداث تقسيم إلى رمز للمقاومة العلمانية في وجه حزب العدالة والتنمية[٧٤].

هذا ما اتبعه الخط التركي الكردي الذي يُعَدّ اختلافًا محوريًّا آخر من الاختلافات المجتمعية. فالتحالف بين حزب العمال الكردستاني وحزب الشعوب الديمقراطي (PKK-HDP) الذي يملك تأثيرًا محددًا في سسيولوجية الأكراد؛ عمل على تأصيل الاستقطاب التركي الكردي، مستعملاً لغة السياسة العلمانية، لمنع حزب العدالة والتنمية من ضمّ الأكراد إلى مشروعه، مشروع المجتمع، عن طريق (عملية الحل). وتعثرت عملية الحل نتيجة أزمة خابور وأوسلو في تشرين الأول ٢٠٠٩، وهجمات PKK التي أسفرت عن مقتل ١٣ عسكريًّا في سلوان في تموز ٢٠١١. وحمل PKK-HDP المسألة أبعد من ذلك بكثير، في الفترة التي انطلقت فيها قضية كوباني عام ٢٠١٤، مستفيدًا من التطورات في سوريا[٧٥]. بدايةً دعا PKK-HDP الناس إلى الخروج إلى الشوارع، ودبّر الأحداث الدامية في ٦-٧ تشرين الأول[٧٦] ٢٠١٤. وأشعل فتيل أعمال العنف في مراكز العديد من المدن، بذريعة محاصرة داعش لكوباني. فأسفرت الأحداث التي حصلت بصورة

(٧٣) غولسه بيرسل، «'كفى!!!: ترجمة أحداث غزي بارك'»، حرّيَت، ٢ حزيران ٢٠١٣.

(٧٤) من أجل مثال، انظر: «في الذكرى السنوية الرابعة لغزي بارك مواصلة النضال في وجه الظلام»، أجندة حقيقة، ٣١ أيار ٢٠١٧.

(٧٥) «جلاء ١٢ عامًا في القضية الكردية»، الجزيرة تورك، ٢ حزيران ٢٠١٥.

(٧٦) «HDP ودميرتاش مسؤولان عن أحداث ٦-٧ تشرين الأول»، وكالة الأناضول، ١ شباط ٢٠١٧.

متزامنة في ٣٥ ولاية مختلفة، عن مقتل ٥٠ شخصاً، وخسائر مادية كبيرة[٧٧]. ونجاح HDP في الدخول إلى البرلمان، بعد أن تجاوز العتبة الانتخابية ١٠٪ في الانتخابات العامة التي أُجرِيت في ٧ نيسان ٢٠١٥، أدّى إلى اندلاع حملة هيمنة معارضة[٧٨]. وقرأ PKK هذا النجاح على أنّه مؤشر على زيادة سلطته على السسيولوجية الكردية بما فيه الكفاية، فدعا إلى (العصيان الشعبي الثوري) في تموز ٢٠١٥[٧٩]. وأتبعه (بحرب الخنادق) التي شنها PKK-HDP في المدن بعد أن ترك آثاراً مدمرة في المنطقة[٨٠].

أدت محاولات الهيمنة المعارضة هذه إلى انتهاء عملية الانفتاح الديمقراطي التي أطلقها حزب العدالة والتنمية عام ٢٠٠٩، والتي عملت دليلاً لمحاولة بناء (المجتمع الواحد) الذي يزيل الفروقات المجتمعية[٨١]. تعززت هذه المحاولات التي بدأت في أحداث غَزي بارك، لمّا رسمت الشريحة العلمانية خطًّا عريضًا ضد اتساع حزب العدالة والتنمية. والانخفاض الكبير في عدد الأصوات التي حصل عليها حزب العدالة والتنمية من الناخبين الأكراد في ٧ حزيران، أشار إلى نجاح محاولات PKK-HDP في بناء هيمنة معارضة إلى حدّ ما. ولكن الكفاح الذي خاضه حزب العدالة والتنمية ضد تنظيم غولن الإرهابي (فتو)، والذي تزايدت

---

(٧٧) «موازنة أحداث ٦-٧ تشرين الأول»، وكالة الأناضول، ٧ تشرين الأول ٢٠١٥.

(٧٨) رفع HDP في هذه الانتخابات شعار «لن نسمح لك أن تكون رئيسًا». هذا الشعار هو أول مؤشر ملموس على تشكيل «الكتلة العلمانية» التي تفوق التمييز التركي الكردي، والتي تهدف إلى الجمع بين القومية الكردية والسسيولوجية الكمالية. «لن نسمح لك أن تكون رئيسًا»، جمهوريَّت، ١٧ آذار ٢٠١٥.

(٧٩) بسه هوزات، «العملية الجديدة هي الحرب الشعبية الثورية»، يني أوزغور بوليتيكا، ١٥ تموز ٢٠١٥.

(٨٠) «PKK يعترف بأنه يخوض حرب الخنادق»، مليِّت، ٢٩ آذار ٢٠١٦.

(٨١) برهان الدين ضوران، «عملية الحل انتهت فعليًّا»، ميلاد، ٢٥ تموز ٢٠١٥.

جرعاتـه تدريجيًّـا منذ انطلاقتـه عـام ٢٠٠٩، أدّى دورًا مهمًّا في إفشـال محـاولات الهيمنـة هـذه. وسـعى تنظيـم غولـن الإرهابي للحدّ من اتسـاع سـلطة حـزب العدالـة والتنمية ونفـوذه من خلال القيـام بأعمـالٍ من قبيل: الطعـن بعملية الانفتـاح، وتنظيم أحداث غَـزي بـارك، والتدخل في حـزب العدالة والتنمية بواسـطة الطرق القضائيـة والبيروقراطيـة العسـكرية[٨٢]. وعندمـا بدأت مؤسسـة السياسـة تتعـرض لضغوطـات كبيرة مـن الداخل والخـارج، وضع حـزب العدالـة والتنميـة جانبًـا خطابَ الحضـارة، وطوّر سياسـة جديدة معروفة باسـم السياسـة المحليـة والوطنية.

السياسة المحلية والوطنية:

خطـاب الحضارة يعني العمل على توسـيع تركيـا باتجاه الداخل والخـارج، فـي حيـن السياسـة المحليـة والوطنيـة تعنـي الحملة التـي تؤكـد ضـرورة تطهير البـلاد من العناصـر التي تحـول دون تحقيـق بنية مجتمعيـة ديمقراطية. والنقطة المشـتركة بين هاتين السياسـتين تتمثـل فـي أنهما تتبلـوران حول الشـريحة المجتمعية المتدينـة المحافظة التي تتحول إلى فاعل سياسـي. ففي سياسـة الحضـارة يوصـف هـذا الفاعـل السياسـي بأنـه مؤسّـس اللعبة، أمـا فـي السياسـة المحليـة والوطنيـة فيتـمّ العمـل علـى إحباط السياسـات الداخليـة والخارجيـة الراميـة إلـى هدم هـذا الفاعل السياسـي، والحفـاظ علـى وصفه بمؤسـس اللعبة.

لـو أردنا أن نتناول هـذا الموضوع بمزيدٍ مـن التفصيلات، لقلنا

---

(٨٢) علي أصلان، «بنية التحالف بين فتو وحزب الشعب الجمهوري»، الرؤية المفتوحة في قناة ستار، ١٧ حزيران ٢٠١٧.

إن كلتا السياستين لديها مشروع بناء مجتمع إيجابي بشكل يقابل حركة الديمقراطية الثانية، أي أنّ كلّاً منهما يحمل صفة الهيمنة التي تهدف إلى تحويل المجتمع إلى كلّ متكامل حول هوية معينة. ومن هذه الناحية يمكننا القول إن الانتقال من خطاب الحضارة إلى السياسة المحلية والوطنية لا يعني انسحاب حزب العدالة والتنمية إلى حيّه. ففي سياسة الحضارة يُبحَث عن الشراكة المجتمعية في تاريخ الإمبراطوريات، مثل السلجوقية والعثمانية، أما في السياسة المحلية والوطنية فتستند هذه الشراكة غالباً إلى الدولة القومية. ومن ثَمّ فإن هاتين السياستين تطرحان تفسيرين مختلفين للشريحة المجتمعية المتدينة والمحافظة التي أصبحت مركز المجتمع. وسياسة الحضارة تقدّم سياسة أكثر عالمية وشمولاً، لكنها تبقى مثالية وتجريدية أمام الحقائق السياسية. بالمقابل تقدّم السياسة المحلية والوطنية سياسة أكثر جزئيةً وأقل شمولاً، ولكنها تبقى أكثر واقعيةً وحِسًّا أمام الحقائق السياسية.

إنّ سياسة الحضارة تمثّل حقيقةً محاولة حزب العدالة والتنمية تجاوز بنية الدولة القومية بفعل العولمة والتطورات الإقليمية، فيما تمثّل السياسة المحلية والوطنية محاولته لبناء دولة قومية وتقويتها وتعزيزها. إنّ حزب العدالة والتنمية باتّباعه سياسة الحضارة عمل على بناء علاقة متساوية مع العالم الغربي الذي يعدّ حليفًا على الصعيد العالمي. وخطا خطوات لتجاوز نظام وستفاليا الذي يرتكز على الدولة القومية، والذي بُنِي في المنطقة إبّان الحرب العالمية الأولى على الصعيد الإقليمي. وفي الداخل حاول بناء مجتمع ما بعد القومية بالتزامن مع هذه

السياسيات[٨٣]. لكن الغرب لم يلبِّ مطالب تركيا في التعددية والمساواة على الصعيد العالمي. وبدأت العلاقات مع الغرب تتدهور تدريجيًّا، ولاسيّما بعد واقعة (وَنْ مينيت!) في دافوس عام ٢٠٠٩[٨٤]، إذ تزايدت الضغوطات على تركيا. وانتهت السياسة الخارجية الإصلاحية بفعل انقلاب رياح الإصلاح في الربيع العربي في المنطقة، وتمزّق دول المنطقة كالعراق وسوريا، وإثارة النعرات الانفصالية الكردية، ووصول تنظيم داعش الإرهابي إلى بلدنا. وفي السياسة الداخلية قطعت الشريحة العلمانية، والقومية الكردية، وحملات فتو المناهضة القاسية- الطريقَ أمام هيمنة حزب العدالة والتنمية. فوصلت سياسة الحضارة إلى طريق مسدود.

أمام هذه الظروف السياسية الجديدة تزعزع حزب العدالة والتنمية مدةً معينةً، ثم قام بحملة مضادة، متّبعًا السياسة المحلية والوطنية التي اكتسبت زخمًا في انتخابات ١ تشرين الثاني ٢٠١٥. فالخطاب المحلي والوطني يستند إلى رؤيةٍ يتم فيها التساؤل عن علاقات التحالف مع الغرب على الصعيد العالمي[٨٥]. وتتحدد السياسة الخارجية بإعادة تأهيل دول المنطقة التي تشهد حروبًا أهلية وتذهب إلى حافة التمزق والانقسام، وتحكيم نظام وستفاليّ، في مثل قمع الحركة الانفصالية الكردية في المنطقة[٨٦]. ولكن هذا لا يعني أنّه اتُّبِعَت سياسة خارجية

---

(٨٣) علي أصلان، «معضلة انتقادات السياسة الخارجية التركية»، منظور ستا (SETA Perspektif)، العدد ٦٤، آب ٢٠١٤، ص١-٥.

(٨٤) فخر الدين ألتون، «النقطة التي وصلت إليها الحرب العالمية»، صباح، ٢٠ تموز ٢٠١٧.

(٨٥) «أردوغان: تركيا لن تكون ثكنتك العسكرية»، تركيا، ١٣ تشرين الأول ٢٠١٧.

(٨٦) أو سحب البساط من تحتها. المترجم.

محافظة. فتركيا تواصل (الانخراط التحويلي) في المنطقة، على اعتبار أنها تؤدّي دوراً مؤسّساً للنظام. وفي السياسة الداخلية تُطهَّر البلاد من العناصر المفتوحة على التعاون مع القوى الخارجية، ومن التنظيمات الإرهابية المختلفة، ومن عناصر تنظيم غولن الإرهابي المتغلغلين في الدولة والمجتمع. إذ يُعمَل على تطهير المنطقة والتخلص من الفضلات والزوائد السياسية لتعزيز بنية المجتمع الذي بات مفتوحاً على التدخلات الخارجية لسنوات طويلة. وهذا الهدف يَعْرِضُ سياسة تنص على بناء كتل سياسية جديدة بناءً على (قضية البقاء).

إنّ مكافحة الإرهاب، والعلاقات المتزايدة بين تنظيم غولن الإرهابي والأحزاب المعارضة- أسهمت إسهاماً كبيراً في تأصيل السياسة المحلية والوطنية في المجتمع، وتوسيع مجالها، حتى غدت (حالة طبيعية) جديدة في تركيا إثر انقلاب ١٥ تموز ٢٠١٦. إذ استطاع حزب العدالة والتنمية إعادة تمكين موقعه في المركز، فيما اضطرت المعارضة أن تأخذ موقع الدفاع. وكانت مسيرة (العدالة) التي أطلقها قليجدار أوغلو في حزيران ٢٠١٧ محاولةً مضادة لإزاحة الحالة الطبيعية المحلية والوطنية من موقعها من جديد؛ لإيقاف التراجع الحاصل في خط المعارضة. وقد تبنّى سياسة (العدالة) التي هي سياسة محلية، بشكلٍ يستطيع فيه التغلب على الخطابات المحلية والوطنية التي أطلقتها السلطة، بدلاً من تأكيد خطاب (الحرية) بالمفهوم الغربي، الذي فقد فعاليته. ولكن الكلمة التي ألقاها في مؤتمر مالتبّة أحدثت خيبة أمل كبيرة فيما يتعلق بملء مضمون مفهوم العدالة، باعتبارها سياسة محلية. إذ جاءت العدالة في كلمته فارغة من حيث

المحليـة، ومزودة بكودات سياسـة الحرية التي يتبناهـا الغرب[٨٧]. فلم تكن المسـيرة والكلمة أكثر من دعـوة للعدالة. ولم تعطِ الجواب الشـافي بخصوص الشـكل الذي سـيُملَأ به مضمـون العدالة، ولم يحدد مفهـوم العدالة ولا كيفيـة تحقيقها.

يجب التسـليم هنا بـأن السياسـة المحليـة والوطنية أصبحت إلـى حدّ كبيرٍ أرضيـةً مشـتركةً للحـزب الحاكـم والأحـزاب المعارضـةً، وإن كنـا لانـزال فـي نقطـة البدايـة، وإن اسـتمرّت ردود الأفعـال المعارضـة[٨٨]. وإنّ كتلـة حزبَي (العدالـة والتنمية) و(الحركـة القوميـة) نجحـت فـي الضغوطـات التـي مارسـتها علـى حـزب الشـعب الجمهـوري، والأحـزاب المعارضـة الأخرى، بإجبارهـا للوقـوف عنـد هذا الخـط. ومـن الواضـح أن محاولة انقـلاب ١٥ تمـوز ٢٠١٦، والمقاومة الشـعبية الكبيـرة التي كانت بعيـدة عـن توقعـات المعارضة المحليـة والأجنبية- كانتـا العامل الوحيـد الـذي يكـوّن هـذه الأرضية المشـتركة. ولـو تطلّب الأمر الإيجـاز، لأمكننا القول إن ١٥ تموز يشـكّل فـي تاريخ تركيا ميلاد تحـوّل السياسـة المحليـة والوطنية إلـى أرضية لشـرعية الدولة، والحيـاة الاجتماعية السياسـية[٨٩].

(٨٧) «دعوة من كمال قليجدار أوغلو إلى العدالة من مالتبّة»، حريّت، ٩ تموز ٢٠١٧.

(٨٨) «قليجدار أوغلو: حزب الشعب الجمهوري هـو الحـزب الوحيد المحلي والوطنـي»، حريَّت، ١٠ تشرين الأول ٢٠١٥. «تصريح دولت بهجلي حول نائب محلي وطنـي»، خبر تـورك، ٢٢ أيلـول ٢٠١٥. دوغـو بيربنجـك، «إسـتراتيجية العهـد الجديـد وسياسـاته»، أيدنلـك، ١٢ أيلـول ٢٠١٧.

(٨٩) فـي هـذه النقطة يظهر عبث انتقادات السياسـة المحلية والوطنيـة. وإنّ صلاحيـة هـذه السياسـة تتوقف علـى تبني العناصـر الفاعلـة فـي المجتمـع الهويـة التـي تقدّمها هـذه السياسـة، ويقـاس ذلك بقياس الموقف الـذي تتخذه هـذه العناصـر تجـاه هـذه الهويـة، لا بتحويـل هـذه الهويـة لتكون هويتهـا. أيتـان محجوبيـان، «لمـاذا لـم يكـن 'المحلي والوطنـي' صالحًا؟»، سربستيّت، ١٤ أيلـول ٢٠١٧.

إنّ هذا التطور يمثّل انعطافًا بنيويًّا راديكاليًّا في تاريخ السياسة التركية. فالسياسة الموالية للغرب بأشكالها المختلفة الليبرالية واليسارية والكمالية كانت تشكل أرضية لشرعية الدولة اعتبارًا من عام ١٩٠٨. هذا الوضع كان بمثابة انطلاقة للنضال من أجل السلطة التي تعدّ فوق الأحزاب، وتحمل صفة طبقية بجميع كوداتها الثقافية. وكان جميع الأحزاب السياسية واللاعبين السياسيين يأخذون مواقعهم وفقًا للأيديولوجيا الموالية للغرب التي كانت نقطة المرجعية. وبعد ١٥ تموز ٢٠١٦ فقدت السياسة الموالية للغرب موقعها هذا، وأصبح الخطاب المحلي والوطني نقطة المرجعية الجديدة [٩٠].

كما ينبغي أن نضع نصب الأعين أثر تغيير نظام الحكومة الذي حصل بفضل الاستفتاء الشعبي في ١٦ نيسان ٢٠١٧؛ في اتخاذ السياسة المحلية والوطنية مكانها في مركز الحياة السياسية. فالنظام الرئاسي أغلق الباب تمامًا أمام الوصول إلى سدة الحكم بدون مخاطبة مركز المجتمع. وحل الخطاب الديمقراطي الذي صار ملموسًا في السياسة المحلية والوطنية محلّ سياسة الأيديولوجيات الأجنبية الضيقة. ولن يجلس على كرسي السلطة في الفترات المقبلة إلا اللاعب السياسي الذي يقنع المجتمع أنه محليّ ووطنيّ[٩١]. ويبدو أن هذا المعيار السياسي الجديد نال قبولًا تامًّا من قبل المجتمع.

---

(٩٠) علي أصلان، «النقطة المرجعية الجديدة: السياسة المحلية الوطنية»، برنامج الرؤية المفتوحة في قناة ستار، ١٥ تموز ٢٠١٧.

(٩١) برهان الدين ضوران، «من الذي يملأ مضمون الخطاب المحليّ والوطنيّ؟»، صباح، ٩ أيلول ٢٠١٧.

الخاتمة:

إنّ التحوّل من الحكم الأوليغاركي إلى الديمقراطي ترك دمغته على السياسة التركية طيلة فترة الجمهورية. وقد تركت البنى الأوليغاركية في الفترة الأخيرة مكانها للنظام الديمقراطي. ولم يكن تأسيس الديمقراطية في البلاد عن طريق الحقوق والحريات وتحديد سلطة الدولة، بل من خلال تحوّل المحيط المجتمعي الذي يشكّله المحافظون المتدينون، إلى فاعل سياسي. وبتعبير آخر، لم تحلَّ الديمقراطية عن طريق الإقصاء السياسي، بل بالعكس عن طريق فتح الطريق أمام السياسي. فالشريحة المجتمعية المتدينة المحافظة التي تحولت إلى فاعل سياسي، ولاعب مهمّ في الساحة السياسية- حوّلت البنى السياسية إلى حالة تناسب النظام الديمقراطي. وفي مركز هذا التحوّل المؤسساتي يوجد تغيير نظام الحكومة الذي يفتح الدولة على المجتمع تمامًا. ومع قبول النظام الرئاسي ظهر نظام سياسي لا يدع السلطة إلا في يد من يستطيع التحكّم بمركز المجتمع، أي من يستطيع التحكم بالأغلبية. والقدرة على التحكم على الأغلبية تعتمد على أن يكون المتحكّم صاحب نفوذ في المؤسسات السياسية، أي أن يأخذ مطالب المجتمع على محمل الجد، ويكون قادرًا على توجيهه. وفي نهاية المطاف تمّ تكوين الأرضية المؤسساتية لأوساط النضال السياسي التي يتمّ فيها تأمين فراغ موقع السلطة، وتتنافس فيها المشروعات المجتمعية المتنافسة.

وهكذا اكتسبت السياسة التركية صفة المحلية والوطنية. وهذا الوضع يشير إلى أن السياسة المحلية والوطنية ليست مجرد مشروع مجتمعي سياسي محدد، من نتاج حزب العدالة والتنمية، بل هي عملية تحوّل مؤسساتي ديمقراطي في السياسة التركية أيضًا. والسياسة المحلية والوطنية من ثَمّ تُعدُ مضمونًا سياسيًّا ونمطًا سياسيًّا في آن واحد. فالتحوّل المؤسساتي للسياسة المحلية والوطنية يقترح سياسة تغيب فيها حقول المناورة بالنسبة للقوى الخارجية واللاعبين المحليين المرتبطين بتلك القوى. وفي الحقيقة ليس من المستغرب أنه كلّما تجذّر النظام الديمقراطي في البلاد؛ انحسر دور الفاعل الأوليغاركي بوجهَيه السياسي وغير السياسي، وضعف النفوذ الغربي. فهناك علاقة عضوية بين الاستقلال على الصعيد الدولي، والتحوّل الديمقراطي على الصعيد السياسي، والمساواة الاجتماعية على الصعيد المجتمعي في تركيا. وما يجب فعله من أجل الديمقراطية في الفترة المقبلة هو حماية أرضية السياسة المحلية والوطنية، وتحقيق تماسك هذه الأرضية ومتانتها، من خلال توسيع القيم الأخلاقية السياسية المشتركة.

العلاقات المدنية العسكرية في عهد حزب العدالة والتنمية

يوسف أوزكير
رمضان أكّير

المدخل

نناقش في السطور التالية العلاقة بين العسكر والسياسة في فترة حزب العدالة والتنمية، وتهدف هذه المادة إلى تقييم التغيير والتحوّل في طبيعة العلاقة بينهما، وتقسّم الدراسة فترة الـ١٥ عامًا بشكل أساسي من خلال تحديد الأحداث الرئيسة التي أثّرت في العلاقات، والإصلاحات التي أدّت إلى تراجع الوصاية العسكرية، وبهذا تنقسم المدة إلى ٣ فترات، هي: فترة الصراع السلبي، وتبدأ هذه الفترة من ٣ نوفمبر ٢٠٠٢ حتى ٢٧ أبريل ٢٠٠٧، وفترة الصراع النشط، وتبدأ من ٢٧ نيسان ٢٠٠٧ حتى عملية ١٧-٢٥ ديسمبر ٢٠١٣، وفترة إنشاء التوازن الديمقراطي، وقد بدأت في ديسمبر ٢٠١٣ ولم تنته بعد.

دخلت تركيا بالتوازي مع الانقلاب العسكري في ٢٧ مايو ١٩٦٠ في أحد مآزقها، وهو اعتياد التدخل غير القانوني من الجيش في السياسة، وكان أحد أبعاد هذا التعود هو التدخل المباشر في الحياة المدنية، وقد تكررت هذه العادة منذ عام ١٩٦٠ مرة واحدة كلّ عشر سنوات تقريبًا؛ في بعض الأحيان نُفِّذت تدخلات عسكرية مباشرة، وفي أحيان أخرى أُرغم السياسيون على الانسحاب من خلال إعطاء الجيش مذكّرَات للمدنيين تجبرهم على ذلك. ومن الممكن القول إن الانقلابيين

العسكريين ثبّتوا أنفسهم بصفتهم مركزًا قويًّا لتحديد أجندة المشهد مباشرة، أو عن طريق التحكم في وسائل الإعلام في إنتاج ضغط على المدنيين كما يريدون ومتى يريدون، من أجل إخضاع الجهات السياسية المدنية الفاعلة.

وقد تدخلت الطُغمة العسكرية في الجيش في العملية السياسية عدة مرات في تاريخ الجمهورية التركية، من هذه التدخلات: ٢٧ مايو ١٩٦٠، و١٢ مارس ١٩٧١، و١٢ سبتمبر ١٩٨٠، و٢٨ فبراير ١٩٩٧، و٢٧ أبريل ٢٠٠٧ حيث تسجّل هذه الأزمنة تواريخ للتدخل العسكري المباشر وغير المباشر، وقد أدّى هذا المشهد إلى التسبب في وضع إشكالي للديمقراطية في تركيا، وأحدث اختلالاً في علاقة الجيش بالسياسة ومن خلال هذا الاختلال كان الجيش يضع في نهاية المطاف السياسات التي يريدها بعد أن أثبت وجوده وهيّأ الساحة السياسية لذلك، وكان آخر حلقات هذه السلسلة ما قام به أعضاء تنظيم غولن الإرهابي المتسللون داخل الجيش في ١٥ يوليو ٢٠١٦ وهم خاضعون لأوامر فتح الله غولن، الذي يعيش في ولاية بنسلفانيا الأمريكية [١].

ومن المسلَّم به في هذا الإطار أن إحدى نقاط التحوّل التي يجب وضع خط تحتها هي تأسيس رجب طيب أردوغان حزب العدالة والتنمية في ١٤ أغسطس ٢٠٠١، وفوزه في الانتخابات البرلمانية في ٣ نوفمبر ٢٠٠٢، وقدرته على تشكيل الحكومة

(١) تقرير لجنة تقصّي الحقائق الصادر عن البرلمان التركي بخصوص المحاولة الانقلابية في ١٥ تموز ٢٠١٦، البرلمان التركي، ٢٠١٧.

بمفرده، وبدون أي مبالغة كان هناك بعد هذا التاريخ تغير في العلاقات المدنية-العسكرية لمصلحة المدنيين، وأصبح هناك وجود لحكومة مدنية تقوم بتمثيل حقيقي مستمد من الدعم الاجتماعي. وقد قاومت حكومات حزب العدالة والتنمية خلال تلك الفترة تدخل القوات المسلحة التركية في الحياة المدنية مشكِّلةً مشروعية جديدة في مواجهة الوصاية العسكرية، وهذا تسبّب في حدوث توتّر مع المجلس العسكري، لكن مع ذلك لم تنقطع محاولات الانقلاب العسكرية في تركيا، أو السيطرة عبر المذكّرات من الجيش إلى المدنيين خلال فترة حزب العدالة والتنمية؛ بل على النقيض من ذلك، ازداد التوتر بين المدنيين والعسكريين مع مرور الوقت وصولًا إلى ١٥ يوليو/تموز ٢٠١٦، حيث كانت هناك محاولة انقلابية كبيرة وغير مسبوقة.

وكما سنناقش أدناه، فإنّه منذ تدخل الجيش في ٢٧ مايو ١٩٦٠ تجاه الوضع القائم أصبح التدخل في السياسة المدنية تقليدًا اعتاد عليه الكماليون، وصولًا إلى تدخل جهة أخرى تسلّلت إلى الجيش، وهي تنظيم غولن الذي قام بالمحاولة الانقلابية في ١٥ يوليو ٢٠١٦.

لكن حكومة حزب العدالة والتنمية أظهرت حالة مغايرة أمام الوصاية العسكرية حيث لم تستسلم مثل الحكومات السابقة، بل قاوم الحزب بقيادة أردوغان محاولات الوصاية، وفي كل مرة كان يقاوم فيها كان يحصل على المكافأة من المجتمع التركي من خلال الفوز في العمليات الانتخابية.

والدليل على ما سبق أن حزب العدالة والتنمية بقيادة رجب طيب أردوغان نجح وخرج منتصرًا منذ ٣ نوفمبر ٢٠٠٢ في ١٢ اختبار ديمقراطي، ومنها عمليات الاستفتاء، حيث ذهبت تركيا إلى صناديق الاقتراع بين عامَي ٢٠٠٢-٢٠١٧ بما مجموعه ١٢ مرة، حيث فاز حزب العدالة والتنمية فيها كلها، كما عزّز حزب العدالة والتنمية من ثقل السياسة المدنية من خلال استخدام هذا الدعم من المجتمع لمكافحة المحاولات غير الديمقراطية للسيطرة على الأجندة السياسية.

ويثبت هذه الحالة ما قام به حزب العدالة والتنمية الحاكم منذ ٣ نوفمبر ٢٠٠٢ من تعديلات وتحسينات في محتوى الدستور التركي، وفي قانون الخدمة الداخلية للقوات التركية المسلّحة، وفيما يأتي نستعرض هذه التغييرات والتعديلات بشكل مفصل.

١- الانقلابات في الجمهورية التركية

عند النظر تاريخيًّا إلى تدخل الجيش وفرض نفوذه على النظام السياسي التركي، نجد أنّه بدأ ذلك في أواخر العهد العثماني، وأعاد قوته من جديد بعد عام ١٩٦٠.[٢] وفي هذا السياق، لم تستطع الطغمة العسكرية في الجيش من الدخول إلى الإدارة المدنية بعد الانتقال إلى الديمقراطية في عام ١٩٥٠، وهكذا، كان التدخل السياسي الأول للجيش في الحياة المدنية في الفترة الجمهورية، في ٢٧ مايو ١٩٦٠، ونتيجة لمحاكم الانقلاب، أُعدِم رئيس الحزب الديمقراطي ورئيس الوزراء عدنان مندريس والوزيران فطين رشدي زورلو وحسن بولاط كان، وحُكِم على وجه الخصوص على الرئيس جلال بايار والعديد من قيادات الحزب الديمقراطي، بالسجن مدى الحياة، وعلى حدّ تعبير المؤرخ التركي كمال كاربات فقد بدأت المطاردات من أجل العمل على إخراج كل منتسبي الحزب الديمقراطي من المشهد السياسي.

(٢) بيجوم براق، علاقات الجيش والسياسة من العهد العثماني إلى أيامنا، الدراسات التاريخية، المجلد٣، العدد١، ٢٠١١، ص٤٦.

ولأن القيادة العسكرية التي قادت انقلاب ٢٧ مايو ١٩٦٠ أرادت حماية هيمنتها على كل مجالات الحياة- لم يقتصر دورها على التحكم في الفاعلين في المشهد السياسي؛ بل بذلت جهوداً كبيرة في التحكم في الكثير من المؤسسات والمجالات وعلى رأسها الجامعات ووسائل الإعلام، وعملت على برمجتها وإعادة هيكلتها وفقًا لأيديولوجيتها.(٣) ونتيجة لتطبيقاتها المتطرفة التي نفذتها في هذا السياق، فإن العقلية التي أنتجتها الطغمة العسكرية الموجودة في الجيش بعد ٢٧ مايو لم تكن مقتصرة على العسكريين بل انعكست على المدنيين ومؤسسات الحياة المدنية، وفي حين أن هناك بعض المؤسسات والهياكل كانت موجودة قبل ٢٧ مايو، فقد أُضيفت إليها بعد ذلك منظمات من المجتمع المدني وبعض الشخصيات من الأوساط الأكاديمية، ومن أذرع أجهزة الإعلام، ومن بعض المؤسسات البيروقراطية وأسماء من عالم رجال الأعمال.

---

(٣) وثيقة الادّعاء في محكمة الجزاءات رقم ١٧ في أنقرة، يوجد عدة تشابهات بين انقلابي ٢٧ مايو ١٩٦٠ وانقلاب ١٥ تموز ٢٠١٦، منها أن جنرالات من نفس الدرجة هم من قاموا بالانقلاب، كما أن ساعة بدء الانقلاب في الظروف العادية للطرفين كانت متقاربة حول الساعة ٣ وفق المخطط، وقد استخدم الطرفان عبارة «سلام في الداخل» التي استخدمها أتاتورك كما أن عدد المجلس الانقلابي في الحالتين تكوّن من ٣٨ شخصاً، يضاف للتشابهات أن الانقلابيين في الحالتين تحركوا خارج نظام التسلسل العسكري، وقد أُفيد أن أحد الضباط الانقلابيين في ٢٠١٦ وهو متين غوموش قام بقراءة كتاب ألفه أحد المشاركين في انقلاب ١٩٦٠ أكثر من مرة في مكتبة رئاسة الأركان، كما أن الطرفين قاما في الحالتين بعرض فكرة الانقلاب على رئيسي الأركان خلوصي أكار في ٢٠١٦ ورشدي أردلهان في ١٩٦٠ وهناك الكثير من التشابهات بين الحالتين، وللمزيد يمكن الاطلاع على الرابط الآتي: ("Darbeciler 27 Mayıs darbesini örnek almış", Anadolu Ajansı, (9 Mart 2017), http://aa.com.tr/tr/darbe-girisimi-cati-davasi/darbeciler-27-mayis-darbesini-ornek-almis/767271,.

وكانت هذه الهياكل تشكّل عادة بيئة داعمة للانقلاب العسكري، وكانت تعمل على إيجاد وضع يسمح بإضفاء الشرعية على الانقلاب العسكري ويساعد في تحقيقه، ولهذا فإن انقلاب ٢٧ مايو، لم يكن الانقلاب الأول في العصر الجمهوري فحسب، بل أصبح مصدر إلهام لجميع الانقلابات التي جاءت بعده.

الانقلاب العسكري في ٢٧ مايو ١٩٦٠	إسقاط حكومة الحزب الديمقراطي
المذكرة العسكرية في ١٢ مارس ١٩٧١	إسقاط حكومة حزب العدالة
الانقلاب العسكري في ١٢ أيلول ١٩٨٠	إسقاط حكومة حزب العدالة
الانقلاب العسكري في ٢٨ شباط ١٩٩٧	إسقاط حكومة ائتلاف حزبي الرفاه والطريق القويم
المذكرة العسكرية في ٢٧ نيسان ٢٠٠٧	صدٌ حكومة حزب العدالة والتنمية المذكرة العسكرية
المحاولة الانقلابية عبر الشرطة والقضاء ١٧-٢٥ ديسمبر ٢٠١٣	مواجهة حكومة حزب العدالة والتنمية هذه المحاولة وإحباطها
المحاولة الانقلابية العسكرية في ١٥ تموز ٢٠١٦	صدّ حكومة حزب العدالة والتنمية هذه المحاولة وإحباطها

الجدول رقم١ : الانقلابات والمذكّرات العسكرية في العهد الجمهوري

وتمثّل محاولة الانقلاب الدموية التي قام بها أعضاء تنظيم غولن في ١٥ يوليو ٢٠١٦ مثالًا حيًّا في هذا الصدد . و يظهر في المعلومات التي تتعلق بلوائح محاكمة تنظيم غولن أن الذين خطّطوا ونفّذوا مراحل هذه المحاولة اقتدوا بأسلافهم الذين نفّذوا وخططوا انقلاب ٢٧ مايو، وقد ظهر هذا بشكل واضح ومفصّل في لوائح الاتهام التي أعدت لـ٢٢١ من أعضاء تنظيم غولن المشتبه بإدارتهم للعملية الانقلابية في مقر رئاسة الأركان في ١٥ يوليو، وتشير أوجه التشابه بين الانقلابيينِ إلى أن أعضاء تنظيم غولن الذين قاموا بمحاولة الانقلاب في ١٥ يوليو نظروا إلى انقلاب ٢٧ مايو بوصفه نموذجًا ومصدر إلهام.[٤]

إنّ الانقلابات التي وقعت في تركيا بعد انقلاب ٢٧ مايو ١٩٦٠ سواء في ١٢ مارس ١٩٧١، أم في ١٢ أيلول عام ١٩٨٠، أو انقلاب ما بعد الحداثة في ٢٨ فبراير ١٩٩٧، سواء نُفِّذت بطريقة مباشرة أو غير مباشرة- تسبّبت في عواقب مؤلمة، وأجبرت كل هذه العمليات الانقلابية الحكومات الشرعية التي انتخبها الشعب على مغادرة الحكم، وقد عاشت تركيا انهيارًا كبير وأزمات سواء في المجال الاجتماعي أم في المجال الاقتصادي.

في ٢٧ أبريل ٢٠٠٧، واجهت تركيا نمطًا انقلابيًّا جديداً، حيث أصدرت هيئة الأركان العامة من على موقعها على شبكة الإنترنت مذكّرة إلى حكومة حزب العدالة والتنمية، وعُدَّت المذكرة التي نُشِرت على شكل بيان من العسكريين الكماليين على أنّها مذكّرة

---

(٤) محمد علي بيرناد، آخر انقلاب ٢٨ شباط، إسطنبول، دوغان، ٢٠١٢، ص١٩٠-٢٠٤.

إلكترونية، وبعد هذه المذكّرة العسكرية التي واجهتها حكومة حزب العدالة والتنمية تعرّضت الحكومة لانقلاب عسكري من ١٧ إلى ٢٥ ديسمبر ٢٠١٣، وهذه المرة لم تكن عن طريق الجيش بل عن طريق اتفاق بين مسؤولين كبار في أجهزة الشرطة والقضاء هدفوا إلى التحكّم والهيمنة على السياسة المدنية من خلال هذه العملية التي اعتمدت على التعاون بين جهازَي القضاء والشرطة.

وبعد سنوات قليلة من إفشال حكومة حزب العدالة والتنمية هذه المحاولات نفّذت عصبة عسكرية في الجيش محاولة انقلاب عسكري دموية في ١٥ يوليو/تموز ٢٠١٦، ويُعَدّ الاختلاف الرئيس الذي يميز محاولتي الانقلاب الأخيريتين عن المحاولات السابقة -وهو ما سنناقشه بمزيد من التفصيل فيم يأتي- هو وجود أعضاء تنظيم غولن وراء هذه المحاولات، وهكذا، لم ينقرض مرض الانقلاب، ولكن الجهة التي تركّز على تنفيذ الانقلاب انتقلت من الكماليين إلى أعضاء تنظيم غولن.

٢- الأرضية الأيديولوجية للانقلابات العسكرية

ثَمّة عدد من الدراسات التي تناولت الحداثة والتحديث في تركيا، من أبرزها دراسة نيازي بيركاس (العصرية في تركيا) ودراسة شريف ماردين بعنوان (الحداثة التركية)، ودراسة برنارد لويس (ولادة تركيا الحديثة)، وأعمال إريك جان زورتشر (تاريخ تركيا الحديثة)، وهذه الدراسات تؤكّد أنّ عمليات التحديث التي بدأت في أواخر عهد الدولة العثمانية بدأت في المقام الأول في الجيش.

وكان يُعتَقد أنّه إذا قُوِّي الجيش فإنه سيحافظ على الدولة من الزوال، ومن أجل تحديث الجيش كان لزامًا أن تتّجه الدولة جهة الغرب، وبهذا المعنى، يظهر أنّ أول حملات تغريب المجتمع كانت تتمّ بواسطة الجيش، وهكذا أصبح الجيش مركز عملية التحديث.

وإذا كانت هذه الحملات قد أُبقيت محدودة في إطار الجيش وبعض شرائحه في عهد الدولة العثمانية ومُنعت من الانتقال إلى الشعب- إلا أنّ هذه الحال تغيرت مع تأسيسَ الجمهورية التركية، إذ عمل مصطفى كمال أتاتورك ورفاقه في السلاح الذين أسّسوا الجمهورية في عام ١٩٢٣ على إنشاء تركيا الحديثة من دون أي تمييز بين مجال ومجال آخر، فقد عملوا على تغريب كل شيء من الأعلى إلى الأسفل في مجالات الحياة الاجتماعية والثقافية والسياسية والاقتصادية، ومن أهم التطبيقات والممارسات التي تمّت في هذا السياق تطبيق العلمانية، ومن المهمّ الإشارة أن هذه الذريعة استُخدمت في جميع المحاولات الانقلابية التي نُفِّذت بعد ذلك، وثَمّة نقطة أخرى تمّ تأكيدها في المحاولات الانقلابية وهي (الأتاتوركية).

وقد رُكِّز على المعاني السابقة بشكل أساسي عند إعلان جميع الانقلابات والمذكّرات العسكرية منذ حتى انقلاب ٢٧ مايو ١٩٦٠ إلى محاولة الانقلاب الدموي في ١٥ يوليو ٢٠١٦، حيث استُخدمت أرضيةً لاكتساب الشرعية، وقد صُنِّف من عارض العلمانيةَ أو الأتاتوركية أنه رجعي، وكان المعارضون في العادة متدينين أو محافظين أو ليبراليين، وبحسب محمد علي بيراند، فإن المتآمرين في داخل الجيش كانوا يعتقدون أن المحافظين

يريدون إحباط عملية التغريب من خلال استغلال الدِّين، ولذلك اعتقلوهم بتهمة التدين، ونتيجة لهذا الفهم كان التركيز على الرجعية في انقلاب ٢٨ شباط ١٩٩٧، يتقدّم حتى على خطر الإرهاب، وقد كانت هناك ادّعاءات مماثلة في العمليات اللاحقة في ٢٧ نيسان ٢٠٠٧ و ١٥ تموز ٢٠١٦.[٥]

ولذلك، فإن شرعية (الأمر الواقع) التي استندت إليها الطغمة العسكرية في داخل الجيش من أجل التدخل في السياسة كانت تعتمد على أنها حارسة النظام والعلمانية، وفي هذا السياق، كان الذين يهدّدون السياسة في البلد ويتجاهلون إرادة المجتمع حتى عام ٢٠١٣ هم ممثّلي الكمالية في الجيش (ويمكن أيضًا أن يكونوا من المدنيين من مختلف المهن ومن الجنود المتقاعدين) أو من العسكريين ذوي الأيديولوجيات الأخرى الذين تسلّلوا داخل الجيش.[٦]

كانت هناك معانٍ وراء تدخل الجيش في السياسة والاقتصاد، ويمكن إذا توسّعنا في هذا الموضوع أن يتضح هذا الأمر: أوّلًا كان الجيش هو التنظيم البيروقراطي المنظّم الذي انتقل من الإمبراطورية التركية إلى الجمهورية التركية، ومع حملات التغريب التي عزّز الجيش سلطته من خلالها ظهر الجيش عند تأسيس الجمهورية التركية على أنه القوة الأكثر نفوذًا، وقد دخلت المؤسسة العسكرية منذ أوائل الفترة الجمهورية وحتى الحياة السياسية المتعددة الأحزاب في أيامنا هذه- مرّة كل عقد

(٥) رمضان أكير، من ١٧-٢٥ ديسمبر إلى ١٥ تموز، منشورات آز، ٢٠١٦.

(٦) سردار شان، القوات المسلحة والمدنية، كتاب نقطة، ٢٠٠٥، ص٢٩.

زمني تقريبًا؛ لإعادة ترتيب العلاقات وترتيب التوازن السياسي والاجتماعي لمصلحتها، وكان التفسير الرئيس أن العسكر يتدخلون ضد السياسة؛ لأنّهم ضدّ وجود رموز بيروقراطيين أقوياء(٧).

وفي الواقع يتّسق هذا مع تعريف ماكس ويبر، فوفقًا لويبر: «هناك صعوبة كبيرة في القضاء على نظام بيروقراطي بشكل كامل بعد تشكّله، فالبيروقراطية واحدة من البنى الاجتماعية الأكثر تعقيدًا»، ويتدخّل العسكر من خلال هذه البيروقراطية العسكرية في السياسة ليحقّقوا من وراء ذلك نجاحًا في هندسة السياسة، وفي توسيع نطاق مشروعيتهم(٨).

ولذلك، إن كان ثمّة اعتراضٌ على النموذج أو المنظومة التي يحددها أعضاء الانقلاب العسكري، أو وجودُ مقترح بديل، أو توصية تخالف مشروعهم- فإن الانقلابيين وضعوا برنامجًا للضغط وقمع القطاعات الاجتماعية الأخرى التي قد ينطلق منها مثل هذه الاعتراضات، وقد أراد الجيش أو الطغمة الانقلابية التي تسلّلت داخله فرض ما تراه هي تهديدًا للبلد، وأرادت أن تعرّف من هو الصديق ومن هو العدو، وكيفية التعامل مع هؤلاء، وفي هذا السياق طبّقت أجندات سياسية تكون منتجًا للهندسة الاجتماعية، وعلى هذا النحو، فإن الخيال الاجتماعي للمجلس العسكري وضع بطبيعة الحال (أعداء الدولة) أو (الآخرين).

---

(٧) ماكس فيبر، كتابات سوسيولوجية، وقْف حرييت، ١٩٩٣، ص٢٠٧.
(٨) يالتشن أكدوغان، الديمقراطية المحافظة، منشورات ألفا، ٢٠٠٤.

هذا هو السبب في أن الجيش (الطغمة العسكرية فيه) كان يزيد من حدة الضغط السياسي على المجتمع عندما تتصاعد مطالب وتوقعات الحياة السياسية الديمقراطية، وأصبح لدينا حقيقة واضحة منذ دخول الديمقراطية إلى تركيا في عام ١٩٥٠، وهي الصراع بين الأطراف السياسية المؤيدة للديمقراطية وبين العسكريين الانقلابيين، واستناداً إلى قوة الأسلحة التي يمتلكونها، نفّذ الانقلابيون انقلابات ضد الديمقراطية كل ١٠ سنوات تقريبًا؛ وعندما كان يتاح للمجتمع أن يختار عبر صندوق الاقتراع، لم يكن الشعب يختار مدبّري الانقلاب، بل يختار السياسيين الذين يعتقد الشعب أنهم ممثلون للسياسة المدنية. وقد ظهر زعيم حزب العدالة والتنمية رجب طيب أردوغان في أعقاب عملية مشابهة، فبعد عدة سنوات من انقلاب ما بعد الحداثة في ٢٨ فبراير ١٩٩٧ توجّه الشعب التركي إلى صناديق الاقتراع واختار حكومة شرعية لإدارة الحكم في البلاد.

وانعكاسًا للإرادة الوطنية، كان السياسيون المدنيون الذين يُنتَخبون يعملون في كل مرّة على الحدّ من نفوذ الجيش في السياسة والمجتمع، ويبذلون جهوداً كبيرة لرفع معايير الديمقراطية، وأحيانًا يقومون بهذا اعتماداً على عناصر الديناميكيات الداخلية، وأحيانًا اعتماداً على المؤثرات الخارجية، كما هو الحال في تطبيق معايير الاتحاد الأوروبي، على سبيل المثال، وهو ما أدّى إلى إضعاف البيروقراطية العسكرية، وعمل على تحقيق التوازن لمصلحة المدنيين.

وكان موقف الإدارات المدنية من الجيش، يأتي في سياق أن الجيش ينبغي أن يركّز نشاطاته على حماية الدولة من الأخطار الخارجية، كما هو الحال في الديمقراطية العادية، وأن الجيش لابد أن يكون تحت سياسة المسؤولين المنتخَبين؛ لهذا السبب ينبغي ألا يتدخل الجيش في كيفية تشكل السياسة المدنية، وكيف سيُحكَم البلد، وكيف ستُحَلّ المشكلات الاجتماعية، وقد حُدِّدت ديناميات العلاقات المدنية والعسكرية في عهد حزب العدالة والتنمية وفقًا لهذه الخلفية.

وبطبيعة الحال، من المهمّ جدًّا لاستقلال أي دولة أن يكون لديها جيش يستطيع أن يردع أعدائه. لذلك بعد محاولة الانقلاب الدموية في ١٥ يوليو ٢٠١٦ كانت هناك مقولة مهمّة جدًّا للرئيس رجب طيب أردوغان، هي: «لا يوجد لدينا جيش غير الجيش التركي، وسنطهره من الخونة والانقلابيين، ولكن لن نسمح بإهانة أو إضعاف جيشنا»، وعندما يكون من يتحدث بهذه المعاني هو رئيس تعرض لمحاولة انقلابية من داخل الجيش، وتعرّض شخصيًّا لمحاولة اغتيال فإن ذلك يدلّ على مدى أهمية وجود جيش ملتزم بالديمقراطية في البلاد.

وفيما يأتي سنتناول العلاقات المدنية العسكرية في عهد حزب العدالة والتنمية وفقًا للتدفق التاريخي، وسنستعرض ديناميكيات التغيير والتأثير والتمايز بين مراحل العلاقات المدنية العسكرية، وكذلك جهود وسياسات حزب العدالة والتنمية في مواجهة الوصاية العسكرية وحماية السياسة المدنية.

٣ - حزب العدالة والتنمية والعلاقات المدنية- العسكرية

بدأ حزب العدالة والتنمية، الذي أُنشئ تحت قيادة رجب طيب أردوغان في ١٤ آب/أغسطس ٢٠٠١، وعرّف نفسه بأنه ديمقراطي محافظ- رحلته السياسية بفوز كبير في الانتخابات العامة التي أجريت في ٣ تشرين الثاني/نوفمبر ٢٠٠٢.[٩] ولا ينحصر هذا الأمر في الرحلة السياسية لحزب العدالة والتنمية، بل إن وجود حزب العدالة والتنمية في الساحة السياسية في حدّ ذاته يعني أيضًا أن هناك تغييرًا في العلاقة بين المؤسسات السياسية والمؤسسة العسكرية المعادية للديمقراطية في تركيا.

والسبب أنّ حزب العدالة والتنمية نجح في إجراء الإصلاحات الأكثر جدية، وفي تنفيذ أهم التحركات الديمقراطية التي حدّدت شكل العلاقات المدنية العسكرية في تركيا. وعلى الرغم من الجدل المستمر، احتفظ الجيش بمكانته في النظام وبقوّته التاريخية بشكل مستقرّ، حتى فترة حزب العدالة والتنمية ومع ذلك، ومع وصول حزب العدالة والتنمية إلى السلطة، بدأ الجيش تدريجيًّا يخسر جبروته على المؤسسة السياسية من خلال العودة إلى مهمّته المتمثلة في حماية البلاد من التهديدات الخارجية التي هي جوهر مهنته العسكرية.[١٠]

وكان هناك أكثر من عامل وراء هذه التغييرات، وعلى الرغم من وجود العديد من العوامل الاقتصادية والاجتماعية، فإن أهم هذه العوامل في عهد العدالة والتنمية هو العضوية في الاتحاد

---

(٩) حميد إمراح بريش، الجيش والسياسة، منشورات اللوتس، أنقرة، ٢٠٠٨، ص٤١٥.

(١٠) البرنامج الانتخابي لحزب العدالة والتنمية، أنقرة، ٢٠٠٢. ص١٣.

الأوروبي، والإرادة القوية لتمكين الديمقراطية قبل حزب العدالة والتنمية، وقد أكّد حزب العدالة والتنمية هذه المسألة حتى في برنامجه الانتخابي المنشور عند تأسيسه، وكان حزب العدالة والتنمية يرى أن العضوية الكاملة لتركيا في الاتحاد الأوروبي هي نتيجة طبيعية لعملية التحديث، وقد استخدم للتعبير عن ذلك هذه الجملة: «إن تحديث الدولة والمجتمع خطوة مهمّة يجب اتخاذها للوصول إلى معايير الاتحاد الأوروبي الاقتصادية والسياسية».[١١] لذلك، بمجرد إنشاء حزب العدالة والتنمية بدأ الحزب باتخاذ خطوات جادة نحو تكريس الديمقراطية في تركيا عن طريق إجراء سلسلة من الإصلاحات لإنشاء محتوى سياسي مناسب لمعايير الاتحاد الأوروبي. ولهذا استطاع الحزب قطع مسافات جديدة في مفاوضات الانضمام إلى الاتحاد الأوروبي، وقد تقرّر وفقًا لهذا افتتاح فصول جديدة للتفاوض.

إن عملية الانضمام إلى الاتحاد الأوروبي أسهمت بطريقة مباشرة في السياسة الداخلية حيث قلّلت من شكوك النخب العلمانية في حزب العدالة والتنمية، وفي الوقت نفسه سهّلت جهود حزب العدالة والتنمية في تنفيذ الإصلاحات وبروزه بصفة حزب إصلاحي، وعلى وجه الخصوص، جلبت الفترة الأولى من عهد حزب العدالة والتنمية الاستقرار في المجال الاقتصادي بتأثير من عملية مفاوضات الانضمام للاتحاد الأوروبي، كما كانت أحد أسباب نجاح حزب العدالة والتنمية في الانتخابات.

(١١) طانيل ديميريل، العسكر والسياسة، أنقرة، ستا، ٢٠١٠، ص٧.

وقد أدّى اكتساب قوة الدفع في مفاوضات عملية الانضمام إلى الاتحاد الأوروبي وضمان الاستقرار الاقتصادي إلى زيادة دور حزب العدالة والتنمية في كل فترة، ومن هنا استفاد الحزب من تعزيز وجوده السياسي في السلطة في طرح قضايا مثل القضية الكردية، ومشكلات العلويين والوصاية العسكرية في تركيا، وعمل على حلّ هذه المشكلات المزمنة من خلال إرادة قوية.[١٢] ومن المؤكد أن من بين هذه المشكلات المزمنة أيضًا استبعاد المتدينين من المجال العام، وحرمانهم من حقوقهم الإنسانية الأساسية، مثل تكافؤ الفرص في التعليم. وعلى وجه الخصوص، حظر ارتداء الفتيات الحجاب في المؤسسات التعليمية ومؤسسات الدولة، كما كان هناك تمييز في التعامل مع خريجي مدارس (الأئمة والخطباء) في امتحانات القبول بالجامعة.

ومن الضروري عند عملية تقييم العلاقات المدنية-العسكرية في فترة حزب العدالة والتنمية التمييز بين الفترات المختلفة من أجل التمكن من إجراء تقييم شامل. وقد أقرّ العديد من الدارسين الذين درسوا هذه الفترة، مثل هالي وأوزبودون- بأن العلاقة المدنية العسكرية في عهد حزب العدالة والتنمية تنقسم إلى ثلاث فترات: الفترة الأولى التي تمتد من عام ٢٠٠٢ حتى نهاية عام ٢٠٠٦، ويمكن أن يطلق عليها فترة (الخلاف المتحكّم به) حيث اعترف الجيش، الحارس للعلمانية في هذه الفترة، بأن الحكومة هي المسؤولة

(١٢) هالي وأوزبودون، الليبرالية والديمقراطية والإسلاموية في تركيا، دوغان، ٢٠١٠، ص١٤١.

عن صنع السياسات في الموضوعات التي يتمّ الاختلاف عليها بالرغم من محاولته الضغط على الحكومة للحفاظ على الهيكل الموجود بدون تغيير، ورغم أن الجيش كان يرى في نفسه الصاحب الحقيقي للدولة والوصي عليها والحامي لها فقد ترك الجيش للسياسيين مساحة للعمل السياسي وإن كانت صغيرة.

والفترة الثانية هي (فترة التحدي والأزمات) التي اتّبع فيها قادة الجيش إستراتيجية تهدف إلى إنتاج الأزمة من خلال تحدّي الجهات السياسية الفاعلة، وبوجه خاص ما حدث مع المذكرة الإلكترونية التي نشرتها رئاسة الأركان على موقعها على الإنترنت في ٢٧ نيسان/أبريل ٢٠٠٧، وبهذا تدّخل الجيش بشكل واضح في السياسة، متّخذًا موقفًا ضد أعمال الحكومة، ولاسيّما انتخاب الرئيس.

وتُعَدّ الفترة الثالثة فترة (انسحاب العسكر)، ورغم استمرار الصراع بين العسكر والسياسيين المنتخبين، إلا أنّ العسكر وافق في هذه الفترة على عدم وجوده في الواجهة، وخلال هذه الفترة عاد الجيش إلى مهمته المتمثلة في تأمين البلاد ضد التهديدات الخارجية وفقد الكثير من نفوذه على السياسة، ووفقًا للدراسة التي أجراها هيل وأزبودون فإن هذه الفترة استمرت حتى عام ٢٠١٠.[١٣] ولذلك، فإن محاولة

(١٣) هاكان يافوز، الإسلاميون الحداثيون، دار نشر الكتب، (إسطنبول: كيتاب يانيفي،٢٠٠٨)، ص٣٣٥

الانقلاب التي قام بها تنظيم غولن في ١٥ تموز/يوليو ٢٠١٦، والمحاولة التي وقعت في نهاية عام ٢٠١٣ في الفترة من ١٧ إلى ٢٥ كانون الأول/ديسمبر ٢٠١٣، كانت خارج نطاق الفترة الثالثة وفقًا للدراسة المذكورة.

ويمكن تقييم العلاقة بين العسكر والمدنيين في عهد حزب العدالة والتنمية الذي كان في السلطة مدة خمسة عشر عامًا- من خلال ثلاث فترات، وقد كانت الميزة الرئيسة لهذه الفترات هي تكوّن ثلاثة خطوط صدع حدّدت العلاقات المدنية-العسكرية في تركيا:

١	فترة النزاع السلبي (٢٠٠٢-٢٠٠٧)
٢	فترة النزاع النشط (٢٠٠٧-٢٠١٣)
٣	فترة تأسيس التوازن الديمقراطي (٢٠١٣-٢٠١٧)

الجدول٢ : العلاقات المدنية- العسكرية في فترة حزب العدالة والتنمية

كانت أولى هذه الفترات فترة الصراع السلبي، وتبدأ من ٣ نوفمبر ٢٠٠٢ حتى ٢٧ أبريل ٢٠٠٧ وهو تاريخ المذكّرة الإلكترونية الصادرة عن الجيش، وكانت السمة المميزة لهذه الفترة هي أن الاشتباك بين الجيش والمؤسسة السياسية كان ضمنيًا.

وكانت الفترة الثانية هي فترة الصراع النشط، وتبدأ هذه الفترة من ٢٧ نيسان/أبريل ٢٠٠٧، وتستمرّ حتى عملية ١٧ - ٢٥

كانون الأول/ديسمبر ٢٠١٣، وفي هذه الفترة، أصبح التوتر بين حكومات حزب العدالة والتنمية وبعض الهياكل داخل الجيش مرئيًّا للجمهور. وعلاوة على ذلك، شهدت الفترة عمليات قضائية مختلفة، وفتحت الجهات القضائية المرتبطة بالجيش قضية لإغلاق حزب العدالة والتنمية.

وفي الفترة الثالثة، بدأ إنشاء التوازن الديمقراطي في العلاقات المدنية العسكرية، وقد بدأت في ديسمبر ٢٠١٣، ومرت بمحاولة الانقلاب على الرئيس رجب طيب أردوغان، من قبل تنظيم غولن في ١٥ يوليو ٢٠١٦ وهذه المرحلة لم تنته بعد.

فترة النزاع السلبي (٢٠٠٢-٢٠٠٧)

كما هو ملاحظ في تركيا، كان الجيش مؤثّرًا في السياسة المدنية بشكل فعّال دائمًا، وحتى في فترة حزب العدالة والتنمية ومع الحملات الإصلاحية التي نُفِّذت في إطار إصلاح العلاقة المدنية العسكرية- استمرت الوصاية العسكرية على السياسة بشكل عام، لكن حملات الوصاية العسكرية لم تنجح، وبدءًا من حكم حزب العدالة والتنمية واستمراره وحتى المذكرة الإلكترونية في ٢٧ أبريل/نيسان- استمر تأثير الجيش في السياسة بشكل يمكن أن يُوصَف بأنه تأثير كان تحت السيطرة.

وكان أهمّ سمة من سمات هذه الفترة النهج الابتعادي عن الجيش الذي كان يشتبه في حزب العدالة والتنمية؛ لأن قيادة حزب العدالة والتنمية احتوت على قيادات سابقة من حزب الرفاه الذي أبعد الجيش حكومته عن الحكم من خلال الانقلاب في ٢٨ فبراير ١٩٩٧، ومِمّا يُجدّر ذكره هنا أن رجب طيب اردوغان

زعيم الحزب كان رئيسًا لبلدية إسطنبول عن حزب الرفاه الذي أُغلق أيضًا.[١٤] وعلى الرغم من أن أردوغان ذكر كثيرًا أنه غيّر طرِيقة صنع السياسة التي كان يتبناها حزب الرفاه، ووصف حزبه الجديد بأنه ديمقراطي محافظ- إلا أن شكوك الجيش في حزب العدالة والتنمية بقيت قائمة.

إذن فأهم سبب لذلك هو أن حزب العدالة والتنمية مشتق من الناحية النظرية من حركة (ميللي غروش) التي أسّسها أربكان، وكانت غالبية الشخصيات الفاعلة من مؤسسي الحزب الجديد لديها ماضي وخلفيات إسلامية. وقد عُمل على منع حزب العدالة والتنمية من المسير وفق هذا الفكَر، وشُكِّلت حواجز أمام حكمه البلاد وفق هذا الفكر.

وكان هناك تصور لدى أعضاء الجيش الذين ينظرون إلى أنفسهم على أنهم امتداد لمؤسّس الجمهورية ومؤسس فكرة الكمالية- بأن حزب العدالة والتنمية معاد للعلمانية، ووفقًا لتصور الجيش، فإن حزب العدالة والتنمية خطيٍر على العلمانية والكمالية،[١٥] وعلى الرغم من أنه غيَّر خطابه إلا أن أصوله تبقى إسلامية. لذلك بدا الجيش وحزب العدالة والتنمية -خلال فترة إنشاء الحزب- كأنهما يلعبان (بالرموز)، وقد أشار حينها إلى ذلك الباحث غاريث جنكينز، فقال: «إن حزب العدالة والتنمية سوف يتفقد حدود ردّة فعل الكماليين في الجيش، فإذا كانوا

(١٤) غاريث جنكينز، «الرموز والظل: علاقات الجيش وحزب العدالة- ٢٠٠٢-٢٠٠٤»، حزب العدالة والتنمية: التغيير الاجتماعي، المحرر: هاكان يافوز، (إسطنبول: كتاب للنشر، ٢٠١٠)، ص٢٣٥.

(١٥) المرجع السابق.

سيصدرون ردّ فعل قوي فإن الحزب سيتراجع، وإذا استطاع الجيش أن يحافظ على حماية الكمالية العلمانية فإنه سيتجنب التدخل المباشر في الحياة السياسية، وفي الوقت نفسه، فإن عين كلا الجانبين سوف تبقى على عملية مفاوضات عضوية الاتحاد الأوروبي».[١٦] في الواقع، يلخّص هذا التقييم الجو السياسي لحزب العدالة والتنمية من ٢٠٠٢-٢٠٠٧. وخلال هذه الفترة، كان لزامًا على حزب العدالة والتنمية أن يأخذ في الحسبان موقف الجيش من كل عمليات حركات الإصلاح التي قام بها.

وفي ذات السياق مع أن الجيش اعتمد سياسة عدم التدخل مباشرة في السياسة إلا أنه واصل تبني مهمّة حماية النظام والحفاظ عليه، وبعبارة أخرى، كان الطرفان في الواقع يتنازعان مع بعضهما، لكنهما كانا يحاولان فعل ذلك بطرق غير مباشرة، وبدون جذب الانتباه العام، حيث استمر الصراع وراء الكواليس، والذي كان يظهر على السطح كان يشبه ما يظهر من (جبل الجليد).

مقاربة حزب العدالة والتنمية ضد ضغوط العلمانية

تُعَدّ العلمانية منذ قيام الجمهورية في تركيا من أهم البنود على أجندة السياسة والمجتمع، وفي هذا السياق أُغلق العديد من الأحزاب السياسية المعارضة للعلمانية، أو فُرِضَت العلمانية على الفاعلين السياسيين الذين ينتمون إليها، ولذلك اضطر حزب العدالة والتنمية إلى الإعلان أكثر من مرة أنه ليس لديه

(١٦) كمال كاربات، إليتلر ودين، (إسطنبول: تيماس، إسطنبول، ٢٠١٠)، ص٢٩٠-٢٩١.

مشكلة مع العلمانية، ومن على منصات مختلفة، وبشكل عام، فإن حزب العدالة والتنمية أعلن أنه لا يرى أن هناك صراعًا بين الإسلام وبين معتقدات وقيم الحداثة المشتركة مع الليبرالية أو العلمانية.

وبناء على ما سبق يفرض ههنا سؤال نفسه، وهو: أيّ نوع من العلمانية يتبنى حزب العدالة والتنمية؟ في هذا الصدد من الضروري أن ندرس موقف حزب العدالة والتنمية في سياق تبلوره في بيئة مواجهة وجهًا لوجه مع تهديد بمحاولات الانقلاب تحت حجج وذرائع أهمها حماية العلمانية.[١٧]

أوّلًا، يدعم حزب العدالة والتنمية، العلمانية الليبرالية/ الاختيارية بدلًا من العلمانية الإجبارية أو العلمانية القسرية التي طُبِّقت في عهد الحزب الحاكم في الفترة (١٩٢٣-١٩٤٦)،[١٨] وقد جاء وصف العلاقة بين العلمانية والدين في برنامج الحزب (التنمية وبرنامج التحول الديمقراطي) الذي نشر في عام ٢٠٠٢، على النحو الآتي: العلمانية «تسمح لجميع منتسبي الأديان والمعتقدات بالعيش، وممارسة عبادتهم بحرية، وكذلك بشرح معتقداتهم الدينية، كما تسمح للأشخاص غير المؤمنين أيضًا بتنظيم حياتهم، وفي هذا الصدد، فإن العلمانية من مبادئ الحرية والسلم الاجتماعي»[١٩]. وسوف يكون مفهومًا أن هذه العلمانية ليست العلمانية القائمة على الفصل أو التمييز، بل العلمانية التي تتبنى الحرية في الاندماج الاجتماعي، ولهذا

(١٧) حزب العدالة والتنمية وإرساء الديمقراطية، (٢٠٠٢)، ص١٤.

(١٨) المرجع السابق

(١٩) المرجع السابق

خلافًا للعلمانية القمعية التي تجبر على ترك الدين والمعتقدات خارج الحياة العامة- دعا الحزب إلى العلمانية التحررية.

وقد كان هناك بُعد آخر وضعه مفهوم حزب العدالة والتنمية للعلمانية، وهو أن تقف الدولة على مسافة واحدة من الديانات والمعتقدات المختلفة، وكان من شأن ذلك أن يخلق جوًّا يساعد على عدم استغلال القيم المقدّسة، وعدم إساءة استخدامها، ويرفض حزب العدالة والتنمية في برنامجه استخدام «القيم الدينية المقدسة، أو القيم العرقية موادَّ سياسية، ويرى الحزب أن المواقف والممارسات التي تسيء للإنسان المتدين بسبب حياته الدينية أو خضوع معاملته لترجيحات مختلفة عن الآخرين هي مواقف وممارسات مضادة للديمقراطية، وتتعارض مع حقوق الإنسان والحريات، ومن ناحية أخرى، يرى الحزب أن استخدام المصالح الدينية والسياسية والاقتصادية وغيرها بوصفها أدوات ضغط ضد الذين لديهم تفكير ديني أو اعتقادي مخالف- هو أمر غير مقبول»[٢٠].

وقد استقبل المجتمع التركي برنامج حزب العدالة بتفاؤل؛ لأن البرنامج أشار بل ركّز على أن معاملة المتدينين والمحافظين وتركهم خارج الحياة العامة في فترة علمانية الحزب الواحد- كانت أمرًا غير ديمقراطي وفتح المجال لاستغلال الدين.

وكان هناك بُعد آخر أيضًا لمفهوم العلمانية عند حزب العدالة والتنمية، وهي أن العلمانية ليست عدوّة للدين، ووفقًا لنفس

---

(٢٠) المرجع السابق

برنامج حزب العدالة والتنمية: «المؤسسات الدينية هي من المؤسسات الأكثر أهمية للبشرية، والعلمانية أيضًا هي شرط لا غنى عنه من أجل الديمقراطية، كما ينظر إلى العلمانية على أنها ضمان لحرية الدين والضمير. ونحن ضد تفسير العلمانية، بأنها معادية للدين».[٢١] ومن خلال استخدام التعبيرات السابقة في برنامجه أكّد حزب العدالة والتنمية أنه يتبنى نهجًا مختلفًا للعلمانية، ويوضح برنامج حزب العدالة والتنمية أن العلمانية التي يتبناها تضع في اعتبارها حماية حرية الدين وعدم ترك المتدينين خارج الحياة العامة، وكذلك الحيلولة دون إساءة استخدام الدين.

ومهما كانت وجهة نظر حزب العدالة والتنمية تجاه العلمانية، وما أُعلن عنه حولها في برنامج الحزب إلا أن العقلية الانقلابية المعتادَة على استخدام ذريعة (تهديد العلمانية) كعادة سيئة استمرت في الضغط على السياسيين من هذا المنطلق؛ لذلك فأن مفهوم العلمانية أو معضلة العلمانية تأتي على رأس القضايا في أجندة كلّ من يريد تصميم السياسة في تركيا.

وقد بذل الجيش والنخبة الكمالية الممتدة عنه في الحياة السياسية في تركيا، في السنوات بين ٢٠٠٢-٢٠٠٧ جهدًا كبيرًا لإبقاء السياسة خاضعة لهم من خلال الترويج لمعاني الخوف على مستقبل العلمانية، و(الخوف من الرجعية)، وهناك العديد من الأمثلة التي تبيّن ذلك. وفي هذا السياق، كان ما كتبه

(٢١) تجمعات الجمهورية هي تجمعات أُجريت مع انتهاء مدة الرئيس أحمد نجدت سيزار في المدن الكبرى اعتراضًا علَى احتمال قدوم رئيس إسلامي.

الجنرال المتقاعد أوزدن أورنيك بعنوان (لقد تغاضينا عن القيام بانقلابين في ٢٠٠٤) في مجلة (نقاط) في عام ٢٠٠٧ لافتًا جدًّا في سياق العلاقات العسكرية السياسية.

إضافة إلى ذلك، كان ما نشرته صحيفة جمهوريت في عام ٢٠٠٣ تحت عنوان (الضباط الشباب قلقون) انعكاسًا في وسائل الإعلام لرغبة الجيش في إعادة تنظيم السياسة في البلاد، وكان العنوان الرئيس الذي استخدمته صحيفة جمهوريت: (الضباط الشباب قلقون) قد استخدمه انقلاب ٢٧ مايو ١٩٦٠، وهو ما يدل على تأثير الديناميات التاريخية، وهو قضية جديرة بالملاحظة.

دفاع حزب العدالة والتنمية عن السياسة المدنية ضد المذكرة الإلكترونية

كان أحد الأحداث التي أظهرت بوضوح حالة انعدام الثقة هو الضغط من أجل منع حزب العدالة والتنمية من ترشيح مرشح رئاسي، أما الحدث الآخر فهو تجمّعات الجمهورية، وهي تجمّعات وُصفت بأنها لدعاة الكمالية الجديدة، وقد قيل إن هذه التجمّعات كانَت قد نُفِّذت بصفتها أرضية ممهدة للانقلاب، ووفقًا للمعلومات التي كُشفت مؤخرًا حول التجمعات التي بدأت في ١٤ أبريل ٢٠٠٧ واستَمرت لفترة- فإن منظمات المجتمع المدني والجامعات التي تعاونت في تنظيمها كانت تنسق معًا لتمهيد الطريق للانقلاب، وكان محتوى الشعارات التي هُتِفَ بها والكلمات التي ألقيت شاهدًا على هذا التوجه.[٢٢]

(٢٢) « آخر الكلمات في الأكاديمية الحربية،
https://www.tccb.gov.tr/konusmalari-ahmet-necdet-sezer/1721/7814/harp-akademileri-konferansinda-yaptiklari-konusma.html

فعلى سبيل المثال، قال أحد المتحدثين في تجمّعات الجمهورية، بيرغول أيمان غولر؛ أستاذ العلوم السياسية في جامعة أنقرة: «الجيش الكمالي سوف يقول كلمته، والجامعة ستقول كلمتها، والقضاء سوف يقول كلمته»، داعيًا القوات العسكرية بالنزول إلى الشارع، وعلاوة على ذلك كان بين الحاضرين لكلمة غولر عسكريون بزِيّ مدني، وهم من كبار قادة الجيش المتقاعدين والمؤثرين، ومن بين هؤلاء شنار أر أويوجور وخورشيد طولون، وكذلك كان بينهم موظفون في سلك القضاء، مثل عضو المحكمة الدستورية فتاح أوتو، وعدد من كبار البيروقراطيين، مثل رئيس المجلس الأعلى للتعليم كمال غوروز، وعدد من رؤساء الجامعات، مثل رؤساء وعمداء جامعات أنقرة، وغازي، والشرق الأوسط والتي شاركت في هذه التجمعات، وقد عُدَّ هذا المشهد استعراضًا للقوة العسكرية والوصاية العسكرية على السياسة.

ولم يقتصر الأمر على تجمعات الجمهورية. بل بعد تصريح بيرغول أيمان غولر؛ أستاذ العلوم السياسية في جامعة أنقرة: «الجيش الكمالي سوف يقول كلمته» ببضعة أيام- أصدرت رئاسة الأركان مذكرة لحزب العدالة والتنمية على شكل بيان على موقعها على الإنترنت، وكانت المذكرة تتويجًا للحراك التمهيدي الذي قام به تحالف الجامعات والقضاء والعسكر، وعادت المناقشات الأصولية، والسياسية المستمرة حول الحجاب والعلمانية والرجعية إلى الواجهة في تركيا مرة أخرى، وحاولت المكوّنات المضادة للديمقراطية أن تؤثر في الانتخابات الرئاسية، وباختصار هُيِّئَ الجو الاجتماعي والسياسي لتمهيد الطريق للجيش للتدخل السياسي.

وفي هذه الفترة لم يقتصر الأمر على مثل هذه الأعمال المناهضة للديمقراطية، إذ تحدّث -قبل المذكرة الإلكترونية في ٢٧ أبريل بأسبوعين- الرئيس التركي أحمد نجدت سيزار في مجلس الأمن القومي الفعلي مشيرًا إلى تزايد الأنشطة الرجعية، كما ألقى العديد من الكلمات على منصّات مختلفة حول هذه الموضوعات.

وفي كلمة له في المؤتمر الذي عُقد في أكاديمية الحرب في ١٣ أبريل ٢٠٠٧، قال سيزار: «لم يَكن النظام السياسي في تركيا منذ تأسيس الجمهورية، معرّضًا للخطر في فترة كما هو الحال اليوم، إن القيم الأساسية للجمهورية العلمانية تُناقَش للمرة الأولى، فالقوى الداخلية والخارجية تعمل في نفس المصلحة في هذه المسألة، إن القوى الأجنبية، تريد أن تصبح تركيا نموذجًا للدول الإسلامية، وللإسلام المعتدل؛ ولذلك يريدون نقل النظام السياسي التركي من (الجمهورية العلمانية) إلى (الجمهورية الديمقراطية)، والإسلام المعتدل يعني أن النظام الاجتماعي والاقتصادي والسياسي والقانوني للدولة سوف يتأثر إلى حد ما بقواعد الدين، وعلى هذا النحو، فإن نموذج الإسلام المعتدل، إذا كان يُنظَر إليه على أنّه نموذج جذاب للدول الإسلامية الأخرى فإنّه بالنسبة لتركيا بشكل واضح (رجعية) وعودة للوراء، وإن تركيا تكون نموذجًا في المنطقة بالعلمانية فقط وبصفتها دولة قانون ديمقراطية، وفي هذا الاتجاه يمكننا أن نتشارك خبراتنا مع الدول الأخرى»[٢٣]، ومن خلال التركيز على هذه المعاني المتعلقة بالرجعية والعلمانية كان سيزار ينظّر

---

(٢٣) حديث دينيز بايكال، ١٠ يناير ٢٠٠٧.

في تصريحاته لضرورة سيطرة الوصاية العسكرية، وعند فحص وتقييم المصطلحات التي استُخدمت نجد أنّها كلّها كانت تأتي في سياق جعل الموقف السياسيَ مرتهنًا بالوصاية العسكرية.

كان هناك خطاب آخر موازٍ لخطاب الرئيس سيزار، يعبّر عن أحد الأطراف السياسية الأخرى في السياسة المدنية، وهو خطاب رئيس حزب الشعب الجمهوري آنذاك، دنيز بايكال، حيث كان بايكال يردّد أن أردوغان على خلاف مع مؤسسات التعليم العالي والجيش؛ لذلك لا يمكن أن يكون هناك شخص على خلاف مع القيادة العليا للجيش ويصبح في موقع القيادة على الجيش.(٢٤)

ومع ذلك، لم يقتصر الأمر على الحديث عن الأصولية الرجعية، والحجاب، ونوايا حزب العدالة والتنمية، والأجندة الخفية للحزب، وقضايا مثل الولاء للعلمانية؛ بل كان يتمّ العمل بشكل مكثف على إدراج هذه الموضوعات في جدول الأعمال السياسي وخطاب الحركة من جهة، وخلق ضغط على حزب العدالة والتنمية، وحفز المجلس العسكري للقيام بانقلاب عسكري من جهة أخرى.

وقد قال رئيس هيئة الأركان العامة يشار بيك كانيت في تصريح له في ١٢ أبريل ٢٠٠٧: «نتمنى أن تكون القيم الأساسية للجمهورية، في قلب الرئيس الذي سيتم انتخابه، لا على لسانه

(٢٤) مقتل ألب أرسلان أرسلان في المحكمة بتاريخ ١٧ مايو ٢٠٠٦ بهجوم مسلح، إضافة إلى مقتل مصطفى أوزبيلغين وإصابة آخرين.

فحسب»، وقد يشير استخدام هذه العبارة في تصريح رئيس الأركان على أنه علامة على التدخل في السياسة واحتمال الإقدام على مذكرة عسكرية.

إضافة إلى ذلك، ارتُكبت بعض جرائم القتل من أجل زيادة التوتر الاجتماعي في هذهِ الفترة، ففي مايو ٢٠٠٦ قُتل قاض من المحكمة الإدارية العليا في جريمة اعتداء، وفي يناير ٢٠٠٧ قتل هرانت دينك المحرر العام لصحيفة أجوس وقد أثارت الحادثة توترات اجتماعية في حينها.[٢٥]

وهكذا، كانت الفترة بين ٢٠٠٢-٢٠٠٧ بكل التطورات التي وقعت فيها تظهر أن تنظيم العلاقات المدنية-العسكرية في تركيا من جديد أمر ضروري، وبهذا كانت هذه المرحلة منذ عام ٢٠٠٢ وحتى مذكرة ٢٧ أبريل مسرحًا لمثل هذه الإجراءات المذكورة والتصدعات الهشّة.

وعلى وجه التحديد في هذه الفترة، كتب زينو باران الخبير في معهد هدسون في الولايات المتحدة، في مجلة نيوزويك تحت عنوان: (احتمال حدوث انقلاب في تركيا في عام ٢٠٠٧، ٥٠ في المئة)، وقد استحضر باران عملية ٢٨ فبراير، حيث قام الجيش بإجبار نجم الدين أربكان رئيس حزب الرفاه على الاستقالة، وقال باران: «مرة أخرى نحن أمام ظروف مشابهة، فمرة أخرى هناك إسلاميون في السلطة، ومرة أخرى يهمس الجنرالات في غضب حول الضرر الذي تسببه الحكومة للدولة

---

(٢٥) مجلة نيوزويك، احتمال حدوث انقلاب في تركيا بنسبة ٥٠٪
http://arsiv.sabah.com.tr/2006/11/26/gnd95.html

العلمانية»، وأضاف: «من وجهة نظري أن فرصة حدوث انقلاب عسكري في تركيا في عام ٢٠٠٧، هي ٥٠ في المئة»، ومن خلال النظر إلى ما كتبه باران يمكن الاستدلال على مواقف مراكز القوى المختلفة في الولايات المتحدة آنذاك.[٢٦]

وقد أعلنت المذكرة الإلكترونية، التي وضعت حدًّا لهذه الفترة، ضد حكومة حزب العدالة والتنمية في ٢٧ نيسان/أبريل في مثل هذا الجو. وكان هذا بمثابة تأكيد استمرار عقلية الجيش في التدخل في السياسة، وقد نشر رئيس الأركان العامة يشار بييك كانيت المذكّرة بنفسه على موقع رئاسة الأركان العامة، وقد كان واضحًا أن هناك رغبة في تغطية هذا التدخل عبر الهندسة السياسية والاجتماعية، من خلال مسوّغات المذكرة ومسوِّغات تنظيم تجمعات الجمهورية التي كانت متداخلة مع سياق العلمانية.

وقد جاء في المذكّرة: «في الأيام الأخيرة، فيما يتعلق بالانتخابات الرئاسية برزت مشكلة متصلة بمناقشة موضوع العلمانية، وتراقب القوات المسلحة التركية هذه الحالة بقلق، ولا ينبغي أن يُنسى أن القوات المسلحة التركية طرف في هذه المناقشات، وهي مدافعة عن العلمانية، إضافة إلى ذلك، تعارض القوات المسلحة التركية بشدة المناقشات الجارية والتعليقات السلبية، وستظهر بوضوح موقفها وسلوكها عند الضرورة، ويجب أن لا يكون لأحد أي شكّ في ذلك... وإن القوات المسلحة التركية، تقوم بهذه المهمّة التي أتاحها لها القانون، وهي ستقوم

(٢٦) تصريح شديد اللهجة من رئاسة الأركان، صحيفة صباح، ٢٩ نيسان ٢٠٠٧.

بالتزاماتها بحسم لا يتزعزع، والتزامها بهذا القرار أمر مؤكد». ومن خلال هذا الإعلان أكّد الجيش عدة مرات على أن تدخله في السياسة يأتي من خلال استخدام خطاب حماية العلمانية وحماية النظام، ومرة أخرى بعد انقلاب ٢٧ مايو، أُعيد فرض قوة السلاح على السياسة من خلال مهمّة حماية الجمهورية.

وقد ردّت حكومة حزب العدالة والتنمية برئاسة رئيس الوزراء رجب طيب أردوغان بشدة على إعلان العسكر، وعلى عكس ما كان متوقعًا، وصرح المتحدث باسم حزب العدالة والتنمية، جميل تشيشك، في مؤتمر صحفي في ٢٨ أبريل/نيسان ٢٠٠٧، أي بعد يوم واحد فقط، متحدثًا عن الديمقراطية، ومذكرًا الجيش بالمبادئ الديمقراطية. وقال في خطابه: «يُعدّ هذا البيان على أنه موقف ضد الحكومة، ومما لا شك فيه أنّه من الخداع أن نعتقد أن ما يحدث يمكن أن يحدث في نظام ديمقراطي. أوّلًا وقبل كل شيء نريد أن نقول إن رئاسة الأركان، هي مؤسسة تابعة لرئيس الوزراء، وإن صدور موقف ضد الحكومة عنها لا يمكن عدّه أمرًا قد يحصل في دولة القانون والديمقراطية، وإن رئاسة الأركان العامة هي مؤسسة تتبع الحكومة بموجب الدستور والقوانين ذات الصلة، ووفقًا لدستورنا، فإن رئيس الأركان العامة مسؤول أمام رئيس الوزراء عن واجباته وسلطاته»[٢٧].

وذكّر تشيشك رئيسَ الأركان العامة بأنه يتْبَع الإدارة المدنية، وقد كان إعلان تشيشك الذي رفض فيه المذكرة الإلكترونية بمثابة سابقة في تاريخ تركيا، حيث سجل لأول مرة رفض

(٢٧) قنجار أوزجان، مجلس الأمن القومي، دليل تركيا ٢٠٠٥، تساف، ٢٠٠٦.

السياسيين المدنيين لانقلاب عسكري في تاريخ الديمقراطية التركية، وقد فتح هذا الموقف المبدئي صفحة جديدة لمصلحة الديمقراطية في تركيا.

الإصلاحات في الجيش في فترة الصراع السلبي

قامت حكومة حزب العدالة والتنمية ببعض الاستعدادات قبل المذكرة الإلكترونية في ٢٧ نيسان/أبريل، وهذا أدّى إلى تضييق مساحات السياسة المناهضة للديمقراطية والمدنية التي حققها الجيش خلال الانقلاب السابق في ٢٨ فبراير الماضي، وعلى رأس هذه الاستعدادات التغييرات المتعلقة بمجلس الأمن القومي، ويمكن تلخيص الإصلاحات على النحو الآتي:

أُعيد ترتيب فترات اجتماع مجلس الأمن القومي. وتقرّر أن يُعقَد الاجتماع كل شهرين بدلًا من كونه شهريًّا، وأن يكون الأمين العام للمجلس مدنيًّا.

نُقلت سلطة الأمانة العامة للمتابعة والرقابة إلى نائب رئيس الوزَراء، وكان هذا التغيير مؤثرًا جدًّا بسبب الموقف القوي للأمين العام داخل مجلس الأمن القومي، وهكذا، اتُّخذت خطوة لمصلحة السياسة المدنية من خلال مجلس الأمن القومي.

أُلغيت اللائحة السرية التي تنظّم مبادئ مهامّ الأمانة العامة للمجلس بموجب لائحة جديدة نشرت في ٢٩ كانون الأول/ديسمبر ٢٠٠٣، وكان ذلك خطوة مهمّة نحو الشفافية، حيث كانت الإجراءات السرية بمثابة سلطة استثنائية.[٢٨]

(٢٨) المرجع السابق

طبقًا للآئحة رقم ٦٦٨٨ التي اعتمدها مجلس الوزراء في ٢٩ ديسمبر/كانون الأول ٢٠٠٣ لإعادة هيكلة الأمانة العامة للمجلس وإعادة تحديد مهامّها وسلطاتها- قُلِّص عدد الموظفين الملتزمين مباشرة بالأمانة العامة، ومن ثَمّ فُقدت الصلة العضوية بين مجلس الأمن القومي ورئاسة الأركانَ العامة. إضافة إلى ذلك، انخفض عدد وحدات الخدمات من ١١ إلى ٦ وحدات.[٢٩]

إنهاء عملية اختيار عضو في مجلس التعليم العالي من قبل هيئة الأركان العامة. إضافة إلى ذلك، ألغي أيضًا حكم ترشيح الأمانة العامة لمجلس الأمن القومي المرشحين لعضوية المجلس الأعلى للإذاعة والتلفزيون.

أصبح من الصعب مقاضاة المواطنين في المحاكم العسكرية، كما ضُيِّق نطاق اختصاص المحاكم العسكرية.

أُدخلت تغييرات على مراقبة السلع العسكرية، وألغيت المادة ١٦٠ منَ الدستور المعنونة بـ(محكمة الحسابات): «تتمّ إجراءات مراقبة ممتلكات الدولة في أيدي القوات المسلحة نيابة عن البرلمان التركي، وفقًا لمبادئ السرية التي تقتضيها خدمات الدفاع الوطني». وهكذا، اتُخذت خطوة بالغة جدًّا نحو مراقبة السلع العسكرية، وتقرّر أن تَقوم محكمة الحسابات بمراجعة الحسابات، نيابة عن البرلمان، شريطة أن تظلّ سرية بموجب القانون رقم ٤٩٦٣ المؤرخ في ٣٠ تموز/يوليه ٢٠٠٣.[٣٠]

---

(٢٩) أحمد يلدز، الرقابة على الأمن في البرلمان، دليل تركيا ٢٠٠٥، تساف ٢٠٠٦.

(٣٠) اتُخذت عدة إجراءات لمنع حزب العدالة من تقديم مرشّح للرئاسة بدلًا من الرئَيس أحمد سيزار المنتهية ولايته، ومن هذه الإجراءات النزول إلى الشوارع ومذكرة ٢٧ نيسان الإلكترونية واللجوء إلى الأغلبية في البرلمان

وهكذا، في هذه العملية التي يمكن اعتبارها خطوة مبكّرة في الفترة الأولى من بداية عمل حزب العدالة والتنمية باتجاه توسيع مساحة العمل السياسي المدني في تركيا، وهذا أدّى إلى تضييق وتقييد الوصاية العسكرية في وقت مبكَر جدًّا. وفي هذه الفترة وبينما استمرّ الاشتباك بين السياسة والعسكر سرًّا، اتُّخذت خطوات لإنهاء الممارسات غير الديمقراطية التي اتّبعها العسَكر في السابق بطريقة خاضعة للرقابة، فيما اتُّخذت أيضًا خطوات جديدة لإنهاء الوصاية العسكرية.

مرحلة الصراع النشط وقمّة الصِّراع (٢٠٠٧-٢٠١٣)

تُعَدّ المرحلة الممتدة من مذكرة ٢٧ أبريل ٢٠٠٧ الإلكترونية وحتى فترة ١٧-٢٥ ديسمبر ٢٠١٣ مرحلة الصراع النشط، وكانت السلطة السياسية تعمل على توسيع مجالاتها في مواجهتها مع تهديد البنى الكمالية التي تريد الحفاظ على النفوذ في الجيش، كما كانت تعمل في نفس الوقت على إزالة ظلّ الوصاية العسكرية على المؤسسات السياسية، ومن الممكن القول إنّ ما يقرب من ثلاثة أحداث أساسية تؤثر في هيكل العلاقات المدنية- العسكرية تحقّقت في هذه الفترة، ويمكن إدراجها على النحو الآتي:

أوّل هذه الأحداث بدأ مع الانتخابات العامة التي عقدت في ٢٢ يوليو ٢٠٠٧، حيث فاز حزب العدالة والتنمية بـ ٤٦,٥ في المئة من الأصوات، وهذا أعطاه الحق في إعادة تشكيل الحكومة، وقد قُيِّمت هذه النتيجة على أنّها مكافأة من الناخب لحزب العدالة والتنمية؛ لأنه لم يتراجع أمام تهديد المذكرة الإلكترونية في ٢٧ أبريل، واستخدم الإرادة التي أعطاه لها الناخب في الانتخابات السابقة بشكل صحيح.

وبعد تشكيل الحكومة الجديدة قدّم رئيس الحزب ورئيس الوزراء التركي رجب طيب أردوغان وزير الخارجية عبد الله غول مرشحًا للرئاسة عن الحزب بعد انتهاء مدة الرئيس السابق أحمد نجدت سيزار، وكان أحد الأسباب التي دفعت نحو إعلان المذكرة الإلكترونية منعَ حزب العدالة والتنمية من تقديم مرشح للرئاسة؛ أي منع عبدالله غول من الوصول إلى كرسي الرئاسة. ومن أجل منع انتخاب غول رئيسًا تمّ اللجوء إلى قاعدة من قواعد البرلمان، وهي ضرورة وجود ٣٦٧ نائبًا في البرلمان عند التصويت، لكن حزب العدالة تخطّى هذا المأزق الذي فرضته النخبة الكمالية من خلال أصوات الناخبين، وحصل غول في التصويت الذي تلاه في ٢٨ أغسطس ٢٠٠٧ على ٣٣٩ صوتًا.[٣١]

والحالة الثانية هي فتح قضية ضد حزب العدالة والتنمية الذي حصل تقريبًا على نصف أصوات الناخبين، وكان فتح قضية إغلاق حزب العدالة والتنمية مخططًا من الكماليين في الجيش وامتداداتهم في القضاء لإزالة حزب العدالة والتنمية من الحكم، ووفقًا للبيان النهائي الذي أصدرته المحكمة الدستورية في ٣٠ يوليو/تموز ٢٠٠٨، فقد أُنقذ حزب العدالة والتنمية من الإغلاق بفارق صوت واحد.[٣٢]

---

(٣١) فريدة بلانجار وإسراء إلماس، التدخل العسكري في السياسة، تساف، ٢٠٠٨، ص١٨٥.

(٣٢) النص الكامل لطلب إغلاق حزب العدالة والتنمية
http://bianet.org/bianet/siyaset/105636-akp-ye-kapatma-iddianamesinin-tam-metni

وعند تقييم العملية القضائية قرأ رئيس النيابة العامة عبد الرحمن يالجين كايا التُّهم التي وردت في المذكرة الإلكترونية والمتعلقة بالإضرار بالنظام العلماني بوصفه نصًّا للدعوى.

وطالب يالجين كايا في لائحة الاتهام بإغلاق حزب العدالة والتنمية، كما أشار إلى أن حزب العدالة والتنمية يستخدم التقية، ويهدف إلى إعادة الشريعة والإسلام المعتدل، وبحجة أن الجمهورية تحت خطر كبير قدم يالجين كايا طلبًا للمحكمة بإبعاد الرئيس التركي عبد الله غول ورئيس الوزراء رجب طيب أردوغان ورئيس البرلمان السابق بولنت أرينج، وقائمة أسماء تضم ٧١ شخصًا آخرين عن العمل السياسي.[٣٣]

وقد وافق ٥ من أصل ١١ قاضيًا في المحكمة الدستورية في يوليو ٢٠٠٨ على طلب إغلاق حزب العدالة لكن ٦ قضاة صوّتوا ضد إغلاق الحزب، وهكذا نجا الحزب بفارق صوت واحد؛ لأن قرار الإغلاق كان يعتمد على الأغلبية بيد أن المحكمة العليا حكمت بحرمان حزب العدالة والتنمية من ٥٠ في المئة من مساعدات الخزينة في عام ٢٠٠٨، وهذا عرّضه لأضرار مادية.

أما الحدث الثالث فهو الكشف عن بنية أرغنكون التي أُنشئت «للإطاحة بالسلطة المنتخبة عن طريق الانقلاب»[٣٤]، ففي ١٢ يونيو ٢٠٠٧ عُثِر على قنابل يدوية وصواعق ومتفجّرات في منزل

---

(٣٣) يوسف أوزكير، من ٢٧ مايو إلى ٢٧ نيسان، مجلة الأخلاق، ٢٠١١، ٨/٤، ص٩١-١١٤.

(٣٤) مرجع سابق، وللاطلاع أيضًا
http://aa.com.tr/tr/15-temmuz-darbe-girisimi/17-25-araliktan-15-temmuza-feto-/861258

في حي عمرانية في إسطنبول، وبدأت عملية أرغنكون، ثم استمر الحدث من خلال قضية عرفت باسم قضية المطرقة. وقد قام تنظيم فتح الله الإرهابي (الذي كان يُعرَف آنذاك بجماعة غولن) من خلال أعضائه الذين تسلّلوا بين أفراد الشرطة وفي الجهاز القضائي- بمحاكمة عدد من الضباط العسكريين المتقاعدين، وكذلك بعض السياسيين، وبعض الأكاديميين، وبعض الصحفيين، وبعض المديرين التنفيذيين للمنظمات غير الحكومية، ولم يكن يُنظَر إلى جماعة غولن في ذلك الوقت بعين الاعتبار.[٣٥] أما في قضية المطرقة فقد حُوكم جنود شاركوا في ندوة في مقرّ الجيش الأول في إسطنبولَ في عام ٢٠٠٣، وفُتحت قضايا تجسس بحق بعض الجنود،[٣٦] وقد أعرب سادات أرغين الكاتب الصحافي في صحيفة (حرييت) عن «أن تحقيق أرغنكون كشف عن عدد من الشبكات التي تستهدف الاستقرار الديمقراطي».[٣٧]

وفي سياق العلاقات المدنية-العسكرية، تضمنت قضية أرغنكون دلائل مهمّة، منها الكشف عن وجود منظمات غير قانونية تعمل في الجيش. والثاني يدل على أن (الفيروس الانقلابي) لا يزال على قيد الحياة. وقد ركّزت قضية أرغنكون على هاتين المشكلتين لفترة من الوقت، ومن وجهة النظر هذه، قامت القضية أيضًا بثلاث وظائف مهمّة، أولها حقيقة أن ذلك قد أجبر الجيش على التركيز على أعماله الأساسية، وإغلاق بابه على السياسة، لتحسين صورته وهيبته، أما ثانيًا، فقد

(٣٥) هل كانت قضية المطرقة انقلابًا، ٢٥ ديسمبر ٢٠١٧
http://www.aljazeera.com.tr/al-jazeera-ozel/balyoz-darbe-mi-kumpas-mi-1

(٣٦) سيدات إرغين، نضال حزب العدالة من أجل الديمقراطية، ٢٠٠٢-٢٠١٠، مجلة مركز الدراسات السياسية، نيسان ٢٠١٣، ٢٦-٣٧

(٣٧) فريدة بلانجار، مرجع سابق

دخل الجيش في عملية محاسبة على أعماله الخاصة، والثالثة -وهي تحدث لأول مرة في تاريخ السياسة التركية- هي إحالة محاولة الانقلاب إلى العدالة.(٣٨) وقد قدمت هذه الفترة برمتها عوامل مهمّة لتقدّم السلطة المدنية في مجال الديمقراطية في العلاقات المدنية العسكرية، ومهدت لمرحلة جديدة.

الإصلاحات في فترة النزاع النشط

وفي هذه الفترة التي بلغت فيها عملية النزاع إلى ذروتها تحقّق العديد من التغييرات من أجل مسح بقايا التاريخ المناهض للديمقراطية، وفي هذه الفترة حدثت إضافات كبيرة لتطبيق المعايير الديمقراطية في العلاقات المدنية-العسكرية، ويمكن إدراجها على النحو الآتي:

في عام ٢٠١٠ أُلغي بروتوكول وُقِّع بين وزارة الداخلية وهيئة الأركان العامة في عام ١٩٩٧، وكان يجيز التدخل العسكري في المناسبات الاجتماعية بإذن من المحافظ.(٣٩)

من التغييرات المهمّة التي عملت على تعزيز السياسة المدنية وإنهاء الوصاية العسكرية إلغاء دورات الأمن القومي التي تُدرَّس في المدارس الثانوية من المنهاج الوطني.(٤٠)

في هذه الفترة، فُتِحت قرارات المجلس العسكري الأعلى أمام

---

(٣٨) نهوض أماسيا، ١١ نوفمبر ٢٠١٧
http://bianet.org/bianet/bianet/119863-emasya-yururlukten-kalkti

(٣٩) يوسف ألأباردا، الإصلاح في الجيش خارطة طريق، سيتا، ٢٠١٦

(٤٠) الصحيفة الرسمية، قرار المحكمة الدستورية، ٨ يناير ٢٠١٠.
http://www.resmigazete.gov.tr/eskiler/2010/01/20100108-17.htm

المراجعة القضائية، وقد حُذفت المادة ١٢٥ من الدستور، التي كانت تنص على أن «قرارات المجلس العسكري خارج صلاحيات الرقابة القضائية»، وأصبحت كل قرارات المجلس الأعلى للقوات المسلحة، باستثناء ما يتعلق بالتقاعد خاضعةً للرقابة القضائية.

وثمة تغيير آخر يتمثّل في تضييق نطاق الولاية القضائية العسكرية، ومن ثمّ تقرر أن يُحاكَم الجنود في المحاكم المدنية عن الجرائم بما في ذلك تطبيق العقوبات المشددة، إضافة إلى ذلك، مُنِع المدنيون من المثول أمام محاكم عسكرية خارج أوقات الحرب.

يتعلق التغيير الآخر بالولاية العسكرية. إذ ينص الدستور على إلغاء ولاية إنشاء الأجهزة القضائية العسكرية وتشغيلها وفقًا لمتطلبات الخدمة العسكرية.[٤١]

أُلغيت (المادة ١٥ المؤقتة) التي حالت دون محاكمة منفّذي انقلاب ١٢ أيلول/سبتمبر، وهكذا، فُتِح الطريق لمحاكمة انقلابيي ١٢ سبتمبر.

---

(٤١) في ١٧-٢٥ كانون الأول / ديسمبر ٢٠١٣، وقعت محاولة لاستهداف الحكومة بالتعاون بين أعضاء الهيئة القضائية والشرطة التابعة لمكتب التحقيقات. وقد قاومت حكومة حزب العدالة والتنمية العمليات التي نُفِّذت بحجة التحقيق في الفساد، وبدأت الحكومة تحقيقًا حول ١٧-٢٥ ديسمبر. وتبيّن أن منظمة فتح الله غولن الإرهابية (فتو) أو منظمة الدولة الموازية في مجتمع غولن هي من قامت بهذه العملية، موقع صحيفة جمهوريت،
http://www.cumhuriyet.com.tr/haber/turkiye/327813/_Paralel__iddianamesinden_yeni_bir_orgut_cikti__FETO_PYD.html#,

مرحلة إنشاء التوازن الديمقراطي (٢٠١٣-٢٠١٧)

بدأت الفترة الثالثة في العلاقات المدنية العسكرية في عهد حزب العدالة والتنمية، مع محاولة انقلاب ١٧-٢٥ ديسمبر من قبل تنظيم غولن في عام ٢٠١٣، وقد واجه حزب العدالة والتنمية محاولتين انقلابيتين إحداهما كانت دامية، ورغم ذلك استطاع حزب العدالة والتنمية في هذه الفترة التي يمكن أن نسمّيها فترة إنشاء التوازن الديمقراطي من تحقيق مشروعية اجتماعية كبيرة، وأيضًا في سياق تكريس السلطة المدنية وفي سياق تنفيذ مبادرات إصلاحية داخل القوات المسلحة. ومع الإصلاحات التي أدخلت سابقًا لمنع تدخل الجيش في السياسة فإن الإصلاحات هذه المرة أشمل، وأخذت بعين الاعتبار أن تكون داخل القوات المسلحة، بحيث تمنع حدوث أي محاولة انقلابية.

وكان الهدف الأساسي لهذه الإصلاحات هو تغيير العقلية الانقلابية التي أصبحت نظامًا بعد انقلاب ٢٧ مايو ١٩٦٠، والتي كانت تنفّذ انقلابًا ضد السياسة المدنية بمعدل مرّة واحدة كل ١٠ سنوات، وبدلًا من الحلول الملطّفة التي كانت تستخدم سابقًا استُخدمت هذه المرة خطوات عملية لإحداث نقلة نوعية من شأنها أن تَمنع ظهور مثل هذه الفيروسات داخل القوات المسلحة.

ومن الضروري قراءة هذه الخطوات، وعلى وجه الخصوص التي اتخذت بعد ١٥ يوليو في هذا الإطار. وخلال هذه الفترة، لم يعلن الجيش عن آرائه في الانتخابات الرئاسية، ولم يشارك في الأعمال التي من شأنها أن تؤثّر في السياسة، وإذا قارنا هذه الفترة مع فترة تأسيس حزب العدالة والتنمية في هذه الحالة،

فإننا نرى عودة للجيش إلى مهامّه الأساسية، واعتبار ذلك مؤشراً على التوجه لتحقيق الاستقرار الديمقراطي، وسوف نرى نطاق هذه الإصلاحات أدناه، ولكن خلال هذه الفترة، وقع حدثان من الأحداث الرئيسة التي تهمّ المجتمع والاقتصاد والسياسة.

أوّلهما ظهور مركز جديد غير شرعي للقوة، حاول قمع السياسة المدنية في ١٧-٢٥ ديسمبر ٢٠١٣، وبينما كانت المحاولات السابقة تأتي عادة من الكماليين في الجيش فإنّ محاولة الانقلاب في ١٧-٢٥ ديسمبر أتت هذه المرة من خلال متسللين إلى جهازَي الشرطة والقضاء، لكن ليس في إطار التسلسل الهرمي للمؤسّستين، بل من خلال تسلسل هرمي أُنشِئ بين القائمين على الانقلاب داخل تنظيم غولن.

وكما ذكرنا فإن الجهة التي وقفت خلف هذا الانقلاب هي جماعة غولن أو تنظيم غولن، وقد انتشر اسم جديد لها بعد هذه المحاولة، وبعد بدء الملاحقة القضائية للانقلابيين، هو (الكيان الموازي) أو (تنظيم فَتُو الإرهابي)[٤٢]، وعندما نذكر اسم (فَتُو) لاحقًا في هذا المتن فإن ذلك يعني أن المقصود هو تنظيم غولن الإرهابي، وقد تأكّدت صحة هذا الأمر بعد قيام تنظيم غولن بالمحاولة الانقلابية العسكرية في ١٥ يوليو ٢٠١٦.

مع ظهور تنظيم غولن (فتو) ممثلاً غير شرعي ضد السياسة المدنية في هذا التاريخ، فُتحت صفحة جديدة فعلاً في عقلية الانقلاب التي بدأها الكماليون في ٢٧ مايو ١٩٦٠.

(٤٢) توجد مجموعة من الكتب التي تقيّم موضوع وجود تنظيم غولن في الجيش، مثل كتاب أحمد زكي أوتشوك، وكتاب تشتين أجار، وكتاب يافوز سليم دميراغ ومصطفى أونسال

ولأول مرة في تركيا تهاجم جهة أخرى من خارج القوات الكمالية السياسة المدنية، حيث استهدفت جماعة مدنية تُعرّف نفسها بأنّها تعلّم وتدرّب المتطوعين، بوصفها حركة خدمة أو جماعة دينية- الحكومةَ المنتخبة بإرادة وطنية، واتّخذت خطوات في سبيل ذلك، على رأسها إسقاط رئيس الوزراء التركي رجب طيب أردوغان؛ قاموا بهذه المحاولة من خلال أعضاء التنظيم في الجهاز القضائي وفي المؤسسة الأمنية.

والنقطة التي ينبغي تأكيدها مرة أخرى هي أن الجهة التي تنفّذ محاولة الانقلاب ضد السياسة المدنية هي التي تغيرت، ولكن الهدف لايزال هو نفسه، وقد استطاعت حكومة حزب العدالة والتنمية برئاسة أردوغان، بالقضاء على المحاولة التي نُفِّذت على أيدي أفراد تنظيم غولن في الشرطة والقضاء، وهذا تسبّب في زيادة شرعية الحكومة في نظر الشعب ونجاحها في الانتخابات التالية.

وقد أدركت حكومة حزب العدالة والتنمية من خلال عملها على توسيع نطاق السياسة المدنية ضد الوصاية العسكرية من أجل تحقيق الديمقراطية في العلاقات المدنية-العسكرية أنّ الانقلاب قد لا يأتي فقط من داخل هياكل الجيش، بل يمكن أن يأتي من طرق أخرى، وهذا ما أشارت إليه محاولة ١٧-٢٥ ديسمبر، وقد حثّ ذلك حزب العدالة والتنمية على العمل بكثافة لإضفاء الطابع الديمقراطي على الميدان العسكري، وإجراء الإصلاحات أيضًا في مجالات أخرى، مثل القضاء والقوى الأمنية، وعند تقييم عمل حزب العدالة والتنمية في هذا المجال من هذا التاريخ وحتى ١٥ يوليو نجد أنّ هناك تقدّمًا في خطوات التحول

الديمقراطي، ويتبين أن هذه الخطوات توسعت لتشمل أيضًا قطاعات مختلفة من البيروقراطية، وخاصة السلطة القضائية والقوى الأمنية.

أما الحدث الثاني خلال هذه الفترة، فهو قيام تنظيم غولن بتعبئة أعضائه في الجيش يوم ١٥ يوليو ٢٠١٦ لتنفيذ المحاولة الانقلابية الأكثر دموية في الحياة السياسية التركية.[٤٣] أوّلًا، لابد أن نقول إن ظهور جيل جديد من التنظيمات الإرهابية مثل تنظيم غولن من المؤدلجين الحقيقيين، المتسلّلين في هيكل الدولة، والذين هم على استعداد لعمل أي شيء وكل شيء ضروري لتحقيق أهدافهم وأنّه مباح في اعتقادهم- هو أمر لا تقتصر خطورته على تركيا؛ بل هو أمر يهدد العالم بأسره.

مرّ ما يقرب من أربعين عامًا على تسلّل أعضاء التنظيم في بنية الدولة حتى وصلوا إلى مفاصل حساسة فيها، وقد عمل التنظيم في بنيته الداخلية كما تعمل أجهزة الاستخبارات، بينما عمل على تشكيل وجهة نظر الرأي العام من خلال مظهره الخارجي[٤٤] وقد شرع التنظيم الذي يشكّل تهديدًا دوليًّا بمحاولة انقلابية دامية في إسطنبول وأنقرة وعدد من محافظات تركيا في ليلة ١٥ يوليو ٢٠١٦.

ومن أهم الدوافع التي حركت التنظيم نحو القيام بمحاولة

---

(٤٣) برهان الدين ضوران، تنظيم غولن كتهديد دولي، صباح، ٢٥ نوفمبر ٢٠١٧.
https://www.sabah.com.tr/yazarlar/duran/2017/11/25/uluslararasi-bir-tehdit-olarak-feto

(٤٤) تغيير المادة ٣٥ للقوات المسلحة، ١١ نوفمبر ٢٠١٧،
http://www.hurriyet.com.tr/tsk-35-madde-degistirildi-23718265

الانقلاب الدموية هي التخلص من الرئيس التركي رجب طيب أردوغان، ومحاولة لالتقاط النفس من خلال التخلص من الإجراءات القضائية الجارية لملاحقة التنظيم، التي أدّت إلى التضييق كثيراً عليهم، وإضافة إلى ذلك يمكن أيضًا القول إن التنظيم أراد العمل على الحيلولة دون فقدان المكتسبات والإنجازات التي حقّقها في مجالات التعليم والصحة والإعلام.

في ليلة ١٥ تموز ٢٠١٦ وتحديداً في تمام الساعة العاشرة مساء تحرّك أعضاء تنظيم غولن من خلال استخدام مقدّرات الجيش، فاقتحموا مقرّ الإذاعة والتلفزيون التابع للدولة في أنقرة في هذه الليلة، ونشروا مجموعة من الدبابات في الشوارع، واحتلّوا عدداً من المباني الحكومية. ومنعوا المرور على جسر البوسفور، وأطلقوا الرصاص على المواطنين... كانت هذه الأحداث بمثابة بداية مرحلة جديدة في السياسة التركية، ومع استخدام أعضاء تنظيم غولن لإمكانات الجيش من دبابات، وطائرات وسفن حربية ومروحيات كوبرا ... وغيرها من العربات المدرعة- لم يتورع أعضاء التنظيم عن تنفيذ مجازر بحق المواطنين، لكن بالرغم من عمليات القتل قاوم المجتمع التركي المحاولة الانقلابية، وأسفر صباح ١٦ تموز عن هزيمة المحاولة الانقلابية.

كان هناك أثر لدعوة الرئيس التركي رجب طيب أردوغان الذي رفض الاستجابة للانقلاب، ودعا الملايين من المواطنين للخروج إلى الشوارع ومقاومة الانقلاب، وقد شكلت استجابة الشعب لدعوة الرئيس عاملاً فعالًا في منع نجاح المحاولة الانقلابية. وهكذا، ولأول مرة في الحياة السياسية التركية، لم يكن هناك

مـرور لانقلاب بـدأ من داخل الجيش. ونتيجة لهجمـات الانقلاب قُتـل ٢٤٩ شـخصًا وجرح ٢١٩٤ شـخصًا. وكان وقـوف المواطنين أمَام الدبابـات بأيديهـم العاريـة لمنـع المحاولـة الانقلابيـة مـن النجـاح نقطـة تحول في الحيـاة السياسـية والاجتماعيـة، ويمكن تلخيـص هـذا التحـول في عدد مـن النقاط فيمـا يأتي:

لأول مـرة فـي تركيا يخـرج المواطنـون لمنع محاولـة انقلابية يقـوم بهـا الجيش، وقـد أثبت هـذا أن المواطنيـن قالـوا إن الأيام التـي كان العسـكر يلوّحـون فيهـا بأسـلحتهم للحكومـات المدنية فتسـقط هـذه الحكومات التي كانت تمثل الإرادة الشـعبية- انتهت.

انتهـاء عهـد نـزول الجنـود للشـوارع مـن دون أن يتعـرض لهم أحد.

ألقى الشـعب إلـى مزابل التاريـخ مقولات احتقـار الديمقراطية التي كان يردّدها العسـكر، من قبيل أن الشـعب يصوّت للسياسـيين لكنه في الأوقـات الحرجة.

انتقـال ميـراث إلـى الأجيـال المقبلـة، بـأن أصحـاب الإرادة الوطنيـة وإن لم يكن بأيديهم سـلاح يمكـن أن ينتصروا في مواجهة الأسـلحة غير الوطنية. وسـيتعين علـى الجنود الذين سيشـاركون فـي أي محاولة انقـلاب تالية أن يأخذوا في الاعتبـار هذا التراكم.

وضـع الشـعب نقطة أمام السـطر الذي فتحه انقـلاب ٢٧ مايو ١٩٦٠ العسـكري فـي حياة تركيا.

ولذلك، فإن حزب العدالة والتنمية بقيادة رجب طيب أردوغان استخدم خبرته وتجربته في مواجهة الوصاية العسكرية في الفترة من ٢٧ أبريل ٢٠٠٧ وحتى ١٧ ديسمبر إلى ٢٥ في عام ٢٠١٣ أيضًا في مواجهة المحاولة الانقلابية الدموية ليقدّم دورًا رائدًا في التغيير في طبيعة العلاقات المدنية العسكرية، وتركز هذه الحقبة الجديدة على توسيع الديمقراطية بإخراجها من الساحة الضيّقة وإعادة بناء العلاقات المدنية- العسكرية تمامًا كما ينبغي، وينبغي النظر في الخطوات المتّخذة في القوات المسلحة التركية بعد ١٥ يوليو/تموز ٢٠١٦ في هذا الإطار.

الإصلاحات التي أُجرِيت في مرحلة إنشاء التوازن الديمقراطي

سرعان ما تحركت السياسة المدنية، التي تلقّت دعمًا كبيرًا من الإرادة الوطنية، في مواجهة محاولة الانقلاب في ١٥ يوليو، لاتخاذ خطوات لإضفاء الطابع الديمقراطي على الجيش، وكان من بين الأمور الأولى التي تمّ القيام بها فصل الجنود التابعين لتنظيم غولن من الجيش. وقد حُدِّدت أسماء هؤلاء الجنود، من خلال النظر في الأحكام الصادرة عن القضاء التركي، وكانت الصورة الأولى بعد فصل أعضاء غولن هو أن العسكر بدأوا بالخروج من السياسة.

وفي هذه الفترة التي بدأت منذ عام ٢٠١٣، أُدخل بعض التعديلات القانونية من أجل تحقيق المعايير الديمقراطية في العلاقات المدنية والعسكرية. أولًا بدأت الإصلاحات في عام ٢٠١٣ مع قيام حزب العدالة والتنمية بتعديل المادة ٣٥ التي كان الانقلابيون العسكريون يستخدمونها ذريعة لحماية الجمهورية،

كما نُفِّذ العديد من الإصلاحات المهمّة في الفترة التي تلت ١٥ تموز ٢٠١٦، ويمكن الوقوف على التغييرات الأساسية في تنظيم عمل القوات المسلحة من خلال ما يأتي:

أولًا، عُدِّلت المادة ٣٥ من قانون الخدمة الداخلية للقوات المسلحة الذي صدر بعد انقلاب ٢٧ مايو، والذي قدّم غطاء شرعيًّا للانقلابات، وتنصّ هذه المادة على أنّ من واجب الجيش «صيانة الجمهورية التركية وحمايتها»، وقد غُيِّرت العبارة إلى أنّ «مهمّة القوات المسلحة هي الدفاع عن الوطن التركي ضد التهديدات والمخاطر القادمة من الخارج، والمحافظة على القوات بشكل يوفر قوّة الردع أمام هذه التهديدات، وتنفيذ المهامّ الخارجية التي يوكلها البرلمان للجيش، والإسهام في تحقيق السلام العالمي»[٤٥]، وبهذا أُلغيت المادة الدستورية التي كان يستند إليها الانقلابيون لشرعنَة الانقلابات.

ثانيًا عُدِّلت المادة ٢ من قانون الخدمة العسكرية؛ من عبارة: «إن العسكري مكلّف بتعلّم وتطبيق فنون الحرب من أجل حماية الوطن التركي والاستقلال والجمهورية» إلى عبارة: «العسكري مكلّف بتعلم وتطبيق فنون الحرب»، كما حُذِفت عبارة أخرى تفيد بأن هذا التكليف يعطي الحق في وضع قوانين خاصة، ويركّز هذا التغيير القانوني على أن العمل العسكري لابدّ أن يرتكز على حماية الدولة من الخطر الخارجي فحسب.[٤٦]

---

(٤٥) لا توجد انقلابات بعد الآن، ٣١ ديسمبر ٢٠١٧،
http://www.aksam.com.tr/siyaset/darbeye-artik-dayanak-yok/haber-220078

(٤٦) المرجع السابق

أما التغيير الثالث في القانون فقد كان في الفقرة الأولى من المادة ٤٣، حيث كانت الفقرة تقول: «القوات المسلحة التركية خارج وأعلى من أي أفكار سياسية، ولهذا يُمنَع أفراد القوات المسلحة من الانتساب إلى أيّ حزب سياسي، أو من الدخول بصفتهم أعضاء في جمعيات لها علاقة بالنشاط السياسي، وكذلك جميع أنواع التجمعات السياسية، وتُحظَر عليهم الكتابة السياسية». وقد حُذفت الفقرة السابقة تمامًا وعُدِّلت لتكون في سياق الفقرة الآتيةَ: «لا يمكن لأفراد القوات المسلحة التركية المشاركة في أي أنشطة سياسية».(٤٧)

رابعًا بعد محاولة انقلاب ١٥ يوليو وفي إطار إعادة هيكلة القوات المسلحة التركية أصبحت قيادة القوات الجوية والبرية والبحرية، تابعة لوزارة الدفاع، وأُغلقت المدارس العسكرية، ويُعدّ هذا التغيير مؤشّرًا مهمًّا لربط الَجيش بالإرادة المدنية.(٤٨)

خامسًا غُيِّرت شروط عملية انتخاب رئيس الأركان العامة بعد ١٥ تموز، إذ يكون الشخص الذي برتبة لواء أو جنرال (أورجنرال) الذي يقترحه مجلس الوزراء وبموافقة رئيس الجمهورية رئيسًا للأركان، وبهذا أصبح من الممكن أن يكون أيّ شخص برتبة لواء أو جنرال رئيسًا للأركان العامة، ووفقًا للوائح ذات الصلة، تغيّر النص من: «يُعيِّن رئيس الجمهورية رئيس الأركان العامة؛ بعد ترشيح مجلس الوزراء لأحد الجنرالات الذين يقودون القوات

(٤٧) ربط قيادة القوات بوزارة الدفاع، ٣٠ ديسمبر ٢٠١٧،
http://www.bbc.com/turkce/36935575

(٤٨) سيتم تعيين رئيس الأركان من قبل الرئيس، ٢٩ ديسمبر ٢٠١٧،
http://aa.com.tr/tr/turkiye/genelkurmay-baskani-cumhurbaskani-tarafindan-atanacak/630117

البريـة أو البحرية أو الجوية أوالأميـرالات» إلى عبارة: «يعيّن رئيس الجمهوريـة رئيـس الأركان العامة بنـاء على اقتـراح مجلس الوزراء مـن بين الجنـرالات والألوية».(٤٩)

قـد حـدث تغييـر آخر فـي هيـكل مجلس الشـورى العسـكري الأعلـى، وهذا التغيير مهمّ للسياسـة التركيـة؛ لأن اجتماع وقرارات مجلس الشـورى العسـكري الأعلى كانـت بمثابة المقام أو السـلطة العليـا التي تصدّق على نظام الوصاية العسـكري على السياسـة، وقـد عُدِّل قانون إنشـاء وواجبات المجلس العسـكري الأعلى، الذي أُنشـئ للعمـل في أوقـات السـلم، كما أعيـد تنظيم هيـكل مجلس الشَورى العسـكري الأعلى.

وأصبـح أعضاء مجلس الشـورى العسـكري الأعلى هـم: رئيس مجلـس الـوزراء، ورئيـس الأركان، ونـوّاب رئيـس الـوزراء، ووزيـر العـدل، ووزيـر الخارجية، ووزيـر الداخليـة، ووزير الدفـاع، وقادة القـوات(٥٠)، وبذلك تنتهي الحقبة التي كان أعضاء مجلس الشـورى العسـكري الأعلـى هـم قـادة القـوات وقائـد الـدرك العـام وقائد البحريـة والجنرالات. إضافـة إلى ذلك، نُقلت تبعيـة الأمانة العامة لـه مـن هيئـة الأركان العامة إلـى وزارة الدَفـاع الوطني.(٥١)
ومـن الأمـور المهمـة الأخـرى التـي طُبِّقـت بعـد ١٥ يوليو هو

---

(٤٩) قانون حول مجلس الشورى العسكري الأعلى
http://www.mevzuat.gov.tr/MevzuatMetin/1.5.1612.pdf

(٥٠) تغيير في هيكلية القوات المسلحة ووزارة الدفاع
https://www.haberler.com/tsk-da-ve-milli-savunma-bakanligi-nda-yapilan-8664459-haberi/

(٥١) الصحيفة الرسمية، تغيير بعض القوانين في إطار حالة الطوارئ، وبخاصة فيما يتعلق بإنشاء جامعة الدفاع الوطني،
http://www.resmigazete.gov.tr/eskiler/2016/11/20161124-3..htm

إنشاء جامعة الدفاع الوطني. هذه الجامعة، التي ستتكون من معاهد منشأة حديثًا لتعليم علوم الحرب البرية والبحرية والجوية، ومعاهد لتأهيل ضباط الأركان، وللدراسات العليا في المجالات المذكورة، وقد تقرّر أن يختار رئيسُ الجمهورية رئيسَ الجامعة من بين ثلاثة مرشحين يرشحهم وزير الدفاع، ويوافق عليهم رئيس الوزراء،[٥٢] كما تقرّر أن تعيّن وزارة الدفاع مساعدي رئيس الجامعة، وقد تقرّر أن تقوم وزارة الدفاع الوطني بالعديد من الوظائف والعمليات، بما في ذلك قبول الطلاب في هذه الكليات[٥٣].

أُسِّست جامعة الدفاع الوطني، وضُمِّنت كليات الحرب، والكليات المهنية، كما قُرِّر إغلاق أكاديميات الحرب والمدارس الثانوية العسكرية ومدارس التأهيل العسكرية.[٥٤] وثمة تغيير آخر هو إزالة القيود المفروضة على المدارس العسكرية، حيث كان النظام السابق يمنع دخول خريجي مدارس الأئمة والخطباء إلى الكليات العسكرية، ومع إجراء التعديل أصبح بمقدور جميع خريجي المدارس الثانوية وما يعادلها دخول هذه المدارس. إضافة إلى ذلك، أُلغي التمييز ضد النساء اللواتي يرتدين الحجاب، وأصبح مسَموحًا وفق ترتيبات داخل القوات المسلحة ارتداء الزِّي بشكل مناسب وفق المعتقدات الدينية.

وفي المجال الصحي نُقلت تبعية عدد من المؤسسات الصحية إلى وزارة الصحة، ومن هذه المؤسسات: المستشفيات

(٥٢) المرجع السابق

(٥٣) المرجع السابق

(٥٤) المرجع السابق

التدريبية التي تعمل في إطار الأكاديمية الطبية العسكرية، ومركز القوات المسلحة التركية لإعادة التأهيل والرعاية، والمستشفيات العسكرية، والمستوصفات، ووحدات الرعاية الصحية المماثلة، والمؤسسات الصحية التابعة للقيادة العامة للدرك، وهكذا، فإن هذه المؤسسات قد أصبحت ذات طابع مدني.(٥٥)

وفي سياق ما سبق أصبح الطريق أمام وزارة الدفاع التي يمكن القول إنها كانت بمثابة وسيط بين المدنيين والعسكر في عهد حزب العدالة والتنمية- مفتوحًا نحو التوجه للمدنية في تشكيلاتها بطريقة صحيحة، ولهذا الغرض قُرِّر أن يوافق وزير الدفاع على الأفراد الذين سيُعيَّنون في القوات المسلحة التركية، وأن يتابع وزراء الدفاع الوطني التعيينات.(٥٦)

وكذلك الحال رُبِطت قيادة القوات الجوية والبرية والقوات البحرية بوزير الدفاع، وذلك وفقًا للقانون رقم ١٣٢٥ الصادر في عهد حزب العدالة والتنمية حول وظيفة وبنية وزارة الدفاع، وهناك تعديل آخر أعطى أثرًا مهمًّا للسياسة المدنية، وهو أنّه يجوز للرئيس أو لرئيس الوزراء الحصول على معلومات مباشرة أو إعطاء أوامر مباشرة لقادة القوات إذا عُدّ ذلك ضروريًّا.(٥٧)

---

(٥٥) المرجع السابق

(٥٦) الصحيفة الرسمية،
http://www.resmigazete.gov.tr/eskiler/2016/11/20161124-3..htm

(٥٧) قانون حول مهام وزارة الدفاع، ١٥ نوفمبر ٢٠١٧،
http://www.mevzuat.gov.tr/MevzuatMetin/1.5.1325.pdf

كما تغيّرت سلطة تعيين الضباط وضباط الصفّ، إذ قُرِّر أن تتمّ هذه المهامّ بناء على اقتراح قيادة القوات وبموافقة وزير الدفاع، وهذا الأمر يعطينا دلالات واضحة عن الحالة التي وصلت إليها العلاقة المدنية العسكرية، وتحديداً بعد ١٥ تموز ٢٠١٦.

وبعد محاولة الانقلاب في ١٥ يوليو، رُبِطت المؤسسات التي تعمل على حماية الأمن الداخلي بوزارة الداخلية، ورُبِطت القوات العسكرية بوزارة الدفاع، وبعد أن تركت القوات العسكرية مهمّة حماية الأمن الداخلي أُنيط بها تعزيز عمل القوات المتصلة بوزارة الداخلية للحفاظ على الأمن، ونتيجة لهذا التغيير قُضِي على كثير من التعارضات بين مؤسسات الدولة، ولاسيما في مجال مكافحة الإرهاب.

ومن بين القرارات المهمّة التي اتُّخِذت بعد محاولة الانقلاب في ١٥ تموز/يوليو قرار نقل المناطق العسكرية والمنشآت العسكرية المحظورة إلى خارج المدينة، ومع هذا التغيير الذي بدأ لأول مرة نُقِلت الحاميات والمعسكرات، وبدأت القوات بالخروج من مدينتي إسطنبول وأنقرة.

إضافة إلى ذلك، فإن الاستفتاء الذي أُجرِي في ١٦ أبريل ٢٠١٧ حمل معه تغييرات في نظام إدارة المجتمع في تركيا، حيث سيجري التحوّل إلى النظام الرئاسي للحكومة، وكان من التطبيقات الأولى لهذا النظام الجديد بعد الاستفتاء

إلغاء المحكمة العسكرية العليا، والمحكمة الإدارية العسكرية العليا، والمحاكم العسكرية.

خاتمة

درسنا فترة حكومة حزب العدالة والتنمية التي بدأت في ٣ نوفمبر ٢٠٠٢ واستمرت ١٥ عامًا، ولاتزال مستمرة، حيث قسّمنا في هذه الدراسة الفترة إلى ٣ مراحل، وفي هذا السياق، كان تعريفنا للفترة ما بين ٢٠٠٢-٢٠٠٧، بأنها مرحلة الصراع السلبي، وكانت الفترة بين ٢٠٠٧-٢٠١٣ هي مرحلة النزاع النشط، أما الفترة ما بين ٢٠١٣ -٢٠١٧ فهي مرحلة إنشاء التوازن الديمقراطي والاستقرار الديمقراطي.

وكان أهمّ سمة أساسية في المراحل الثلاث هو عدم تراجع حزب العدالة والتنمية بقيادة أردوغان بأيّ شكل من الأشكال عن نهجه المتمثل في إضفاء الطابع الديمقراطي على الجيش.

وبينما كانت الديناميات الداخلية لكل مرحلة مختلفة، فقد كانت الدينامية الرئيسة التي حدّدت نهج حزب العدالة والتنمية هي المضي في اتجاه الديمقراطية، وكان حزب العدالة والتنمية مستعدًّا لاستخدام القوة الشرعية للحكم الذي أعطاه إياه الشعب حتى النهاية ولذلك فقد جرت عدة محاولات للهيمنة على حزب العدالة والتنمية من قبل المجلس العسكري وكان هدفًا لأجهزة الدولة الأخرى التي كانت تمثل امتداداً للعسكر .

في هذه المرحلة، وخاصة بعد ١٥ يوليو أصبح الجيش تحت ضغط السياسة والمجتمع المدني، بعيداً عن هندسة سياسة البلاد، وعاد إلى المهمّة الأساسية وهي التموقع للدفاع ضد الأعداء الخارجيين.

لذلك عند مناقشة قضية العلاقات المدنية-العسكرية في تركيا فإن الفصل بين الحديث عن العلاقة قبل حزب العدالة والتنمية وبعد حزب العدالة والتنمية بعد النموذج هو نهج صحيح؛ لأن مناخ الفترة التي بدأ حزب العدالة والتنمية فيها حكم البلاد كانت السياسة خاضعة تماماً للبيروقراطية العسكرية، وكان يُذكَر بعد انقلاب ٢٨ فبراير عام ١٩٩٧ أنّ هذا الوضع سيستمرّ ألف عام.

ومن خلال سياسته ومقاربته للعلاقات المدنية-العسكرية لم يتراجع حزب العدالة والتنمية خطوة إلى الوراء رغم الضغط العسكري الكمالي والضغط الأيديولوجي المتطرف، حيث تمسّك الحزب بالإرادة الوطنية التي حصل عليها من الشعب، ولم يكن لهذا أثر في التحولات السياسية في واقع البلد فحسب، بل نجح الحزب في تحقيق انجازات ستظل باقية للمستقبل.

ورغم تعرّضه لانقلاب دموي لم يتراجع حزب العدالة بقيادة أردوغان عن جهوده في إبعاد العسكر عن الحياة المدنية. ونتيجة لترتيبات مختلفة نحو تقوية الديمقراطية أصبح وضع الجيش أقوى في مواجهة التحديات الخارجية، كما أن تركيا

حققت نجاحًا في كفاحها لفيروس العقلية الانقلابية داخل أوساط الجيش.

وقد لوحظ مباشرة أن قدرة الجيش على الردع تحسنت سواء في مواجهته إرهابيي حزب العمال الكردستاني، أم في عملية درع الفرات في سوريا، التي استطاع فيها الجيش طرد تنظيم داعش من مناطق، مثل جرابلس، وإعزاز والباب، كما لوحظ تطور كبير في مجال التصنيع العسكري، وهذا كما ذكرنا كان له دور كبير في زيادة الردع العسكري.

ومما لا شكّ فيه أن الجيش يتبوأً في الثقافة السياسية والاجتماعية في تركيا مكانة مهمّة ومتميزة، وهذا ينبع من الديناميات التاريخية فضلاً عن أسس جيوسياسية نابعة من الجغرافيا . ولذلك، فإن حزب العدالة والتنمية بقيادة أردوغان كان من جهة يهتمّ بالجيش ويدعمه وقد استثمر في هذا الاتجاه، ومن جهة أخرى كان لا يكف عن مواصلة الإصلاحات وتوطيد العملية؛ لعلاج الجيش من فيروس العقلية الانقلابية الذي أصابه منذ انقلاب ٢٧ مايو، ومن الواضح أن الإصلاحات التي تحقّقت حتى هذه النقطة عزّزت الجيش، وبالتأكيد عندما يغادر الجيش السياسة والهندسة الاجتماعية للتركيز بشكل كامل على مهمّة حماية البلاد ضد الأعداء الخارجيين- فإن أداءه سوف يتحسن بشكل كبير.

وفي مواجهة الانقلاب الدموي بدون أي انحناء حافظ أردوغان وحزب العدالة والتنمية على وجود الحزب مستندينِ على الإرادة الوطنية، كما أن إخضاع الجيش للإصلاحات نقل الحزب الى موقع ودرجة أقوى.

كان الهدف جعل الانقلابات التاريخية في الذاكرة الجمعية جزءًا من الماضي؛ بل جزءًا مؤلمًا من أحداث الماضي، لكنّ الاستئصال الجذري للعقلية الانقلابية التي غُذِّيت منذ انقلاب ٢٧ مايو وبعد ذلك لسنوات عديدة-سيستغرق وقتًا؛ لهذا لابدّ لحكومة حزب العدالة والتنمية في ظلّ مواصلتها للإصلاحات أن تكون مستعدة لمواجهة فيروس الانقلابات، ولابدّ أن يتمّ العمل لجعل مرحلة توطيد التوازن الديمقراطي عملية دائمة.

إعادة هيكلة السياسة الخارجية التركية خلال حكم حزب العدالة والتنمية

محيي الدين أتامان

المدخل

نهج نظري لتحليل السياسة الخارجية

تقليديًّا، يُفسَّر سلوك الدول في السياسة الخارجية من خلال عوامل داخلية أو خارجية، وتدرُس بعض المناهج السياسة الخارجية مع أخذ كلا العاملين بالاعتبار في الوقت نفسه؛ لذلك، هناك ثلاث مجموعات من الأساليب الأساسية لتحليل السياسة الخارجية في تخصّص العلاقات الدولية: النظامية، والسياسة الداخلية، والمناهج الشاملة، ولأجل إجراء تحليل سليم ووافٍ للسياسة الخارجية التركية في فترة حزب العدالة والتنمية من الضروري إجراء تقييم موجز في ضوء المناهج في هذه الفئات الثلاث.

تركز المناهج النظامية بشكل أساسي على هيكل النظام الدولي، وتأتي النظرية الواقعية البنيوية على رأس النظريات التي تفسّر سلوكيات السياسة الخارجية للدول التي تتحرك عبر النظام، وبناء عليه، فإن صنع السياسة الخارجية هو إجراء رشيد من قبل صانعي القرار العقلانيين لضمان أمن الدولة.

وعلى رأس المحددات الرئيسة للسياسة الخارجية الطابع الفوضوي للنظام الدولي، وبنيته (أحادي أو مزدوج أو متعدد القطبية)، يضاف لذلك التوزيع النسبي للقوة على الدول، إن

تصرّفات السياسة الخارجية للدول التي يجب أن تكون هو سلوك صراعي من حيث المبدأ،[1] ولذلك، فإن تغيير الدولة لسياستها الخارجية يرتبط أيضًا بمكانتها في النظام الدولي.

أما نظرية الاستقرار المهيمن فهي تفسر السياسة الخارجية للدول بوجود الدولة المهيمنة الليبرالية، ومن ثّمّ، فإن أي تغيير في نظام الهيمنة يتطلب من الدول أن تغير سياساتها الخارجية، فالدول التي تتسم بقدر أكبر من الشفافية والاستقرار والليبرالية في حالة الاستقرار المهيمن تصبح أكثر قدرة على المنافسة وكسب الصراع في فترة ما بعد الهيمنة[2].

وبالمثل، فإن (نظرية الاعتماد المتبادل المعقّدة) و(مدرسة الاعتماد) تفسران السياسات الخارجية للدول في سياق النظام الدولي. وتدّعي نظرية الاعتماد المتبادل أن المؤسسات والأنظمة الدولية يمكن أن تضعف الطابع الفوضوي للنظام الدولي، ومن المرجّح جدًّا أن يُضمَن بذلك التعاون بين الدول.

إن (نظرية النظام العالمي) التي يمكن وصفها بأنها صيغة متقدمة من نظرية (مدرسة الاعتماد) تقرأ دوليًّا من خلال فئات الدولة المختلفة،[3] وبناء على ذلك، فإن البلدان تُقسم إلى بلدان

---

(1) Kenneth Waltz, Theory of International Politics, (Reading Massachusetts, Addison-Wesley: 1979), s. 105.

(2) Robert Gilpin, The Political Economy of International Relations, (Princeton University Press, Princeton: 1987).

(3) Andrew Moravcsik, "Introduction: Integrating International and Domestic Theories of International Bargaining", Double-Edged Diplomacy: International Bargaining and Domestic Politics, ed. Peter B. Evans, Harold K. Jacobson ve Robert Putnam, (University of California Press, Berkeley: 1993), ss. 6-7.

المركز وبلدان الأطراف وبلدان شبه الأطراف،[٤] ويركز هذا النهج على مستويات التنمية الاقتصادية للدول، ويشير إلى أن البلدان المتقدمة تُملي السياسات الخارجية على الدول المتخلفة باستخدام القوة الاقتصادية التي تمتلكها.[٥]

ووفقًا للمناهج التي تحلّل سلوك الدول في السياسة الخارجية في ضوء العوامل السياسية المحلية، فإن الدول لا تتأثر بالنظام الدولي بل تشكّله، ووفقًا لنهج السياسة المحلية، فإن هيكل الدولة والعلاقات بين الدولة والمجتمع وعملية صنع القرار والسياسات البيروقراطية والصراع الداخلي على السلطة وأيدولوجية النظام والشرعية الأيديولوجية- من أهم العوامل التي تحدّد السياسة الخارجية،[٦] ويدرس كاتسنستين، الذي يدرس السياسة الخارجية لستة بلدان كبيرة ومتقدمة، اختلافات السياسة الخارجية في هذه البلدان إزاء هياكلها السياسية والاقتصادية،[٧] ويرى شنايدر أن السياسة الخارجية العدوانية للبلدان الرأسمالية المتقدّمة تعتمد على ضغط المجموعات الإمبريالية التي تعمل من أجل مصالحها الخاصة[٨].

---

(4) Immanuel Wallerstein, The Capitalist World-Economy, (Cambridge University Press, Cambridge: 1974), s. 18.

(5) Jack Snyder, Myths of Empire: Domestic Politics and International Ambition, (Cornell University Press, New York: 1991); Stephen David, Choosing Sides: Alignment and Realignment in the Third World, (The Johns Hopkins University Press, Baltimore, MR: 1991); Stephen M. Walt, The Origins of Alliances, (Cornell University Press, Ithaca, NY: 1987).

(6) Peter Katzenstein, "Conclusion: Domestic Structures and Strategies of Foreign Economy Policy", International Organizations, Cilt: 31, Sayı: 4, (1977), ss. 881-920.

(7) Snyder, Myths of Empire: Domestic Politics and International Ambition.

(8) John M. Owen, "How Liberalism Produces Democratic Peace", International Security, Cilt: 19, Sayı: 2, (1994), s. 87-125; Edward Mansfield ve Jack Snyder, "Democratization and the Danger of War", International Security, Cilt: 20, Sayı: 1, (1995), ss. 5-38.

من ناحية أخرى، يقيّم بعض الأكاديميين السلوك السلمي للسياسة الخارجية للدول من خلال النظر فيما إذا كانت هذه الدول ديمقراطية أم لا، ووفقًا لهذا النهج، الذي يوصف بأنه (نظرية السلام الديمقراطي) فإن البلدان الديمقراطية أكثر استقرارًا وسلمية من الدول غير الديمقراطية،(٩) ويشرح غراهام أليسون، الذي يدرس أزمة الصواريخ الكوبية، سلوك السياسة الخارجية من خلال العوامل السياسية الداخلية في نموذجين تم تطويرهما كبديل للنمذجة العقلانية، ووفقًا لأليسون، فإن السياسة الخارجية هي، في بعض الحالات، نتيجة للمساومة بين البيروقراطيين في الحكومة الوطنية، وفي بعض الحالات نتيجة تنافس بين مؤسسات الدولة.(١٠)

وثالثًا، يمكن ذكر المناهج التي تستخدم العناصر الداخلية والخارجية على السواء، ويوضّح النهج المتكامل الذي تم تطويره من هذا التقليد الأخير سلوكيات السياسة الخارجية للبلدان ذات الأحجام المختلفة ومستويات التنمية والبلدان في نظم منفصلة، وقد تنوّعت التوليفات المختلفة المنجزة بهذه الطريقة في تحليل السياسة الخارجية؛ لأنها أكثر شمولية وقدرة على التفسير، ومن هذه التوليفات (إعادة هيكلة السياسة الخارجية)، و(تثبيت السياسة الخارجية)، و(إعادة توجيه السياسة الخارجية)، واتباع نهج (التوازن الكلي).(١١)

---

(9) Graham T. Allison, "Conceptual Models and the Cuban Missile Crisis", The American Political Science Review, Cilt: 63, Sayı: 3, (1969), ss. 689-718.

(10) Holsti, (1982); Goldman, (1988); Hermann, (1990); David, Choosing Sides: Alignment and Realignment in the Third World.

(11) Muhittin Ataman, "An Integrated Approach to Foreign Policy Change: Explaining Changes in Turkish Foreign Policy in the 1980's", (Yayınlanmamış Doktora Tezi, Kentucky Üniversitesi, ABD, 1999), ss. 61-66.

وفـي عالـم اليوم (المعولَـم) والمترابط، أدّى اسـتخدام المناهج الشـمولية إلـى خلق حالة حـراك حول نقـاش: ما أفضـل طريقة انتقائيـة أو مجمعـة للوصـول للتوليفـة الخاصـة بك؟ وفـي حالة تركيـا هناك تأثيـر للمناهج الثلاثـة الوطنية والإقليميـة والدولية، ولكـن يبدو أن تطـورات السياسـية الداخلية هي الأكثـر تأثيراً.(١٢)

فـي هـذا الجزء الثاني من الدراسـة سـنحلّل العوامـل المحددة لإعـادة تشـكيل السياسـة الخارجيـة فـي عهـد حـزب العدالـة والتنميـة بقيـادة رجـب طيب أردوغـان، وسـيتم تحليل السياسـة الخارجيـة فـي ضوء التطورات التي حدثت فـي الثلاث حالات التي نوقشـت آنفًـا باختصـار، وفي هذا القسـم، سـنقف علـى العوامل الرئيسـة التـي حـدّدت اتجاه السياسـة الخارجية خـلال حكومات حـزب العدالـة والتنميـة (قيادة حـزب العدالـة والتنميـة، والهوية الحكوميـة الجديدة التي وضعتهـا هذه القيادة، والحـركات العابرة للقوميـة، والمنظمـات التـي تمثل هـذه التحركات، وتغيير السـياق الإقليمـي)، وفـي الجـزء الثالث مـن الدراسـة، سـتُناقَش مفاهيم ومبـادئ السياسـة الخارجية التـي تحددها المتغيـرات في الأبعاد الثلاثـة، كما سـتُناقَش الثوابت والمتغيّرات في اتجاهات السياسـة الخارجيـة للبلاد.

محددات السياسة الخارجية في فترة حزب العدالة والتنمية

يمكـن تفسـير توجهـات السياسـة الخارجيـة فـي فتـرة حزب العدالة والتنمية في تركيا، والتغيير والاسـتمرار في هذه التوجهات مـن خلال ثلاثـة معايير رئيسـة: أولهـا وأهمها القيادة السياسـية

(12) Sessiz Devrim: Türkiye'nin Demokratik Değişim ve Dönüşüm Envanteri (2002-2012), (Güncelleştirilmiş 2. Baskı), (Kamu Düzeni ve Güvenliği Müsteşarlığı, Ankara: 2013).

المسيطرة في البلاد، وهوية الدولة المحددة من خلال هذه القيادة. وثانيها التأثير المتنامي للمنظمات عبر الوطنية، وثالثها التوازنات الإقليمية المتغير في المنطقة التي توجد بها تركيا. وفي حين أن كل عامل من هذه العوامل الثلاثة يمكن أن يفسّر لوحده سلوك السياسة الخارجية لتركيا فإن هذه العوامل يمكن أن تؤثر في بعضها؛ لأنّ هذه العوامل ليست منعزلة عن بعضها؛ بل توجد علاقات تربطها.

القيادة السياسية الجديدة و(هوية الدولة) المعاد تعريفها

شهدت تركيا في عهد حكومات حزب العدالة والتنمية أكثر التغييرات الشاملة والجذرية في تاريخ السياسة الداخلية والخارجية للجمهورية، وقد وصف قادة الأحزاب والمراقبون التغيير في هذه الفترة بأنه (ثورة صامتة)،[١٣] وفي هذا القسم، سنستكشف المنظور الرئيس للقيادة السياسية لحزب العدالة والتنمية.

طوال تاريخ الجمهورية كانت هناك قيادتان لديهما القدرة أن يكونا في رأس الحكم في تركيا. وبطبيعة الحال، كانت لكل من هاتين القوّتين معارضة سياسية، ويمكن وصف القيادة السياسية خلال الفترة من ١٩٢٣-١٩٨٣ بأنها الكمالية، وذلك بعد إعلان الجمهورية، حيث أنشأ مصطفى كمال أتاتورك قوة سياسية جديدة مع إعادة هيكلة جذرية، ووضع هوية للدولة الجديدة، ويكشف هذا المنظور من القيادة الكمالية عن ستة أسهم: (الجمهورية، والقومية، والشعبية، والعلمانية، والدولتية،

(13) Ataman, An Integrated Approach to Foreign Policy Change, s. 294.

والثوريـة) تمثّـل المبـادئ الأساسـية للكماليـة، وكانـت المعارضة السياسـية في هذه الفترة هي (الإسـلاموية) التي تمثّل الشـرقيين والمعاديـن تمامًا للغـرب، وبعبارة أخرى، أصبحـت الكمالية معادية للإسـلاموية سياسيًّا.

وقـد حدّدت السياسـةَ الخارجيـة القيادةُ الكماليـة التي حددت هويـة الدولـة، وتحديدًا بعد وفـاة أتاتورك، وبينما كانت السياسـة الخارجيـة متجهـة غربًـا وقائمـة علـى المحافظـة علـى الوضـع الراهـن؛ أي سـلبية، وتقوم علـى رد الفعل، وذات مسـتوى منخفض وأحاديـة البعد- كانـت اقتصاديًّا تعتمد على الدولـة ومنطوية نحو الداخـل؛ ولأنهـا اعتمـدت علـى البعـد الأمنـي بشـكل كبيـر فقد تجاهلـت السياسـة الخارجيـة الكماليـة العالـم الشـرقي للأمـن، وخاصة الشـرق الأوسـط.(١٤)

وتُمكـن ملاحظـة عمليات إعادة هيكلة سياسـة تركيـا الداخلية والخارجِيـة فـي الفتـرة مـن ١٩٨٣-١٩٩٣ (فتـرة أوزال)، وفترة ما بعـد عام ٢٠٠٣ إلـى اليوم (حكومة حزب العدالـة والتنمية)، حيث يمكـن أن نسـميها (قيادة مرحلة مـا بعد الكماليـة)، ويمكن أن نعدّ السـنوات التـي بيـن ١٩٩٣ و٢٠٠٣ فـي الغالـب فترة فاصلـة، وإذا أطلقنـا على فترة حكـم أوزال في الثمانينيات اسـم (الأوزالية) فإن فتـرة الانقطـاع هي فتـرة اجتثـاث أو وأد (الأوزاليـة) التي قصدنا بهـا التغييـرات التـي قام بهـا أوزال فـي حقبة حكمه، أمـا في عام ٢٠٠٠ فقـد أُعيـدت (الأوزاليـة)، حيث أُعيـدت الحيـاة للتغييرات التـي بدأهـا أوزال، ووفقًـا لذلـك، فـإن رجَـب طيب أردوغـان بدأ

(14) Muhittin Ataman, "Özalizm: Türkiye'de Yeniden Yapılanma Teşebbüsü", Liberal Düşünce Dergisi, Sayı: 19, (2000), ss. 53-63, s. 55.

سياسته على أرض الواقع انطلاقًا من الأرضية التي أسّسها أوزال. وبمعنى ما، إذا وُصِفت هذه القيادة السياسية الجديدة بأنها (الإسلاموية الجديدة) فإن المعارضة لها يمكن أن توصف بأنها (الكمالية الجديدة).

والسبب في هذا التعبير واستخدام كلمة (جديدة) في التعبير عن السلطة السياسية والمعارضة هو ظهور تغيير في المنظورات الرئيسة لكلا الجانبين، حيث إن (الإسلاموية الجديدة) أنهت التوجّه المطلق للغرب ووضعت نهجًا انتقائيًّا في مفهوم الغرب والشرق، أما (الكمالية الجديدة) فقد حاولت، من جهة أخرى، تبنّي موقف خجول لا يدعمه أي من الجانبين، مع اتباع نهج متشكّك تجاه الغرب والشرق.

حاول تورغوت أوزال، الذي جاء إلى السلطة في أوائل ثمانينيات القرن الماضي، تغيير القيادة السياسية، واتّخذ خطوات مهمّة جدًّا، وحقّق تغييرًا شاملاً يمكن وصفه بالتنوع والتحرر والتطبيع في السياسة الداخلية والخارجية على حد سواء، وقد وضعت قيادة أوزال حدًّا لأحكام العلمانية والدولة القاطعة بخصوص مفاهيم، مثل حرية الفكر وحرية الدين والهندسة الاجتماعية من قبل العلمانية.(١٥)

إن التغيير الذي أجراه أوزال تعرّض لانتكاسة وتراجع بدأ مباشرة بعد وفاته، إذ أُلغِي العديد من الخطوات التي قام بها، وقد بدأت الأحزاب السياسية والهياكل البيروقراطية التي تمثّل

---

(15) Sessiz Devrim: Türkiye'nin Demokratik Değişim ve Dönüşüm Envanteri (2002-2012).

القيادة الكمالية عملية «إلغاء آثار الحقبة الأوزالية» في كل ميدان تقريبًا. في عهد أوزال فُتِح العديد من الإشكاليات أمام عملية التغيير من واقع معيشة الأكراد والعلويين مرورًا بحرية التدين والتحرر إلى موضوعات أخرى، وكانت العودة إلى الوراء في هذه الملفات مؤلمة، وخلال التسعينيات، أدّى الاستقطاب السياسي المتزايد إلى استقطاب اقتصادي واجتماعي، وقد انتهت هذه الفترة بتصفية الأقسام غير الكمالية، ونتيجة لذلك، وعلى الرغم من برنامج التغيير الشامل الذي بدأ في الثمانينيات، لم تنجح القيادة (الأوزالية) في إحداث تغيير حقيقي، وخصوصًا بعد تنفيذ انقلاب ما بعد الحداثة ضد حكومة أربكان في ٢٨ شباط من عام ١٩٩٧، الذي كان بمثابة تصفية شاملة على يد الكمالية، وفي التسعينيات، سيطرت حالة من عدم الاستقرار السياسي والاقتصادي بسبب الحكومات الائتلافية، وأصبحت هذه الفترة فترة فاصلة.

في عام ٢٠٠٢، قدّم الشعب التركي في الانتخابات العامة الإجابة اللازمة لجميع الفاعلين السياسيين الذين تسبّبوا في هذه الفوضى وتركهم خارج أبواب البرلمان، وعندما استطاع حزب العدالة والتنمية الذي أُنشِئ حديثًا تشكيل الحكومة بمفرده، كان حزب الشعب الجمهوري، الذي لم يكن ممثلاً في البرلمان آنذاك، هو حزب المعارضة الرئيس.

وبدأت حكومات حزب العدالة والتنمية بقيادة رجب طيب أردوغان في بناء قيادة سياسية جديدة على أساس حملة أوزال

في الثمانينيات، ونتيجة لذلك، كان هناك قبول سواء من مؤيديه أم من خصومه عمومًا بأن أردوغان أنشأ قيادة جديدة، ولذلك، فإن الجميع اليوم حتى لو كان لأسباب مختلفة يتحدث عن إنشاء تركيا جديدة.

وقد وُصف التغيير في فترة حزب العدالة والتنمية بأنه (ثورة صامتة)،[١٦] وقد اتّخذت حكومات حزب العدالة والتنمية خطوات مهمّة لتهيئة بيئة يمكن فيها لأفراد المجتمع الذين تُرِكوا محرومين طوال تاريخ الجمهورية أن يعبّروا عن أنفسهم بسهولة أكبر، وأن يعيشوا بحرية، وقد تطورت هذه المنطقة بسبب التطورات الملموسة في كل قضية تقريبًا، حيث كانت هناك مشكلة في العلاقات بين الدولة والمجتمع.

وأزالت قيادة حزب العدالة والتنمية في تركيا التعامل من منطلق أمني مع بقية مختلف شرائح المجتمع. وفي هذا السياق، حدثت تطورات مهمّة في قطاعَي الإسلاميين والأكراد، وهما القطاعان الأكثر إشكالية وتعرضًا للعزل في السابق، كما أدّت إعادة تعريف العلاقة بين المدنيين والعسكريين في مرحلة تغييرية إلى تقليص الوصاية العسكرية على السياسة، وهذا أسهم في إعادة تحديد توجهات السياسة الخارجية.

وكانت قضية الحجاب على رأس أهم الخطوات المتّخذة بالنسبة لقطاع المتدينين، وكانت النساء المتدينات في السابق لا يُسمَح لهن بالالتحاق ببرامج التعليم العالي، لكن حزب العدالة

(16) Ali Balcı, Dış Politikada Hesaplaşmak: AK Parti, Ordu ve Kemalizm, (Etkileşim Yayınları, İstanbul: 2015), ss. 18-19.

أزال هذا المنع، ولم يكتف بذلك، بل أقرّ قوانين تسمح لهن بالعمل، ونتيجة لذلك، أصبح من الممكن والطبيعي للفتيات ارتداء الحجاب في مدارس التعليم الثانوي، وفي وظائف الخدمة المدنية في المؤسسات الحكومية، وفي الجيش والشرطة، ومن ناحية أخرى، أُنشئت بيئة تكون فيها الطوائف الدينية أكثر نشاطًا في الأنشطة الاجتماعية. وقد انخفضت التحيّزات ضد الأشخاص المتدينين في مؤسسات الدولة انخفاضًا كبيرًا، ومع محاولة تنظيم فتح الله غولن الإرهابي التأثير في السياسة بشكل مباشر من خلال الانقلاب ظهر بعض الأحكام المسبقة تجاه المتدينين، لكن يمكن القول إنها تراجعت بعد ذلك.[١٧]

واتُّخذت خطوات ملموسة عديدة في سياق المشكلة الكردية، التي تعَد من أهم المشكلات في البلد. فقد أُلغِي جزء كبير من القيود الاجتماعية المفروضة على الأكراد، وتم توفير دراسة اللغة الكردية في التعليم الابتدائي والمتوسط والعالي، بل إن مؤسسات الدولة مثل وزارة الثقافة، ورئاسة الشؤون الدينية، ومستشارية الأمن العام، والأمن- نشرت كتبًا باللغة الكردية، وتم افتتاح قناة تلفزيونية حكومية باللغة الكردية تُبَثّ لمدة ٢٤ ساعة، وسرعان ما أصبحت واحدة من القنوات الكردية الأكثر مشاهدة في العالم، وقد بدأت اللغة الكردية تُستخدم في الإجراءات الرسمية.

وبصرف النظر عن هاتين القضيتين والمسائل الأخرى، حدثت تطورات مهمّة، إذ فُتحت مؤسسات المجتمع غير المسلمة في المجتمعات المحلية، ووُسِّعت مجالات الحرية، في

(17) Walt, The Origins of Alliances.

حين وُفِّرت مرافق لترميم الكنائس والأديرة، واتُّخذت خطوات للتسهيل على غير المسلمين لأداء عبادتهم، وفي سَياق إضفاء الطابع الديمقراطي على الدولة، كُسرت الوصاية العسكرية التقليدية في البلاد، كما وُجِّه الجيشَ نحو أداء مهمته الرئيسة التي تتمثل في حماية الدولة والأمة ضد التهديدات الخارجية.

زيادة أثر الفاعلين من غير الدول

وازدادت آثار الجهات الفاعلة من غير الدول في اتجاهات وسلوكيات السياسة الخارجية للدول بشكل كبير في الآونة الأخيرة، والآن نجد أنه ليست الدول القومية فقط هي وحدها الفاعل المهمّ، بل هناك جهات فاعلة غير حكومية هي أيضًا من الجهات الفاعلة المهمّة في السياسة الدولية، وفي الوقت الحاضر فقَد التمييز بين السياسة المحلية والسياسة الخارجية تدريجيًّا معناه، حيث ازدادت أعداد الجهات الفاعلة من غير الدول، وكذلك الحال فإن تأثيرها اكتسب زيادة كبيرة.

ومن الطبيعي أن يرتبط ردّ فعل الدول على الجهات الفاعلة المعنية ارتباطا وثيقا بهويتها، فقد ترى الدول، بحسب الحالة، أن الجهات الفاعلة المتطرفة العصبية تشكل تهديداً. وبناء على ذلك، قد تقوم بوضع سياسة تقوم على خطاب متعارض، وتذهب إلى التعامل معها عن طريق التدابير العسكرية.

وعند الحديث عن تركيا خلال حكم حزب العدالة والتنمية: فكريًّا أو إثنيًّا على حد سواء- نجد أنّ الجهات الفاعلة العابرة

للحدود أصبحت فعالة جدًّا وحاسمة، حيث إن التهديد الذي يشكّله كل من حزب العمال الكردستاني أو تنظيم غولن يؤثّر بشكل كبير وعميق في السياسة الخارجية، وفي الآونة الأخيرة، كان أهم عوامل الإزعاج في علاقات تركيا مع الغرب هو ما يتعلق بهذين التنظيمين، ويشكّل هذان التنظيمان أخطر تهديد للاستقلال الوطني للدولة وسلامة أراضيها، حيث لديهما القدرة على الحصول على الدعم المالي والسياسي من الدول الغربية، وبعبارة أخرى، إن السياسات الغربية تجاه تركيا التي تعدّ بلدًا عضو في حلف الناتو لا ترتقي إلى حالة التحالف؛ بل تقوّض علاقات تركيا مع الغرب.

وكانت المنظمات والجهات الفاعلة السياسية التي شُكّلت حول القومية الكردية من أكثر قضايا السياسة الخارجية نقاشًا أكثر من أي وقت مضى في عهد حزب العدالة والتنمية، وقد اكتسبت القضية الكردية بعدًا دوليًّا بعد حرب العراق التي جرت لأول مرة في عام ١٩٩١، وبدعم من الرأي العام العالمي والقوى العالمية، أُنشئت بنية مستقلة بحكم الأمر الواقع في شمال العراق، وبعدَ الاحتلال الأمريكي للعراق في عام ٢٠٠٣، اكتسب هذا الحكم الذاتي أساسًا دستوريًّا، وسرعان ما طورت حكومة حزب العدالة والتنمية علاقاتها مع حكومة إقليم كردستان في العراق، لذلك، دخلت العلاقات بين الطرفين في عملية إيجابية.

ومع ذلك، كان لا بد من سياسة نشطة للحد من نشاط حزب العمال الكردستاني، وحزب الاتحاد الديمقراطي والمليشيات التابعة لها التي عملت على إعادة ترسيخ القومية الكردية في أراضي واسعة شمال سوريا خلال الحرب الأهلية، وقد حاول

مسعود البارزاني مؤخراً، في سبتمبر ٢٠١٧ إجراء استفتاء على استقلال الأراضي التي يسيطر عليها في شمال العراق، وهذا أجبر تركيا والعراق وإيران -التي تختلف على العديد من القضايا- على العمل بشكل مشترك ضد نتائج هذا الاستفتاء.

ومن خلال قبول العديد من الدول الغربية التعامل مع امتدادات حزب العمال الكردستاني الذي تعدّه منظمة إرهابية، مثل الاتحاد الديمقراطي ووحدات حماية الشعب وغيرها بتقديم الدعم المباشر لها ولملحقاتها العاملة في دول أخرى- فإنّ ذلك أدّى إلى زيادة نشاط هذه الأحزاب، وهذا يسمح للدول الغربية باستخدامها وكلاء في المنطقة بشكل عام، وللعمل ضد تركيا وإيران بشكل خاص، وبسبب علاقات الدول الغربية مع ممثلي القومية الكردية أصبحت السياسة الخارجية التركية مع هذه الدول أكثر صدامية، لكن التهديد الذي تشكّله القومية الكردية، سمح لتركيا بالتعاون مع بلدان أخرى في المنطقة.

وكان من أكثر التحدّيات العابرة للحدود التي شغلت تركيا خلال فترة حزب العدالة والتنمية تنظيم غولن، الذي استغلّ الأدوات الدينية لأهداف سياسية، ونصبَ في البداية المكائد للكماليين بإضعافهم، ثم انضمّ إلى جهود الجهات الفاعلة المحلية والدولية العاملة على إزالة قيادة حزب العدالة والتنمية من الحكم، وقد سعى إلى تغيير السلطة الحاكمة من خلال عدة مواقف، كان أولها في أحداث غيزي بارك إذ كان من المحرّضين على النزول إلى الشوارع، ثم في محاولة ١٧-٢٥ كانون الأول/ ديسمبر من خلال القضاء والقانون، وأخيرا محاولة الانقلاب التي وقعت في ١٥ تموز/ يوليو، من خلال القوات العسكرية

المباشرة، ولكن في كل مرة، تعرّض للهزيمة أمام قيادة أردوغان القوية والمحاطة بمقاومة وكفاح ودعم جماهيري، وعلى الرغم من هزيمة تنظيم غولن إلا أن أعضاءه الذين هربوا إلى عدة دول بدأوا بتنظيم حملات ضد حكومة حزب العدالة والتنمية من البلدان التي فروا إليها، وفي هذا الصدد، فإن التنظيم استمرّ في التعاون مع جميع أنواع الجهات الفاعلة التي تعادي تركيا.

تغيير التوازنات الإقليمية

تتأثر الدول بعوامل نظامية مختلفة، ومع ذلك، فإن ذلك يختلف وفقًا للعامل الذي يؤثر في الدولة والنسبة التي يؤثر بها، وفي حال الدول متوسطة القوة مثل تركيا التي ليست لديها القدرة على تغيير النظام العالمي فإنها تتأثر بتغييرات السياق الإقليمي بشكل أكبر، ولذلك، فإن دولًا مثل تركيا تكوّن السياسة الخارجية لها محدَّدة بشكل أكبر بديناميات المناطق التي توجد فيها، ويمكن أن يؤثر السياق الإقليمي في السياسات الخارجية للدول بطرق مختلفة.

أوّلًا، إن الخصائص التاريخية والسياسية والاقتصادية والجيوسياسية والجيوستراتيجية والثقافية للمنطقة لها آثار جدية في السياسات الخارجية للبلدان في تلك المنطقة، والدول، الموجودة في منطقة مثل منطقة الشرق الأوسط بصفتها منطقة يمكن اختراقها- هي في وضع يمكّنها من أن تكون أكثر انفتاحًا على التدخل الخارجي.

ثانيًا، تنظر الدول الصغيرة والمتوسطة بشكل أكثر اهتمامًا إلى التهديدات من جانب الدول المجاورة للحدود، وهي أيضًا

حساسة للمخاوف الأمنية فيما يتعلق بالبلدان المجاورة، ومن المرجح جدًّا أنّ السياسات الخارجية للدول التي تقع في منطقة مضطربة وغير مستقرة تكون متضاربة،[١٨] وقد تتطلب البيئة السياسية الإقليمية من البلدان الإقليمية انتهاج سياسة خارجية عدوانية أو دفاعية أو نشطة أو سلبية. فعلى سبيل المثال، تحدّد دوافع وصراعات وأيديولوجيات القوى الإقليمية في الشرق الأوسط سياساتها الخارجية بمعزل عن النظام الدولي، وتحدّد موازين القوى الإقليمية وتطوراتها إستراتيجيات الدول في مجال السياسة الخارجية المباشرة، ولذلك فإن القضية ذات الأولوية ليست متعلقة بهيكل النظام الدولي بل هي صراع من أجل الهيمنة الإقليمية.

ثالثًا، إنّ المشكلات المحتمَلة للبلدان التي رسمت حدودها من قبل الدول الإمبريالية هي أكثر عددًا، فعلى سبيل المثال، تمّ فرض حدود تركيا مع سوريا والعراق من قبل القوى العالمية؛ لذا فإن علاقات الجهات الفاعلة العالمية مع دول مثل تركيا يأخذ مكانًا عبر السياق الإقليمي المفتعل، ومن ناحية أخرى، تتشكل سلوكيات السياسة الخارجية للفاعلين العالميين كالتعاون والمنافسة و/أو الصراع في سياق البعد النظامي.

وتجلب الخصائص الجيوستراتيجية والجيوسياسية للمنطقة التي تقع فيها تركيا فرصًا وقيودًا أيضًا للسياسة الخارجية التركية، أوّلًا، إن قرب تركيا من مصادر الطاقة في الشرق الأوسط وآسيا الوسطى وشرق البحر الأبيض المتوسط جعلها

(18) Ahmet Davutoğlu, "Turkey's Foreign Policy Vision: An Assessment of 2007", Insight Turkey, Cilt: 10, Sayı: 1, (2008), ss. 77-96, s. 78-79.

واحدة من أهم مفترقات الطرق في العالم، حيث يوفر الموقع الجغرافي مزايا مهمّة لأنقرة في هذا الخصوص، وقد حث هذا الأمر تركيا في عهد حزب العدالة والتنمية في سنواته الأولى في الحكم على تطوير العلاقات مع جميع دول المنطقة، أما الأمر الثاني فهو الثورات العربية والبيئة الفوضوية التي شكّلت تهديدًا أمنيًّا لتركيا، وخصوصًا في العراق وسوريا، مع إضعاف أو إزاحة سلطة الدولة حيث أصبحت الجهات الفاعلة غير الحكومية في المقدمة.

ومن ناحية أخرى أثّر التوتر السياسي بين إيران والمملكة العربية السعودية مع السياسة الخارجية الطائفية المتَّبعة والمواجهة التي تنتهجها هاتان الدولتان بشكل مباشر- في سياسة تركيا الإقليمية، وفي حين تحركت إيران من خلال المقاربة الشيعية وتحركت السعودية بطريقة احتكار الفكر السلفي اتجهت تركيا إلى الشارع العربي وإلى الإصلاح في الغالب، متمنّية تحقّق مطالب الشعب، ونتيجة لذلك، مع تصاعد الأزمات الإقليمية بين إيران والسعودية، والتي كانت أحيانًا في صورة صراع غير مباشر- أدّت هذه المواجهة بينهما إلى صعوبات أمام تركيا في إيجاد صيغ مشتركة.

المبادئ الأساسية للسياسة الخارجية التركية في فترة حزب العدالة والتنمية

سيركّز هذا القسم على الكيفية التي شكّلت بها الجوانب الثلاثة المذكورة آنفًا السياسةَ الخارجية لتركيا خلال حكم حزب العدالة والتنمية، وبهذه الطريقة، ستُناقَش المفاهيم والمبادئ التي ركز عليها قادة حزب العدالة والتنمية.

إعادة ضبط السياسة الخارجية

كانت عملية معايَرة أو إعادة ضبط السياسة من بين أهم بنود جدول أعمال عهد حزب العدالة والتنمية، وكان هناك اهتمام بإعادة معايَرة السياسة الداخلية والخارجية، وفي سياق عملية تطبيع السياسة الداخلية، كان هناك توجه تصالحي بين (الدولة) والشعب. وبالمثل، اتبعت حكومات حزب العدالة والتنمية الأمر نفسه في السياسة الخارجية، وكان هناك عاملان مهمّان جدًّا كانا يُؤخَذان بعين الاعتبار، ذكرهما أحمد داود أوغلو الذي عمل لفترة طويلة في الشؤون الخارجية، وهما الجغرافيا والتاريخ.[١٩]

وقد اتخذت حكومة حزب العدالة والتنمية خطوات للتطبيع في هاتين المسألتين، وكان هناك اهتمام عن قرب بالمناطق ذات الروابط الجغرافية والتاريخية، وقاد أردوغان تركيا أيضًا في رحلة تطبيع مع الهوية التاريخية ومع ماضيها القريب، كما تمّ إحياء العلاقات مع الفاعلين الذين ارتبطوا مع تركيا بعلاقات تاريخية مشتركة من دون الدخول في رهانات التاريخ، ونتيجة لذلك، أُعيد النظر في الشركاء التاريخيين المهمَلين منذ فترة طويلة، وتَمّ التركيز على تنمية العلاقات مع جميع الجيران، بدون تمييز، وعلى الرغم من أن البعض يسمي ذلك (تحوّلًا محوريًّا) إلا أن ذلك لم يكن إدارة ظهر من تركيا إلى الغرب، بل هو إظهار للاهتمام اللازم بالدول التي أهملتها تركيا.

وكانت سياسات (تصفير المشكلات) و(أقصى قدر من التعاون)، التي وُضعت منذ السنوات الأولى لحكومة حزب العدالة والتنمية، هي نتيجة لهذا التطبيع، وقد أُعيد تعريف مقولة:

---

(19) Murat Yeşiltaş ve Murat Balcı, "AK Parti Dönemi Türk Dış Politikası: Kavramsal Bir Harita", Bilgi Dergisi, Sayı: 23, (2013), ss. 9-34.

«سلام في الداخل، سلام في العالم» التي قالها أتاتورك، وقد تمّ ترك إحساس أن الدولة محاطة بالأعداء من جميع الجهات، وبدأت عمليات الحوار والتعاون مع جميع البلدان المجاورة، وأُضفي طابع مؤسسي على التعاون الواسع النطاق مع جميع الدولَ المجاورة والبعيدة، وبخاصة مع سوريا والعراق وإيران، من خلال (اجتماعات تعاون إستراتيجي رفيع المستوى)، التي شملت بلدانًا في الشرق الأوسط، والبلقان، وشرق المتوسط، والقوقاز، والبحر الأسود، وآسيا الوسطى.

وقد تمّ تطبيع العلاقات مع بلدان الشرق الأوسط، وأبرز مثال على ذلك العلاقات مع حكومة إقليم كردستان العراق، التي أُنشئت وفقًا للدستور العراقي لعام ٢٠٠٥، وبدلًا من تصوّر المحصّلةَ الصفرية التي وُصفَ في وقت سابق كلّ مكاسب الأكراد في شمال العراق علَى أنّها خسائر لتركيا- تم تطوير علاقات وثيقة مع إستراتيجية المكسب للجانبين، وقدّم ذلك إسهامات جادة لاقتصاد المنطقة.

وقد عُزّزت العلاقات مع العراق وسوريا في جميع النواحي تقريبًا، ونُفّذت سياسة تكامل قائمة على الترابط في هذه البلدان. ومع ذلك، فإن الثورات العربية والظروف الإقليمية التي حدثت بعد ذلك أدّت إلى تدهور علاقات تركيا مع كلا البلدينِ، وأدّت الفوضى الناجمة عن إضعاف سلطة الدولة في سوريا والعراق إلى التأثير بشكل مباشر في الأمن القومي لتركيا، وعند ذلك، اضطرت تركيا إلى وضع سياسات أكثر اعتماداً على الجانب الأمني.

وقد عُزِّزت العلاقات مع بلدان البلقان من دون أي تمييز، وأعربت تركيا عن اعتزامها التعاون مع اليونان وأرمينيا، وهما دولتان مصنفتان أنهما ضد تركيا تاريخيًّا، واتُّخذت خطوات ملموسة في العلاقات الثنائية مع الدولتين، وأُكِّدت ثقافة التعايش السلمي في العهد العثماني والرغبة في إحيائها، وقد اتُّخذت خطوات مهمّة، على وجه الخصوص، لضمان استمرار وجود كوسوفو والبوسنة والهرسك في حالة سلم وأمن في المنطقة، وتم التوسط في توقيع اتفاق سلام بين صربيا والبوسنة والهرسك.

عقلنة السياسة الخارجية

أصبح جهد تركيا تحت حكم حزب العدالة والتنمية يعمل على تطوير العلاقات مع كل الأطراف الدولية الفاعلة من دون التصرف بشكل يعتمد على الأيديولوجية و/أو العاطفة، ومع تراجع تأثير الأيديولوجيا مع نهاية الحرب الباردة سارت تركيا تحت قيادة أردوغان بتحرك يشبه تحرك أوزال، وكان تحرّكًا يركز على مقتضيات المصالح الوطنية، وكان من أهم مكونات السياسة الخارجية متعددة الأبعاد النظر في المصالح الوطنية الاقتصادية والسياسية والعسكرية والثقافية لجميع القضايا بدون تمييز، إضافة إلى ذلك، اتُّبِعت سياسة خارجية متعددة الأطراف مع وجهة نظر عقلانية ليست مبنية على الأيديولوجيا، بل على الشراكة والتناظر.

وبعض النقاط الرئيسة التي تقوم عليها هذه السياسة هي:

أوّلًا، التخلي عن فهم السياسة الخارجية التي كانت مرتبطة ارتباطًا وثيقًا بحلف شمال الأطلسي والولايات المتحدة، والتخلي

عن تأثير المؤسسات العسكرية في السياسة الخارجية، ونتيجة لتراجع دور الجيش التركي في السياسة الخارجية تمّ التخلي عن عملية بناء السياسة الخارجية الموجّهة وفق توجّه أمني، وبعد ذلك أصبح التعامل يتمّ مع كل مجال تقريبًا بصفتها مهمّة رئيسة للسياسة الخارجية، ولم يعد ينظر الآن في المسائل العسكرية والأمنية فحسب، بل في المسائل الدبلوماسية والاقتصادية والثقافية والدينية والعرقية أيضًا، وتمّ تبني سياسة خارجية متعددة الأبعاد في عهد حزب العدالة والتنمية الذي نُظر إلى تركيا في عهده على أنها دولة تجارية، ومن ناحية أخَرى، بدأت تركيا في الاستثمار في القضايا الاقتصادية ليس فقط مع الاتحاد الأوروبي، ولكن أيضًا مع الولايات المتحدة، وتقليديًّا، كانت العلاقات مع الولايات المتحدة تقتصر على الأبعاد العسكرية، ولكن الاتصالات الثنائية تنوعت مؤخراً.

ثانيًا، وافقت حكومات حزب العدالة والتنمية من حيث المبدأ على التعاون مع جميع البلدان بدون أيّ تمييز بين نظرائها، وخلافًا لما حدث مع القيادة السياسية السابقة أنتجت تركيا بقيادة أردوغان، سياسة تتبنى تحسين العلاقات مع جميع الجهات الفاعلة الإقليمية والعالمية، وبعبارة أخرى، يعدّ حزب العدالة والتنمية هو الذي اعتمد توجه السياسة الخارجية متعددة الأبعاد في تركيا، كما تمّ العمل على معالجة قضايا السياسة الدولية في آن واحد مع جميع النظراء، وعلى سبيل المثال، فإن تركيا عندما حاولت تحسين علاقاتها مع جميع الأطراف الفاعلة في الشرق الأوسط لم تستبعد إسرائيل من هذه الجهود، كما عملت مع العرب وغير العرب والسنة وغير السنية والمسلمين وغير المسلمين، ولكن هذا لا يعني أنّها ليست طرفًا في قضايا

معينـة، فتركيـا لم تنظر إلـى القضايـا والجهات الفاعلـة بصفتها بدائـل لبعضهـا بعضًا؛ بـل نظرت مـن المنظور التكاملـي ومنظور الاعتمـاد المتبادل.(٢٠)

المبادرة والمسؤولية في السياسة الخارجية

إذا أغفلنـا السـنوات الأولـى التـي بُنِيـت فيهـا الجمهورية فإن السياسـة الخارجيـة فـي الفترة الكماليـة كانت متسـمة بالانكفاء، وكانـت تتعامـل مع القضايـا من منظـور الدفاعية والسـلبية، وقد بـدأت تركيا فـي عهد تورغـوت أوزال في أخذ زمـام المبادرة لأول مرة، وازدادت هذه المبادرة في عهد أردوغان ،سـواء في السياسـة الخارجيـة تجـاه الإقليم أم تجـاه قضايا السياسـة العالمية.

وأدّت سياسـة (الدبلوماسـية الايقاعية) التي تبنتها تركيا بقيادة أردوغـان إلـى أن تصبـح تركيا دولـة مركزية في اسـتضافة القمم والاجتماعـات الدوليـة المهمّـة، وتشـمل أهمّها، مثل قمـة منظمة حلـف شـمال الأطلسـي، وقمـة منظمة التعـاون الإسـلامي، وقمة تركيـا وبلدان إفريقيا، وأول قمة للإنسـانية عالميًا، وقمة مجموعة العشـرين، إضافة إلى العديد من الاجتماعـات الدولية الأخرى.(٢١)

وقـد توسّـطت تركيا بقيـادة أردوغان فـي العديد مـن الأزمات فـي المنطقة، وهذا خلـق لها منصّة دولية لأخذ زمـام المبادرة في بعـض الأزمـات، وعلى سـبيل المثـال، اتبعت تركيا تجـاه الطوائف

(20) Davutoğlu, "Turkey's Foreign Policy Vision: An Assessment of 2007", s. 82.

(21) Özden Zeynep Oktav ve Helin Sarı Ertem, "Giriş", 2000'li Yıllarda Türk Dış Politikası: Fırsatlar, Riskler ve Krizler, ed. Özden Zeynep Oktav ve Helin Sarı Ertem, (Nobel Yayın Dağıtım, İstanbul: 2015), ss. 5-12.

السنية والشيعية في العراق سياسة متوازنة، وحاولت منع انهيار الهيكل السياسي للبلاد من خلال مبادرات الوساطة، وقد حاولت مع البرازيل حلّ النزاع بين الدول الغربية وإيران، وعلى الرغم من نجاح هذه العملية، إلا أن القوى العالمية لم تقبل بهذه المبادرة، وبالمثل، أُنشِئت منصّة دولية خلال حرب جورجيا عام ٢٠٠٨.

وإن من أهمّ مؤشرات المبادرة وتحمل المسؤولية في السياسة الخارجية لتركيا نزول الجهات الفاعلة الجديدة في السياسة الخارجية التركية إلى الميدان، وقد عملت هذه الفواعل الجديدة على تعزيز النفوذ الإقليمي والعالمي لتركيا، وكانت بشكل خاص المحدد الرئيس لقوة تركيا الناعمة، وقد أثبتت وكالة التعاون والتنسيق التركية (تيكا) أنها ناجحة جدًّا في مجال السياسة الخارجية في المناطق القريبة والبعيدة بدعمها للمساعدات الإنسانية والتنمية.

وعملت بعض المؤسسات التركية القديمة نسبيًّا مثل الهلال الأحمر التركي ومؤسسة الشؤون الدينية، والمؤسسات التركية الحديثة مثل تنسيقية الأتراك في الخارج والمجتمعات ذات الصلة (YTB)، ورئاسة إدارة الطوارئ والكوارث (AFAD) ومعهد يونس أمره إضافة إلى عدد من المنظمات العابرة للحدود الرسمية وشبه الرسمية- على زيادة تأثير تركيا في جميع أنحاء العالم، إضافة إلى ذلك، فإن ممثلي عالم الأعمال مثل توسياد وموسياد وإسهام المنظمات الإنسانية مثل İHH زادوا بشكل كبير، وبدأت تركيا مع جهود جميع الجهات الرسمية والمنظمات غير الحكومية بالتدخل الإنساني في كل مناطق الأزمات في العالم تقريبًا.

وكانت المبادرة في موضوع المساعدات الإنسانية واحدة من السمات البارزة للسياسة الخارجية التركية في الآونة الأخيرة، وقد حظيت تركيا في عهد حزب العدالة والتنمية بتقدير كبير من الأطراف الفاعلة؛ بسبب جهودها في المساعدات الإنسانية وإعطائها الأولوية لما يسمى بـ(الدبلوماسية الإنسانية ودبلوماسية الضمير)[٢٢]، وبخاصة في موضوع اللاجئين، حيث تُعدّ تركيا الأولى من حيث استضافتها لأكبر عدد من اللاجئين، وهي عالميًّا أعلى بلد يقدم مساعدات إنسانية مقارنة مع الناتج القومي الإجمالي، وقد تبنت تركيا خلال الحروب تقريبًا سياسة الحدود المفتوحة، بينما أغلقت جميع الدول تقريبًا حدودها أمام المظلومين، حيث أنقذت مئات الآلاف من الموت والمجاعة.

ويُعدّ المثالان الأكثر وضوحًا على هذه السياسة ما قامت به تركيا إزاء قرابة ٣,٥ مليون لاجئ سوري تعرّضوا للتهجير خلال الحرب في سوريا، واضطروا إلى الفرار إلى تركيا، أما المثال الثاني فهو حملة دعم الصومال ومساعدتها للوقوف على قدميها كدولة بعدما تعرضت للانهيار، وبينما امتنع العالم كله عن اتخاذ خطوات ملموسة إزاء هاتين الأزمتين اتخذت تركيا زمام المبادرة وحدها، وتمكنت من ذلك بنجاح، إضافة لذلك ردّت تركيا من خلال سياسة واضحة وقوية أيضًا على السياسة التوسعية والعدوانية الإسرائيلية تجاه الفلسطينيين، وسياسة الإبادة الجماعية نحو مسلمي الروهينغا في بورما، وأرسلت المساعدات الإنسانية اللازمة.

تطوير السياسة الخارجية وتطوير المعارضة العالمية

---

(22) Oktav ve Ertem, "Giriş", s. 3.

لم تقتصر عملية المبادرة التي بدأت بها تركيا بقيادة أردوغان في تركيا في مختلف المجالات في تحركات السياسة الخارجية على المحيط الإقليمي، بل نُفِّذت حملات مهمة ورئيسة حتى في المناطق النائية في العالم، ومن بينها المبادرات، ولاسيما الانفتاح على إفريقيا وأمريكا اللاتينية ودول آسيا البعيدة. وأظهرت تركيا بقيادة أردوغان في كل من الخطوات السياسية والاقتصادية والاجتماعية، الجادة نجاحها في مجال القوة الناعمة، ورفع مكانتها فيما يقرب من كل جزء من العالم. وقد اكتسبت مؤسسات مثل تيكا، وآفاد، والهلال الأحمر، فضلاً عن المنظمات غير الحكومية التركية- تقدير الجمهور العالمي من خلال جهود المساعدات الإنسانية في كل أزمة طبيعية أو سياسية في العالم.

وقد اعترض حزب العدالة والتنمية بقيادة أردوغان من موقع تمثيله لتركيا- على النظام الدولي من داخل النظام لا من خارجه، وقد أبدت تركيا حرصًا كبيرًا على ممارسة هذه المعارضة من هذا الموقع، وبعبارة أخرى، أرادت تركيا تغيير قواعد اللعبة من خلال البقاء في اللعبة، وقد استخدم الرئيس أردوغان خطابًا سياسيًّا احتوى انتقادًا جدّيًّا للنظام الدولي المتمركز غربيًّا، والقائم على الهيمنة الأمريكية.[٢٣]

إنّ كلمات الرئيس أردوغان: «العالم أكبر من خمسة» تحوّلت إلى نقد عالمي للأمم المتحدة، وهذا يؤكّد الحاجة الملحّة لتغيير هيكل الأمم المتحدة، التي لا تستطيع حل الأزمات النظامية والإقليمية اليوم، وقد تحولت حقيقة أن مجلس الأمن الدولي لا

(23) Recep Tayyip Erdoğan, Küresel Barış Vizyonu, (Medeniyetler İttifakı Yayınları, İstanbul: 2012).

يستطيع اتخاذ قرار من دون موافقة الأعضاء الخمسة الدائمين في مجلس الأمن الدولي- إلى عقبة خطيرة تعرقل عمل النظام العالمي، حيث إن عجز الأمم المتحدة عن حلّ الأزمات يُعدّ واحدا من الأسباب الهيكلية التي تؤدّي إلى اعتراض تركيا.

من ناحية أخرى وفي ظل عدم وجود معارضة سياسية ضد الهيمنة الأمريكية من بقية القوى الدولية تقريبًا فإن الخطاب السياسي التركي في هذا السياق يحمل معاني كبيرة، وخصوصًا المقاربات التي يطرحها الرئيس أردوغان كثيرًا بوصفها مقاربات بديلة لإيجاد حلول لمشكلات النظام الدولي، مثل (المنظور الحضاري) و(رؤية السلام العالمي)،[٢٤] وفي هذا السياق تجري محاولات لعقاب تركيا حتى لا تكون نموذجًا يُحتذى به من بقية الدول في انتقاد بنية النظام الدولي.

خاتمة

فسّرت هذه المقالة توجهات السياسة الخارجية التركية في عهد حزب العدالة والتنمية بقيادة رجب طيب أردوغان من خلال دور القيادة السياسية، وهوية الدولة التي حددتها هذه القيادة، وتزايد أدوار الفاعلين من غير الدول العابرين للحدود، والتطورات التي تحدث في السياق الإقليمي، وقد أثرت هذه الجوانب الثلاثة في سلوك السياسة الخارجية التركية، كما أنها أثرت في بعضها بعضًا، ووفقًا لهذا وفي ظل حكومة حزب العدالة والتنمية وتماشيًا مع الهوية الجديدة للقيادة السياسية الجديدة أُعيدت هيكلة السياسة الخارجية التركية، وكان هناك

(24) Mevlüt Çavuşoğlu, "Turkish Foreign Policy in a Time of Perpetual Turmoil", Insight Turkey, Cilt: 19, Sayı: 1, (2017), ss. 11-16.

أثـر كبير لأفعـال التنظيمـات العابرة للحـدود، مثل حـزب العمال الكردسـتاني وتنظيـم غولن، سـواء فـي تركيا أم خارجهـا، إضافة إلـى هذه القضايـا، أدّت التطورات في الشـرق الأوسـط على وجه الخصـوص إلـى تطويـر حـزب العدالـة والتنمية سياسـة خارجية تركّـز على الأمن بعد تبنيه سياسـة خارجية مرتكـزة على التنمية.

أنجـزت حكومـة حـزب العدالـة والتنميـة عملية إعـادة هيكلة السياسـات الداخليـة والخارجيـة التي بدأت تحت قيـادة أوزال في الثمانينيـات، واسـتطاعت إجـراء تغييـرات على النظام السياسـي فـي تركيا.

وبينمـا كان أردوغـان وحكوماتـه يمثلـون الحكم على المسـتوى الوطنـي، فإنهـم يمثلـون المعارضة فـي النظام العالمـي، وفي هذا السـياق كانـت تركيا أكثر مَن انتقد الهيمنـة الأمريكية، وتريد تركيا أن يتغيـر نظـام الأمـم المتحـدة، وهـي تدعـو إلى نظام سياسـي دولـي أكثر إنسـانية وعدالـة، ونظـرًا لأن تركيا في الآونـة الأخيرة اسـتطاعت القيـام بخطوات ناجحة في المعارضـة للنظام الدولي- فقـد أصبحـت هدفًا لقـوى إقليميـة ودوليـة، وبصفـة خاصة مع السياسـات والمبـادرات النشـطة التـي بدأتها تركيا فـي المنطقة، بـدأت القـوى العالميـة بوضعهـا تحـت الضغـط المسـتمر، حيث لوحـظ أن المشـروعات التـي تريـد تركيـا تحقيقها فـي المنطقة تعمـل عدة قـوى دوليـة على عرقلـة نجاحها.

وقـد حشـدت الـدول الغربيـة أنفسـها عندمـا رأت أن حكومة حـزب العدالـة والتنميـة تخطّـت الحـدود التـي كانـت تتصورهـا لتركيـا، ومـن الممكـن القـول إنه فـي هذا الإطـار تـمّ التخلي عن

عضوية تركيا في الاتحاد الأوروبي تمامًا تقريبًا، وبدأت تتزايد المسافات بين جميع البلدان الأوروبية وتركيا، كما أنّ هذه الدول سعت إلى تهميش الحضارة الإسلامية، ونتيجة للموجة الصاعدة من القوميين المتطرفين في الغرب، أصبحت تركيا مادة رئيسة في جميع عمليات الانتخابات الأوروبية تقريبًا، وقدمت الدول الغربية دعمها علنًا للجهات الإرهابية الفاعلة التي تعمل ضد تركيا، ومن ناحية أخرى، فإن أوضح مؤشر على ذلك هو أن الولايات المتحدة تستضيف قيادة تنظيم غولن، وتقدّم جميع أنواع الدعم العسكري والسياسي لحزب الاتحاد الديمقراطي ووحدات حماية الشعب في سوريا، وأن ألمانيا احتضنت ضباط الانقلاب الهاربين، وقد كان الدعم الغربي المباشر لهذه التنظيمات بشكل مباشر وصريح واحدًا من أهم التحديات أمام السياسة الخارجية، ومع ذلك، فإن حكومة حزب العدالة والتنمية تصرّ على مواصلة الحوار مع الدول الغربية.

وعلى الرغم من الجهود التي تبذلها تركيا بحسن نية تصرّ كل الدول الغربية على الحفاظ على موقفها ضد تركيا، ولاسيّما في المناطق التي تُعدّ من أخطر التحديات التي تهدد تركيا، وخصوصا الأزمات المستمرة في العراق وسوريا، حيث تهدد هذه الأزمات أمن تركيا ووحدة أراضيها.

وثَمّة تحد آخر، وهو أن الدول الغربية لا تسهم بشكل جدّي في مساعدة تركيا في تكاليف استضافة اللاجئين والهجرة الدولية، فمن ناحية لا تَفي هذه الدول بتعهداتها بالإسهام في تحمل عبء مساعدة اللاجئين، كما أنها تقف ضد تركيا عندما يتعلق الأمر بالعمل على إزالة المخاطر الأمنية التي

تتسبب بموجات اللجوء، ومن الآثار الجانبية للهجرة غير القانونية أنها تسهل حركة الأشخاص المنتمين إلى منظمات أجنبية ومنظمات إرهابية، ومع مواجهة تركيا لهذه المخاطر الأمنية فإنه للأسف لا يوجد دعم لازم من الحلفاء في مجال مكافحة الإرهاب على الجبهات المختلفة.

وقد شكّلت السياسة الخارجية التي سلكتها تركيا أمام هذه الأزمات تحديات بينها وبين السياسات الخارجية الأخرى لدول المنطقة من حيث المبدأ، وفي هذا السياق اتّبعت تركيا سياسة خارجية مرتكزة بشكل مبدأي على الأخلاق والقيم لا على المواجهة والصراع، وهناك آراء بأن حزب العدالة والتنمية مارس سلوك السياسة الخارجية من منظور (الواقعية الحضارية) في الفترة ٢٠٠٢-٢٠١٠، وأنه منذ عام ٢٠١٠، وإلى يومنا هذا قد اتّبع سياسة خارجية على أساس نهج (الواقعية الأخلاقية)، وفي الواقع، ليس هناك فرق كبير بين هذين المنظورين.[٢٥] ونتيجة لذلك، يُعدّ كل من السياسة الأخلاقية والاستباقية أحد العناصر الأساسية للسياسة الخارجية، ومع أن كلًّا منهما أخلاقي بحد ذاته إلا أنه يُنظَر إلى الأول على أنه أكثر مثالية وإلى الثاني على أنه أكثر واقعية.

ومن خلال إصرار القوى الغربية على مواصلة حرب الاستنزاف ضد تركيا تم إضعاف تأثير قوة تركيا الناعمة، وعلى الرغم من كل ذلك اليوم، فإنه عندما تُستخدَم القوة

(25) E. Fuat Keyman, "A New Turkish Foreign Policy: Towards Proactive 'Moral Realism'", Insight Turkey, Cilt: 19, Sayı: 1, (2017), ss. 55-69.

الصلبة أيضًا فإن تأثير القوة الناعمة يزداد، كما يمكن القول إن سلوك تركيا في السياسة الخارجية سيبقى استباقيًّا وأخلاقيًّا في الفترة المقبلة، وهذا يعني أن تركيا ستستمر في تبنّي الخطاب الإنساني في سياستها الخارجية.

ومن خلال رحلات أردوغان الدولية المكثفة والاستمرار في أخذ زمام الحكومة المبادرة والتواصل عبر علاقات متعددة الأبعاد مع جميع الأطراف الفاعلة- سوف تكون تركيا أكثر فعالية في النظام الدولي الذي يجري تشكيله من جديد، كما أن استمرار خطاب السياسة الخارجية الحالي سيسمح لتركيا أن تكون أكثر فعالية في توازنات القوى الدولية، ومع ما سبق فإن استمرار السلطة السياسية في البلاد، وحماية الاستقرار السياسي الداخلي، وتجنب فقدان السيطرة في موضوع القضية الكردية- قضايا مرتبطة باستمرار التوازن السياسي الداخلي في تركيا من دون تغيير.

تركيا والعالم العربي في عهد العدالة والتنمية

سعيد الحاج

المدخل

يُعَدّ حزب العدالة والتنمية علامة فارقة في تاريخ تركيا الحديث، ليس فقط لاستمرارِه في الحكم فترة طويلة نسبيًّا (١٦ عامًا حتى الآن، مرشحة للاستمرار)- بل للبصمات التي تركها في كل مفاصل الحياة، وفي مختلف المجالات السياسية والاقتصادية والاجتماعية والثقافية. ولعل من أهم مجالات تميز الحزب الملف الاقتصادي، والبنية التحتية، والإصلاحات الديمقراطية، والسياسة الخارجية؛ وهذا المجال الأخير انتقلت فيه تركيا خلال فترة وجيزة نسبيًّا من إحدى دول العالم الثالث المنغلقة على نفسها إلى لاعب إقليمي فاعل، وذي مكانة دولية مرموقَة أهّلته لأداء أدوار مهمّة على مدى السنوات الماضية.

ولعلّ العالم العربي كان المنطقة الأكثر تأثرًا بهذا التغيّر، أوّلًا على مستوى الاستفادة من التجربة التركية في ظل العدالة والتنمية، التي عدّها الكثيرون نموذجًا يستفاد منه، وثانيًا فيما يتعلق بالموقف التركي من أحداثه المتسارعة، ولاسيّما الثورات العربية ومآلاتها، حيث أصبحت أنقرة في قلب الحدث، وجزءًا من حالة الاستقطاب الإقليمي. فتركيا التي أدارت وجهها نحو الشرق -ومنه العالم العربي- مع العدالة والتنمية، أصبحت جزءًا من المنطقة بعد أن كانت بعيدة عنها سياسيًّا رغم القرب الجغرافي، بما يزيد من محورية معادلة التأثير والتأثر بين الطرفين.

الاقترابُ التركي من المنطقة بدأ اقتصاديًّا- ثقافيًّا بوسائل القوة الناعمة، وعلى مبدأ الربح للجميع (Win-Win Game) ، ثم تجاوز ذلك إلى النطاق السياسي، لكنه تعدّاه لاحقًا إلى الاشتباك مع عدة ملفات بمستويات متباينة، من بينها الدعم الإعلامي والمالي، واستضافة اللاجئين، وفتح الباب أمام عمل سياسي وإعلامي للتيارات العربية المعارضة، والقطيعة مع بعض الأنظمة العربية، فضلاً عن الدعم المقدَّم للفصائل السورية المعارضة سياسيًّا ولوجستيًّا وعسكريًّا.

في مقابل كل ذلك، دفعت أنقرة ثمن مواقفها خلال الثورات العربية تحديداً، من خلال جهود خارجية لدعم المعارضة التركية وتوحيدها في الانتخابات، وهذا الأمر أسهم في نتيجة انتخابات حزيران/يونيو ٢٠١٥ البرلمانية، والعزلة التي عانتها في سياستها الخارجية بعد أن تناقضت مع محور روسيا- إيران من دون التطابق تمامًا مع الموقف الغربي بقيادة الولايات المتحدة الأمريكية، فضلاً عن إرهاصات المشروع السياسي الكردي في شمال سوريا الذي يهدّد أمنها القومي بشكل مباشر، وغير ذلك.

هذه التطورات، والمتغيرات المتسارعة في المنطقة التي حولتها من حالة (صفر مشكلات) إلى (صفر هدوء)، دفعت تركيا إلى إعادة النظر في سياستها الخارجية، وإجراء مراجعة شاملة وعميقة لها، وفق رؤية تأخذ بعين الاعتبار مصالحها وإمكاناتها والمتغيرات الإقليمية والدولية؛ لذا فقد تبنّت تركيا منذ ٢٠١٥، منذ حكومة بن علي يلدرم، سياسة (تكثير عدد الأصدقاء وتقليل عدد الخصوم)، التي كان لها آثار مباشرة في

المنطقة وقضاياها المختلفة، ولاسيّما الأزمة السورية، وتركت بصماتها على العلاقات العربية- التركية.

لا شك أن ثمة ما يشترك فيه معظم الدول العربية من الخطوط العامة للسياسة الخارجية التركية تجاه المنطقة، لكن مع ذلك لكل دولة من الدول العربية خصوصيتها في العلاقة مع أنقرة، وفق عدة محددات أهمّها مدى القرب الجغرافي بينهما، وقوة اقتصاد تلك الدولة، وحجم التبادل التجاري بينهما، والخلفية التاريخية للعلاقات الثنائية، والمشهد السياسي الداخلي لكل دولة على حدة، وغيرها من المحددات.

ولكن هذه الورقة لا تهدف إلى تناول تفاصيل العلاقات بين تركيا وكل دولة عربية على حدة، بل تهدف إلى رسم الأطر العامة لهذه العلاقات ومحاور التلاقي العربية- التركية ومسارها خلال سنوات حكم العدالة والتنمية في تركيا منذ ٢٠٠٢، مع بعض التركيز على القضية السورية؛ بسبب عمق انخراط تركيا فيها تأثرًا وتأثيرًا.

السياسة الخارجية التركية قبل العدالة والتنمية

أُسِّست الجمهورية التركية الحديثة بعد انهيار الدولة العثمانية وحرب الاستقلال، بُعَيد الحرب العالمية الأولى، على يد نخبة غربية التعليم منبهرة بالنهضة الأوروبية؛ لذا أرادت هذه النخبة أن تكون الجمهورية الوليدة غربية المنشأ والمسار والطابع.

وقد رفع مصطفى كمال ورفاقُه من بعده شعار تحديث تركيا؛ باعتباره مسارًا حتميًّا للحداثة والتطور، لكنهم ساروا بها في

مسار التغريب، بدءًا بما سُمِّي (ثورة الحَرْف)؛ أي تغيير الحروف الهجائية التركية من العربية إلى اللاتينية[١]، مرورًا بكل ما له علاقة بالزِّي واللباس والعادات والتقاليد وأسلوب الحياة وأنظمة عمل المؤسسات العامة، فضلاً عن نظام التعليم والمناهج الدراسية... وغير ذلك.

حملت الدولة التركية الوليدة -منذ نشأتها- جينات التباعد مع العالم العربي والشرق عمومًا، جزئيًّا؛ لأن قياداتها حمّلت العرب والعامل الديني مسؤولية إخفاق السياسات الإصلاحية في نهايات الدولة العثمانية[٢]. ولجملة من الأسباب والعوامل فقد بُنِيَت سياسة تركيا الخارجية على مدى عشرات السنين على ثلاثة محاورَ رئيسة:

العلاقةَ مع الولاياتٍ المتحدة الأمريكية، بصفتها أساسًا العلاقات السياسية.

العلاقة مع حلف شمال الأطلسي (الناتو)، بصفتها أساسًا للعلاقات العسكرية والأمنية.

العلاقة مع الاتحاد الأوروبي، بصفتها أساسًا للعلاقات الاقتصادية[٣].

---

(1) Agah Sırrı Levend, "Türk Dili'nde Gelişme ve Sadeleşme Evreleri", Ankara, 1972, s. 156.

(٢) عقيل سعيد محفوظ، جدليات المجتمع والدولة في تركيا: المؤسسة العسكرية والسياسة العامة، (أبو ظبي: مركز الإمارات للدراسات والبحوث الإستراتيجية، ٢٠٠٨)، ص ١٧١ وما بعدها.

(٣) سعيد الحاج، تقدير إستراتيجي (٨٤): تركيا والقضية الفلسطينية بعد الانتخابات البرلمانية، (مركز الزيتونة للدراسات والاستشارات، نوفمبر/تشرين الثاني ٢٠١٥) http://goo.gl/P29EBa

شهدت السنوات التالية انضمام تركيا فعليًّا إلى المعسكر الغربي، بدءًا من دخولها الحرب العالمية الثانية بشكل متأخر جدًّا إلى جانب الحلفاء، بيد أن الأطماع السوفياتية في أراضيها ومضائقها كان لها أيضًا دور بارز في تفعيل وتسريع هذا المسار. طالب الاتحاد السوفياتي السابق عام ١٩٤٥ بضم بعض المدن التركية، مثل أرضخان ووان إلى أراضيه، إضافة إلى السيطرة على مضيقي البوسفور والدردنيل وحركة الملاحة عبرهما(٤)، وهو ما دفع أنقرة لطلب الحماية الأمريكية التي لم تتأخر في اقتناص الفرصة.

دخلت تركيا تحت الحماية الأمريكية، وحصلت على مساعدات مالية وفق (خطة مارشال)؛ للحدّ من خطر التمدد الشيوعي(٥)، ثم قبِلت عضوية حلف شمال الأطلسي (الناتو) عام ١٩٥٢ بعد مشاركتها في الحرب الكورية، وقد أدّت منذ ذلك الحين دور القاعدة المتقدّمة للحلف في مواجهة موسكو وحلف وارسو.

وفي موازاة ذلك، بدأ مشوار تركيا للانضمام إلى الاتحاد الأوروبي باكرًا جدًّا، بتقديمها طلب الانضمام إلى الجمعية الأوروبية عام ١٩٥٩، والذي قُبِل عام ١٩٦٣ بتوقيع اتفاقية أنقرة(٦). ثم تقدّمت تركيا بطلب العضوية في الاتحاد الأوروبي عام ١٩٨٧، فقُبِل ملفّ ترشيحها عام ١٩٩٩، بينما لم تبدأ

---

(4) Nasuh Uslu, TheTurkish-U.S. RelationshipsBetween 1947 and 2003: TheHistory of a DistinctiveAlliance, Nova SciencePublishersİnc., New York, 2003, p. 111.

(5) Ronald E. Powask, The Cold War: The United States and The Soviet Union 1917 - 1991, Oxford University Press, New York, 1998, p. 73.

(6) Official Journal of the European Communities 1973, C113p2.

مفاوضات الانضمام إلّا عام ٢٠٠٥ في عهد العدالة والتنمية، وبدون تحديد سقف زمني لنهايتها.

ثمة أصوات أوروبية تدعو مؤخرًا إلى تجميد ملف عضوية تركيا في الاتحاد، بعد مسيرة تفاوض بطيئة ومتعثرة، لكن الاتحاد يبقى الشريك الاقتصادي الأول لتركيا، إضافة إلى عضويتها في الاتحاد الجمركي(٧)، وهو ما يعني أن خصوصية العلاقة مع الاتحاد مستقرة ومستدامة ومستمرة بغض النظر عن مصير ملف الانضمام أو مداه الزمني.

وأما العلاقات التركية- الأمريكية فقد شهدت الكثير من حالات المدّ والجزر، وتخللتها عدة أزمات أهمّها أزمة الصواريخ الكوبية عام ١٩٦٢، والتدخل التركي في قبرص عام ١٩٧٤. بينما شهدت تسعينيات القرن الفائت العهد الذهبي في العلاقات الثنائية بين البلدين، حيث أعلنا شراكة موسّعة عام ١٩٩١، ثم شراكة إستراتيجية عام ١٩٩٥. ولاتزال العلاقات بين البلدين محافظة حتى اليوم على أهميتها ومحوريّتها رغم محطات التوتر التي مرّت وتمرّ بها، والافتراق الواضح بين رؤى الطرفين في السياسة الخارجية وقضايا المنطقة عمومًا.

في مقابل هذا المحور الغربي في السياسة الخارجية التركية، كانت إدارةُ الظّهر للشرق برمّته ومن ضمنه العالم العربي إحدى الركائز الأساسية للجمهورية التركية، التي تضمّن تخلّيها عن

---

(٧) انظر مثلاً:
Dura, Cihan.; Atik, Hayriye.; Dumrul, Cüneyt., Avrupa Birliği, Gümrük Birliği ve Türkiye, Nobel Akademik Yayıncılık Eğitim Danışmanlığı, Ankara, 2015.

الاسم السابق أي (العثماني)- إشارة رمزية إلى زهدها في الترابط العضوي، بل والتواصل السياسي مع العالم العربي.

وفي المرّات القليلة التي اشتبكت تركيا فيها مع قضايا العالم العربي في تلك الحقبة، فرض عليها موقعها في حلف الناتو التعارض مع مصالحه الحيوية، ومن أمثلة ذلك اعترافها المبكّر بدولة الاحتلال الإسرائيلي، وانضمامها إلى حلف بغداد مع كل من المملكة المتحدة والعراق وإيران وباكستان، وحشد قواتها العسكرية على الحدود السورية عام ١٩٥٨ للضغط على الرئيس جمال عبد الناصر بعد إعلان الجمهورية العربية المتحدة[٨]، وتوقيعها الاتفاق الإطاري أو حلف حزام المحيط مع (إسرائيل) وإثيوبيا لحصار بعض الدول العربية[٩].

شهِدت نهايات الحرب الباردة ثم حقبة ما بعدها اهتمامًا تركيًّا مختلفًا بالعالم العربي، ولاسيّما مع الرئيس تورغوت أوزال صاحب الرؤية المهتمّة بالمساحة الجغرافية والسياسية الممتدة (من بحر الأدرياتيك إلى حدود الصين)[١٠]، ثم في عهد رئيس الوزراء الراحل نجم الدين أربكان الذي ابتكر فكرة مجموعة الدول النامية الثماني (د-٨)، المكوّنة من ثماني دول مسلمة أعضاء في منظمة المؤتمر الإسلامي (الاسم السابق لمنظمة

---

(٨) أديب صالح اللهيبي، العلاقات السورية السوفييتية ١٩٤٦- ١٩٦٧ : دراسة تاريخية، (دار غيداء للنشر والتوزيع، ٢٠١١)، ص١٢١.

(٩) تركيا والقضية الفلسطينية، تقرير معلومات (١٧)، مركز الزيتونة للدراسات والاستشارات، ٢٠١٠، ص١٣.

(١٠) عقيل سعيد محفوظ، السياسة الخارجية التركية الاستمرارية والتغيير، (المركز العربي للأبحاث ودراسة السياسات، الدوحة، ٢٠١٢)، ص٥٠-٥٥.

التعاون الإسلامي الحالية)، لكن تجربته في الحكم لم تَطُل كثيرًا، إذ تمّ الانقلاب عليه في شباط/فبراير ١٩٩٧.

السياسة الخارجية لحزب العدالة والتنمية

العمق الإستراتيجي

مع انتهاء الحرب الباردة، رأى الكثيرون في الغرب أن تركيا فقدت أهميتها بالنسبة للمحور الغربي إثر انهيار المعسكر الاشتراكي، بينما رأى آخرون أن المرحلة الجديدة تمثل فرصة لتركيا للبحث عن مكانة مختلفة وأفضل في النظام العالمي الآخذ بالتشكل، وفي مقدمة هؤلاء أحمد داود أوغلو الذي سطّر خلاصة أفكاره في كتابه الأشهر (العمق الإستراتيجي: موقع تركيا ومكانها في الساحة الدولية).

وقد أتت مرحلة تأسيس العدالة والتنمية بعد ثلاثة متغيرات مهمّة محلية ودولية، هي:

١- انهيار النظام العالمي ثنائي القطب، وانتهاء مرحلة الحرب الباردة، وهذا فتح الباب لكل دولة طموحة و/أو قادرة لحجز مكانها في النظام الجديد؛ بل والمشاركة في صياغته.

٢- حالة الانسداد السياسي في تركيا بعد انقلاب عام ١٩٩٧ على حكومة رئيس الوزراء أربكان، التي تبعها سقوط عدة حكومات ائتلافية، إضافة إلى تعمّق الأزمات الاقتصادية التي أوصلت تركيا إلى حافة الإفلاس، وفرضت عليها الاستدانة من صندوق النقد الدولي والخضوع لشروطه.

٣- اعتقال زعيم حزب العمال الكردستاني عبد الله أوجلان عام ١٩٩٩، بكل ما قد يحمله تطور مماثل من آثار مباشرة على المشكلة الكردية في تركيا، التي تُعدّ أبرز معضلات الجمهورية

التركية المتفاعلة منذ تأسيسها عام[١١] ١٩٢٤.

رأى داود أوغلو، الذي لُقِّب لاحقًا بمهندس السياسة الخارجية التركية، في كل ذلك فرصة تاريخية استثنائية لتركيا لتعيد اكتشاف مكانها وإمكاناتها ومكانتها على الصعيدين الإقليمي والدولي، إذا هي امتلكت الثقة بالنفس وعناصر القوة المطلوبة للتعامل مع استحقاقات المرحلة وروح المبادرة، وإلا كانت من الدول المتفرّجة أو الخاسرة[١٢].

لم تنقلّب تركيا في عهد العدالة والتنمية على تاريخ الجمهورية التركية في السياسة الخارجية، لكنها أعادت صياغة هذه السياسة وأعادت تفسيرها، بحيث تصبح أكثر توازنًا، بانفتاحها على جميع الأطراف ونسج العلاقات معها، باعتبار أن موقع تركيا الوسطي بين قارات العالم القديم، وتواصلها الجغرافي -برًّا وبحرًا- مع الشرق الأوسط والبلقان والقوقاز والقارة الأوروبية والشمال الإفريقي من العوامل المساعدة على ذلك.

الفكرة الرئيسة التي قدّمها رئيس الوزراء الحالي في كتابه كانت قدرة تركيا -إن لم نقل قدرها- على أن تكون (دولة مركز) في محيطها، وهي بحسب تعريفه: "الدولة التي لا تقبل بمقتضى وضعيتها الجغرافية أن تظل منحصرة في منطقة

---

(١١) الحاج، سعيد، العلاقات العربية- التركية: الآفاق والصعوبات، (المؤسسة العربية للدراسات الإستراتيجية، إسطنبول، ٢٠١٦).

(١٢) داود أوغلو، أحمد، العمق الإستراتيجي: موقع تركيا ودورها في الساحة الدولية، ترجمة: محمد جابر ثلجي وطارق عبد الجليل، (مركز الجزيرة للدراسات، الدوحة، ٢٠١٠)، ص٢٧-٢٨.

واحدة بعينها وتُعرَف بها، بل لديها القدرة على النفوذ إلى مناطق أخرى متعددة في آن واحد"[١٣].

وقد قدّم داود أوغلو في كتابه عدة نظريات تخدم هذه الرؤية الكبيرة، أهمها:

العمق الإستراتيجي: وهي النظرية التي سُمِّي الكتاب باسمها لأهميتها ومحوريتها فيه. حيث رأى داود أوغلو أن الوضع الجيوسياسي أداة للانفتاح على العالم ضمن خطوات مرحلية من أجل تحويل التأثير الإقليمي إلى تأثير دولي، مركّزًا على العمق الإستراتيجي؛ أي الفضاءات والمناطق والكتل المحيطة التي يتوجب على الدولة الاهتمام بها والتواصل معها وتغذية دورها فيها بهدف رفع مكانتها الدولية.

وقد شرح باستفاضة كيف أن مكانة تركيا الدولية سترتبط ارتباطًا وثيقًا بمدى قدرتها على صياغة سياسة خارجية معتمدة على أولويات تكتيكية ضمن ثلاث ساحات تأثير جيوسياسي مهمّة، هي: المناطق البرية القريبة، والأحواض البحرية القريبة، والمناطق القارية البعيدة[١٤].

تصفير المشكلات: وهي النظرية التي اعتبرت بصمة العدالة والتنمية في سياساته الإقليمية، وتقول ببساطة إن أي دولة تعاني مشكلات متفاقمة وكثيرة مع الدول المجاورة لها لا يمكن أن تصوغ سياسة خارجية ناجحة، أو تحظى بمكانة دولية مرموقة[١٥].

---

(١٣) المصدر السابق، ص ٦٠٩.

(١٤) المصدر السابق، ص ١٤٤.

(١٥) المصدر السابق، ص ١٧٠.

دعا الرجل إلى ضرورة إعادة تركيا النظر في سياستها الخارجية على مستوى الرؤية، لا على مستوى المرحلية فقط، وعلى مستوى الإستراتيجية، لا على مستوى التكتيكات فحسب، وهو ما يتطلب مراجعة (البارادايم) أو المرجعية الفكرية والثقافية للسياسات التركية، مع مزيج من المرجعية الإسلامية والخبرة التاريخية (العثمانية) والحداثة[١٦].

ج- **القوّة الناعمة**: وهي الأسلوب الذي ينبغي على تركيا أن تنتهجه في سياسة تصفيرها للمشكلات مع عمقها الإستراتيجي. وهو نهج متناغم مع إرث الجمهورية التركية مع جوارها من حيث تجنبها استخدام القوة الخشنة نظريًّا وعمليًّا، ومتناسق مع الخصائص المشتركة بين تركيا ودول الجوار من النواحي الاقتصادية والثقافية والفكرية والتاريخية والجغرافية، وهي نفسها الخصائص التي رأى داود أوغلو أنها تؤهّل بلاده لأن تكون (دولة مركز) في محيطها[١٧].

وقد أسهمت في صياغة هذه القوة الناعمة التركية في عهد العدالة والتنمية، ثم في تقبّل دول الجوار لها، وفي مقدمتها العالم العربي- عدّةُ محددات داخلية وخارجية، أهمّها: مسار الإصلاحات الديمقراطية التي كانت ولاتزال أفضل قوة ناعمة تمتلكها تركيا مع العدالة والتنمية، والنهضة الاقتصادية اللافتة، وإعادة صياغة العلاقة بين الدولة والمجتمع، والانفتاح على العالم الخارجي، وحالة التطوير في مختلف القطاعات التقنية والثقافية والإعلامية، والدعم الحكومي الرسمي لتأمين أسواق

---

(١٦) المصدر السابق، ص ١٧٢.

(١٧) المصدر السابق، ص ٦١٢.

جديدة للسلع التركية والاستثمارات المشتركة، والسياسة التركية النشطة التي حملت بين طياتها الكثير من المبادرات والوساطات في أكثر من نزاع ومشكلة[١٨].

سياسة متعددة الأبعاد

أراد العدالة والتنمية صياغة سياسة متعددة الأبعاد لا ذات بعد واحد كما كانت خلال فترة الحرب الباردة، باعتبار أن العلاقة مع اللاعبين الدوليين ليست بديلة عن بعضها بعضًا، بل متكاملة فيما بينها[١٩].

وتَمثَّل المتغير الثاني في السياسة الخارجية التركية على المستوى العملي في نشاط الدبلوماسية التركية بصفتها دولة واثقة بنفسها وموثوق بها من الأطراف الأخرى، ولاسيّما دول الجوار على مستوى المبادرات والوساطات، مثل مبادراتها فيما يتعلق بأزمات القوقاز، والاتفاق الثلاثي مع كل من إيران والبرازيل بخصوص الملف النووي الإيراني عام ٢٠١٠[٢٠]، وتوسطها في المفاوضات غير المباشرة بين سوريا ودولة الاحتلال عام ٢٠٠٨.

السياسة متعددة الأبعاد كانت ستعني بالضرورة الاحتفاظ بمحور العلاقة مع الاتحاد الأوروبي لا رفضه، بل تعزيزه بخطوات عملية فاعلة، مثل مشاركة أردوغان بوصفه رئيسًا لحزب العدالة والتنمية في قمة كوبنهاغن في كانون الأول ٢٠٠٢

---

(١٨) عقيل سعيد محفوظ، مصدر سابق، ص١٤٤-١٤٥.

(١٩) داود أوغلو، العمق الإستراتيجي، ص٦١٤.

(٢٠) اتفاق إيران النووي مع البرازيل وتركيا، الجزيرة نت، ١ آذار/مارس ٢٠١٥:
http://goo.gl/yyv8KR

ثم بدء مفاوضات الانضمام عام ٢٠٠٥. كما سعت أنقرة بشكل حثيث لتدوير الزوايا في عدد من القضايا الإشكالية مع الاتحاد الأوروبي، وفي مقدمتها العلاقات مع كل من اليونان وأرمينيا، إضافة إلى المشكلة القبرصية.

كما أنّ السياسة الخارجية الجديدة للعدالة والتنمية لم تعن التراجع عن الشراكة الإستراتيجية المعلنة مع الولايات المتحدة الأمريكية منذ عام [21] ١٩٩٥، بل سعى الحزب الحاكم إلى تفعيل وتعميق هذه العلاقة، رغم أنه لم يستطع ذلك في مرات عديدة، في مقدمتها أزمة (مذكرة الأول من آذار/مارس) عام ٢٠٠٣. وقد كان مقرّ مجلس الشعب الكبير (البرلمان) التركي في أنقرة المكان الذي اختاره الرئيس الأمريكي باراك أوباما في ٢٠٠٩ ليخاطب من خلاله العالمين العربي والإسلامي، وليبشّر بـ(النموذج التركي) في الجمع بين الدين الإسلامي والديمقراطية الحديثة.

انتهجت (تركيا العدالة والتنمية) في البلقان سياسة ترتكز على دعم الاستقرار وتوفير الغطاء للأقليات المسلمة، وتقديم المشروعات والاهتمام الخاص بالإرث العثماني- الإسلامي[22]، وفي القوقاز بترميم العلاقة مع أرمينيا والانفتاح على جورجيا وتطوير العلاقات مع أذربيجان. كما حظيت القارة الإفريقية باهتمام خاص من أنقرة، فأعلنت عام ٢٠٠٥ (عام الانفتاح على إفريقيا) في سياستها الخارجية، ورفعت عدد ممثلياتها

(21) Burak Küntay, Major Shift - The Change in U.S. Foreign Policy During The 2003 İraq War Era And Turkish - U.S. Relations, Başakşehir University Press, 2011, pp. 109 - 116.

(٢٢) داود أوغلو العمق الإستراتيجي، ص١٤٩.

الدبلوماسية فيها إلى ٤٣ (٣٩ سفارة وأربع قنصليات) عام ٢٠١٥.[٢٣]

أما على المستوى الإستراتيجي، فلم تكتف تركيا بعلاقاتها المحورية مع كل من الاتحاد الأوروبي والولايات المتحدة وحلف شمال الأطلسي، بل حاولت تأسيس علاقات راسخة مع كل من روسيا والصين وإيران. فقد أصبحت تركيا (شريكًا للحوار) في منظمة شنغهاي عام ٢٠١٣، وطلبت العضوية فيها عام ٢٠١٤ في ظل صدّ الاتحاد الأوروبي أنقرة عن أبوابه وعلاقاتها المتوترة مع الولايات المتحدة. وهو مسار تعمق كثيراً مع تطبيع العلاقات التركية- الروسية بعد أزمة إسقاط المقاتلة الروسية في تشرين الأول/نوفمبر ٢٠١٥، وقد وصل التعاون بين أنقرة وموسكو إلى مستوى شراء الأولى من الثانية سلاحًا استراتيجيًّا، مثل منظومة S٤٠٠، ويُعدّ هذا خطوة ذات أبعاد إستراتيجية لا تخفى[٢٤].

السياسة الخارجية للعدالة والتنمية تجاه العالم العربي

تحوز تركيا أهمية خاصة بالنسبة للعالم العربي بسبب التقارب الجغرافي بينهما، إضافة إلى موقعها الإستراتيجي الذي يتوسط قارات العالم القديم الثلاث، فضلاً عن موانئها ومضايقها. وبنفس المنطق، فإن للعالم العربي أهمية استثنائية لتركيا، ليس فقط بسبب الموقع والقرب الجغرافي والمضايق، بل أيضًا لأهمية

---

(٢٣) موقع منسقية الدبلوماسية الشعبية التابعة لرئاسة الوزراء التركية، شباط/فبراير ٢٠١٥:

https://goo.gl/wPLTRi

(٢٤) الحاج، سعيد، تركيا: الأبعاد الإستراتيجية لصفقة S٤٠٠ الروسية، المعهد المصري للدراسات السياسية والإستراتيجية، ١٥ أيلول/سبتمبر ٢٠١٧:
https://goo.gl/7qbBvb

خاصة تتميز بها بعض الدول العربية عن بعضها الآخر فيما يتعلق بالعلاقة مع تركيا، إما بسبب الحدود المشتركة والتقارب العرقي والإثني مثل سوريا، أو للوزن الإستراتيجي في معادلات المنطقة مثل مصر، أو للجوار وجدلية التأثير والتأثّر مثل العراق، أو للخلفية التاريخية والأهمية الاستثنائية مثل فلسطين.

أكثر من ذلك، يقع العالم العربي في قلب (العمق الإستراتيجي) لتركيا، بل في الخط الأول والأهم من هذا العمق، أو ما أسماه داود أوغلو (المناطق البرية القريبة)، التي تضم ثلاثيَّ الشرق الأوسط والبلقان والقوقاز[٢٥]. كما يضم العالم العربي أربعة من ضمن أهم عشرة مضائق وممرات مائية مركزية لها أهميتها المحورية في المواصلات الدولية، وهي قناة السويس ومضيق باب المندب ومضيق هرمز ومضيق جبل طارق. وتمثل نقاط التقاطع المائية هذه أهمية استثنائية لتركيا من النواحي التجارية والإستراتيجية، بصفتها دولة قريبة من العالم العربي ومحاطة بالبحار من ثلاث جهات[٢٦].

من جهة أخرى، يشترك العالم العربي مع تركيا في العمق الجغرافي والاستمرارية التاريخية والتأثير الثقافي المتبادل والترابط الاقتصادي، وهي شروط (الدولة المركز) التي تحدّث عنها مهندس السياسة الخارجية التركية، وهذا ما يؤهّلها لتكون دولة رائدة في المنطقة، وهي الفكرة التي حاولت تركيا تحويلها إلى واقع مع الثورات العربية في بدايات عام[٢٧] ٢٠١١.

---

(٢٥) المصدر السابق، ص ١٤٥ - ١٦٩.

(٢٦) المصدر السابق، ص ١٩٥ - ٢٠٦.

(٢٧) المصدر السابق، ص ٦١٢.

وتُعدّ العلاقات مع العالم العربي من المساحات الأهم لاختبار مدى تطبيق نظريات أحمد داود أوغلو في الواقع العملي، بوصفها جزءًا من منطقة الشرق الأوسط التي سماها في كتابه (الحديقة الخلفية التي لا غنى عنها) بالنسبة لتركيا[٢٨].

وقد تبنّت تركيا العدالة والتنمية في سياساتها نحو العالم العربي (ضمن سياساتها في الشرق الأوسط) أربع إستراتيجيات رئيسة، هي:

الأولى، ضمان الأمن للجميع، على مستوى المجموعات والدول من دون تمييز.

الثانية، الارتقاء بمستوى الحوار السياسي إلى أعلى درجة، من خلال دبلوماسية تركية نشطة.

الثالثة، التكامل الاقتصادي والترابط التجاري المتبادل، بوصفهما شرطًا رئيسًا لإحلال السلام في المنطقة.

الرابعة، احترام التعددية الثقافية والمذهبية والعرقية في المنطقة، بصفته شرطًا من شروط الاستقرار فيها[٢٩].

وتحت هذه الإستراتيجيات الأربع، كانت ثمة مسارات للعلاقات المرجوّة سارت عليها تركيا، أهمها:

تجاوز العوائق النفسية السلبية التي أعاقت الانفتاح على ا لمنطقة.

إنشاء مؤسسات لمواكبة التطورات الإقليمية، مثل المراكز البحثية والمعاهد الأكاديمية.

إقامة علاقة متوازنة بين المعادلات الدولية والسياسات

(٢٨) المصدر السابق، ص ١٥٥.

(٢٩) المصدر السابق، ص ٦٢٠ – ٦٢١.

الإقليميـة الواقعيـة.

طرح مشروعات شاملة للمنطقة ككلّ.

تشـكيل مجـالات المصالـح المشـتركة التـي تعـزز السـلم في ا لمنطقة .

منـع تشـكل تكتـلات قومية مضـادة، تهـدد السـلم والأمن في ا لمنطقة .

تنويع العلاقات الثنائية لتجنب إثارة ردود أفعال معينة.

تبني مقاربة مؤثرة وفاعلة ومبادرة في المشكلات الإقليمية.

تعزيـز صـورة تركيـا فـي المنطقة من خـلال تكثيـف التواصل المباشـر والعلاقـات الوثيقة[٣٠].

هكـذا، سـارت تركيـا نحو العالـم العربي بغية تصويـب الصورة النمطيـة السـلبية عنها، وبنـاء علاقات جديدة ومتينـة على خُطى تصفيـر المشـكلات مـع العالـم العربـي، منتهجـة أدوات القـوة الناعمـة من تبـادل تجاري واتفاقـات اقتصادية ومؤتمـرات علمية ومهرجانـات فنيـة، مصحوبـة ومتوَّجة بجهد دبلوماسـي كبير على مختلـف المسـتويات من رئاسـة الجمهورية إلى رئاسـة الوزراء إلى وزارة الخارجية.

واسـتجاب العالـم العربـي لهـذا الجهـد التركـي بالاسـتقبال والقبـول، فحصلـت تركيـا حتى عـام ٢٠١١ على ترحيـب محورَيِ الاعتـدال والممانعـة اللذيْـنِ كانـا يتقاسـمان حينهـا دول العالـم

---

(٣٠) المصدر السابق، ص ٤٨٩ .

العربي بشكل عام من دون أن تدخل في أيّ استقطابات أو محاور. وهذا الذي مكّنها من رعاية مفاوضات غير مباشرة بين سوريا ودولة الاحتلال عام ٢٠٠٨، وتنظيمها مع مصر اجتماع إعادة بناء دارفور في القاهرة عام ٢٠١٠، فضلاً عن مبادراتها للتوسط في عدد من الدول العربية في بدايات الثورات مثل سوريا والبحرين وليبيا.

وقد قُبِلت تركيا عضواً مراقباً في جامعة الدول العربية باكراً جدّاً في عهد العدالة والتنمية، وأُسِّس عام ٢٠٠٥ المنتدى الاقتصادي التركي- العربي، وفي ٢٠٠٨ منتدى التعاون التركي- العربي، ووقعت تركيا اتفاقات تجارة حرة، وألغت التأشيرة مع عدد كبير من الدول العربية.

على مستوى العلاقات الثنائية، مثّلت العلاقات مع كل من سوريا والعراق مثالاً حيًّا للقفزات التي حققتها تركيا في علاقاتها مع الدول العربية، فانتقلت مع الأولى من تخوم الحرب عام ١٩٩٩ إلى تأسيس مجلس أعلى للتعاون الإستراتيجي معها، ومع الثانية من التوتر إلى التعاون الاقتصادي ومواجهة حزب العمال الكردستاني وعلاقات الصداقة وحسن الجوار، مع الحكومة المركزية وحكومة إقليم الشمال.

وقد حظيت القضية الفلسطينية باهتمام تركي خاص ومقاربة متدرجة في التعاطي والدعم، بدءاً من مرحلة العلاقات الجيدة مع دولة الاحتلال، وصولاً لحادثة منتدى دافوس الشهيرة، ثم الاعتداء على أسطول الحرية وسقوط عشرة شهداء من

الناشطين الأتراك، وهو ما أدى لقطيعة دبلوماسية بين الطرفين انتهت عام ٢٠١٦ من دون العودة إلى حالة التحالف الإستراتيجي السابقة معها(٣١).

وقد ساعدت تركيا على هذه الإنجازات عدةُ عوامل جوهرية، أهمها الخلفية الإسلامية لقيادة الصف الأول في حزبها الحاكم، والقفزة الاقتصادية الجبارة التي حققتها خلال سنوات قليلة التي مثّلت نموذجًا اقتصاديًّا يُحتَذى، وانتهاجها القوة الناعمة سبيلاً وحيداً لمقاربة قضايا المنطقة، ونموذج التحول الديمقراطي الذي قدمته، وحفاظها على سياسة التواصل مع الجميع بمسافة متساوية، وعدم الانخراط في أي محاور أو استقطابات في المنطقة، فضلاً عن امتناعها عن التدخل في الشؤون الداخلية للدول العربية.

الثورات العربية

بيد أن هذه الحالة تغيرت بشكل جذري مع الثورات العربية في نهايات ٢٠١٠، الحدث الذي هزّ المنطقة برمّتها، وأدخل تركيا في حالة الاستقطاب فيها، حين تخلت عن تحفظها وتقليديتها في سياستها الخارجية، وبلورت سياسة خارجية نشطة ومبادرة في عمقها الإستراتيجي.

وقد ساعدت أنقرةَ على هذا التغير الكبير والجوهري في سياستها الخارجية المتعلقة بالمنطقة عدةُ عوامل رئيسة، أهمها:

(٣١) الحاج، سعيد، تقدير إستراتيجي (٨٨): مستقبل العلاقات التركية- (الإسرائيلية)، مركز الزيتونة للدراسات والاستشارات، شباط/فبراير ٢٠١٦:
https://goo.gl/18yb5L

١- رأت تركيا في الثورات العربية حدثًا مفصليًّا مرشّحًا للاستمرار وفق السيرورة التاريخية ليعيد تشكيل المنطقة سياسيًّا واستراتيجيًّا.

٢- أتت الثورات العربية في توقيت عَدّ العدالة والتنمية فيه أنه وصل إلى مرحلة متقدمة من الاستقرار والاستمرار داخليًّا والقبول والتأثير خارجيًّا، وخصوصًا في مستوى شعبيتها وحضورها في الشارع العربي، الأمر الذي انعكس على ثقته بقدرته على التأثير وتوجيه دفة الأحداث وبقدرات تركيا السياسية والاقتصادية والثقافية وقوتها الناعمة المتنامية، وهو ما عبّر عنه أكثر من مسؤول تركي من خلال عبارة أن "ثوب تركيا بات يضيق على جسدها النامي باضطراد".

٣- قدّمت تركيا بلورة موقفها من الثورات العربية باعتباره موقفًا أخلاقيًّا يقف إلى جانب الشعوب ضد الأنظمة الدكتاتورية المفتقدة للشرعية السياسية[٣٢].

٤- قرأت أنقرة المتغيرات على أنها إرهاصات مشهد إقليمي جديد يمكن أن يصوغ علاقات مختلفة ومتقدمة بينها وبين العالم العربي، خصوصًا وأن البديل للأنظمة العربية القائمة حركات إصلاحية ذات خلفية إسلامية ورصيد شعبي تنظر لتركيا بعين الغبطة ومستعدة للتعاون معها، بل ربما رأى بعض الساسة الأتراك أن التجربة التركية كانت أحد مصادر الإلهام للشباب العربي[٣٣].

---

(٣٢) المصدر السابق، ص٣٩٦- ٤٠٦.

(٣٣) الحاج، العلاقات العربية- التركية: الآفاق والصعوبات.

لكل هذه الأسباب والعوامل بلورت تركيا مواقفها من ثورات الدول المختلفة ابتداءً وفق محددات واضحة، يأتي في مقدمتها:

أولًا، الوقوف إلى جانب المطالب الشعبية في البلاد التي شهدت حركات احتجاجية وثورات.

ثانيًا، تأكيد ضرورة التغيير السلمي والحفاظ على أمن واستقرار الدول التي حصلت فيها الثورات.

ثالثًا، رفض الممارسات القمعية التي انتهجتها الأنظمة في وجه المتظاهرين.

رابعًا، رفض التدخل الأجنبي وخصوصًا العسكري في البلاد التي شهدت الثورات، وتأكيد ضرورة الحلّ المحلّي الداخلي، بما يحفظ وحدة البلاد.

خامسًا، مراعاة المصالح التركية السياسية والاقتصادية مع مختلف الدول والأنظمة بحيث لا يضرّ الموقف التركي بمصالحها أو برعاياها في هذه الدولة أو تلك[٣٤].

اختلف الموقف التركي بين بلد وآخر، وفقًا للمحددات السابقة، والمصالح التركية مع تلك الدولة، وتطورات الأحداث فيها، والعلاقات مع ذلك البلد. كما تدرّج الموقف التركي وتبدل مع الوقت -ولاسيّما في سوريا- تبعًا لتطورات الأحداث داخليًّا، والموقف الإقليمي والدولي من النظام. فمن التريث والمتابعة إثر مفاجأة الثورة التونسية، إلى السرعة والحزم مع الثورة المصرية، ومن الغموض والحيادية ثم التفاعل في الثورة الليبية، إلى التفاعل الهادئ مع الثورة اليمنية، في حين شكلت الثورة السورية -ولاتزال- التحدي الأبرز للسياسة الخارجية التركية؛

(٣٤) المصدر السابق.

لأسباب عدة، أهمها: الحدود المشتركة، وتطورات المشهد السوري والموقف التركي تبعًا لذلك، كما سنفصّل لاحقًا.

مراجعات السياسة الخارجية التركية

كانت الثورات العربية وتبعاتها وارتداداتها وما واجهته من ثورة مضادة منظّمة أكبر من قدرات شعوب المنطقة وقوى الثورة والدول الداعمة لها، ويمكن اعتبار ٢٠١٣ -وتحديداً منذ الانقلاب في مصر- سنة انكفاء المدّ الثوري في الدول العربية وإحراز التحالف الإقليمي للثورة المضادة انتصارات محورية في أكثر من بلد.

انقلبت توازنات المنطقة وتبدلت محاورها، فوجدت تركيا (عمقها الإستراتيجي) غارقًا في الدماء والصراعات الداخلية، وتحوّلت (صفر مشاكل) بسرعة إلى (صفر هدوء) في محيط لاهب ومضطرب، ولم تعد (القوة الناعمة) التركية قادرة بمفردها على الإنجاز وفق المعطيات المستجدة. فكان من الطبيعي أن تتجه تركيا إلى القيام بمراجعات عميقة وجذرية لأسس سياستها الخارجية، لأسباب وعوامل عديدة، أهمها:

أولًا، إخفاق تركيا في إحداث اختراقات مهمّة في السياسة الخارجية، ولاسيّما ما يتعلق بالثورات العربية.

ثانيًا، دفعت تركيا ثمن مواقفها الداعمة للقوى الثورية العربية سياسيًّا واقتصاديًّا واجتماعيًّا وأحيانًا أمنيًّا، من بينها تحريض بعض الدول العربية عليها، وإلغاء اتفاقيات اقتصادية، مثل اتفاقية الرورو البحرية مع مصر، وتوقف مشروع المجلس الأعلى للتعاون الإستراتيجي مع دول مجلس التعاون الخليجي، واستهدافها بالعمليات الإرهابية والانتحارية.

ثالثًا، العزلة التي عانتها أنقرة في الإقليم بعد انقطاع أو تراجع العلاقات مع كل من إيران والعراق وسوريا (النظام) ومصر والإمارات ودولة الاحتلال، ثم لاحقًا روسيا.

رابعًا، الأجندة التركية المحلية المزدحمة بأحداث خطيرة ومتلاحقة، والتي أدت لضعف قدرة تركيا على التركيز والإنجاز في الملفات الخارجية، أهمها أحداث (جزي بارك) في حزيران/يونيو [٣٥]٢٠١٣، ثم حملة (الانقلاب القضائي) نهاية العام نفسه[٣٦]، ثم استئناف حزب العمال الكردستاني لعملياته العسكرية داخل المدن والبلدات جنوب شرقي البلاد في تموز/يوليو ٢٠١٥، فضلاً عن عدة معارك انتخابية فرضت نفسها ونتائجها واستحقاقاتها على حزب العدالة والتنمية الحاكم.

خامسًا، تغيّر الموقف الدولي من نظام الأسد من نزع الشرعية عنه تمهيداً لإسقاطه إلى قبول ضمنيّ بالتعاون معه للقضاء على (الإرهاب).

سادسًا، الضغوط الغربية على تركيا لمحاولة إعادة احتوائها ضمن المنظومة الغربية بعد أن أبدت توجهًا نحو هامش من الاستقلالية في سياستها الخارجية.

سابعًا، استضافة تركيا لأكثر من ثلاثة ملايين لاجئ سوري

---

(٣٥) هي حركة احتجاجية على خطة للحكومة التركية لإعادة هيكلة ميدان تقسيم وسط مدينة إسطنبول كانت ستتضمن قطع بعض الأشجار في نهاية أيار/مايو ٢٠١٣، تحولت بسرعة إلى حركة احتجاجية واسعة وأعمال شغب، اتهمت الحكومة أطرافًا داخلية وخارجية بتأجيجها وإذكائها لإسقاطها.

(٣٦) اتهامات طالت أبناء وزراء في حكومة العدالة والتنمية ورئيس بلدية أحد أحياء إسطنبول، وبعض رجال الأعمال المقربين من الحكومة التركية، دمجت كلها في قضية واحدة، وتم القبض عليهم في ١٧ كانون الأول/ديمسبر ٢٠١٣، ثم تمت تبرئتهم لاحقًا، واعتبر المحققون والقضاة الذين وقفوا وراء هذه القضايا جزءًا من (كيان مواز) للحكومة داخل مؤسساتها يسعون لقلب نظام الحكم عبر القضاء، ولاتزال محاكماتهم أمام القضاء سارية حتى اليوم.

وفق الأرقام الرسمية المسجلة لدى الدوائر الحكومية التركية، (ويُتوقَّع أن يكون العدد الحقيقي أكبر من هذا)، وفاتورة ذلك السياسية والاقتصادية والاجتماعية والأمنية.

ثامنًا، الأزمة التركية- الروسية على خلفية إسقاط المقاتلة الروسية في تشرين الثاني/نوفمبر ٢٠١٥، والتي نتج عنها خسارتان إستراتيجيتان لتركيا: الأولى عسكرية- ميدانية في المشهد السوري، والثانية سياسية- إستراتيجية بالحاجة للاقتراب مرة أخرى من الموقف الغربي[٣٧].

تبلورت المتغيرات الإستراتيجية في السياسة الخارجية التركية في ثلاثة سياقات رئيسة، هي:

الأول، البحث عن شراكات جديدة في المنطقة، كما حصل مع قطر، ثم المحاولة مع المملكة العربية السعودية، وصولًا مؤخرًا للتفاهمات مع كل من روسيا وإيران.

الثاني، التحول التدريجي من الاعتماد الكلي على (القوة الناعمة) في السياسة الخارجية إلى ما يمكن اعتبارها حالة هجينة مع القوة الخشنة، أو ما قد يمكن تسميتها (القوة الخشنة النسبية). ومن أمثلة ذلك تطوير الصناعات العسكرية، وإنشاء قواعد عسكرية خارج البلاد في كل من قطر والصومال، والعمليات العسكرية خارج الحدود، مثل معسكر بعشيقة ودرع الفرات وعملية إدلب.

---

(٣٧) المصدر السابق.

الثالث، محاولات إعادة العلاقات أو تدوير الزوايا وتخفيف حدة الخلاف مع بعض الدول، مثل روسيا والإمارات ودولة الاحتلال وفق مبدأ (تقليل عدد الخصوم وتكثير عدد الأصدقاء)[٣٨].

تركيا والأزمة السورية

يقولون إن التاريخ يمكن أن يُزوَّر بخلاف الجغرافيا، ويقول المؤرخ فرنان بروديل إن "الخرائط هي التي تروي القصة الحقيقية"[٣٩]، ولعل هذه الجملة تختصر العلاقة الوطيدة بين تطورات الثورة السورية منذ يومها الأول وتركيا، لدرجة أننا لا نبالغ إن قلنا إن الأزمة السورية كانت ولا تزال بمثابة شأن داخلي تركي.

إذ لسوريا بالنسبة لتركيا مكانة مهمّة وحساسة تتبدّى في عدد من العوامل والسياقات، أهمها:

١- الحدود التركية- السورية المشتركة بواقع ٩١٥ كم، وهي أطول حدود برية تركية مع دول الجوار.

٢- سوريا هي بوابة العالم العربي بالنسبة لتركيا، وتقع في قلب (المناطق البرية القريبة)، أهم المناطق التي يجب على تركيا التواصل والتقارب معها لرفع مكانتها في الإقليم والعالم.

٣- ثمة تقارب ملحوظ في التنوع العرقي والإثني والمذهبي، وعلاقات نسب ومصاهرة على طرفَي الحدود.

---

(٣٨) الحاج، سعيد، اتجاهات السياسة الخارجية التركية بعد رحيل داود أوغلو، إضاءات، ٢٣ أيار/مايو ٢٠١٦:

https://goo.gl/T4ed8d

(39) Fernand Braudel, A History of Civilizations, New York: Penguen 1993, p. 55.

٤- تُعدّ تركيا الراعية التاريخية والسياسية والثقافية لتركمان سوريا، المتمركزين في الشمال السوري قرب حدودها.

٥- تتشارك الدولتان في تعقيدات الملف الكردي في المنطقة، إضافة لكل من العراق وإيران.

٦- تحوّل سوريا إلى ساحة حرب إقليمية ودولية يجبر تركيا على الانخراط وأخذ زمام المبادرة(٤٠).

لهذه العوامل وغيرها كانت مقاربة أنقرة للثورة السورية مختلفة عن غيرها من الثورات، وما كانت لتستطيع أن تتجنب أداء دور ما في الأحداث منذ أيامها الأولى. تطورَ الموقف التركي من الثورة السورية وتبدّل مع الوقت، باعتباره يعتمد بشكل رئيس على ثلاثة عوامل: الأوضاع الميدانية في سوريا، والمقاربة الدولية للأزمة، والتطورات الداخلية في تركيا، ومن الملاحظ أن العوامل الثلاثة تعرضت خلال السنوات السبع الفائتة إلى هزّات ومتغيرات مهمّة.

فإضافة للمشهد الميداني سريع التبدل، والتطورات التركية الداخلية منذ ٢٠١٣ وحتى الآن بين انقلاب قضائي ومحاولة للانقلاب العسكري وعدد من المحطات الانتخابية وتركز العمليات الإرهابية على أراضيها، تغيّرت النظرة الدولية للأحداث في سوريا بشكل مستمر. على مدى السنوات الماضية، انتقل التقييم الدولي للأحداث- وانتقلت الأحداث نفسها- من حراك شعبي بمطالب إصلاحية، إلى ثورة شعبية سلمية ضد النظام، إلى ثورة مسلحة، إلى حرب أهلية، إلى حرب بالوكالة، إلى نزاع

---

(٤٠)

دولي بأدوات محلية، ثم استقر الرأي الدولي على رفع شعار (محاربة الإرهاب) وطيّ صفحة مواجهة النظام، أو حتى مطالبته بالإصلاح.

ويمكن تقسيم المواقف التركية بحسب تسلسلها الزمني إلى خمس مراحل:

الأول، الضغط لإحداث إصلاحات سياسية في سوريا؛ لتجنيب سوريا والمنطقة النتائج الكارثية المتوقعة. وقد امتدت هذه المرحلة من بداية التظاهرات في آذار/مارس ٢٠١١ وحتى سحب السفير التركي من دمشق في آذار/مارس ٢٠١٢ تقريبًا، وشملت عدة اتصالات هاتفية من أردوغان للأسد وعدة زيارات لوزير الخارجية آنذاك داود أوغلو ووفد يرأسه رئيس جهاز الاستخبارات هاقان فيدان بناء على قرار من مجلس الأمن القومي التركي.

ورغم أن تركيا استضافت في هذه الفترة مؤتمرين للمعارضة السورية، في نيسان/أبريل وحزيران/يونيو [٤١]٢٠١١، إلا أنها التزمت بسقف دعم الإصلاحات الدستورية والتغيير السلمي. وقد تدرج الموقف التركي سريعًا من إبداء الثقة بالأسد ودعمه لتنفيذه ما وعد به من إصلاحات[٤٢]، إلى (حثّه) على الإسراع

(٤١) الحاج، سعيد، محددات السياسة الخارجية التركية إزاء سوريا، مركز إدراك للدراسات والاستشارات، آذار/مارس ٢٠١٦:
https://goo.gl/p8zJSi
مؤتمر المعارضة السورية الأول ينطلق من تركيا اليوم بدعم من رجال أعمال سوريين، الشرق الأوسط، ١ حزيران/يونيو ٢٠١١:
https://goo.gl/BvSJQE

(٤٢) أنظر بيان وزارة الخارجية التركية رقم ٨٢ لعام ٢٠١١، بتاريخ ٢٥ آذار/مارس ٢٠١١: http://goo.gl/hr6VVW

في تنفيذها، إلى انتقاد الممارسات الأمنية، إلى الدعوة لعدم تفويت الفرصة على التغيير السلمي، إلى التهديد بتغيير موقف أنقرة التي تملك بدائل بعد مماطلة النظام وخداعه[٤٣].

الثاني، دعم المعارضة لإسقاط الأسد، وذلك بعد أن ترسخت لدى أنقرة قناعة بأن الأسد غير جادّ أو غير قادر على إحداث إصلاحات حقيقية تحوي الأزمة، وبعد أن فقدت تركيا إمكانات الضغط على النظام إثر القطيعة الدبلوماسية الكاملة بينهما بعد سحب السفيرين، فضلاً عن تقدّم فصائل المعارضة ميدانيًّا في مواجهة النظام. وقد امتدت هذه المرحلة على مدى ثلاث سنوات تقريبًا أي حتى قُبَيل اتفاق فيينا بين كيري ولافروف.

عدّت تركيا نظام الأسد فاقداً للشرعية باعتباره نظامًا قاتلاً لشعبه، ونادت بضرورة سقوطه/إسقاطه حقنًا للدماء وإنقاذا لمستقبل سوريا، وقدّمت أنقرة خلال هذه الفترة الدعم للمعارضة السورية على عدة مستويات وأبعاد، منها الإعلامي والسياسي والإغاثي واللوجستي، وحتى العسكري وإن لم يتم الاعتراف بذلك علنًا.

الثالث، القبول بالحلّ السياسي؛ أي التخلي عن شعار إسقاط الأسد والقبول بخطة الفترة الانتقالية وجدولها الزمني وفق الاتفاق الأمريكي- الروسي في فيينا بما يعني الموافقة الضمنية على بقاء الأسد على رأس السلطة حتى الانتخابات

---

(٤٣) اردوغان يحذر من تكرار مذبحة حماة، الجزيرة نت، ٢ أيار/مايو ٢٠١١:
http://goo.gl/qq4geg

المزمع عقدها في نهايتها، رغم عديد التصريحات برفض بقائه في السلطة بعدها.

ومن العوامل التي أسهمت في انتقال تركيا إلى هذا المربع حالة الركود والمراوحة في الوضع الميداني بين النظام وحلفائه من جهة وفصائل المعارضة من جهة ثانية، وتراجع إمكانات الدور التركي بشكل واضح في سوريا بعد التدخل العسكري الروسي المباشر، والاتفاق الأمريكي- الروسي على سقف وخارطة طريق الحل وجدولها الزمني وشكل سوريا المستقبلية ضمن بنود شملت تهديداً مبطّناً بالإرهاب، أو دعم الإرهاب لمن يخرج عن هذا الاتفاق[٤٤].

الرابع، الانتقال من المبادرة للدفاع، وهي المرحلة التي يمكن تأريخها بحادثة إسقاط أنقرة للمقاتلة الروسية والممتدة حتى الآن. وقد تراجعت فيها قدرة تركيا على إحداث اختراق كبير في الحالة السورية فيما يتعلق بإسقاط النظام أو ترجيح كفة المعارضة، وأصبح شغلها الشاغل حماية حدودها وأمنها القومي من تطورات الأزمة السورية، خصوصًا ما يتعلق بالمشروع السياسي لحزب الاتحاد الديمقراطي (الكردي) في سوريا المصنف على قوائم الإرهاب التركية لعلاقته العضوية بحزب العمال الكردستاني[٤٥].

---

(٤٤) بنود التفاهم المشترك في «فيينا ٢»، سكاي نيوز عربية، ٣١ تشرين الأول/أكتوبر ٢٠١٥:

http://goo.gl/XXjMAU

(٤٥) الحاج، محددات السياسية الخارجية التركية إزاء سوريا.

الخامس، درع الفرات والعودة للملف السوري إثر تقدم المشروع السياسي الكردي في شمال سوريا وضرب الولايات المتحدة بالتحفظات التركية عرض الحائط- تدخلت تركيا في سوريا بشكل شبه أحادي من خلال عملية درع الفرات، التي هدفت بالأساس إلى حماية الحدود والأراضي التركية من الهجمات الإرهابية، وإبعاد تنظيم الدولة (داعش) عن الحدود السورية- التركية، والحفاظ على وحدة الأراضي السورية[٤٦].

وقد حققت العملية ما بين آب/أغسطس ٢٠١٦ وآذار/مارس ٢٠١٧ مكاسب عدة، أهمها تحرير مساحة ٢٢٢٥كم٢ من المنظمات المصنفة على قوائم الإرهاب التركية وإنشاء منطقة آمنة على طول الحدود المشتركة، وعودة عشرات الآلاف من اللاجئين السوريين لبلداتهم في تلك المناطق.

وقد أسهمت هذه العملية التي أتت بالتنسيق مع روسيا -مع عوامل أخرى- في تطبيع العلاقات التركية- الروسية وتطورها إلى تفاهمات خاصة بسوريا، نتج عنها لاحقًا الإطار الثلاثي الروسي- التركي- الإيراني المنبثق عن مسار أستانا والمستمر حتى اليوم بهدف ضمان وقف إطلاق نار شامل في عموم الأراضي السورية تمهيدًا لحل سياسي وفق مسار جنيف. وقد نتج عن محادثات أستانا في نسختها الرابعة اتفاق مناطق خفض التصعيد في كل من ريف حمص الشمالي والغوطة الشرقية والجبهة الجنوبية وإدلب، وهي المرحلة الرابعة التي أقرت في محادثات أستانا السادسة وبدأت في تشرين الأول/أكتوبر ٢٠١٧

(٤٦) الحاج، سعيد، عملية درع الفرات: الأسباب والتحديات المستقبلية، الجزيرة نت، ٢٥ آب/أغسطس ٢٠١٦:

https://goo.gl/MBLVKN

بمجموعات من الجيش السوري الحر بدعم تركي ثم بمشاركة تركية فاعلة.

ولعل هذه المرحلة الأخيرة متأثرة بشكل أو بآخر بمسار التقارب التركي- الروسي والتركي- الإيراني لأسباب عدة، في مقدمتها السيطرة الروسية الميدانية في سوريا، وانزعاج أنقرة من الدعم الأمريكي للفصائل الكردية المسلحة، واستفتاء كردستان العراق، والأزمة الخليجية، وبالتأكيد مسار السياسة الخارجية التركية الراغب في الاستقلالية والمرونة والتوازن بين الغرب والشرق.

باختصار، يمكن القول إن لتركيا حاليًّا أولويتين في الأزمة السورية إضافة إلى أولويات أخرى أقل أهمية، الأولى منع إنشاء دويلة لحزب الاتحاد الديمقراطي على حدودها الجنوبية وهو ما قد يدفع أنقرة لعمليات عسكرية في عفرين ومنبج بعد إدلب، والثانية دعم مسار حل الأزمة عبر وقف القتال ثم الحل السياسي- التفاوضي.

العرب في تركيا

لا يمكن مقاربة العلاقات التركية- العربية في عهد العدالة والتنمية من منظور سياسي بحت، بل ثمة سياقات عدة لتناول هذه العلاقات، أهمها العلاقات الاقتصادية والتجارية والتعاون الثقافي والفكري وغيرها من المسارات، لكن ثمة عنوان بارز لا يمكن إغفاله في السنوات القليلة الماضية، وهو العرب المقيمون على الأراضي التركية.

فقد اعتمدت تركيا على مدى سنوات سياسة الباب المفتوح إزاء اللاجئين السوريين حتى استضافت وفق الأرقام الرسمية أكثر من ثلاثة ملايين منهم، وهو عدد يفوق أي دولة أخرى، إضافة إلى حوالي ٢٠٠ ألف عراقي. أكثر من ذلك فقد أضحت تركيا مأوى ومهوى للنخب العربية السياسية والاقتصادية والثقافية والفكرية والإعلامية والعلمية والشبابية، فضمّت آلاف المشروعات الاقتصادية وعشرات المشروعات الإعلامية والثقافية والفكرية والسياسية والكثير الكثير من المشروعات والمبادرات العربية- التركية المشتركة.

هذا الوجود النخبوي والعددي العربي على الأراضي التركية فرصة غير مسبوقة لآفاق التلاقي والتعاون التركي- العربي في مختلف المجالات، ولاسيّما أن غالبيتهم ممن ينظرون بإيجابية للتجربة التركية ولأدوار أنقرة في قضايا المنطقة بشكل عام، ولكنه أيضًا يحمل بعض التحديات التي تحتاج اهتمامًا خاصًا، خصوصًا ما يتعلق بالوجود السوري.

ذلك أن العدد الكبير من اللاجئين السوريين في تركيا في فترة وجيزة نسبيًّا وتوزعهم على طول الجغرافيا التركية يفرض بطبيعة الحال تحديات اقتصادية واجتماعية وأمنية، ويتطلب وجود رؤية ناظمة للوجود السوري في تركيا على المدى البعيد. فالأزمة السورية ليست مرشحة للانتهاء قريبًا، وإن حصل ذلك فثمة مؤشرات عديدة على أن جزءًا غير قليل من السوريين لن يعودوا -على الأقل فورًا أو سريعًا- لسوريا، وهذا يعني أن وجودهم طويل المدى ويحتاج إلى رؤية بعيدة المدى لإدماجهم في النسيج المجتمعي التركي من دون ذوبان أو انغلاق.

فيما يتعلق بهذا الملف، عملت الرئاسة وحكومات العدالة والتنمية المتعاقبة -إضافة إلى الجهد الإنساني والإغاثي والتكلفة الاقتصادية والمالية للاستضافة- بجد على تذليل عقبات الوجود السوري تحديداً في تركيا، وتقليل النتائج السلبية للاحتكاك المجتمعي بين السوريين والأتراك في ظل موجة من التحريض على وجودهم انتشرت في تركيا بذريعة بعض الإشكاليات والاحتكاكات بين السوريين والأتراك. والحقيقة أن الأمر له أسبابه وسياقاته الكثيرة، وأهمها:

أولًا، العدد الكبير للسوريين الذي وفد إلى تركيا بعد الثورة وفي فترة زمنية قصيرة نسبيًّا.

ثانيًا، الاختلافات العرقية واللغوية والثقافية بين الشعبين السوري والتركي.

ثالثًا، السلوكيات السلبية والأحداث الجنائية والاحتكاكات غير المرغوب بها إما بين السوريين بعضهم مع بعض، وإمّا بينهم وبين مستضيفهم الأتراك، كما يحصل في أي مجتمع آخر أو بين أي شعبين.

رابعًا، الآثار النفسية السلبية بين الشباب السوري تحديداً والمتولدة عن حجم الضغوط التي تعرضوا لها بسبب الأزمة في بلادهم، ثم الاغتراب عنها، وهو ما يتبلور في تصرفات غير اجتماعية.

خامسًا، يرى غالبية الشعب التركي الوجود السوري في بلادهم من زاوية إنسانية ودينية، من باب الواجب الأخويّ مع شعب شقيق في محنة، ولذلك فقد أطلقوا -رسميًّا وشعبيًّا- على العلاقة بينهما مصطلح (المهاجرون والأنصار)، لكن البعض منهم ينظر إلى المسألة من زاوية سياسية أيضًا، باعتبار موقفه السياسي

من الأزمة السورية، أو الأسد، أو حتى العدالة والتنمية وأردوغان، بحيث يصبح موقفه الحاد من السوريين مجرد تمظهر جديد لمناكفة الحكومة والرئيس والحزب الحاكم.

سادسًا، التحريض المتعمّد من قبل دوائر بعينها كل حين وآخر، عبر حملات منظمة ومخطط لها بدقة، استغلت جزءًا من الخطاب التركي بخصوص اللاجئين، مثل الحديث عن الأموال التي صرفتها تركيا عليهم، وبعض القرارات المتعلقة بتسهيل فرص العمل أو الدراسة أو إعطاء الجنسية لبعضهم من الكفاءات والتي ضُخِّمت بشكل كبير جدًّا[٤٧].

ثمة مثالان مهمان للجهد التركي الرسمي في هذا الإطار. في تموز/يوليو ٢٠١٧ وقبل أيام من ذكرى المحاولة الانقلابية الفاشلة، وإثر حملة منظمة ضد الوجود السوري على الأراضي التركية، تصدّر وسم عنصري في موقع تويتر يطالب بطردهم من البلاد وتزامن مع جريمة بشعة بقتل سيدة سورية وابنها الرضيع. عملت الحكومة التركية وفق منظومة عمل متكاملة نزعت فتيل الأزمة ومنعت الفوضى وتفاقم الوضع.

حُذف الوسم العنصري من تويتر، وأُوقف عدة أشخاص حاولوا تحريك الشارع وإثارة بلبلة. تحدث نائب رئيس الوزراء ويسي كايناك محذرًا من فتنة يُخطَّط لها بين الأتراك و(أشقائهم) السوريين، وأثبت بالأرقام والإحصاءات أن نسبة الجريمة بين السوريين أقل منها في المجتمع التركي (مقارنة إيجابية)، بل وأقل عنها بين السوريين أنفسهم العام المنصرم (منحنى

---

(٤٧) الحاج، سعيد، التحريض على السوريين في تركيا: أسباب ومسؤوليات، عربي ٢١، ١٠ تموز/يوليو ٢٠١٧:

https://goo.gl/MM8YPT

إيجابـي). وزارة الداخليـة أيضًا أصدرت بيانـًا يحذّر من مخططات الفتنـة ومـن ترويـج الأخبـار الكاذبـة، واعتبرت أن هـذه الحملات المشـبوهة لا تتفـق مع كـرم الضيافة لـدى الشـعب التركي ولا مع (روح المهاجريـن والأنصـار) بين الأتراك و(أشـقائهم) السـوريين، حسـب البيـان. كما وحّـدت الشـؤون الدينية خطبـة الجمعة لذلك الأسـبوع عن العلاقـة الأخوية بين الصحابة الكـرام من المهاجرين والأنصـار، مـع إسـقاط ذلـك علـى واقـع تركيـا الذي يجمـع بين الأتراك والسـوريين بعلاقة شـبيهة[٤٨].

فـي المثـال الثاني، صـوّب الرئيـس التركي خطـأ تاريخيًّا بحقّ العـرب حين أشـار إلـى (كذبة وُضعـت في مناهجنا الدراسـية عن قصـد) بخصوص فكرة (غدر العـرب بالدولة العثمانية)، معتبرًا أنه مـن الخطأ (اتهام كل العرب) بسـبب (بعض الأخطـاء) التي حدثت خـلال الحرب العالمية الأولى. ولا شـك أن لصدور هذا الرأي عن الرئيـس أردوغان وتأكيـده أنها بروباغاندا مقصودة حظيت بدعم رسـمي- أثـر كبير فـي التشـكيك بها، ولعلهـا من علامات مسـار العـودة التركيـة لـ(الجغرافيا العثمانيـة) في عهد العدالـة والتنمية بعـد فترة جفاء طويلـة الأمد منذ تأسـيس الجمهورية، ومما ينبغي أن يُبنَـى عليه لتصويب ثـم تطوير العلاقات التركيـة- العربية على أسس متينة[٤٩].

---

(٤٨) المصدر السابق.

(٤٩) الحـاج، سـعيد، اردوغـان يصـوب خطـأ تاريخيًـا بحـق العـرب، عربـي ٢١، ٨ آب/ أغسـطس ٢٠١٧:
https://goo.gl/yH1YYK

يبقى أن نقول إن هذا المسار يحتاج إلى جهد كبير ودائم، ومن الجانبين العربي والتركي حتى يمكن بناء علاقات تركية- عربية عميقة ومتينة وراسخة وقوية، وإنه يتطلب جهداً سياسيًّا وإعلاميًّا وشعبيًّا وأكاديميًّا ونخبويًّا، وهو السبيل الوحيد لحماية وشائج العلاقة بين الطرفين اللذيْن يتشاركان نفس الدين والجغرافيا والتاريخ وبدرجة كبيرة جدًّا نفس المصير.

وعلى المجاميع والنخب العربية المقيمة في تركيا مسؤولية عظيمة، تتمثل في رؤية متكاملة للتعامل مع تركيا، بدءًا من فهم التجربة التركية بعمق، في جذورها وسياقاتها ودلالاتها وخصوصياتها الذاتية، مرورًا بتنظيم وتنسيق خارطتها المؤسسية فيها بما يسهل التواصل والتعامل بينها وبين الجهات التركية المختصة، وتأسيس مشروعات ناجحة في تركيا وشراكات متميزة معها في المجالات المختلفة على قاعدتي الثقة بالنفس والتكامل مع الآخر، وصولًا لإمكانية تأسيس ما يشبه اللوبي العربي (بالمعنى الإيجابي) في تركيا؛ لدعم الحقوق ومضاعفة فرص التلاقي والتعاون والتفاعل العربي- التركي[٥٠].

العدالة والتنمية والإسلاميون العرب

ومن التأثيرات المهمّة للعدالة والتنمية في العالم العربي، تأثّر الحركات الإسلامية العربية بتجربته رغم اختلاف المسار الإصلاحي للتجربة التركية الحديثة في عهد العدالة والتنمية عن مسار الثورات التي شاركت بها هذه الحركات.

---

(٥٠) الحاج، العلاقات العربية - التركية: الآفاق والصعوبات.

وقد كان تأثير الحزب واضحًا في قرارات هذه الحركات وخياراتها، ليس فقط على المستوى السياسي باعتباره حزبًا حاكمًا في دولة إقليمية ذات موقف من الثورات ودورٍ في قضايا المنطقة، بل أيضًا على مستوى أطروحات هذه الحركات ومنطلقاتها الفكرية باعتبار النظرة العربية التقليدية للحزب على أنه (إسلامي) رغم تعريفه لنفسه على أنه (ديمقراطي محافظ) بسبب الخلفية السياسية والفكرية لقيادات الصف الأول فيه والمؤسسة له[٥١].

النموذج الذي قدّمه العدالة والتنمية بالجمع بين الإسلام والديمقراطية كان ركنًا من أركان القوة الناعمة التركية التي أسهمت في إعادة تشكيل المنظومة الفكرية- المفاهيمية للحركات الإسلامية العربية، خصوصًا في بلاد الثورات العربية، وفي مقدمتها تونس ومصر والمغرب التي كانت تخضع لمراجعات فكرية مستمرة، أولًا على مستوى تعريف الذات والهوية، وثانيًا على مستوى بعض الأطروحات الإشكالية في تاريخها، مثل الديمقراطية والعلمانية والمواطنة والدولة الحديثة والعلاقة بين الدين والدولة أو بين الدين والسياسة[٥٢].

طالما تحدث الإسلاميون العرب عن قبولهم للديمقراطية بوصفها أداة ومنظومة إجرائية، لكنهم رأوا بعد الثورات وتجربة الحكم أنها تقدّم للشورى الأدوات لتنقلها «من مستوى المبدأ

---

(٥١) الغنوشي، راشد، الديمقراطية وحقوق الإنسان في الإسلام، (دار المجتهد، تونس، ٢٠١٥)، الطبعة الثانية، ص ٢٦٣ - ٢٦٥.

(٥٢) الحاج، سعيد، تأثيرات النموذج التركي على تحولات الحركات الإسلامية العربية، مركز الجزيرة للدراسات، ٢١ أيلول/سبتمبر ٢٠١٦:
https://goo.gl/LBBJ7A

والقيمة الخلقية والموعظة الدينية والمقصد الشرعي إلى جهاز حكم»[٥٣]. وأكدوا تبنّيهم لمفهوم المواطنة بالتساوي بين جميع المواطنين في الحقوق والواجبات باستثناء وحيد يتعلق بتولي غير المسلم أو المرأة منصب الرئاسة، مع التعهد بقبوله إذا ما أقرّه دستور البلاد[٥٤]. ومع الثورات العربية التي فتحت آفاق العمل السياسي وتأثّرًا بتجربة العدالة والتنمية، سادت قناعة لدى حركات الإسلام السياسي في بلاد الثورات بأهمية العمل السياسي تحت سقف الدولة والابتعاد عن خطاب الأمة العابر للحدود، ونبذ العمل السري والتزام العلنية، وقد أسّست معظم هذه الحركات أحزابًا سياسية بصفتها تمظهر واضح لهذه القناعات[٥٥].

وقد كان ابتعاد حزب العدالة والتنمية التركي عن الخطاب الديني وانتهاجه خطابًا سياسيًّا يلمس الخصوصية الحضارية أو الثقافية من العوامل التي خفّفت عنه الضغوط الداخلية والخارجية، وكذلك فعلت التيارات الإسلامية العربية حين قاربت مفردات العولمة والحداثة والديمقراطية بالحديث عن الخصوصية الشرقية و/أو العربية بعيداً عن استخدام النصوص الدينية[٥٦]. بيد أن حزب النهضة التونسي ذهب إلى ما هو أبعد من ذلك، إذ أعاد توصيف نفسه ليتناغم مع الأوضاع الجديدة في تونس ما بعد الثورة بالانتقال من مربع (الإسلام السياسي)

---

(٥٣) الغنوشي، مصدر سابق، ص ٦١.

(٥٤) أنظر: برنامج حزب الإخوان المسلمين، ويكيبيديا الإخوان، ٢٥ آب/أغسطس ٢٠٠٧، (تاريخ الدخول: ٣ أيلول/سبتمبر ٢٠١٦):
http://goo.gl/NTPseg

(٥٥) تمام، حسام، تحولات الإخوان المسلمين، ص ٤٦.

(٥٦) المصدر السابق ٤٤-٤٥ .

إلـى مربـع (الإسـلاميين الديمقراطييـن) ، الـذي يمكـن اعتبـاره نسـخة معدّلـة من وصـف (الديمقراطـي المحافظ) الـذي يصف العدالـة والتنمية نفسـه به[٥٧].

بالانتقـال مـن المجـال النظـري- المفاهيمـي إلـى النطـاق العملـي- السياسـي، نجـد الرئيـس التركي رجب طيـب أردوغان حاضـرًا فـي مخيـال الإسـلاميين العـرب لدرجـة إطـلاق لقـب (أردوغـان مصر) على بعض مرشـحي الرئاسـة فيهـا[٥٨]، إضافة إلـى تأثـر الأحـزاب المنبثقـة عـن الحـركات الإسـلامية العربية باسـم العدالـة والتنميـة ودلالاتـه المتجـردة مـن الأيديولوجيـا، الأمـر الذي انعكس انتشـارًا للاسـم في عدد كبير مـن الدول[٥٩]، واسـتمر بعـد الثـورات مـع أحـزاب، مثـل الحريـة والعدالـة في مصـر (٢٠١١) والعدالـة والبنـاء فـي ليبيـا (٢٠١٢). كمـا مثّـل خطـاب العدالـة والتنميـة غير (المؤدلـج) والقريب مـن المواطن واهتماماتـه الاقتصاديـة والتنمويـة مثـالًا احتذتـه الأحـزاب الإسـلامية العربيـة، فتحوّلت مـن خطاب (الأمة) نحـو الخطاب

(57) Ghannouchi, Rached, From Political İslam to Muslim Democracy, Foreign Affairs, September/October 2016 İssue, (Entrance Date: 3 September 2016): http://goo.gl/hftWR4

(٥٨) أنظر مثلاً: عطاء الله مهاجراني، من هو اردوغان مصر، الشرق الأوسط، ٤ تموز/ يوليو ٢٠١١، (تاريخ الدخول: ٣ أيلول/سبتمبر ٢٠١٦): http://goo.gl/1JjbVd

(٥٩) تمام، مع الحركات الإسلامية في العالم، ص ٢١٦ - ٢١٧.

القطـري[٦٠]، وتراجـع خطاب الهويـة لديها[٦١]، وتركت الشـعارات الدينية فـي المنافسـات الانتخابية[٦٢].

بيـد أنّـه لابـد من الإشـارة إلى أن تقييـم الأحـزاب والحركات الإسـلامية العربية لتجربـة العدالة والتنمية ومجالات الاسـتفادة منهـا اعتراه بعض سـوء الفهـم والأخطـاء، أهمها الإصـرار على النظـر إليـه على أنـه حزب (إسـلامي) من المنظـور العربي، وهو تصـوّر غيـر دقيـق، وعـدم التنبـه للفروقـات الجذرية بيـن الواقع العربـي والتجربة التركيـة، فـي الخلفيات والسـياقات والتطورات، ولاسـيّما فيمـا يتعلق بالاختـلاف الرئيـس بين مسـاري (الثورة) فـي العالم العربـي و (الإصلاح المتـدرج) في الحالـة التركية[٦٣].

خاتمة وخلاصات

بعـد عشـرات السـنين مـن إدارة ظهرهـا للشـرق عمومًـا والمنطقـة العربيـة خصوصًـا خسـر فيهـا الطرفـان الكثيـر- أعـادت تركيـا مـع العدالـة والتنميـة نسـج علاقـات طبيعيـة مـع العالـم العربـي وفـق مبـادئ التواصـل الفكـري- الثقافـي والمصالـح التجاريـة- الاقتصاديـة المشـتركة، وعلـى قاعـدة الربـح للجميـع، حيـث أدركـت أن مكانتهـا الدوليـة مرتبطـة ارتباطًـا وثيقًـا بمكانتهـا في محيطهـا والأدوار التـي تؤدّيها فيه

(٦٠) تمام، مع الحركات الإسلامية في العالم، ص ٢١٠ – ٢١١.

(٦١) المصدر السابق، ص ١٧١ –١٧٩ .

(٦٢) عبد الفتاح مورو للعربي الجديد: شعار الإسلام هو الحل شعار فارغ، العربي الجديد، ١ تشرين الأول/أكتوبر ٢٠١٤، (تاريخ الدخول: ٣ أيلول/سبتمبر ٢٠١٦): http://goo.gl/v9YBsL

(٦٣) الحاج، تأثيرات النموذج التركي على تحولات الحركات الإسلامية العربية.

وفق نظرية (القوس والسهم) وهو ما فرض عليها الاهتمام بعمقها الإستراتيجي.

كما أن الأحداث المتتالية التي تعيشها المنطقة تثبت يومًا بعد يوم بما لا يدع مجالًا للشك أن مصير دول المنطقة مشترك، وأن مستقبل أي دولة فيها لا يمكن تحديده ورسم مساره الإستراتيجي بدون ثنائية التأثر والتأثير مع الدول الأخرى، ولاسيّما وأن مشروعات التقسيم التي تُرسَم في المنطقة وتُخطَّط لها تستهدف الجميع بلا استثناء. كما أن التوترات غير المسبوقة في العلاقات التركية- الأمريكية والتركية- الأوروبية تشكل فرصة لأنقرة لإعادة النظر في أولويات سياستها الخارجية وأعمدة أمنها القومي، ولا بد للعالم العربي أن يؤدّي دورًا مهمًّا هنا، بوصفه بديلاً أصيلاً وشريكًا قريبًا لأنقرة.

من جهة أخرى، وإضافة إلى استحقاقات الجيوبوليتيك ومسار المصير المشترك، تدفع المصالح المشتركة بين تركيا والعالم العربي الطرفين لمزيد من التعاون والتنسيق، سواء على مستوى العلاقات الاقتصادية والتجارية المستمرة في النمو، أم الحاجة المشتركة لتحقيق التوازن والاستقرار في المنطقة، أم النظرة الإيجابية من الشعوب العربية وقواها الحية لتركيا ومواقفها من قضايا المنطقة بشكل عام.

أخيرًا، لاتزال العلاقات العربية- التركية لمّا تبلغ مداها المأمول والممكن، وتَعِد بالكثير مستقبلاً. فرغم كل ما عاشته

المنطقة وتعايشه، ورغم اختلاف الظروف وتسارع الأحداث وسيولة التطورات، إلا أن المبدأ الرئيس في سياسات العدالة والتنمية نحو العالم العربي -أي التكامل والربح للجميع- لايزال في متناول الطرفين العربي والتركي في حال وُجِدت الإرادة السياسية لتجاوز أزمات الماضي من خلال مراجعات عميقة وتصويبات لا غنى عنها، ثم التخطيط للمستقبل المشترك الذي يمكنه أن يحقّق السلام والأمن والرفاهية لشعوب وقوى وإنسان هذه المنطقة في مختلف الدول التي يوجد فيها وينتمي إليها.

إستراتيجية مكافحة الأزمات وعهد جديد في سياسات الاقتصاد

بلال بَاغيش

المدخل

تركز المساهمة التي بين أيدينا على التجربة التركية في مكافحة الأزمات في عامَي ٢٠٠٨ و٢٠٠٩ بخاصة، والأعوام الخمسة عشر الماضية بعامّة. ويهدف إلى تقييم هذه التجارب من منظور الدول المتقدّمة والدول النامية على حد سواء، وتقديم دراسة حول تجربة تركيا في مكافحة الأزمات، وتحليل البيانات وتطبيق السياسات التي تشكلت في إطار رؤية ٢٠٢٣ لحكومة حزب العدالة والتنمية خلال الأعوام الخمسة عشر الماضية، وهدفها الذي تلتزم به منذ تأسيسها في تحقيق (اقتصاد قويّ ومستقر). ويرى البحث أن الإصلاحات التي حقّقها حزب العدالة والتنمية في مجال الاقتصاد، وأداءه على مدى الأعوام الخمسة عشر الماضية، يشكّلان العناصر المفتاحية لنجاحه في بقائه في سدة الحكم طويلاً.

التحولات بعد ٢٠٠٢

يوافق يوم الأربعاء الأسود[١] من عام ٢٠٠١؛ بداية التحولات

(١) في ٢١ فبراير (شباط) ٢٠٠١، والمعروف أيضا باسم الأربعاء الأسود؛ انهارت الليرة التركية، وبعدها بشهر فقدت ما يقرب من نصف قيمتها، وهبطت بورصة اسطنبول هبوطًا كبيرًا؛ مما دفع البنك المركزي التركي إلى تعزيز الأسواق المالية بمبالغ كبيرة، تراوحت بين مليارين، وثلاثة مليارات دولار، وشرع الاقتصاد التركي في الانكماش بنسبة ٦٪ في عام ٢٠٠١.

الاقتصادية التركية وتجاربها في مكافحة الأزمات التي يمكنها أن تشكل نموذجًا يقتدي به العديد من البلدان التي هي في مستوى تركيا في الدخل والنمو. واستمرت إرادة الإصلاح وتطبيق السياسات بشكل سريعٍ وناجحٍ حتى عام ٢٠١٢ على وجه الخصوص. وواصلت حكومة العدالة والتنمية التي بدأت عملها في ٣ تشرين الثاني ٢٠٠٢؛ حملة التحولات هذه بدون انقطاع، ما عدا مرحلة التذبذب القصيرة التي عاشتها عام ٢٠٠٨. فحَملة التحولات الاقتصادية التي أطلقتها حكومة حزب العدالة والتنمية ولاسيّما في ولايتيها الأولى والثانية، وأمل النهوض والقيام الذي بثته في نفس تركيا- جعلاها تفوز بولاية بعد ولاية، وبحكومة تلو الأخرى. ويبدو أن رئيس الجمهورية أردوغان الذي يحبه كثير من شرائح المجتمع وتُبغضه شرائح أخرى -كما هو حال العديد من الزعماء الكبار في التاريخ- سيجعل اسمه يُذكَر طويلاً في تاريخ البلد بصفته زعيم هذه التحولات.

لو تطلّب الأمر أن نعود بالحكاية إلى الوراء قليلاً لأمكننا القول إن تركيا الجديدة عملت على تحقيق معجزةٍ اقتصاديةٍ جديدةٍ انطلقت بعد ثورة ١٩٢٣ وتأسيس الجمهورية من خلال حملة التحوّل الصناعي الجديدة في بنية الاقتصاد العثماني الذي كان يرتكز على الزراعة. لاشكّ أن تركيا قطعت أشواطًا كبيرة، ولكننا لم نصل بَعْدُ إلى المكان المنشود. ومعجزة التحولات الاقتصادية التي حصلت في الأعوام الخمسة عشر الماضية في عهد حزب العدالة والتنمية، جعلت تركيا تؤدّي دورًا كبيرًا على الصعيدين الإقليمي والعالمي، لكنها لم تكن كافيةً للوصول إلى مستوى

الدول المتقدمة[٢]. إننا نحتاج لأن نحقق نموًّا بمعدل ٥٪ على الأقل على مدى سنوات طويلة لا تقلّ عن عشرين إلى ثلاثين عامًا حتى نكون مثالاً لمعجزة اقتصادية جديدة كإسبانيا وكوريا الجنوبية وألمانيا واليابان. وطريق هذا الأمر يمرّ من استقرار جديد طويل الأمد كما تفعل حكومة حزب العدالة والتنمية (النظام الرئاسي مثلاً) أو الخروج عن (الموديلات) المألوفة في السياسات الاقتصادية[٣].

إن استمرار الإصلاحات على مدى الخمسة عشر عامًا الماضية، والحفاظ على إرادة الإصلاح، مهمّان من أجل بناء سلطة مركزية قوية، ورفع الجودة المؤسساتية. والانتقادات التي تطال الجهود الرامية لتكوين سياسات اقتصادية محلية ووطنية تشير إلى وجود أشواط طويلة للوصول إلى سياسات أصلية. وهناك مثال بسيط كافٍ لفهم تراجيدية هذه السياسات التي نحن فيها: عندما طرح عالم الاقتصاد الأمريكي مينسكي نظريته المعروفة بنظرية عدم الاستقرار المالي (FIH) عام ١٩٨٦ كان منزويًّا على نفسه في أقصى الشمال في ولاية واشنطن[٤]. وكان زملاؤه الأكاديميون يضحكون على هذا الاقتصادي المعتوه، لكنه كان واحدًا من الأسماء التي تبادرت إلى الأذهان عندما اندلعت أزمة الديون العالمية بعد عشرين عامًا. حتى عالم

(٢) محمد بولوت، «تركيا قوة أقليمية في طريقها لتكون واحدةً من الاقتصادات العالمية الكبرى»، ديلي صباح، ٢٧ كانون الثاني ٢٠١٦.

(٣) بلال بغيش، «اقتصاد النظام الرئاسي»، Proceedings of the 2nd International Congress of Local Development and Finance. (2017).

(٤) هايمن مينسكي، تحقيق استقرار الاقتصاد غير المستقر، (منشورات جامعة Yale، ١٩٨٦).

الاقتصاد كروغمان الحائز على جائز نوبل كتب بأن ما تعلمناه في الاقتصاد الحديث ولاسيّما الاقتصاد الكلي في السنوات الخمسين الماضية، لم يُجْدِ شيئًا على أحسن تقدير.

لقد علّمتنا الحكومة على مدى السنوات الخمس عشرة الماضية هذه القيمة التي هي واحدة من قيمها الأساسية: «يجب أن لا نتوقف عند الأفهام الاقتصادية السائدة في الغرب طيلة القرنين الأخيرين، بل يجب أن نكون قادرين على إنتاج خطابات وأقوال وبدائل خاصة بنا». واليوم كلما رأينا حقيقة أن دوامة الديون والفوائد الربوية الحديثة تدفع الناس إلى الثقوب السوداء، فهمنا بشكل أسهل وأوضح لماذا نحتاج إلى خطابات وأقوال جديدة لهذه الدرجة. لهذا السبب تحديدًا نقول: إن التحولات التي حصلت بعد ٢٠٠٢ تقدم دروسًا مهمّة.

تجربتها مع مكافحة الأزمات

يُلاحظ أن بناء تركيا جديدة تتمتع بمزيدٍ من الرفاهية والقوة والاستقرار هو الفلسفة الأساسية لحكومة حزب العدالة والتنمية الذي وصل إلى سدة الحكم بعد عام ٢٠٠٢ في تركيا التي أنهكتها أزمة ٢٠٠١[٥]. إذ أنجزت نجاحاتٍ كبيرةً ولاسيّما في السياسات المالية في الفترة التي تلت عام ٢٠٠٢. في الحقيقة، تبدي السياسات الاقتصادية التي اتبعتها حكومة حزب العدالة والتنمية بعد عام ٢٠٠٢ تشابهًا كبيرًا بالسياسات الاقتصادية

(٥) «البرنامج الحزبي لحزب العدالة والتنمية»، حزب العدالة والتنمية، https://www.akparti.org.tr/site/akparti/parti-programi (تاريخ زيارة الموقع: ٣٠ آذار ٢٠١٧).

التي طُبّقت في الولايات المتحدة الأمريكية بعد الكساد الكبير الذي عاشته[٦]. ولكن السياسة الاقتصادية التركية تختلف عن نظيرتها الأمريكية في أنها استمرت طيلة الولايات الثلاث لحزب العدالة والتنمية. وبفضل حملة التحولات هذه التي بدأت عام ٢٠٠٢ ازدادت تركيا قوةً وزال فارق النمو بينها وبين الغرب تدريجيًّا. ولم تتأثّر تركيا بالأزمة المالية العالمية ٢٠٠٨ التي تُعَدّ أحد أهمّ الأزمات المالية خلال بضعة قرون الماضية، بسبب تقوية بنيتها التحتية المالية وتعزيزها.

ومن مزايا حكومة حزب العدالة والتنمية أنها جعلت تركيا تعيش الاستقرارين السياسي والاقتصادي معًا. فتمّ تدارك أكبر نقص عانته تركيا في الفترة التي أعقبت عهد أوزال. ولا ننسى هنا أن الضائقات المالية المزمنة في التسعينيات جعلت تركيا تعيش عهداً أشبه بـ(عهد الفترة) الذي عاشته الدولة العثمانية. فالغموض السياسي الذي كان مهيمنًا على البلاد حتى أزمة ٢٠٠١ حال دون اعتماد المنتجين والمستهلكين والمستثمرين على الاقتصاد، واتخاذهم قرارات طويلة الأمد[٧]. وأسفر التضعضع والانحطاط الاقتصادي عن اندلاع أحد أكبر الأزمات في تاريخ تركيا عام ٢٠٠١.

---

(٦) هذه «الصفقة الجديدة» التي خاضتها الولايات المتحدة الأمريكية تعني جملة من المشروعات والاستثمارات التي تمّت لإنقاذ اقتصاد أمريكا من الأزمة الاقتصادية الكبيرة خلال الأعوام ١٩٣٠-١٩٣٧.

(٧) «من الأزمة إلى الاستقرار: تجربة تركيا»، مؤسسة تنظيم العمل المصرفي ومراقبته (BDDK)، ٣ أيلول ٢٠١٠، (تاريخ زيارة الموقع: ٣٠ آذار ٢٠١٧). https://www.bddk.org.tr/WebSitesi/turkce/Raporlar/Calisma_Raporlari/8676krizden_istikrara turkiyetecrubesi_3uncu_baski.pdf

إن برنامج (الانتقال إلى اقتصادٍ قويّ) الذي طبّقه وزير الاقتصاد الأسبق كمال درويش عقب دعوته إلى تركيا إثر أزمة ٢٠٠١ كان في أصله مجموعة السياسات الليبرالية الجديدة الكلاسيكية المطبقة في الغرب، وكانت جوانبه الاجتماعية ضعيفة، يعتمد على سياسة التقشف وشدّ الحزام كما في برامج صندوق النقد الدولي السابقة. فأضافت عليه حكومة حزب العدالة والتنمية برامج اجتماعية بمثابة إصلاحات بنيوية واستثمارات في البنية التحتية وتعزيزٍ للمؤسسات والنظام المالي. فقُطِعت بذلك أشواط كبيرة في طريق الاقتصاد الكلي والاستقرار المالي. والنظام الرئاسي بدوره سيؤمّن استمرار هذا الاستقرار.

وبعد هذه الأزمة الأولى الكبيرة التي حصلت عام ٢٠٠١ واصلت حكومة حزب العدالة والتنمية السياسة النقدية المتشددة، وسياسة الانضباط المالي، وفرض رقابة صارمة على النظام المصرفي، بإرادةٍ قوية. فطبّقت السياسة المالية واستقلالية البنك المركزي للمرة الأولى، واكتسبت وعي تطبيق السياسات ضمن برامج محددة. فشكّلت الخطوات المتعلقة برقابة النظام المالي وإعادة تنظيمه مستندًا مهمًّا في فترة أزمة ٢٠٠٨ التاريخية. إذ وصل الاقتصاد إلى حدوده وهويته الحقيقية خطوةً خطوةً، بعد أن كان مُكرَهًا على الإنتاج دون طاقته لسنين طويلة(٨).

(٨) أردال قره غول، الاقتصاد التركي في عهد حزب العدالة والتنمية، (تقرير ستا، إسطنبول ٢٠١٣).

والنقطة المهمّة التي يجب تأكيدها هنا هي أن السياسات (الكينزية) هي الغالبة على السياسات الأساسية الاقتصادية التي تتبعها حكومة حزب العدالة والتنمية. وتتضمن السياسات (الكينزية) في الأكثر مشروعات البنية التحتية مثل: بناء المطارات والجسور والطرق السريعة، والأنفاق، وقصور العدل، ومشافي المدن، والجامعات الجديدة، وأنظمة السكك الحديدية (مرمراي وغيرها من العبور الأنبوبي)، والقطارات السريعة، ووكالات التنمية الإقليمية، ومشروعات GAP الاستثمارية الجديدة بمليارات الدولارات. والسياسات المطبقة بالأحرى لا تختلف بجانبها هذا كثيراً عن الصفقة الجديدة (New Deal) للولايات المتحدة الأمريكية في ثلاثينيات القرن الماضي.

ومن المثير للانتباه الجوانب الليبرالية الجديدة للسياسات التي تُتَّبَع، حتى إن بعض الاقتصاديين يقولون إنه تمّ تبنّي سياسات الليبرالية الجديدة على نطاقٍ واسعٍ في أعقاب أزمة ٢٠٠١. واستحوذت هذه السياسات على قدر كبير من الأولوية ولاسيّما في الفترة التي كان فيها درويش وزير الاقتصاد. وبما أن الليبرالية الجديدة تميل فوراً إلى سياسة التقشف عند كل ضائقة وأزمة، فإنه يمكننا أن نقيّم المبدأين المقدّسين لهذا التيار أيضًا في إطار استقلالية البنك المركزي، وانتقاله إلى استهداف التضخم. والخطوات الرامية إلى الخصخصة وتعويم العملة وزيادة التنافس يمكن عدّها من بين هذه الأمثلة.

يمكن القول باختصار إن حكومات حزب العدالة والتنمية في الفترة التي تلت عام ٢٠٠٢ أثرت برنامج (الانتقال إلى

اقتصاد قوي") في إطار الليبرالية الجديدة التي طُبِّقت عقب الأزمة- ببرامج التنمية والبرامج الاجتماعية، حتى صارت هذه السياسة (كينزية) جديدة خاصة بتركيا أكثر من كونها ليبرالية جديدة. فقدمت هذه الخطوة فرصة الإقبال على الفترات اللاحقة ببنية تحتية اقتصادية ومالية تتمتع بمزيد من القوة والجاهزية. وارتاح حزب العدالة والتنمية نسبيًّا عندما وصل إلى سدّة الحكم وحده خلال الفترة ٢٠٠٢-٢٠٠٧ التي يمكن وصفها بأنها عهوده الأولى. وتجارب الأزمة التي عاشتها تركيا، والتدابير الوقائية التي اتُخذت بعد عام ٢٠٠١ حالت دون أن تضطر تركيا لاتخاذ تدابيرَ مالية استثنائية مثل بقية البلدان في الأزمة المالية العالمية ٢٠٠٨.

والعنصر المهمّ الآخر الذي يخصّ فترة ما بعد عام ٢٠٠٢ هو تفصيلات حكاية التحول ومضمونها. فتنويع الإنتاج في الاقتصاد التركي والاستثمارات في مجال الصناعة الدفاعية التي يفترض أن إسهاماتها هي الأعلى عمومًا- زادت من قوة الاقتصاد ومتانته. ومن أهم الإسهامات التي قدمتها حكومات حزب العدالة والتنمية لهذا البلد تخفيض تدخل الدولة في السوق إلى أدنى مستوياته، وفتح الطريق أمام اقتصاد الأسواق؛ إذ أدّى القطاع الخاص دورًا فاعلاً في التحولات التي حصلت بعد عام ٢٠٠٢، وزاد ثقل القطاع الخاص بفضل الخصخصة، ومن ثَمّ انحسر تدخل الدولة في الاقتصاد والسوق إلى حدوده الدنيا. وأهم ما يميّز حكومة حزب العدالة والتنمية أنها أكسبت اقتصاد البلد الثقة الممنوحة لاقتصاد السوق في الخمسة عشر عامًا الماضية.

فعلى سبيل المثال هناك فرق بين نظامنا السياسي ونظام الولايات المتحدة الأمريكية التي نُقارَن بها دائمًا، وهو أن الديمقراطيين الاجتماعيين عندنا يطبقون سياسات المحافظين في الولايات المتحدة الأمريكية. والفارق الآخر هو إيمان حزب العدالة والتنمية الديمقراطي المحافظ الأقرب إلى خط الديمقراطيين الأمريكيين بالأسواق تماشيًا مع خط الجمهوريين.

رغم كل هذه الخطوات الإيجابية من الإصلاحات والتحولات، فإن الأزمة المالية العالمية في ٢٠٠٨، والغموض الذي حصل في أعقاب هذه الأزمة على المدى القصير (أحداث المنتزه العنيفة في أيار ٢٠١٣، وفترة كانون الأول ١٧–٢٥ سنة ٢٠١٣ مثلاً)- كانا سببًا في تأخر إتمام الإصلاحات الكبيرة الجادة. وكلما تأخرت الإصلاحات اشتد الجدل حول (فخّ متوسطي الدخل). وبعد ذلك بدأت احتمالات انسحاب حكومة حزب العدالة والتنمية الإصلاحي التجديدي إلى قوقعة خلافاتها الداخلية العقيمة التي كانت موجودةً في التسعينيات؛ لترتفع وتصل إلى مستويات مرعبة. فحزب العدالة والتنمية الذي لم يستطع أن يبني الحكومة بمفرده في ٧ حزيران ٢٠١٥ مثلاً، اضطر إلى أن يوقف مسيرة التحوّل ولو لبضعة شهور. وكانت مفاوضات بناء ائتلاف حكومي بعد الانتخابات سببًا في ظهور الغموض والمخاطر الكبيرة[٩].

---

(٩) بلال بغيش، «مُجبَرون على الاستقرار...»، Ekonomikus، ١٨ أيلول ٢٠١٥، https://bagisb.wordpress.com/2015/09

(تاريخ زيارة الموقع: ١٣ أيلول ٢٠١٧).

لِمَ لَمْ تتكلل الإصلاحات والانفتاحات السابقة بنتائج إيجابية في الوقت الذي تحقق فيه الإصلاحات والتحولات الاقتصادية هذا القدر من الفائدة؟!. سؤالٌ يشكّل موضوعًا مهمًّا يستحق الدراسة والتمحيص، فالإصلاحات التي تمّت في التسعينيات كانت مترنّحةً؛ لأنها تمّت في الوقت الذي لم تكتمل فيه الاستعدادات لها بَعد. وغياب الإرادة السياسية القوية التي من شأنها أن تستديم إرادة الإصلاحات كان واحدًا من الأسباب الرئيسة وراء اندلاع أزمات كبيرة. فكانت التسعينيات بالنسبة لتركيا الحديثة عهد الفترة كعهد الفترة في الدولة العثمانية. فالتحولات الاقتصادية الجادة بدأت بعد عام ٢٠٠٠. أما البنى الاقتصادية الحديثة، والجودة المؤسساتية، واقتصاد الأسواق، فقد بدأت تتوطد في الفترة التي تلت عام ٢٠٠٢، لكنها وصلت إلى مستويات معينة وتوقفت. وبالتأكيد هناك حاجةٌ إلى حكايةٍ جديدةٍ حتى تنمو من جديدٍ.

(موديلنا) الجديد من أجل التنمية

حطّمت تركيا في عهد حزب العدالة والتنمية رقمًا قياسيًّا في التنمية والتغيير في تاريخ الجمهورية بنموٍّ متتالٍ استمر لتسعٍ وعشرين فترةً. وفي إطار حلم التنمية هذه، أحرزت نجاحات كبيرة ولاسيّما في سياساتها المالية بعد عام ٢٠٠٢. وتحقق النجاح في تطبيق السياسات النقدية بفضل النجاحات التي حققتها في السياسات المالية، وخفض الضغوطات المالية. وشكل الانسجام النسبي للسياسات المالية والنقدية، والإصلاحات التي حصلت بعد عام ٢٠٠١، أسسًا اقتصاديةً وماليةً صلبةً وقفزةً نوعيةً رغم أزمة ٢٠٠٨.

اكتسب ترميم وإنعاش الاقتصاد التركي الذي كان منهارًا عام ٢٠٠١ تسارعًا كبيرًا، وذلك بفعل إرادة الإصلاح وجذريته والظروف المؤاتية من أجل السيولة العالمية. ومما سهّل استعادة عافيته عدم منهجية أزمة ٢٠٠١. بقيت إرادة الإصلاح والتحول حيةً نتيجة بقاء حزب العدالة والتنمية طويلاً في سدة الحكم، واستمرت حملة التحول وإعادة الهيكلة هذه دون انقطاعٍ حتى الأزمة المالية العالمية التي حصلت عام ٢٠٠٨. وجنى الاقتصاد التركي ثمار هذا التحول بما تملكه تركيا حاليًّا من نظام مصرفيٍّ وماليٍّ قويٍّ والأزمات التي مرت من حافتها على تماس بها دون الوقوع فيها، وناتجها المحلي الإجمالي الذي بلغ ثلاثة أضعافه من أجل كل فرد.

رغم كل هذه المسافات الطويلة التي قطعتها تركيا، فإنها لاتزال تملك اقتصاداً هشًّا لا يخلو من الثغرات، مثل حال الكثير من الدول النامية. في فترة الأزمة وفي فترةٍ أخرى كعامي ٢٠٠٩-٢٠١٠ احتفظت البنوك المركزية في الدول المتقدمة بالفوائد في حدودها الدنيا وسوق سيولة كبيرة إلى الأسواق. فكان هذا إلى حدّ ما سببًا في عدم حصول مشكلة في تحويل الديون قصيرة الأمد في هذه الفترة. ولكن ينبغي توخّي مزيد من الحيطة والحذر فيما يتعلق بديون الشركات الخاصة تحديداً، بسبب الديناميكيات المتغيرة التي يمكن أن تظهر في الفترات المقبلة.

النظام المالي والقطاع المصرفي

عندما يقال النظام المالي في تركيا تتبادر إلى الأذهان البنوك. ومن الأهمية بمكانٍ تأمين سلامة البنوك التي تشكّل هذا القسم المهمّ جدًّا من النظام المالي. كانت أزمة ٢٠٠١ نقطة انعطاف من أجل الترتيبات القانونية، والإصلاحات الجادة في القطاع المصرفي. فقد طُبِّق جميع الإصلاحات البنيوية المهمّة في القطاع المالي في أعقاب الأزمة. ومُنِحت الثقة للنظام المصرفي نتيجة الرقابة المتزايدة بعد عام ٢٠٠٤ على وجه الخصوص، واختبارات الإجهاد التي طُبِّقت بصورةٍ أكبر، والرقابة الصارمة التي تمارسها مؤسسة تنظيم العمل المصرفي ومراقبته (BDDK). وبفضل الترتيبات القانونية الجديدة التي أضيفت بعد عام ٢٠٠٩ تمّ الحد من الاقتراض المفرط والاقتراض بالعملة الأجنبية على وجه الخصوص[١٠]. وارتفع معدل كفاية رأس المال إلى ١٥-١٦ ٪ بعد أن كان ١٢٪ قُبيل الأزمة. ومن جهةٍ أخرى بقيت حدود (بازل)[١١] ضمن ٥-٨ ٪. إذ دخلت تركيا إلى الأزمة المالية العالمية بهذه البنية المالية القوية، وهو الأمر الذي جعلها لا تتأثر بالأزمة كثيرًا.

إنّ أوّل مسألةٍ تمّ تناولها في تركيا بعد عام ٢٠٠١ هو سد الثغرات الموجودة في النظام المصرفي. وبفضل ذلك، يملك

(١٠) محمد شيمشك، «حكمة الوقاية من الأزمات»، (Syndicate Project)، ١٧ أيلول ٢٠١٣، (تاريخ زيارة الموقع: ٣٠ آذار، ٢٠١٧):
https://www.project-syndicate.org/commentary/macro-prudential-measures-for-crisis-prevention-in-emerging-economies-by-mehmet--im-ek?barrier=accessreg

(١١) لجنة بازل للرقابة المصرفية، أُسِّست في مدينة بازل السويسرية، وتكونت من عشر دولٍ صناعية في نهاية ١٩٧٤. المترجم.

القطاع المصرفي اليوم بنيةً قوية جدًّا، ويعترف الجميع حول العالم بمصداقيته. ورغم ذلك يجب اتخاذ التدابير الاحتياطية من أجل الفترات المقبلة كما ورد أعلاه. فالقروض التي يؤمّنها القطاع المصرفي من خارج القطر مهمّةٌ من أجل تمويل العجز الجاري. فهناك حاجة إلى هذا التمويل لبعض الوقت على الأقل.

من جهةٍ أخرى يمارس البنك المركزي بالجمهورية التركية (TCMB) اليوم رقابةً على النظام المصرفي رغم أن السلطة الرادعة في يد صندوق تأمين الودائع والادخار (TMSF)، ومؤسسة تنظيم العمل المصرفي ومراقبته. وكما أكد نائب رئيس الوزراء محمد شيمشك فإن تركيا اكتسبت مناعةً مهمّةً من خلال تفعيل المؤسسات المهمّة المتعلّقة بالنظام المصرفي والمالي في أعقاب أزمة ٢٠٠١[١٢]. ورغم كل هذه التحولات والتطورات فإنه من الصعب اليوم الحديث عن عمق مالي كبير على غرار العمق الموجود في الغرب. لكن هذا الوضع يؤمن فوائد مهمّة فيما يتعلق بإدارة المخاطر.

المحاسن والمساوئ

من المفيد أن تُحدَّد محاسن الاقتصاد التركي ومساوئه بشكلٍ جيد، حتى نفهم جيداً تجربة تركيا في مكافحة الأزمات المالية. ونورد فيما يأتي أبرز المحاسن الأساسية للاقتصاد

(١٢) صادق أوناي، «حكاية نمو جديدة أمام الجدل الدائر حول الأزمة الاقتصادية»، تقرير ستا، ١٨ كانون الأول ٢٠١٦، (تاريخ زيارة الموقع: ٢٠ آذار ٢٠١٧).
https://www.setav.org/ekonomik-kriz-tartismalarina-karsi-yeni-buyume-hikayesi.

التركي: الاستقرار السياسي، واحتمالية أن تدوم القيادة القوية على المدى القريب والمتوسط، والانضباط المالي، والتدابير الاحتياطية الكلية التي هي قيد التطبيق[١٣]. وممّا يجعل تركيا أكثر قوةً نسبيًّا؛ متانة أسسها، والإصلاحات البنيوية التي لاتزال مستمرة، وإرادتها القوية في مواصلة مسيرة الإصلاح، وبنيتها المالية القوية، وبقاء أرصدتها من الدَّين العام عند مستويات منخفضة تاريخيًّا، ونظامها المصرفي الذي يتمتع بقوة لم تتمتع به مسبقًا قط، وأسواقها المالية الأكثر متانةً وعمقًا، وعلاقاتها الدولية التي تمّ تنويعها.

وهناك عوامل أساسية يعتمد عليها تشغيل اقتصاد السوق، وقيام لاعبي السوق بمزيد من الفعاليات الاقتصادية، وهي وجود أوساط الأمن الاقتصادي والسياسي، ومحدودية الغموض. ويلاحظ أن حكومة حزب العدالة والتنمية اتّبعت دومًا سياسةً واضحةً شفافةً يمكن التنبؤ بها، بالدعم والتأييد الكبير الذي تلقّته من الشعب في كل انتخاب تخوضه. وهذا الأمر هو العنصر الأبرز الذي يبين أداء حكومة حزب العدالة والتنمية في الاقتصاد، ونجاحها في الحدّ من هشاشة الاقتصاد. إضافة إلى أنها رسمت (بروفيلاً) عاليًا في الاقتصاد، وحقّقت الاستقرار وهي تولي أهميةً بالبنية التحتية المؤسساتية القوية، وتدعم

---

(١٣) تدابير الاحتياط الكلي: هي جملة من القواعد التي تتضمن ترتيبات مالية واقتصادية حقيقية، مثل حالات العجز في النقد الأجنبي، ومشكلة السيولة، ومعدل كفاية رأس المال، والعجز المالي، واللوائح القانونية، ومخاطر أسعار الصرف، والاقتراض.

المؤسسات التي تؤمّن الرقابة، وتتبع سياسات الاقتصاد الكلّي التي تناسب بدنها، من دون أن تؤخذ بسحر هذه السيرورة، ومن دون أن تقع في الفخّ الذي وقعت فيه البلدان التي طالتها أزمة شرق آسيا.

وهناك مجالات أخرى حقّقت فيها حكومة حزب العدالة والتنمية أبرز نجاحاتها، وهي عجز الميزانية والانضباط المالي. إذ تمّ الحدّ من تضعضع البلد وزيادة قوته في مكافحة الأزمات. إلى جانب ذلك، يحمل تصفير الدَّين الصافي أهميةً كبيرة. في الماضي كانت تركيا تستدين من صندوق النقد الدولي، لكنها اليوم باتت تُعطي له الدين. ومن المحاسن الأخرى المهمّة معدلات التضخم التي خُفِّضت من ٦٠-٧٠٪ إلى أرقام ذات منزلةٍ واحدة. ولا تتعدى اليوم نسبة الدَّين العام على الناتج المحلي الإجمالي ٣٠٪ وإن كان هناك ارتفاعٌ في الدَّين الإجمالي الناجم من القطاع الخاص. وللتنسيق النسبي الذي يحصل في تطبيقات السياسة النقدية والمالية مزيةٌ مهمّةٌ. والتدابير الاحتياطية الكلية التي طُبِّقت بجسارةٍ بالدعم السياسي الذي تلقته الحكومة التركية باستمرارٍ- عزّزت من قدرة تركيا على مكافحة الأزمات.

ومن جهة أخرى تتبلور مشكلاتنا الأساسية في ثلاثة موضوعات محورية، هي: التمويل الخارجي، والثقة بالاقتصاد، والتجارة الخارجية[١٤]. وتظهر أمامنا ضائقات مهمّة نذكر منها عجز المعاملات الجارية الذي لايزال قائمًا، والتضخم المتقلب نسبيًّا، والاقتصادات غير المسجلة التي لا يستهان بحجمها، والنظام المالي المعقد الذي يستند إلى الضرائب، وتدني مستوى التعليم، والرأسمال البشري[١٥]. ومن المهمّ أيضًا المخاطر الجيوسياسية الإقليمية، والغموض الداخلي والعالمي، والتلاعب بسعر الصرف، والأموال ورؤوس الأموال الساخنة. إن صورة البلد والثقة التي تمنحها للمستثمر تحددان قدر الاقتصاد. يجب أن لا ننسى أن مبالغ تُقدَّر بـ ٥٠٠ مليار دولار خرجت من البلدان النامية خلال عام ٢٠١٥ فقط.

يجب الإسراع في حل هذه المشكلات الأساسية عبر إصلاحات بنيوية على المدى الطويل. فمعدّل بطالة الشباب في البداية أمرٌ مهمّ ويجب تخفيضه حتمًا. فالبِطالة عمومًا تكون في مستويات واحدة، الأمر الذي يبدو في الغالب مشكلة بنيوية. وانخفاض رأس المال المادي والبشري يقف أمامنا باعتباره مشكلة إضافية. كما أن هناك موضوعات مهمّة أخرى مثل عدم استعمال الرأسمال الاجتماعي استعمالًا فعالًا، وعدم الاستفادة

---

(١٤) «تدابير وقاية الاقتصاد التركي من الأزمات»، وقفُ الأبحاث الاقتصادية السياسية التركي TEPAV، (آذار ٢٠٠٩)، (تاريخ زيارة الموقع: ٣٠ آذار ٢٠١٧):
http://www.tepav.org.tr/upload/files/1271243166r3775.Turkiye_Ekonomisi_icin_Kriz_Onlemleri.pdf

(15) Bilal Bağış, Proceedings of the 2nd International Congress of Local Development and Financ, (2017)

من موارد التمويل البديلة. ولا يزال التضخم متموّجًا وإن لم يكن مرتفعًا كما في الماضي. ويلاحظ أنه من المهمّ جدًّا اجتناب جميع الضغوطات العلنية والخفية التي من شأنها أن تنال من استقلالية البنك المركزي، ومن ثَمّ استقرار الأسعار. والعجز الجاري هو السبب الأساسي وراء تسليط الضوء على هشاشة تركيا، وارتفاعه يولد حاجة دائمة إلى تمويل خارجي.

تركيا والاقتصاد العالمي في العهد الجديد

دخل العالم عهدًا جديدًا في أعقاب انهيار (اتفاقية بريتون وودز) في سبعينيات القرن الماضي. إذ دخلت في عهدٍ جديدٍ تكاثرت فيها الأزمات على الصعيد العالمي، وازداد تأثير هذه الأزمات في مختلف البلدان وتعمقت. وازدادت آثار هذه الأزمات بعد موجة التحول الليبرالي بعد عام ١٩٨٠، وشكلت أزمة ٢٠٠٨ مرحلةً جديدةً في هذا التحول، وبتنا نعيش اليوم في عالمٍ مختلفٍ تمامًا. ومن جهةٍ أخرى يلاحظ في الفترة الأخيرة أن التباينَ في السياسات لم يعد يقتصر على البلدان المتقدمة والبلدان النامية فحسب، بل امتدّ إلى البلدان المتقدّمة أيضًا(١٦). فبينما يتوسّع البنك المركزي الأوروبي (ECB) في أوربا، والبنك المركزي الياباني (BOJ) في اليابان مثلاً، يثار الجدل حول إعادة جمع الأموال التي ضُخَّت في الأسواق بكمياتٍ طائلةٍ في إنكلترا والولايات المتحدة الأمريكية.

---

(16) Bilal Bağış, "Monetary Policy Divergence and Central Banking in the New Era", Risk Management, Strategic Thinking and Leadership in the Financial Services Industry, ed. Ümit Hacıoğlu ve Hasan Dinçer, (Springer International Publishing, 2016), P. 25-41.

وفي الطرف الآخر من العالم تعمل دول بريكس كالهند والصين باستمرارٍ على زيادة حصتها من كعكة الاقتصاد العالمي، في حين تتصارع أوروبا الهرمة مع مشكلاتها المزمنة. ويكون ميلان توازن الاقتصاد العالمي أقرب إلى البلدان النامية منه إلى البلدان المتقدّمة عموماً. والخطوات التوسعية القادمة من البنك المركزي الأوربي والبنك المركزي الياباني تعَقِّد الوضع على البلدان النامية والمتقدمة معًا. وعند الأخذ بالحسبان أزمة الديون في منطقة اليورو تحديداً، والقلق المستمر من الانكماش المالي، نجد أن احتمالية التيسير الكمي (QE) الذي سيتم حتمًا ضمن الخطوات التوسعية المستمرة- تشكل ضغطًا متزايداً على العملة خارج اليابان وأوربا.

كما أكّدنا آنفًا، تشكل أزمة ٢٠٠٨ نقطة انعطافٍ بالنسبة لكثير من اقتصادات العالم. فهناك تحولات كبيرة حصلت في السياسات وأدواتها على حد سواء. وباتت الترتيبات القانونية، والرقابة والتفتيش، والآليات الجديدة أكثر شيوعًا، وتوالت الترتيبات القانونية والإصلاحات الجديدة (مثل قانون Dodd-Frank) المتعلقة بالقطاع المصرفي المركزي والسياسات النقدية وعمل النظام المالي[١٧]. وبينما كان الاقتصاد العالمي يشهد هذه التحولات، باتت الآثار الجانبية للسياسات المطبقة وإمكانية انتقالها إلى البلدان الأخرى- تشكّل موضوع جدلٍ مهمّ في العهد

(١٧) قانون دود فرانك Dodd-Frank هو القانون الذي طُبِّق من أجل إعادة جلب الترتيبات القانونية إلى الأسواق المالية الأمريكية بعد أزمة ٢٠٠٨ (كما حصل في الفترة التي أعقبت الكساد الكبير).

الجديد. وصارت جداول أعمال اجتماعات قمة العشرين لا تخلو من جدلٍ من هذا القبيل. ولم تُوفَّر من جهةٍ أخرى استعمال السيولة التي حصلت عالميًّا بعد ٢٠٠٨ في مجالاتٍ من شأنها أن ترفع الإنتاجية. وكثر الحديث عن المزاعم بأنها تزيد من عدم المساواة في الدخل. وفي هذا العهد الجديد الذي يشهد تصعيدًا للخطوات التقشفية التعسيرية وانحسارًا للخطوات التيسيرية سيزداد الحديث عن المؤثرات السلبية بحيث تغدو الشغل الشاغل للأجندات وجداول الأعمال.

قبل كل شيء يجب أن ندرك في الصورة الكبيرة أن الأزمات الحديثة تختلف عن الأزمات القديمة سواء من حيث ظهورها أم من حيث آثارها. فمثل هذه الفترات التي تزداد فيها تقلبات الأسواق وتأثيرات السوق، تحمل الأزمات الحديثة مخاطر كبيرة لبلدانٍ مثل تركيا التي لاتزال تعاني تقلبات سعر الصرف. لهذا السبب صار عمل المصارف المركزية أكثر صعوبة في الوقت الحالي. فتحقيق استقرار اقتصاد البلد ولاسيّما أسعار الصرف أمام الصدمات والتطورات الخارجية أمرٌ صعبٌ جدًّا اليوم.

ردت الولايات المتحدة الأمريكية ودول الاتحاد الأوربي اللتان تُعدّان أقوى اقتصادات العالم في العهد القريب على أزمة ٢٠٠٨ باتّخاذ خطوات تيسيرية نقدية، إذ طبعَ البنك المركزي الأوربي والاحتياط الفيدرالي (FED) كمياتٍ ضخمةً من النقود وضخها في الأسواق، لكن تفصيلات هذه العملية وآلية الضخ كانت تتغير بالتأكيد. ومن الأعمال التي أصابت حكومة حزب العدالة والتنمية

في إنجازها كانت مقاربتها حيال أزمة ٢٠٠٨ وشكل إدارتها لهذه الأزمة. وعندما قال أردوغان رئيس الوزراء حينها إن تركيا ستمرّ من حافّة هذه الأزمة [من دون السقوط فيها] لم يصدّقه معظم المختصين، بل أخذوا كلامه هذا على محمل السخرية[١٨]. ولو عدنا اليوم إلى الوراء وتذكرنا أولئك الذين لم يحملوا تصريحات رئيس الوزراء آنذاك محمل الجد بخصوص الأزمة لتوصلنا إلى نتيجة أنهم لم يستطيعوا أن يروا رؤيته وتنبؤاته.

فالكساد الكبير في المثال التركي يذكّرنا بأن الذين يريدون جمع الأموال الربوية من الأزمات ويستثمرونها سوف يخسرون، وأن البنية التحتية المالية التركية قوية بما فيه الكفاية. فأزمة ٢٠٠٨ في هذا المعنى قدمت فرصةً لاختبار السياسات المستعملة في البلدان المتقدمة، واختبرت استقرار حكومة حزب العدالة والتنمية، وأثبتت عالميًّا النجاحات التي حققتها في مجال الاقتصاد.

هناك موضوعٌ آخر مهمٌّ من أجل اقتصاد البلدان ولاسيّما في فترة الأزمات، وهو شركات التصنيف الائتماني والعلامات التي تمنحها. سرعان ما أحدثت شركات التصنيف الائتماني هبوطًا في علامات الائتمان المتعلقة بتركيا في ١٥ تموز وما يليه، وهذه نقطةٌ أخرى مهمّة يجب عدم نسيانها. فشركات التصنيف الائتماني وفي مقدمتها شركة S&P خفضت علامات

(١٨) «هذه الأزمة أيضًا ستمر بنا مرور الكرام ولن نتأثر بها»، سي إن إن، ٢٠ تشرين الأول ٢٠٠٨.

الائتمـان لتركيا سـريعًا متذرعةً بالغموض السياسـي. وبعد مرور ثلاثـة أيام علـى محاولة الانقـلاب أحدثت شـركة S&P للتصنيف الائتمانـي هبوطًـا مفاجئًـا في درجـات الائتمان، فخلـق انطباعًا بـأن الانقـلاب فعـل ما يترتـب عليه. وهـذا القـرار المباغت رفع مـن احتمالية البنيـة التحتيـة الأيديولوجية.

مـن جهـة أخـرى احتفظـت شـركة التصنيـف ذاتهـا بعلامات تركيـا دون المسـتوى الـذي يمكـن فيـه الاسـتثمار، علـى خلاف شـركة Fitch ve Moodys. والمشـكلة المهمّة هنا هـي أن شـركات التصنيـف التـي تسـعى جاهـدةً لرفع علامـات ائتمـان تركيا في الوقـت الـذي يشـهد اقتصادهـا تحسـنًا، لا تتوانى عـن تخفيض علاماتهـا عنـد أقـل تصـورٍ سـلبيّ للوضـع أو تغييـر التصـور الإيجابـي الموجـود ذاتًـا والتلاعـب بـه. فشـركة S&P تحديـدًا والشـركات الماليـة التي على صلةٍ بها تتبع منذ سـنوات سياسـة مناهضـةً لتركيـا، ولا تنصفها.

ويأتـي وعـي التخطيـط طويـل الأمـد باعتبـاره واحـدًا مـن الابتـكارات المهمّة التي أكسـبتها حكومات حـزب العدالة والتنمية لهـذا البلد على مدى خمسـة عشـر عامًـا. ففـي الماضي دفعت تركيـا ثمـن السياسـات الشـعبوية قصيـرة الأمـد، إمـا بطباعـة النقـود فـي بنكهـا المركـزي، وإمّـا بطـرق بـاب صنـدوق النقد الدولـي. فالوعـود الرنّانة التـي أطلقها الساسـة، والحلول قصيرة الأمـد، والجهـود الراميـة لكسـب الوقـت، كلّفـت البلد عشـرات السـنين. فـي حين أمّنـت حكومـات حـزب العدالـة والتنمية في

الفترات الأخيرة بناء مستقبل تركيا على أسسٍ متينةٍ عبر زرع وعي التخطيط طويل الأمد، ووعي السياسة المسؤولة والإدارة التي يمكن محاسبتها. ولابدّ من استمرار هذا الفهم السياسي والتخطيط طويل الأمد من أجل استقرار الاقتصاد؛ لأن ترك الفهم السياسي الشعبوي هو العنصر الرئيس الذي يحقق الانضباط المالي.

في الماضي كان اقتصاد تركيا يُصاب بالزكام بمجرّد أن يعطس ساساتها، لكنه اليوم يقوم على أسسٍ سليمةٍ بصورةٍ مستقلة عن الهموم السياسية. فقد اجتازت الدولة والجهاز التنفيذي والنظام الاقتصادي والمالي في الحقيقة اختبار الإجهاد الجاد في هذا المعنى في ١٥ تموز[١٩]. فلو كنّا قد عشنا في تسعينيات القرن الماضي أو حتى في مطالع الألفية الثالثة الصدمات الثلاثَ المهمّة (محاولة الانقلاب وهبوط علامات التصنيف الائتماني وإعلان حالة الطوارئ) التي ظهرت أمامنا في الفترة التي أعقبت ١٥ تموز ٢٠١٦، لكان البلد في حالة أسوأ ممّا هو عليه الآن[٢٠]. وهذه التأثيرات المحدودة التي حصلت بعد محاولة الانقلاب التي نفّذها تنظيم غولن الإرهابي مهمّة جدًّا؛ لأنها تشير إلى الأشواط التي قطعها الاقتصاد التركي. وقد اختزل الباحث نبي ميش محاولة الانقلاب الفاشلة في ١٥ تموز بأنها حربٌ شاملةٌ

(١٩) فخر الدين ألتون، «اجتزنا بنجاحٍ اختبار الإجهاد الكبير»، Kriter، العدد ٥، (أيلول ٢٠١٦).

(٢٠) بلال بغيش، «ما بعد ١٥ تموز»، Ekonomikus، ٢٩ آذار ٢٠١٧.

خاضها الشعب والدولة معًا في وجه الذين يدعمون الإرهاب والأزمات[٢١].

إن العلاقات القوية التي طوّرتها تركيا مع الغرب في الخمسة عشر عامًا الماضية مزية أخرى مهمّة. فتطوير العلاقات مع الغرب، وفعالية اقتصاد السوق، يُعدّان من العناصر المهمّة في مكافحة الأزمات. لهذا يمكن القول إن الأهمية التي أعطتها حكومة حزب العدالة والتنمية منذ سنواتها الأولى باندماج تركيا مع الغرب تشكل واحدةً من مكتسباتها المهمّة. فالعلاقات التي بدأت اعتبارًا من حكومة مندريس في الخمسينيات توسّعت مع حكومة أوزال في الثمانينيات وانفتاحه على السياسات الليبرالية. وبلغت هذه العلاقات أوجها بفضل الخطوات التي اتخذتها حكومات حزب العدالة والتنمية التي بدأت بعد عام ٢٠٠٢ من أجل الانضمام إلى الاتحاد الأوربي، وسياساتها الخارجية الاستباقية.

والعنصر الآخر المهمّ الذي يجب تأكيده فيما يتعلق بتحول الاقتصاد التركي هو مفهوم (الدَّين). إذ يُعَدّ تراجع نسبة الديون على إجمالي الناتج المحلي أحد أهم مكتسبات الاقتصاد التركي بعد تسلّم حزب العدالة والتنمية الحكم. ويجب أن لا ننسى أن الدَّين أحد العناصر المهمّة

---

(٢١) نبي ميش، «حرب شاملة»، تقرير ستا، ١٣ كانون الأول ٢٠١٦، http://www.setav.org/topyekun-mucadele (تاريخ زيارة الموقع: ٢٠ آذار ٢٠١٧).

في مركز الأزمات الحديثة. ولا يمكن فهم النظام المالي الحديث بدون فهم الدَّين وتاريخه[٢٢]. فأوّل امتحانٍ جادٍّ لهذه الأراضي مع الدَّين بدأ إثر توقيع معاهدة ميناء بلطة Baltalimanı عام ١٨٣٩ بعد أول هزيمة على نطاق مهمّ[٢٣]. فيما بعد أغرقت القوى المهيمنة آنذاك تركيا في الديون، وأحكمت سيطرتها على اقتصاد البلاد وسياستها لسنوات (بل لعصور) طويلة. ففي عام ٢٠٠٢ كانت تركيا تخصّص ٨٦٪ من ميزانيتها الإجمالية من أجل فوائد الديون، ومع حلول عام ٢٠١٧ باتت تخصص ١٠-١١٪ فقط. فالفارق كما ترون ملحوظ جداً.

والبيان الآخَر المهمّ المتعلق بالدَّين هو (عجز الميزانية). إذ أُحرِزت نجاحات كبيرة في الميزانية بانضباطٍ شديدٍ جدًّا. فتركيا في الأصل تعاني مشكلة مهمّة في العجز الجاري. ومن المهمّ أن يُحافَظ على انضباط هذه الميزانية. والاعتقاد بأن مشكلة الدَّين عفا عليها الزمن وولّت يقود إلى خطأ كبير، فهناك العديد من البلدان النامية التي لاتزال تعيش في الأعماق مشكلة الديون والفوائد التي تعانيها الأراضي الأناضولية منذ عشرات السنين. ولاتزال الاستدانة قائمةً باسم (ديناميةالدين المستدام) في البلدان النامية. وينسُب أغرتسون وكروغمان في

---

(٢٢) ديفيد غروبر، Debt: The First 5,000 Years، (Melville House Printing بوكلين، نيويورك ٢٠١١).

(٢٣) آدم أنبار، «العلاقات المالية بين الإمبراطورية العثمانية وأوربا»، (Maliye Finans Yazıları المجلد ٢٣، العدد ٨٤ (٢٠٠٩)، ص ١٧-٣٧.

مقال لهما، أزمة ٢٠٠٨ إلى عملية (سداد الديون) التي تعقب زيادة الديون[٢٤]. إنّ بيع الممتلكات من أجل تسديد الديون، وما يتبعه من انخفاض في المستوى العام للأسعار، يذكران بنظرية (فيشر) المشهورة حول انكماش الديون "debt-deflation" في فترة الكساد الكبير[٢٥].

لا يمكن فهم البنية المعقدة التي يتمتع بها اليوم النظام المالي العالمي، وعمق الأسواق المالية- فهمًا تامًّا من دون فهم سوق المنتجات المشتقة. ففي أزمة ٢٠٠٨ بلغ سوق المنتجات المشتقة العالمية قرابة ٧٠٠ تريليون دولار، وهو المبلغ الذي يعادل عشرة أضعاف إنتاج الاقتصاد العالمي كله. واليوم بعد النقاهة التي حصلت عام ٢٠٠٩ يتمّ الحديث عن عودة ارتفاع تراكم الديون الناجمة ولاسيّما عن القطاع الخاص. في هذه الحال تُعدّ الإجراءات الكثيرة التي تتمّ على الأوراق المالية في سوق المنتجات المشتقة عاملاً يجب فهمه أولًا، باعتباره سببًا في مقدمة أسباب أزمة ٢٠٠٨. إن عدم انتشار استعمال هذه الأدوات الخطيرة في تركيا وعدم نشاط أسواقها ميزةٌ مهمّة، ولكن غياب تنظيم الأسواق المالية ونقص الرقابة يحملان بين طياتهما أخطارًا كبيرة.

---

(٢٤) غوتي ب. أغرتسون وبول كروغمان،
«Debt, Deleveraging, and the Liquidity Trap: A Fisher-Minsky-Koo Approach» The Quarterly Journal of Economic
المجلد ١٢٧، العدد ٣، (آب ٢٠١٢)، ص ١٤٦٩-١٥١٣.

(٢٥) أرفنج فيشر، «محاولات خفض مستوى الديون تسبب الركود،
Econometrica: Journal of the Econometric Society
المجلد ٤، العدد ١، (تشرين الأول ١٩٣٣)، ص٣٣٧-٣٥٧.

وثمّة موضوع آخر مهمّ يجب الانتباه إليه، وهو بالون أسعار الأمتعة والممتلكات وانعكاساتها داخل البلاد. فلابد من التفكير مليًّا في مشكلة الاستثمارات الكبيرة التي تتمّ على الغاز الصخري وما يتعلق بها من ارتفاع الأسعار، والتوقعات بإمكانية الارتفاع الدائم لأسعار العقارات، وما يتعلق به من استدامة الديون، لا على الأوراق والائتمانات التي تستند إلى العقارات فحسب. ومن المهمّ مستقبل الاستثمارات الضخمة التي تتمّ على سندات القطاع الخاص، والاستثمارات الكبيرة التي تتمّ في مجالات مثل الغاز الصخري، واحتمالية أن لا تأتي هذه الاستثمارات أُكُلها. وإذا ما أدت الفوائد المتزايدة إلى تخفيض قيم هذه السندات فإن الإفلاس يمكنه أن يصل إلى الكثير من صناديق الاحتياط hedge fund. ويفتح هذا الباب إلى خلق أزمة جديدة كالتي حصلت في نهاية التسعينيات. وكذلك قلق البالون في سوق العقارات يعزّز من احتمالية ظهور أزمة جديدة. ومن جهة أخرى تأتي الصين والدول الأوربية في مقدمة قائمة الدول المشتبه بها باعتبارها مراكز أزمة جديدة. وكذلك الدول الهرمة التي وصلت إلى درجة الإشباع كاليابان وألمانيا، فهي مرشحة أيضًا لأن تكون في هذه القائمة ومصدرًا مهمًّا للأزمات المالية الجديدة.

إن العوامل التي تشجّع على المجازفة التي لاتزال موجودةً، والميل الكبير نحو المجازفة، والرخاوة المفرطة، ونقص اللوائح القانونية- تقف أمامنا باعتبارها أخطارًا كبيرة. فهناك وراء أزمة ٢٠٠٨ مؤسساتٌ ماليةٌ وشركاتٌ كبيرةٌ جازفت بصورةٍ عدوانيَّةٍ

لتحقيق أرباحٍ قصوى(٢٦). ومن المثير للانتباه أن البنوك وشركات الاستثمار، بل كذلك شركات التأمين تدخل ضمن هذه المجموعة. فالمؤسسات المالية والإداريون الجشعون (بدفع من المستثمرين في بعض الأحيان) الذين يعملون ما بوسعهم للحصول على أكبر حصة من كعكة العالم- يمهدون لمشكلة النظام المالي. لذلك يمكنً القول إن أحد طرق الحد من خطر الأزمة في هذا العهد الجديد ربما يمرّ من الحدّ من النهم الشديد والمفرط لتحقيق أرباحٍ طائلة.

من المعلوم أنّ سوق العقارات كان أحد أكثر الموضوعات المتحدَّث عنها في فترة أزمة ٢٠٠٨. فالأزمة المالية العالمية المتأصّلة في أوربا والولايات المتحدة الأمريكية سببها الرئيس هو سوق العقارات في هذه البلدان، والقروض المتعلقة به، والمنتجات المشتقة. فالقروض العقارية المسماة بـ(subprime أي الرهن العقاري الثانوي)، والمقدَّمَة لفئة الأُسر ذات الدخل المنخفض، والأصول المشتقة المبنية على جميع أوراق هذا القطاع الخاص- كانت في مركز الأزمة بالتمام. لكن الوضع في تركيا كان مختلفًا، حيث تمت الوقاية من هذه الأزمة؛ لأن سوق القروض العقارية ليس على درجة كبيرة من العمق، ولأن القروض والديون المؤمَّنة على أساس العقارات ليست كبيرة جدًّا، كما أن الخطوات الوقائية مثل الامتناع عن تقديم القروض العقارية للجميع، واشتراط ٢٥٪ بصفته رأسمالًا خاصًّا؛ حالت دون تشعب سوق القروض في القطاع الخاص.

يقيّم إتشنغرين وتمين أزمة ٢٠٠٨ بأنها في الأساس أزمة سعر

(26) Raghuram Rajan, "Has Finance Made the World Riskier?", European Financial Management, v: 12, i: 4, (2006), p. 499-33.

الصرف الثابت[٢٧]. وينسب هذا الرأي الليبرالي الأزمة المالية العالمية ٢٠٠٨ إلى ممارسات تقييدية مالية مشابهة (للمقاييس الذهبية) بفترة الكساد الكبير عام ١٩٣٠. ومن ثَمّ من الطبيعي جدًّا أن تنتشر الأزمة وتتسع في أوربا بوجهٍ خاص"[٢٨]. لكن تركيا استطاعت أن تخفف هذا التأثير بدرجةٍ كبيرة بفضل نظام سعر الصرف المتقلب الذي عززته بعد صعود حزب العدالة والتنمية إلى سدة الحكم، وبكونها خارج منطقة اليورو. غير أن المشكلات البنيوية في النظام المالي في عام ٢٠٠١ حالت دون استمرارية سعر الصرف الثابت الذي كان فعّالًا آنذاك، فاندلعت الأزمة.

وثمّة عنصر آخر مهمّ أيضًا، وهو اللوائح القانونية المتعلقة بالنظام المالي. فموجة التحول الليبرالي بُعَيد عام ١٩٨٠ جلبت معها رخاوةً مفرطةً، والاستدانة المفرطة ولاسيّما في سوق المشتقات، والمخاطرة المفرطة، والحدّ من الهموم والأرباح الفردية. إن اللوائح القانونية والرقابة تشكّل في واقع الأمر إحدى المسائل الأساسية التي تتميز بها تركيا عن غيرها من الدول الغربية الكثيرة. فاللوائح القانونية تهدف إلى الوقاية من الأزمات المعروفة باسم (tail risk)؛ أي التي (وقوع اجتماعها منخفضٌ وأضرارها جسيمةٌ إن وقعت). لهذا السبب تكون الحكومات والسياسات متيقظة ومتأهبة دومًا لإعادة تحقيق الاستقرار في الأماكن المطلوبة كي لا يصيب الإفلاس بنوكها ونظامها المالي.

---

(27) "What can We Learn from the Depression?", The Economist,8 تشرين الثاني 2013, https://www.economist.com/blogs/freeexchange/2013/11/economic-history-0, (accessed date: fisrt March 2017).

(٢٨) نبي ميش، «الأزمات الأوربية متعددة الأبعاد»، تركيا، ١٨ آذار ٢٠١٧.

ومن ثَمّ فإن الخطوات التي اتُخِذت ولاسيّما في المجال المالي في تركيا على غرار تأسيس هيئة أسواق رؤوس الأموال (SPK)، ومؤسسة تنظيم العمل المصرفي ومراقبته، وصندوق تأمين الودائع والادخار، والبنك المركزي بالجمهورية التركية، واعتبار بعض هذه المؤسسات مؤسسات ذاتية الحكم، وزيادة صلاحيات بعضها، وبناء وحدات جديدة، مثل مؤسسة التنسيق الاقتصادي- تكتسب أهمية كبيرةً في هذه النقطة.

من المحتمل أن يشكل تيسير القروض واحداً من المشكلات المهمّة في تركيا وعنصراً من عناصر الأزمة المالية، ولكن الزعم بأن هذا الخطر موجودٌ على نفس الدرجة الموجودة في الغرب ولاسيّما في الولايات المتحدة الأمريكية- أمر مبالغٌ فيه. والعامل الخطير المهمّ الآخر هو سير نسبة القروض بالليرة التركية على المودوعات بالليرة التركية بمعدل ١٤٢٪ في فترةٍ تكون فيها الموارد الخارجية محدودة. ويشار مؤخراً إلى أن النمو في دولٍ نامية كالصين بدأ يتحقق بالقروض. وهناك مخاوف كبيرةٌ تتعلق باًحتمال توجّه الاقتصاد التركي إلى نمط النمو الصيني القائم حاليًّا على (القرض-الاستثمار-النمو) المعروف بتوجه كينز-شومبيتر (Keynes-Schumpeterian). ومن المهمّ هنا إدراك هذا الخطر واتخاذ التدابير للحيلولة دون التقسيط والاقتراض المفرط، فالخطوات التي تأتي بمعنى العودة إلى دوامة الديون والفوائد تلقي بمستقبل البلد إلى التهلكة. والعامل الآخر المهمّ المتعلق بتضخم القروض هو ديون القطاع الخاص. يزعم الكثير من الاقتصاديين على خلاف ميان وصوفي أن الأزمة المالية التي حصلت عام ٢٠٠٨ كان من صنع ديون المستهلكين لا

من صنع أزمة العمل المصرفي[٢٩]. هذه الدراسة التي تبيّن جيداً كيف أن ديون القطاع الخاص أكثر خطورةً من ديون القطاع العام؛ تقدّم معلومات مهمّة حول فترة الأزمات وتراجع الطلب، وكيف أن المشكلات المتعلقة بها تكبر أضعافًا مضاعفة في الأزمة.

خلاصة القول إن تركيا التي مرّت من حافة أزمة ٢٠٠٨ على تماسٍ بها بدون الوقوع فيها- قطعت أشواطًا بعيدةً جدًّا، واكتسبت خبرةً كبيرةً منذ أزمة ٢٠٠١ التي كانت لها تأثيرات تاريخية. فالانسجام النسبي للسياسيات النقدية والمالية، والإصلاحات المالية التي حصلت بعد عام ٢٠٠١- أكسبت تركيا كما أسلفنا أسسًا اقتصادية ومالية متينة، وجعلتها تحقق قفزة نوعيةً رغم أزمة ٢٠٠٨ المالية. إذ تقدّمت تركيا في كل مجالٍ من مجالات الحياة خلال الأعوام ٢٠٠٢-٢٠١٦، حيث تعمّقت الأسواق ونما الاقتصاد. وبعبارةٍ أخرى كانت تركيا دولةً يحسدها الجميع إلى أن حصلت أحداث المنتزه العنيفة في أيار ٢٠١٣. وفي نهاية الفترة الممتلئة بالأزمات والاضطرابات الكبيرة والصغيرة والأرقام القياسية للنمو الاقتصادي، استطاعت تركيا أن ترفع إجمالي الناتج المحلي إلى ثلاثة أضعافه من أجل كل شخصٍ، ودخلت في تصنيف البنك العالمي كما هو شأن البلدان المتقدمة.

---

(29) Atif Mian ve Amir Sufi, House of Debt: How They (and You) Caused the Great Recessionand How We Can Prevent it from Happening Again, (University of Chicago Press, 2014).

يتضح في الصورة الكبيرة -على حدّ قول محمد شمشك- أن تجربة تركيا مع الأزمات والوقاية منها على مدى الأعوام العشرة الماضية أو يزيد- تتضمن دروسًا كثيرةً ينبغي أن تستفيد منها البلدان النامية التي تعيش نفس المشكلات التي تعيشها تركيا. هذا الوضع يشمل فترة أزمتَي ٢٠٠١ و٢٠٠٨ معًا. ومهارة التفكير في المخاطر الوطنية والدولية عند تطبيق التدابير الوقائية الاحتياطية الكلية هي انعكاسٌ مهمٌ للتغيير الحاصل في العهد الجديد. كما يجب دراسة حل المشكلات قصيرة الأمد التي تعتمد على العجز الجاري، ومخاطر سعر الصرف، وإنشاء قطاعاتٍ ذات قوةٍ تنافسيَّةٍ عاليةٍ وأمدٍ أطول، وما شابهها.

السياسات النقدية والتطبيقات المالية:

ردّت البلدان النامية على أزمة ٢٠٠٨ عن طريق فرض قيود على رؤوس الأموال والتجارة، واتخاذ تدابير احتياطية أكثر صرامة، والتدخل في أسواق سعر الصرف، وخفض الفوائد. في حين توسلت البلدان المتقدمة إلى طريقة التيسير النقدي متبعةً في الغالب نموذج الاحتياط الفيدرالي FED، وهذا التيسير جلب معه سندات قصيرة وطويلة الأمد، وأوراق القطاع الخاص، وحتى شراء سنداتٍ الأسهم كما في النموذج الياباني. ولكن بعد أزمة ٢٠٠٨ بدأت أدواتٌ سياسيَّةٌ جديدةٌ تتطور في العالم كله.

في الفترة التي أعقبت عام ٢٠٠٨ تحرّك البنك المركزي بالجمهورية التركية بصورةٍ أكثر استباقيةٍ، وتعامل في العديد

من الموضوعات بشكلٍ أكثر ابتكارية مقاربة مع منافسيه. فالبنك المركزي بالجمهورية التركية يستعمل منذ عام ٢٠١٢ فوائد الريبو[٣٠] الأسبوعية بصورةٍ فعالة، في مقابل ذلك بدأت بلدان مهمّة، مثل الصين (بنك الصين المركزي) تستعملها حديثًا. وبذلك جعل البنك المركزي التركي يشعر بوجوده دومًا باعتباره عاملاً بنّاءً للأسواق. ومن ثَمّ باتت الفوائد تتحدد في أوساط مالية أكثر ليبراليّةً، ويتم تكوين أوساطٍ من أجل الاحتفاظ بهذه الفوائد في تلك المستويات. ومن جهةٍ أخرى طُبّقت استقلالية البنك المركزي للمرة الأولى عام ٢٠٠١، و طُبِّقت معه إستراتيجية السياسات النقدية. وفي هذه الفترة اكتُسِب وعي تطبيق السياسات ضمن برامج معينة.

أسفرت الخطوات الرامية للتيسير النقدي بعد أزمة ٢٠٠٨ عن وفرة السيولة النقدية في البلدان النامية. وتوسعت إمكانية الاقتراض نتيجة انخفاض الفوائد وتحسين شروط السيولة. وأصبح تحسين شروط الاقتراض والسيولة عاملاً مساعدًا لشروط عجز التمويل، كالعجز في الحساب الجاري. فالنظام المالي في تركيا يسير كما ذكرنا سابقًا عبر البنوك فقط في أغلب الأحيان. ويُعتَمد على البنوك فقط من أجل تأمين التمويل والقروض المطلوبة للنمو، ولن يكون هذا ممكنًا على المدى الطويل. وصندوق الأصول الذي أُسِّس حديثًا خطوةٌ أولى مهمّة

(٣٠) هي باختصار بيع السلعة بتعهد الشراء من جديد بسعر وتاريخٍ محدَّدَين مسبقًا. المترجم.

لدعم التعمق المالي وتعزيز البنية التحتية المالية. لكن ارتفاع المخاطر والديون عند تأمين التعمق المالي يحمل بين ثناياه أخطارًا كبيرة.

ثمّة نقطة أخرى مهمّة يجب الانتباه إليها، وهي الخطوات التي اتُخذت من أجل الاستقرار المالي في تركيا، والتدابير الاحتياطيَة الكلية التي تُطبَّق. إذ عُمِلَ على فرض القيود على الاقتراض لتقليل أخطار اقتراض المستهلكين الذي تطرق إليه ميعان وصوفي؛ إلى أدنى مستوياته. كما أن تقييد تقسيط القروض، وتخفيض سرعة النمو في قروض المستهلكين، وجميع الخطوات المُتَّخذَة للتأثير في فارق فوائد القروض على المودوعات وتحقيق توازنها- خطوات ضروريةٌ ومفيدة. يحافظ النظام المالي على متانته أمام الصدمات الداخلية والخارجية بفضل التدابير الاحتياطية الكلية، والسياسات المالية الصارمة التي تُطَبَّق في الوقت الحالي. أما في بروفيل المخاطر المالية فلم يحصل تغيير كبير يُذكَر خلال السنوات القليلة الماضية.

ومن جهة أخرى العالم أيضًا يتغير، وهذا العهد الجديد يتطلب توجهات جديدةً ومقترحات حلٍ جديدة. والأحداث التي وقعت في الفترات الأخيرة بعد أن كادت الأمور تأخذ مجراها في البلدان النامية كتركيا خاصةً وفي أوربا عامةً- تفرض على المرء أن يفكّر مرة أخرى في استقرار النظام الاقتصادي والسياسي الحالي ومستقبله. فالربيع العربي وأزمة أوكرانيا وخروج إنكلترا من الاتحاد الأوربي ومحاولة انقلاب ١٥ تموز في تركيا أمورٌ تستدعي توخّي مزيد من الحيطة والحذر مستقبلاً. إن محاولة

انقلاب ١٥ تموز التي تُعدّ من أهم الأحداث في تاريخ تركيا القريب من شأنها أن تدفع بأكثر اقتصاديات أوربا ديناميكيةً إلى طريقٍ مسدودٍ.

كما أن تشديد السياسة النقدية خارج القطر ولاسيّما في الولايات المتحدة الأمريكية يُعقّد التوجّه نحو خفض الفوائد والاحتفاظ بها منخفضةً داخل القطر بما ينسجم مع قاعدة تعادل سعر الفائدة. هذا الأمر بدايةً يصعّب تدفق السيولة إلى داخل القطر، وقد تحصل مرة أخرى تقلبات في سعر الصرف التي تُعدّ إحدى المعضلات المهمّة خلال عشرات السنين الماضية. وارتفاع مستوى سعر الصرف يمكن أن ينعكس إيجاباً على التصدير كما هو متوقَّع نظريًّا. على أيّ حال، تعمل العوامل في الاقتصاد التركي بشكل معاكس لما هي عليها في العالم.

ومن جانب آخر يشتد الجدل تدريجيًّا حول سياسات البنوك المركزية وأهدافها وممارستها بالتوازي مع ازدياد نفوذها وسلطتها(٣١). وينبغي على صنّاع السياسات، والمختصين في السياسات النقدية وأوساط العمل والمستثمرين وحتى بنك تركيا المركزي ذاته، أن يفكروا كثيراً في ماهية الأهداف والاحتياجات الجديدة المطلوبة في العهد الجديد، علماً أن اقتصاديي التيار الرئيس، أمثال ستيغليتز وفرانكل، مصرّون على موضوع الأهداف والأدوات الجديدة. ومن المهمّ في هذا السياق استمرارية التغيير في البنوك المركزية. فالبنوك المركزية يمكنها

(31) Mohamad Erian, The Only Game in Town: Central Banks, Instability, and Avoiding the Next Collapse, (Penguin Random House, 2016).

أن تركز على استقرار الأسعار ونمو الاقتصاد والاستخدام في آن واحد. وبإمكان البنك المركزي بالجمهورية التركية أن يدع جانبًا إستراتيجية استهداف التضخم التي يشكل فيها استقرار الأسعار الهدف الجوهري، وتتبنى على سبيل المثال مقاربة الاحتياط الفيدرالي (dual mandate) التي تركز على استخدام العمالة واستقرار الأسعار بصورة متساوية.

إن النجاحات التي أُحرِزت في تطبيق السياسات المالية ولاسيّما بعد عام ٢٠٠١ أدّت إلى تحقيق النجاحات في تطبيق السياسات النقدية أيضًا. كما أن تركيز البنك المركزي بالجمهورية التركية على تحقيق استقرار الأسعار ونمو الاقتصاد في العهد الجديد، واضعًا بالحسبان النواقص المذكورة أعلاه، واستمرار السياسات النقدية والمالية على العمل بشكلٍ مُنَسَّقٍ، يمكنه أن يؤمّن فوائد أكبر. وهذا التحول مهمّ من أجل تحقيق استقرار الأسعار والنمو الاقتصادي في آن واحد. ومن جهة أخرى ينبغي إعداد البيئة المناسبة لتخفيض الفوائد ومن ثَمَّ خفض التكاليف. ولا ينبغي السماح بأن يؤدّي تقلبات رؤوس الأموال إلى تقلباتٍ شديدةٍ في سعر صرف العملة الأجنبية.

إنّ تنويع النشاط الاقتصادي إحدى الخطوات المهمّة التي اتُخذت لتعزيز قدرته على الوقوف في وجه الأزمات ومقاومة الصَدمات. وخير مثالٍ على ذلك الخطوات المتَّخَذَة لدعم الخصخصة حفاظًا على استقرار الاقتصاد الكلي والقطاع الحقيقي والشركات الصغيرة والمتوسطة، والجهود الرامية لزيادة قوة القطاع الحقيقي وتعزيز قدرة الاقتصاد على

امتصاص الصدمات. إضافة إلى أن زيادة استثمارات البحث والتطوير (AR-GE)، وبناء قطاعٍ إنتاجيّ حديث، يتمتع بقوةٍ تنافسيةٍ عاليةٍ ويركز على التصدير- أهداف مهمّة على وجه الخصوص. ولا ننسى أن وجود إرادة سياسية أكثر استقرارًا، وإرادة تنفيذية أكثر قوةً في العهد الجديد- يمكنها أن تسهم كثيرًا في استمرارية موجة التغيير والمستجدات والابتكارات التي ورد ذكرها هنا.

خارطة طريق الفترات المقبلة:

يُعَدُ النموّ المستمرّ أحد أفضل الطرق لمكافحة الأزمات. فكلما نما البلد وتحسّنت ظروفه الاقتصادية ازدادت الثقة به، وكلما انخفضت نسبة الديون على إجمالي الناتج المحلي ونسبة العجز الجاري على إجمالي الناتج المحلي ارتفعت علامات (التصنيف)، وازدادت القدرة على جذب المستثمرين. ومن ثَمّ فمن المهمّ إضفاء وجهة نظرٍ جديدةٍ على السياسات الاقتصادية، والتركيز بشكلٍ أكبر على الإصلاحات البنوية التي تمّ الإحساس العميق بنقصها من خلال العجز الجاري المرتفع، والتوفير الخاص غير الكافي، والاستهلاك المفرط، وقلة الموارد البشرية المؤهلة.

وقد لوحظ الإسراع في تنفيذ خطوات راديكالية جديدة في الفترة الأخيرة، ووُضِع نصب العين حدود النظام السياسي الموجود التي لم تعد تكفي، واستيعاب أهمية الاستقرار السياسي. هذا البلد ليس لديه الوقت ولا القدرة على تحمل أزمات جديدة

تحـرّض فيها الأزمـات السياسـية والاقتصادية بعضهـا بعضًا[٣٢]. كما يجب أن لا يغيب عن الأذهان؛ الغموض والفوضى والمشـاحنات الداخليـة التي تخلقها عهود الحكومـات الائتلافية. ويجب مواصلة الطريـق من أجل تنفيـذ خطوات جديدةً لتفعيل الآليات السياسـية وزيـادة تأثيرهـا في صنـع القـرارات. وهنـا يظهر أمامنـا عنصر مهـمّ، ألا وهو النظام الرئاسـي.

إنّ رأس المـال مـنَ المعضلات الكبيرة الـذي طالما أحس البلد بنقصـه؛ لـذا يجب الاسـتمرار فـي الابتـكارات البنوية التـي تزيد التوفيـر، والمهـمّ فـي هذا الإطـار الاسـتمرار في اتخـاذ خطوات تحفز على التوفير، مثل نظام التقاعد الفردي (BES)، والمسـاعدات لشـراء العقارات وحسـاب تجهيز العرائس. كما ينبغي رسم خارطة طريـقٍ جديـدة؛ وذلك من أجل زيادة الرأسـمال البشـري من خلال رفـع جـودة التعليـم العالـي والتعليـم المهنـي والتعليم الـذي يقوم علـى العلاقـة الحرفيـة بيـن (الأسـطى) والصانع. والأمـل معقودٌ علـى أن تُنتَج سياسـات جديدة ترفع مسـتوى التعليـم وجودته، وأن يسـتمر تطبيق السياسـات والإصلاحـات التعليمية ودعمها.

وسـوف يُنـوَّع الاقتصـاد بحيـث يغدو أكثـر مقاومـة للصدمات القطاعيـة المختلفـة والأزمات الإقليمية والأزمـات المعينة الأخرى التـي قـد يتعـرض لهـا البلـد. وإنّ تنويـع الصناعات والاسـتفادة العظمـى من المصانـع غير المـزودة بالمداخن أمـورٌ مهمّة للغاية.

(٣٢) أردال قره غول، «الأزمات الاقتصادية التي سبّبتها ازدواجية الرئاسة»، ستا، https://www.setav.org/cift-basliligin-neden-oldugu-ekonomik-krizler، (تاريخ زيارة الموقع: ١٣ أيلول ٢٠١٧).

إنّ تركيا تتبوأً مكانها بين البلدان العشرة الأولى في العالم من حيث استقبالها السائحين، ولابدّ من الحفاظ على هذا النهج، ولكن يجب تعريف تركيا بشكلٍ أفضل لإفريقيا ومنطقة الشرق الأوسط وبقية البلدان المسلمة. كما أن التعاون والتماسك مهمّ جدًّا لتحقيق تسارعٍ جديدٍ في الاقتصاد التركي.

ومن المهمّ جدًّا تطوير أدوات التمويل الإسلامي الذي يُعدّ أحد التيارات الشائعة في العهد الحديث، واستعماله بصورة فعالة. وقد أَثبتتْ لنا بوضوحٍ مدى حاجتنا لأدوات التمويل اللاربوي والاستثمار اللاربوي- دوامة الديون والفوائد التي حصلت في عامَي ١٩٣٠ و٢٠٠٨، وما تلتها من أزمات في أوربا واليونان. لكننا لم نستطع بَعْدُ تصفير آثار أزمة ديون ٢٠٠٨ بالطرق التقليدية. فأسواق العقارات والسلع والبضائع لاتزال تشهد تقلباتٍ شديدةً في العالم كله، وحركة رؤوس الأموال في مركز أجنداتِ الأسواق المالية. كما ينبغي أن يُدعَم الاقتصاد التشاركي، وأن يشارك المواطنون بالذات وأصحاب رؤوس الأموال الصغيرة في تمويل المشروعات الكبيرة ورعايتها بصورةٍ فعالة. وينبغي تطبيق الترتيبات القانونية الجديدة على المدى المتوسط والطويل فيما يتعلق باستعمال شهادات الأموال غير المنقولة، والتمويل الجماعي (crowdfunding)، والصكوك والسندات التقليدية. كما ينبغي إدراك أهمية القوة الناعمة التي اكتسبت أهمية بعد دراسةٍ نشرها Nye، والاستفادة من عناصرها الأساسية استفادة فعالة(٣٣).

---

(33) Joseph S. Nye Jr.,Bound to Lead: The Changing Nature of American Power, (Basic Boks, New York: 1990).

وينبغي تقييم مكانة تركيا في السياحة والتعليم والمؤتمرات والمعارض والمسلسلات والنقل والمواصلات تقييمًا جيّدًا، وتطوير مشروعات جديدة للاستفادة المثلى من قطاع الصحة والسياحة، كما ينبغي أن لا تُعدّ السياحة مجرد بابٍ للعملة الأجنبية، بل عنصرًا من عناصر القوة الناعمة أيضًا. والتعليم والتجارة -إن صحّ التعبير- يمكن استعمالهما أيضًا عنصرين من عناصر القوة الناعمة، كما ينبغي الاستفادة من الإمكانات الكبيرة التي تحملها السياحة الصحية والمؤتمرات والمعارض، ويجب التركيز على أهمية صناعة الأفلام والمسلسلات التلفزيونية بالنسبة للتعريف بالبلاد.

إنّ النمو في الواقع هو خلاصة المسيرة الاقتصادية على مدى الأعوام الخمسة عشر الماضية. فتركيا في عهد حكومات حزب العدالة والتنمية حطّمت رقمًا قياسيًّا في التنمية والتغيير في تاريخ الجمهورية بنموٍ متتالٍ استمر لتسعٍ وعشرين فترةً. إذ ارتفع سقف التنمية والنمو، لكن استمرارية هذه الفترة مهمّةٌ بالقدر نفسه أيضًا، حتى إن الأداء الاقتصادي في فترة ٢٠٠٨-٢٠١١ التي تصادف الأزمة المالية العالمية يُعَدّ حكاية نجاحٍ كبيرٍ في الصورة الكبيرة. وفي الفترة التي أعقبت عام ٢٠٠٢ لم تشهد تركيا ضائقات غير الأزمة المالية العالمية، وكان الاقتصاد التركي ثاني أسرع الاقتصادات نموًّا بعد الاقتصاد الصيني في الفترة ٢٠١٠-٢٠١١. لكن أحداث العنف التي حصلت في المنتزه في أيار ٢٠١٣، ومحاولات الانقلاب ١٧-٢٥ كانون الأول ٢٠١٣ استهدفت مباشرةً هذا النمو الذي يُعَدُّ

معجزة.

يشير فخّ الدخل المتوسط الذي صودف بعد عام ٢٠١٢ والحاجة إلى إصلاحات بنيوية جادة- إلى عدم كفاية (الموديل) الذي تمّ تبنيه بعد عام ٢٠٠٢. فالنقص الحاصل في رؤوس الأموال المادية والبشرية، والنقص الحاصل في إنتاجٍ كبيرٍ للتكنولوجيا، وتقلبات سعر الصرف- جعلنا فقراء نسبيًّا؛ لذلك يجب ألا يُسمَح لمشكلات العهد الجديد ومستجداته أن تغطي على معجزة التحوّل والنموّ التي حصلت على مدى الأعوام الخمسة عشر الأخيرة. ويجب أن نعلم أن أفضل هديةٍ يمكن أن نقدمها للأجيال القادمة أن نترك لهم بلدًا يتمتع بمزيد من الديمقراطية والقوة والرفاهية. واستمرارية الخطوات التي اتُّخذت في هذا المنحى طيلة الأعوام الخمسة عشر الماضية مهمّة بقدر أهمّيّة هذه الخطوات.

الخاتمة والتوصيات:

يعود سبب مرور الأزمة المالية العالمية في عام ٢٠٠٨ بتركيا مرور الكرام من دون أن تتأثر بها- إلى البنية التحتية القوية التي اكتُسبت بعد عام ٢٠٠١. والأمن والاستقرار من جانب آخر هما أكبر ثروة تملكه تركيا اليوم. فالنظام المالي القوي والاستقرار السياسي عاملان مهمّان يؤثران مباشرةً في قدر الاقتصاد، ومن الواضح أنه أُنجِز قدر كبير من الإصلاحات المتعلقة بالشفافية من أجل إمكانات الاستثمار الأجنبي وماشابه ذلك من تمويلٍ خارجي. واستمرارية عملية الإصلاح في الوقت الذي يكون

فيـه العجز الجـاري والعجز في تمويـل الاسـتثمارات مرتفعًا لهذه الدرجـة- أمرٌ أهمّ ممّـا يُعتَقَد.

يجـب الاسـتمرار فـي مسيرة النمـو والتحـول بـدون تهـاون واسـترخاءٍ هروبًـا مـن أعـراض الإنهـاك. فالظـروف الخارجية تحديـدًا، والخطـوات التـي تتخذها البنـوك المركزيـة مثل البنك المركـزي الأمريكـي وصندوق الاحتياط الفيدرالـي- تحمل أهميةً كبيـرةً جـدًّا بالنسـبة للأسـواق العالميـة. ومـن الأهميـة بمكانٍ اتخـاذ الأوضاع المناسـبة حتـى لا تتأثر الأسـواق المالية بصورة سـلبية. والاقتصاد التركي مـن جانبٍ آخر ينمو ويكبر باسـتمرار، وتـزداد قدرتـه علـى مقاومة الأزمـات يومًـا بعد يوم.

ليـس هنـاك احتمـالٌ أن تحصـل أزمـة مالية مشـابهة لأزمة ٢٠٠١ فـي تركيا الآن أو في المسـتقبل القريب؛ لكن مشـروعات المواصـلات والبنـى التحتيـة التـي يُخطَّط لها أو يجـري الوعود بتنفيذهـا حتـى عـام ٢٠٢٣- وصلـت تكاليفهـا إلـى أرقـامٍ ضخمـةٍ تُقـدّر بــ ٣٥٠ مليـار دولار. حسـنًا، كيف سـتُمَوَّل هذه المشـروعات؟ فهـذه الأرقـام تحمل أهميـة أكبر في فتـرةٍ يكون فيهـا معـدّل توفيـر المسـتهلكين والقطـاع الخـاص منخفضًـا جـدًّا. لـذا لابـدّ مـن الحصـول علـى دعـمٍ مالـي مـن الخارج، أو القيـام بابتـكارات فـي الداخـل، مثـل بناء صنـدوق الأصول، وإنعاش التمويل الإسـلامي، والاقتصاد التشـاركي. والسـعي وراء مـوارد جديـدةٍ للتمويـل الـذي كان يُؤمَّـن سـابقًا مـن أوربا على نطـاقٍ واسـعٍ- سـوف يجعـل تركيا فـي الفتـرة المقبلـة تقترب

من آسيا وإفريقيا وتتودّد لهما بشكل أكبر. ومما لا شك فيه أن الموارد اللازمة التي ستُؤَمّن من هذه المناطق لن تكون أموالًا ساخنة، بل استثمارات أجنبية مباشرة، الأمر الذي يحمل مدلولًا أكبر.

ويجب أن لا ننسى أن البلدان المُنْتَظَرة والحكومات التي تمنح الثقة تَعدُ بالأمل وتجذب المستثمرين، فتبني اقتصادات أكثر استقرارًا وقوة. وأكبرُ ثراء تملكه تركيا هو أوساط الأمن والاستقرار التي حققتها في الفترة الأخيرة. ولابدّ من حلول قصيرة الأمد، كتمويل العجز الجاري، ونظام اقتصادي وسياسي مستقرّ، من أجل اقتصاد أقوى على المدى الطويل. إنّ تركيا حقَّقت ولاتزال تحقق إصلاحات مهمّة في مجال الشفافية والنمو الاقتصادي، وإنّ ديمومة هذه الإرادة تحمل أهمية حياتية، وإنّا على قناعة بأهمية التركيز على النقاط التي أُكِّدت آنفًا فيما يخص متانة الأسس المالية والحقيقة والاجتماعية والنفسية للحكومة السياسية الجديدة والقوية.

شيفرات اقتصاد الثورة الصامتة على مدى الخمسة عشر عامًا

كرم ألقين

المدخل

سجّل تاريخ السياسة التركية حزب العدالة والتنمية حزبًا قويًّا من حيث التحوّل المؤسساتي، وحزبًا يتناول المسائل التي تهمّ اليوم والغد بمناهج تقنية وعلمية، إذ حقّق حزب العدالة والتنمية في فترات ولايته التي امتدت حتى الآن خمسة عشر عامًا عددًا كبيرًا من الإصلاحات الاقتصادية والديمقراطية لتحسين صورة تركيا والشعب التركي في العالم، ولإعادة اكتساب عالم الأعمال التركي ثقته بنفسه في هذه الفترة الحرجة. بدأت الإصلاحات الديمقراطية والاقتصادية عام ٢٠٠١، وأُنجِزت بسرعةٍ في أول عامين من ولاية حزب العدالة والتنمية، وفي نهاية عام ٢٠٠٤ اكتسبت بعدًا مختلفًا إثر إعلان ترشيح تركيا للعضوية التامة في الاتحاد الأوربي. والمنظور الذي أمّنته هذه الإصلاحات للاقتصاد التركي فيما يتعلق بالمتانة والشفافية والديمومة حقّق دخول رؤوس الأموال الأجنبية على شكل استثماراتٍ بقيمة ٥٨ مليار دولار في الفترة ٢٠٠٥-٢٠٠٨، بعد أن كانت تتراوح بين مليارٍ وملياري دولار قبل عام ٢٠٠٥. وشهد احتياطي البنك المركزي التركي (TCMB) ارتفاعًا كبيرًا.

يرى الاقتصاديون في تركيا أنّ هناك ثلاثة معايير أساسية ومحورية للنجاح: استقرار الأسعار، والاستقرار المالي، والانضباط المالي. وقد اتخذت حكومات حزب العدالة والتنمية على مدى

خمسة عشر عامًا خطوات مهمّة لتحقيق هذه المعايير الثلاثة الأساسية. إذ جيءَ بدايةً بتوجهات ووجهات نظرٍ جديدة ومختلفة تمامًا في ميدان التخطيط للاقتصاد الكلي، فغُيِّر التخطيط لخمس سنواتٍ في مضمون التخطيط التنموي وفلسفته، واستُبدل به تبنّي مفهوم الخطط الإستراتيجية لثلاثة أعوام لمواكبة التحوّلات والتطورات السريعة في اقتصاد العالم والديناميات المتزايدة في الاقتصاد التركي، وبدأت البرامج متوسطة الأمد بمدى ثلاثة أعوامٍ تتبوّأ موقع المستندات الإستراتيجية المهمّة في الأوساط الاقتصادية المحلية والأجنبية. إلى جانب ذلك، تم الانتقال من مفهوم الميزانية الموحدة إلى مفهوم ميزانية الإدارة المركزية بغية الانسجام مع الاتحاد الأوربي وإعادة هيكلة المؤسسات المالية العامة.

النجاح في الانضباط المالي (بالمقياس العالمي):

بسبب الإصلاحات التي حُقِّقَت في مجال الانضباط المالي العام، والحساسية في التوازن بين الواردات العامة ونفقاتها- تراجع معدل تضخم الموازنة إلى الناتج المحلي الذي كان قد بلغ ٣٣-٣٤٪ في عام ٢٠٠١-٢٠٠٢ إلى ٢٥٪ في فترة الأعوام الخمسة عشر من حكم حزب العدالة والتنمية. وحُقِّق نجاحٌ على صعيد عالمي في نسبة التوازن بين الميزانية والدخل القومي نتيجة الإصلاحات التي تمّت في مجال الإيرادات العامة، وانخفاض نسبة ضرائب المؤسسات، والترتيبات القانونية التي زادت من جاذبية تركيا من حيث التنافس العالمي، واستثمارات رؤوس الأموال الأجنبية، والتدابير المتَّخَذة لتسجيل الاقتصاد غير المسجَّل، وغدت النجاحات التي أحرزتها تركيا في الانضباط المالي قدوةً يُحتذى بها على صعيد العالم. فكان الأداء القوي

الـذي أبدتـه تركيا فـي نمـو الناتج المحلـي الإجمالـي، والتضخم الـذي احتُفـظ به في مسـتويات يمكن التحكم بها، والاسـتقرار في سـعر الصرف، وأداؤهـا في الانضباط المالي الـذي يمكن أن يكون قـدوة نجاح علـى الصعيد العالمـي؛ نعم... كان ذلك كلّه سـببًا في أن رفعت مؤسسـتان من مؤسسـات التصنيـف العالمية درجة تركيا عالميًّـا لتغدو في عداد «البلـدان التي يمكن الاسـتثمار فيها» بدءًا مـن خريـف ٢٠١٢ وصولًا إلـى ربيع ٢٠١٣.

عـزّزت الإصلاحـات التـي حُقِّقـت فـي مجـال الاقتصـاد والديمقراطيـة التصـورات التـي تفيـد أن الاقتصاد التركـي يتمتع بـ(استقرار) مسـتدام، وكان ذلك عاملاً مؤثّرًا في إنعاش استثمارات القطـاع الخاص علـى نطاق كبيـر، إذ حقّق الاقتصـاد التركي نموًّا بمعـدل ٧,٤٪ خـلال الأعوام ٢٠٠٢-٢٠٠٦ للمرة الأولى بعد سـرعة النمـو العاليـة في فتـرة تأسـيس الجمهوريـة، وتمّ الحصـول على قيمة مضافة بمسـتوى أرقامٍ قياسـيةٍ، وحقّقت اسـتثمارات القطاع الخـاص نصـف معـدل النمـو الاقتصـادي البالـغ ٧,٤٪، أي ٣,٧٪. وارتفـع فـي الفتـرة ذاتها حجـم الصـادرات التركية مـن ٣٠ مليار دولار إلـى ١٦٠ مليـار دولار نتيجـة تعزيـز إمكانـات Eximbank، وتمكيـن الإسـتراتيجيات الموجّهـة لدعـم الصـادرات، إضافة إلى الأعمـال المتعلقـة بتنويع الأسـواق، والتسـعير التنافسـي، وجودة المنتجـات فـي مجـال الصـادرات. وأدّى اسـتقرار سـعر صـرف العملـة الأجنبية دورًا إيجابيًّا في عمليـة تحديد المصدّرينَ الأتراك للأسـعار، وإمكانيـة توجيـه تكاليف الإنتـاج، وإمكانيـة التنبؤ بها. هـذه المرحلـة التي أسـهمت فيها الصـادرات في النمـو إلى جانب اسـتثمارات القطـاع الخـاص تحمل أهميـة كبيرة بالنسـبة لتكوين بنيـة تؤمن نمـوًّا مسـتدامًا في اقتصـاد تركية.

الشركات الصغيرة والمتوسطة (KOBİ)[1] و(ثورتها الصامتة):

لقد تمّ تقييم الموارد العامة التي حقّق فيها حزب العدالة والتنمية نموًّا قويًّا وانضباطًا ماليًّا خلال فترة حكمه على مدى خمسة عشر عامًا، واستثمارها في مجالات تعزِّز مكانة تركيا في التنافس العالمي- من خلال إستراتيجياتٍ صائبة. إذ حصل في هذه الفترة تطوير وتمكين البرامج التي تدعم الشركات الصغيرة والمتوسطة في الحجم من خلال رئاسة تطوير ودعم الشركات الصغيرة والمتوسطة (KOSGEB)/ وزارة العلوم والصناعة والتكنولوجيا. كما أن برامج دعم التكنولوجيا والبحث والتطوير التي شُكِّلت في بنية توبيتاك (TÜBİTAK) ووزارة النقل والملاحة البحرية والاتصالات، والإمكانات والبرامج التي تدعم الصادرات التركية من الخدمات والبضائع وتعرّف العالم على عالم الأعمال في تركية- أدّت ولاتزال تؤدّي دورًا مهمًّا جدًّا في إعادة هيكلة عالم الأعمال في تركيا، ورفع قدراتها على التنافس عالميًّا. ولوحظ أن النظام التحفيزي الجديد الذي زاد القيمة المضافة التي تنتجها تركيا وتصدرها بالكيلوغرام في قطاعات تملك أهمية إستراتيجية- أعطى نتائج إيجابيةً مقارنةً مع النظام التحفيزي الذي كان يُسيَّر على أساس الولايات، والذي لم يعط النتائج المنشودة.

إن الزيادة الكبيرة التي حقّقتها الشركات الصغيرة والكبيرة في حصتها في الإنتاج والعمالة والصادرات- أهمّ مؤشّر على التحول الكبير الملحوظ في الاقتصاد التركي خلال الأعوام

---

(١) هي شركات لا تتجاوز فيها الإيرادات قيمة الأصول، أو لا يتجاوز عدد الموظفين فيها حدودًا معينة. ويختلف تعريفها من بلد إلى آخر. المترجم.

٢٠٠٢-٢٠١٧ و(الثورة الصامتة) المنتَظَرة في الاقتصاد. ففي أوساط الاستقرار التي أمّنتها الإصلاحات الاقتصادية الكلية، حقّقت الشركات الصغيرة والمتوسطة نجاحات كبيرة فيما يتعلّق بالتحول المؤسساتي وتكوين الماركات وروابط التصدير. ومن أهم مؤشرات هذا النجاح الشروع في التصدير من ٨١ ولاية تركية. فقد تحقّق تحوّل مدني مهمّ يزيد من دور الولاية في الاقتصاد التركي في استثمارات القطاع الخاص في مجال التحول الصناعي في ولايات، مثل قونيا وصقاريا وغازي عنتاب وأسكي شهير وبولو ودوزجا وقيصري وملطية وقهرمان مرعش، إضافة إلى ولايات قطعت شوطًا في التحول الصناعي، مثل إسطنبول وقوجلي وبورصة وإزمير وأنقرة. هذه الصورة أسهمت كثيرًا في جودة المعيشة في الولايات، وإمكانية الوصول إليها. وبينما أبدت القيمة المضافة التي أنتجتها الولايات المذكورة في الناتج المحلي الإجمالي ارتفاعًا مهمًّا، لوحظ في ذات الوقت ارتفاع كبيرٌ بفضل الولايات التي حقّقت صادرات تقدّر بأكثر من مليار دولار. ويجب عدم التغاضي عن النجاحات التي أحرزتها البرامج التحفيزية والداعمة التي أمّنت التحول المؤسساتي للشركات الصغيرة والمتوسطة حتى باتت تقوم بالتصدير، إلى جانب أوساط الاستقرار التي حققتها الإصلاحات الاقتصادية الكلية.

مجالات النجاح في الفترة الحرجة: (التحوّل الرقمي) و(إمكانية الوصول):

غدت تركيا واحدة من أكثر المراكز جذبًا للسياحة الصحية خلال الأعوام العشرة الماضية؛ بسبب النجاحات التي تحققت في إدارة سليمة للأموال في قطاع الصحّة، وحكاية نجاحٍ

مسجلة عالميًّا للخدمات التي قام بها حزب العدالة والتنمية في مجال الصحة خلال فترة حكمه على مدار خمسة عشر عامًا. إنّ النجاحات التي أحرزها حزب العدالة والتنمية فيما يتعلق (بإمكانية الوصول) هي واحدةٌ من أهمّ المعايير سواء في مجال الصحة أم في التحول الاجتماعي والاقتصادي (الثوري) للولايات. فالإصلاحات التي حصلت في مجال النقل والاتصالات، وحملة الاستثمارات الفعالة، والنجاحات المنعكسة على الأرقام المتضاعفة ولاسيّما في النقل الجوي والسكك الحديدية، والأنفاق، والطرق السريعة، والطرق المزدوجة، ومشروعات الجسور التي دخلت في التسلسل العالمي في مجال النقل البري- جعلت تركيا ضمن فئة البلدان المعدودة التي تنفذ (مشروعات عملاقة) في العالم. وأخذت تركيا مكانها بين الدول العشر الأولى في العالم من حيث عدد المسافرين المحليين والأجانب الذين يستعملون النقل الجوي في تركيا، والفضل في ذلك يعود إلى مشروعات المطارات العديدة، وتحفيز النقل الجوي المدني للقطاع الخاص. وصارت تركيا من أهم مفترقات الطرق العالمية في النقل الجوي. أما النجاحات التي حُقِّقت في مشروعات القطارات السريعة فقد جعلت خطوط القطارات السريعة في تركيا بأطوالٍ تفوق أطوال تلك الموجودة في بلدانٍ ذاع صيتها في هذا المجال، مثل الولايات المتحدة الأمريكية وإنكلترا وروسيا.

أدت النجاحات التي حققتها الولايات في إمكانية الوصول وتصدير السلع والخدمات إلى نجاحات مهمّة فيما يتعلق بانخراط تركيا في النظام الاقتصادي العالمي، وإمكانات تقنية النطاق العريض الوطنية في الاتصالات، واستعمال الإنترنت،

ومجالات تأثير النظام العالمي للاتصالات الهاتفية المحمولة (GSM) وجودته. وتبوّأت تركيا مكانة مهمّة في التسلسل العالمي بمعدل استعمال الإنترنت من قبل المستهلكين والقطاع الحقيقي. والخطوات التحفيزية والداعمة لتحسين أوساط البرمجة المحلية والوطنية في مجال الإنترنت، واستعمال البيانات الكبير، والتنقيب عن البيانات- تشكّل خطوات مهمّة وجوهرية من شأنها أن توطّد انخراط الاقتصاد التركي في النظام الاقتصادي العالمي. وعنوان الموضوع الذي يتبوّأ مركز هذه العملية يمرّ من امتلاك البلدان (لسياسات وإستراتيجيات النطاق العريض الوطنية) الفعالة والمستدامة، والقيام (باستثمارات كابلات الألياف البصرية) التي هي جزءٌ لا يتجزأ من هذه السياسات، وإنجازها بشكل سريع، فالبلدان التي لا تسجّل تقدمًا في (سياسات وإستراتيجيات النطاق العريض الوطنية) ضمن شروط التنافس القاسية في النظام الاقتصادي، تتخلف أيضًا عن التنافس العالمي. إنّ (التحول الرقمي) بالنسبة لتركيا (مسألة وطنية)؛ لذلك يجب المضيّ قدمًا بالأشواط التي قطعها حزب العدالة والتنمية في هذه المسألة خلال الأعوام الخمسة عشر الماضية. ويجب على الحكومة والوزارات والمؤسسات المعنية أن تمسك زمام المبادرة، وتعمل على بناء إستراتيجية كلية لتعزيز البنية التحتية من أجل كابلات الألياف البصرية، وينبغي أن تعير أولوية لهذه المسألة لبلوغ أهداف ٢٠٢٣.

الاستقرار المالي واستقرار الأسعار:

هناك أمران تعمل تركيا عليهما منذ مئة وخمسين عامًا امتدادًا من العثمانية إلى تأسيس الجمهورية، هما: (استقرار الأسعار) الذي يأتي بمعنى مكافحة التضخم، و(الاستقرار

المالي) الذي يُقصَد به تخفيف العجز التوفيري والعجز الجاري (عجز العملة الأجنبية) وإزالتهما. ويمكن تأكيد أن التشجيع على التوفير بدون إبطاء عجلة النمو في أثناء مواصلة الخطوات التي تجعل نموّ الاقتصاد مستداماً، وزيادة القيمة المضافة من أجل كل كيلوغرام، وزيادة وزن الواردات المحلية والوطنية في الاقتصاد، واستقرار عادات التسعير في القطاعات والخدمات والسلع التي تعقّد استقرار الأسعار- خطواتٌ مهمّة. وقد تبنّت حكومات حزب العدالة والتنمية على مدى خمسة عشر عاماً مبدأ (استقلالية الوسائل) للبنك المركزي بالجمهورية التركية الذي قُبِلَ بعد أزمة ٢٠٠١، ونموذج (استهداف التضخم) الذي تمّ الانتقال إليه لاحقًا بناءً على توصيات البنك المركزي، وطبّقته. كما زادت الأشواط الناجحة التي قطعها حزب العدالة والتنمية لتغدو تركيا جزءًا من النظام الاقتصادي العالمي؛ من حساسية الخدمات والبضائع والسلع داخل القطر تجاه أسعار صرف العملة الأجنبية، والتطورات السياسية في الاقتصاد العالمي.

لهذا السبب لاحظنا تطبيع التضخم في تركيا في الفترات التي كانت فيها الظروف السياسية والاقتصادية العالمية مواتية، والارتفاع المفرط لأسعار البضائع عالميًّا بسبب التموجات الاقتصادية والسياسية العالمية، وزيادة التضخم ليبلغ أحياناً معدلات بمنزلتين نظرًا لارتفاع شديد لقيمة العملات البارزة في العالم وانخفاض قيمة الليرة التركية. وفي فترة حكومات حزب العدالة والتنمية شهدت تركيا معدلات تضخم بخانة واحدةٍ للمرة الأولى منذ نهاية عام ١٩٦٠ ومطلع عام ١٩٧٠. ولكن تحقّق الاستقرار (السياسي) و(الاقتصادي) الذي طالما حلمت به تركيا منذ أربعين عامًا- أدّى إلى نتيجةٍ، مثل تسريع نفقات

الاستهلاك الذي أُجِّل لسنوات طويلة لتحسين ظروف المعيشة للشعب التركي. فقد لاحظنا في إحدى الفترات أن نسبة التوفير على الدخل القومي تراجعت إلى حوالي ١٣٪، بعد أن كانت تفوق ٢٠٪ في نهاية التسعينيات. وقاد ذلك إلى اتخاذ جملة من الخطوات، وفي مقدمتها تشجيع نظام التقاعد الفردي لإنعاش التوفير من جديد. ولوحظ أن هذه الخطوات حققت تحسنًا في نسبة التوفير على الدخل القومي يُقدَّر ببضع درجات. ويمكننا أن نوجز الاقتصاد التركي في الفترات المقبلة تحت هذه العناوين الرئيسة: استقرار الأسعار، والاستقرار المالي، ونجاحات أكثر استدامة في مكافحة التضخم، وزيادة التوفير، وتخفيض العجز الجاري.

الدستور الأساسي لحزب العدالة والتنمية في الاقتصاد -و(الاستدامة):

يشكّل هدف حزب العدالة والتنمية في تحقيق (التطورات الاقتصادية المستمرة والمستدامة) إحدى الدعائم المهمّة لنجاحاته في مجال الاقتصاد على مدى خمسة عشر عامًا من فترة حكمه للبلاد. هذا الفهم أمّن بروز مدن صناعية ناجحة جدًّا من الأناضول، ووصول عدد الشركات التي تقوم بالتصدير إلى ٤٠ ألف شركة، وجعل الاقتصاد التركي اقتصادًا ينتج منتوجات صناعية بقيمة ١٧٠ مليار دولار، ويصدّر مواد تفوق قيمتها ١٥٠ مليار دولار. أحرز حزب العدالة والتنمية هذه النجاحات بقفزة حجمية كبيرة في التصدير، وعملية الإصلاحات التي تشجع استثمارات القطاع الخاص وتدعمه، والنهج الذي يركز على النمو والتنمية بقيادة القطاع الخاص في إطار مبادئ اقتصاد الأسواق على وجه الخصوص. وكانت قد بدأت عملية تستند إلى مبدأ

ضرورة أداء الدولة في الاقتصاد العام الدور المنظم والمراقب إلى جانب ريادة المشروعات الكبرى باسم بلوغ تركيا إلى مستوى بلد عالميّ، لذلك قام حزب العدالة والتنمية بأعمال ناجحة في الخصخصة خلال فترة حكمه على مدى خمسة عشر عاماً.

كما فتح حزب العدالة والتنمية باعتباره الحزب الذي نجح في جعل الاقتصاد التركي جزءاً من الاقتصاد العالمي- الطريق أمام استثمارات رؤوس الأموال الأجنبية التي تؤدّي دوراً مهمّاً في نقل الخبرات والتراكمات المعرفية على صعيد العالم لتطوير الاقتصاد التركي، مستفيداً من الثقة التي يشعر بها المستثمرون العالميون تجاه مستقبل تركيا. فبنى وكالات الاستثمار والترويج والدعم، واتخذ خطوات مهمّة لتعريف المؤسسات في العالم على إيجابيات الاقتصاد التركي والفرص التي يقدمها. وجعل الاقتصاد التركي يملك بنية قوية تقاوم الأزمات السياسية والاقتصادية الداخلية والخارجية؛ وذلك بفضل الإصلاحات التي حققها، ومفهوم الإدارة الاقتصادية التي تعير أولوية بوجهات النظر الاحترافية، والأهمية التي يعطيه لمفهوم (النمو المستدام) و(الاستدامة)، والدعم المقدّم لتحول الشركات الصغيرة والمتوسطة إلى مؤسسات. فالإصلاحات التي تحقّقت في مجال الاقتصاد الكلّي خلال الأعوام ٢٠٠٢-٢٠١٧ فتحت الطريق أمام الانضباط القوي الذي أنجزته هذه الإصلاحات في الأموال العامة، والقطاع المصرفي القوي بفضل كفاية رؤوس الأموال ونجاحه على مستوى العالم، والقطاع الحقيقي العازم على إنتاج السلع والخدمات. ويمكننا القول إن حقول التمويل خارج البنوك في الشركات الصغيرة والكبيرة والمشروعات العملاقة، والمهام الجديدة التي ستقوم بها البنوك التشاركية وأسواق رؤوس الأموال

خارج البنوك؛ تملك الأولوية من حيث الخطوات والإصلاحات الجزئية في الفترة المقبلة.

وجهة نظر جديدة من أجل الفترة ٢٠١٧-٢٠٢٣:

بينما كان النظام الاقتصاد العالمي يستعدّ لاجتياز أصعب مراحله في الفترة التي أعقبت الأزمة المالية ٢٠٠٨، دخلنا في مرحلة إنتاج استراتيجيةٍ من شأنها أن تعزّز صورة الاقتصاد التركي في العالم، وتستديم اهتمام المستثمرين بتركيا. يمكننا أن نوجز العناصر الأساسية لهذه الإستراتيجية على النحو الآتي:

سياسة تعليمية جديدة تركز على التجديد والابتكار والمبادرة.

نظام قانوني فعّال يكتسب سرعةً ويمكن الوثوق به.

دستور جديد يسهم في زيادة التنافس وتطوير المبادرات الاقتصادية لبناء دولة قانون جديدة تفتح الآفاق أمام عالم الأعمال.

نظام ضرائبٍ صديقٌ للمبادرات.

سياسات وإستراتيجيات شرائية عامة جديدة ترتكز على التنمية.

إمكانات التمويل غير البنكية التي عُزِّزت ونُوِّعت بترتيبات قانونية لحماية الشركات الصغيرة والمتوسطة التي تشكّل العمود الفقري للاقتصاد التركي، وزيادة القوة الاستثمارية لرؤوس الأموال.

ثمة نقطةٌ تُعَدُ واحدةً من أكثر العناصر المستدامة التي يحتاج إليها الاقتصاد التركي، وهي (إعادة فرمتة) صورة تركيا، بحيث تظل مركز الجذب بحسب شروط العصر رغم الظروف الداخلية والخارجية المتغيرة. ويتحتم على الاقتصاد التركي في مرحلة نمو تركيا أن يشكل نموذجًا تسهم فيه استثمارات القطاع الخاص والصادرات الصافية في النمو بمعدل ٣٠٪، ولا يتجاوز النمو الذي يعتمد على الطلب الداخلي ٤٠٪.

إن عدم قدرة الصادرات الصافية على أن تسهم بشكل مستمر في نمو الاقتصاد التركي، وتموج الأداء في استثمارات القطاع الخاص- يشكّلان عراقيل كبيرة أمام استدامة النمو. فلو أمكن استدامة الفرص والإمكانات والإصلاحات الجديدة التي من شأنها أن تجعل تركيا بلدًا يمكن الاستثمار فيه- لما تأثر المستثمرون الدوليون بالتطورات والمخاطر العالمية إلا لفترة وجيزة جدًّا عند اتّخاذهم قرارًا بالاستثمار في تركيا.

حسنًا، فما هي الخاصيات التي يمكنها أن تجعل تركيا دومًا مركز الجذب؟

أوّلًا: بنية تحتية قانونية قوية ومستدامة في الاقتصاد والحياة العملية لا مجرد تعديلات قانونية كثيرة تشوش الأذهان وتعقّد الأمور على المستثمرين في اتخاذ قرار للاستثمار في تركيا، إضافة إلى نظام قانوني عادل وقادر على اتخاذ القرارات سريعًا. ويتطلب هذا الأمر تنشئة عدد كبير من المختصين إذا ما أُخذت بالحسبان الأمور التي تزداد تعقيدًا واختصاصًا في مجال العمل والتجارة.

ثانيًا؛ وضع إشارات ومفاتيح واضحة فيما يتعلق بتكاليف الاستثمار في تركيا من أجل المستثمر المحلي والأجنبي على حد سواء. فإذا كان البلد يعيش أوساطًا اقتصادية تغير دومًا تكاليف الاستثمارات التقنية والطاقة والقوة العاملة والمواد الخام وتجعلها غامضة غير واضحة، ولا يستطيع المستثمر أن يقدّر تكاليف استثماراته في ذلك البلد، ولا يستطيع أن يحدد أرباحه لخمسة أعوام القادمة- فكيف لكم أن تقنعوا هذا المستثمر على الاستثمار في هذا البلد؟.

ثالثا؛ (أمن) الاستثمارات، وهذا المفهوم له بُعدان: أوّلهما مسألة الأمن الذي نفهمه انطلاقًا من معناه المباشر، وثانيهما الأمن القانوني؛ يعني: ما نوعية الأمن أو الضمان الذي نعطيه للمستثمرين المحليين والأجانب حتى يدخلوا في الاستثمار والإنتاج بعد الحصول على جميع الموافقات القانونية؟ أم أننا لا نحقّق (أمن) الوسط لإنجاز الاستثمارات؛ لأننا نغيّر دومًا قوانين الإعمار والاستثمار والقوانين الأخرى في عديد من المجالات، ولا نعتبر الموافقات التي يحصل عليها المستثمرون مسبقًا حقًا (مكتَسَبًا)؟.

لا شكّ أن هذا الأمر الثالث يتطلب (دستورًا اقتصاديًا جديدًا) يراعي المستثمر، وينظر إلى القطاع الخاص من منظور مختلفٍ يسهّل حياته، وبيروقراطيةً تتبنى وجهة النظر الجديدة هذه، وتحقق تغييرًا ذهنيًا جادًّا. ولابدّ من أمن بالمعنى (المادي) و(القانوني)، وإلا كيف يأتي المستثمر إلى بلدنا؟ وأنا أعلم أن الشروع في الحديث عن موضوعات، مثل (مخاطر سعر الصرف) عند التفكير في هذه الأمور واسعة الطيف- يبيّن أوجه ضعفنا في قراءة روح حياة المقاول والمستثمر والتجارة.

حتى تستطيع تركيا الانتقال سريعًا إلى (مجتمع المعلومات) يجب عليها أن ترسم إستراتيجيات، وتسرّع من عملية التحول الرقمي. ويمكننا أن نستعمل مفهوم (المستقبل المستدام) و(النمو المستدام) و(النمو الأخضر) تعبيرًا عن العناوين الأساسية الثلاثة التي يتمّ الوقوف عندها منذ الأعوام الخمسة عشر الماضية من أجل مستقبل الاقتصاد العالمي.

وهذه العناوين الأساسية تُدعَم بمفاهيم، مثل (النمو الشامل inclusive growth) و(مكافحة الفساد الفعالة) و(انتشار الرفاه إلى القاعدة). فالاقتصاديات الكبرى في النظام العالمي، وبلدان مجموعة العشرين التي تشكّل سياسات الاقتصاد في العالم، تدرس تفاصيل المراحل كي تحقّق نموًّا مستدامًا في اقتصاد العالم في ضوء هذه المفاهيم.

فالدراسات التقنية التي تقوم بها كوادر في بنية مجموعة العشرين المعروفة باسم (فريق المهمة task force) تُجرى تحت عناوين من قبيل: (زيادة النمو العالمي) لتصل من جديد إلى نطاق ٤-٥٪، وإعادة إنعاش الاستثمار في القطاعين العام والخاص، وتعزيز العمالة، والاستعمال الفعال للموارد الإقليمية والعالمية، وتعزيز الإمكانات المالية. والعنوان الأهم من بين هذه العناوين هو تقوية البنية التحتية المتعلقة بالمعلوماتية والاتصالات السلكية واللاسلكية على الصعيد العالمي.

يرى كبار الساسة والتكنوقراط في بلدان قمة مجموعة العشرين أن حجم الاستثمارات المقدرة بـ٤٠ تريليون دولار من أجل رفع النمو المتوسطي للاقتصاد العالمي إلى نطاق ٤-٥٪

من جديد خلال الأعوام العشرة المقبلة ليس كافيًا، وأنه يجب زيادة هذًا المقدار ليصل إلى ٧٠ تريليون دولار على الأقل.

هذه المسألة تُبرز استثمارات البنية التحتية والفوقية في مجال المعلوماتية والاتصالات السلكية واللاسلكية من ناحيتين: أُولاهما؛ ما هي حصة استثمارات المعلوماتية والاتصالات السلكية واللاسلكية في حجم الاستثمار الذي يُراد رفعه إلى ٦٠ تريليون دولار؟ كيف تزيد الاستثمارات في مجال المعلوماتية والاتصالات السلكية واللاسلكية وتكنولوجيا الهواتف المحمولة والنظام العالمي للاتصالات الهاتفية المحمولة إنتاجيةَ الاقتصاد العالمي والاستثمارات، وتجعل الاقتصاد العالمي قريبًا من إحراز هدفه في (نمو مستدام) و(مستقبل مستدام) بدون أن يتطلب القيام باستثمارات بـ٦٠ تريليون دولار؟.

والعنوان الثاني يشير إلى أهمية تعزيز الاستثمارات في مجال المعلوماتية والاتصالات السلكية واللاسلكية وتكنولوجيا الهواتف المحمولة والنظام العالمي للاتصالات الهاتفية المحمولة، وانتشارها؛ بالنسبة لإستراتيجيات التنمية، واستدامة النمو، ومكافحة الفساد، والتوزيع العادل للدخل، وإنتاجية الموارد الإقليمية والعالمية، ونشاط العمالة وتقويتها. ولا ننسى أن إدارة البيانات الكبيرة والأنظمة السحابية جزءٌ لا يتجزأ من هذه العناوين. وتظهر عناوين الموضوعات هذه باعتبارها تكنولوجيا الجيلين الرابع والخامس والاتصال بين الماكينات (M٢M) التي تهمّ النظام العالمي على مدى خمسة وعشرين عامًا. ينبغي ألا ننسى أن المواضع التي ستأخذها بلدان مجموعة العشرين ومن بينها تركيا تجاه العناوين العالمية المذكورة، والفوائد التي

ستجنيها من التنافس العالمي- لن تتحقق إلا عندما تجعل هذه البلدان التكنولوجيا وشبكة المعلوماتية والاتصالات السلكية واللاسلكية فعالةً وخصبة.

قفزة جديدة مع نظام الحكومة الرئاسي:

أدت (الحرب الباردة) التي اندلعت بعد الحرب العالمية الثانية إلى شلّ تطور الاقتصاد في العالم، وإبطاء تطور الديمقراطية على النطاق العالمي، فالبنى السياسية اللازمة لاعتماد البلدان على (الإرادة الشعبية) جلبت معها بنى متأزمة حشد فيها البيروقراط المدنيون والعسكريون قوة ونفوذًا مفرطًا، وعانت فيها الحكومات التي وصلت إلى الحكم عبر الانتخابات صعوبة في تجاوز البيروقراطية. وبذلت البلدان إبان الحرب الباردة جهودًا مكثّفة كي يشارك الشعب مشاركة تامة في الديمقراطية وتتجلى (الإرادة الشعبية) بالإصلاحات الاقتصادية والديمقراطية. لكنها شهدت فترات أبدت فيها البيروقراطية مقاومةً حتى تبقى محتفظة بنفوذها تماشيًا مع التسارع الذي اكتسبته الإصلاحات. فكان هذا الوضع سببًا في تأخر ظهور بنًى تبرز فيها الشركات الصغيرة والمتوسطة التي تركز على القطاع الخاص في الاقتصاد التركي.

في فترة الحرب الباردة بقيت تركيا وجهًا لوجه مع انقطاعات في الديمقراطية كل عشر سنوات. وأثّرت مشكلاتُ الاستقرار السياسي في تطور الاقتصاد التركي تأثيرًا سلبيًّا. ففي مطالع الثمانينيات لم تتعدّ صادرات الاقتصاد التركي ٣ مليارات دولار، وكان ٦٥٪ منه تحت سيطرة القطاع العام، وكان عدد الأسرّة الإجمالي في مجال السياحة دون بلد صغيرٍ مثل جزيرة رودوس.

وأدت الأزمات الاقتصادية التي حدثت عامي ١٩٩٤ و٢٠٠١ إلى تراجع الدخل القومي للفرد إلى مستوى ألفي دولار للمرة الأولى بعد بذل جهود جبارة لتكون ٣ آلاف. في تسعينيات القرن الماضي عاشت تركيا فترةً فقدت فيها ثقتها بنفسها في المجالين الاقتصادي والسياسي. ولكن الإصلاحات الاقتصادية والديمقراطية التي حصلت على مدار خمسة عشر عامًا بتسلّم حزب العدالة والتنمية زمام الأمور بمفرده منذ عام ٢٠٠٣ أدى إلى ارتفاع السقف إلى أوجه، والقفزة التي لوحظت في تحسن صورة تركيا في العالم أعادت لها ثقتها بنفسها في المجالين الاقتصادي والسياسي.

وعندما استعادت تركيا ثقتها بنفسها تحقق نمو قياسي يُقدّر بـ٧,٤٪، نصفه بفضل استثمارات القطاع الخاص، فصار للقطاع الخاص ثقل ونفوذ في الاقتصاد. وإنّ البنية الاقتصادية التي قويت بالإصلاحات قاومت الأزمة المالية العالمية عام ٢٠٠٨، وصارت تركيا أحد البلدان الخمسة التي حقّقت نموًّا اقتصاديًّا إيجابيًّا طيلة ٢٧ ولايةً متتالية عقب الأزمة، وهذا عزّز مكانة تركيا لتغدو الدولة التي تغيّر قَدر أوراسيا، وقوتها في أن تكون لاعبة مهمّة فيها. واستطاع الشعب التركي أن يحرز هذه النجاحات وهو يردّ عنه عددًا كبيرًا من العمليات ومحاولات الخيانة يدًا بيد مع الحكومة وعالم الأعمال، حيث تعرضت تركيا منذ عام ٢٠٠٦ لعشرات الهجمات السياسية بما فيها الهجوم على مجلس الدولة، ومحاولة اغتيال هيرانت دينك، ودعوى إغلاق حزب العدالة والتنمية، وأحداث العنف والشغب في غزي بارك، وفترة ١٧-٢٥ كانون الأول، وأحداث ٦-٧ تشرين الأول، والتلاعبات وعمليات التّصوير، ومحاولات خلق حرب أهلية، لكنه نجح في دفعها والقضاء عليها جميعًا.

كانت محاولة الانقلاب الخائنة التي نفذها تنظيم غولن الإرهابي ليلة ١٥ تموز أكثر حلقات هذه العمليات وحشية ودموية وظلمًا، استهدفت وحدة تركيا واستقرارها السياسي والاقتصادي. وربما كان رجاؤهم أن المجتمع التركي الذي عجز عن مقاومة المحاولات الانقلابية العسكرية التي جُرّب تنفيذها بطرقٍ مختلفةٍ قبل أعوامٍ بما فيه الكفاية- لن يستطيع مقاومة محاولة الانقلاب الدموية والوحشية ليلة ١٥ تموز التي أرادت أن تجرّ تركيا إلى حرب أهلية. إنّ الذين خطّطوا لمحاولة الخيانة هذه تغاضوا عن حقيقة أساسية، هي أن الشعب التركي الذي يملك ثقة فولاذية بالنفس ويدافع عن ديمقراطيته واقتصاده سوف يبدي بطولة ملحمية تشير بوضوحٍ إلى أنه المالك الحقيقي لهذا البلد. فالشعب التركي الذي يسيطر على ٧٥٪ من اقتصاد تركيا، وينتج قيمة مضافةً تبلغ ثلاثة أضعاف ما كان ينتجه قبل خمسة عشر عامًا، ويصدّر إلى الخارج بقيمة ١٥٠ مليار دولار- نزل إلى الشوارع بكل شرائحه شيبًا وشبابًا وهو يدرك أن الديمقراطية التي عزّزها هي أمله الوحيد في تحول أوراسيا، وأوقف الدبابات والطائرات بالإيمان وقوة (الإرادة الشعبية) التي لا جدال فيها، وناضل دفاعًا عن الديمقراطية وترك بصماته على ملحمةٍ لم يُرَ لها مثيلٌ في العالم.

في صبيحة ١٦ تموز استيقظت تركيا على عهد تهيمن فيها (الإرادة الشعبية) على جميع العمليات، ولا يجرؤ أحدٌ من الداخل والخارج أن يتدخل في مستقبل تركيا وقدرها ومصيرها. ومن أجل ترسيخ هذه البطولة الملحمية للشعب التركي والدفاع عن الديمقراطية وجعلها مؤسساتية، توجّه الشعب التركي إلى الصناديق في ١٦ نيسان ٢٠١٧ ووقع على استفتاءٍ يجعل

الديمقراطية التركية تبلغ نضوجها التاريخي. ونظام الحكومة الرئاسي الذي وجد الحياة إبان استفتاء ١٦ نيسان فتح الطريق أمام تحولٍ ذهنيّ يليق بالقرن الحادي والعشرين في الأجهزة التنفيذية والتشريعية والقضائية التي تُعدّ الدعائم الأساسية الثلاث للديمقراطية. هذا التحوّل سوف يزرع في نسيج تركيا وجيناتها ثقافة العمل الجديدة التي تستند إلى مبادئ الإدارة المؤسساتية. إننا نتحدث عن كودات تمهّد الطريق أمام إمكانية المحاسبة التي تركز على الحلّ وتقوم على الأداء، وتجعل تركيا تضع جل وقتها وإمكاناتها في إنتاج قيمة مضافة عالية.

سيفتح نظام الحكومة الرئاسي الطريق كذلك أمام فهم الإدارة التي تقوم على (الشفافية) و(الاستدامة)، التي تتعاون فيه السياسة وعالم الأعمال، ويدعم بعضهما بعضًا، وترتفع الجودة في مجال الديمقراطية والاقتصاد. وسيُضفي نظام الحكومة الجديد وجهة نظر (ثورية) على أنماط عمل الإدارة العامة والبيروقراطية لدرجةٍ تمهّد الطريق أمام الإصلاحات التي من شأنها أن تسرّع نمو الاقتصاد التركي. وستُتَّخذ خطوات مهمّة جدًّا تجعل (الاستقرار السياسي) مستدامًا، نذكر منها (نموذج النمو) الجديد، و(تحسين أوساط الاستثمار)، وسوق العمالة الفعالة، و(مشروعات البحث والتطوير التي تقوم على التكنولوجيا العالية). وسيمنح نظام الحكومة الرئاسي الاقتصاد التركي بنية (بروديناميكية) أو (ديناميكية استباقية)، وقدرةً على عمليّة اتخاذ القرار التي تسمح لتركيا أن تستعمل مواردها الطبيعية والمالية بشكلٍ أكثر فعالية.

وسيكوّن نظام الحكومة الرئاسي نموذج إدارة اقتصادية جديدةٍ تسرِّع النمو والتنمية ولاسيّما في مجال الاقتصاد، وتؤمّن تقييمًا أفضل للفرص، وتسرّع عملية اتخاذ القرارات وتجعلها بسيطة غير معقدة. ويخضع الوزراء والبيروقراط في الإدارة الاقتصادية الجديدة لعملية تقييم مفصّلة من حيث الأداء. وسيعمل رئيس الجمهورية أردوغان على تحويل قيادته ومهارته في العمل الاستباقي التي تمتد لـ٤١ عامًا بدءًا من السياسة والإدارة المحليتين؛ إلى عمل ديناميكي استباقي يتبنى فهم (عمل الفريق) للارتفاع بالاقتصاد التركي وجعله بين اقتصاديات البلدان المحترمة عالميًّا. وسيمهّد نظام الحكومة الرئاسي الطريق أمام اتخاذ قرارات سريعة وفعّالة في مجال الاقتصاد والأمن والإدارة العامة من خلال مفهوم الحكومة الاحترافية. والإصلاحات وقوانين (الانسجام) التي ستجعل تغيير النموذج السياسي المذكور ذي معنى ومدلول؛ وستسهم كثيرًا في مهارة تركيا في إنتاج القيمة المضافة.

لهذا السبب تمّ الدخول في مرحلة عمل مكثفة من أجل (تركيا الجديدة) التي تعتمد على الطاقة المحلية والوطنية، وإمكانات الدفاع، والنقل، والقدرات اللوجستية، والعلم، والتكنولوجيا منذ صبيحة ١٧ نيسان. هذه المرحلة تتطلّب تطبيق نموذج النمو الجديد الصديق (للإنتاج والعمالة) في مجال الاقتصاد، الذي يخصّص حصة كبيرة للتصنيع والصناعة والزراعة. وسيتم اختيار الهدف الأساسي لرفع حصة الاقتصاد التركي إلى ١,٥٪ في التجارة العالمية والدخل

القومـي العالمـي خـلال الفتـرة ٢٠٢٣-٢٠٢٥. وإنّ تحقيـق هذا الهـدف يتطلب تحوّلًا يسـتند إلى الإمكانـات والموارد والمهارات المحليـة، ويبنـي بنيـة اقتصاديـة بنّـاءة. وإنّ نظـام الحكومـة الرئاسـي بجانبـه هـذا سـوف يعـزّز الإرادة التـي من شـأنها أن تحمـل تركيـا إلـى أهـداف ٢٠٢٣ و٢٠٥٣ و٢٠٧١.

بين كماشتَي وصاية القضاء
الحقوق والقضاء في عهد حزب العدالة والتنمية

جم دوران أوزون

المدخل

شكّل نظام الوصاية الدستورية بشكل عامّ، والقضاء الذي يشكّل أحد عناصر نظام الوصاية الدستورية بشكلٍ خاصّ- العامل الذي يحدّد التطور الذي حدث في الساحة القانونية والقضاء طوال فترة حكم حزب العدالة والتنمية التي بدأت عام ٢٠٠٢ والممتدة خمسة عشر عامًا. إذ أصبح القضاء الذي يُوصَف بأنه أحد أهم أجزاء (سلطة الدولة) ضدّ السلطة السياسية حتى عام ٢٠١٠، وأداةً من أهم أدوات السلطة بيد كيان الدولة الموازي لتنظيم غولن الإرهابي، وذلك من خلال التعديل الذي طرأ على الدستور في عام ٢٠١٠ والانتخابات التي أُجرِيت في المجلس الأعلى للقضاة والمدّعين العامّين. ورغم أنّ الوصاية القضائية لتنظيم غولن الإرهابي تقلصت إلى حدّ كبير من خلال انتخابات المجلس الأعلى للقضاة والمدّعين العامّين في عام ٢٠١٤ والتطورات التي حدثت بعده، لكنها استمرّت في إبراز وجودها في صورٍ مختلفةٍ حتى محاولة انقلاب ١٥ تموز ٢٠١٦ الفاشلة. إذ قُضي على هذه الوصاية تمامًا من خلال التدابير التي اتُخذت بعد ١٥ تموز، وبدأت بعد ذلك عملية الصراع القانوني المباشر مع تنظيم غولن الإرهابي والمحاولة الانقلابية، إضافة إلى إعادة هيكلة القضاء وترميم الخسائر التي تعرضت لها بنية القضاء.

وإلـى جانـب الصراع مـع الوصايـة القانونية شـهدت السـاحة القانونيـة والقضائيـة إصلاحـات مهمّـة في فتـرة حكومات حزب العدالـة والتنميـة. فتنـاول جـدولٌ الأعمـال عمليـة التكيـف مـع الاتحـاد الأوروبي وقوانين التكيّف فـي البداية، ثم الحزم القضائية، ثـم وضعـت خطة خماسـية مـن أجـل إسـتراتيجية إصلاحية في القضـاء فـي عـام ٢٠٠٩. وقـد نُفِّـذ كل هـذه الأمور بالتـوازي مع خطـوات التجديـد فـي القوانين الأساسـية والتحـوّل الديمقراطي وحقـوق الإنسـان، لكن هذه الإصلاحـات التي حُقِّقت والتي سُـعِي إلـى تحقيقها في السـاحة القضائية من أجل إنهـاء الوصايات التي حولـت القضاء إلى وسـيلة في الصراعات السياسـية إلى حدّ كبيرٍ خلال السـنوات الخمسـة عشـرةً- لوحظ أنها بقيت خطـةً ثانويةً، ولم تحقّـق النتيجة المسـتهدفة بالنسـبة المطلوبة.

نظام الوصاية الدستورية والقضاء:

قبـل الدخول فـي موضوع الوصايـة القضائية فـي عهود حزب العدالـة والتنميـة، من المناسـب أن نتنـاول الدور الـذي أدّاه نظام الوصاية الدسـتورية والقضاء في تشـكيل هذه الوصايـة. لقد طُوِّر فهـم وصائـيّ يعبر عـن القلق السياسـي الـذي يدعو إلـى مراقبة السـلطة السياسية وتقييدها بوسـاطة بعض الآليات البيروقراطية لأول مـرة فـي ٢٧ أيار عـام ١٩٦١ من خلال الدسـتور الـذي أُعدّ بُعَيـد الانقـلاب العسـكري[1]. وقد فُسِّـر هـذا التوجّه في دسـتور عـام ١٩٦١ على أنـه رد فعلٍ على حكومة الحـزب الديمقراطي بين عامَـي ١٩٥٠ و١٩٦٠. هـذا الفهـم الوصائـيّ الذي أُسِّـس من أجل

(١) مـن أجل الآثـار الوصائيـة فـي دسـتورَي ١٩٦١ و١٩٨٢؛ انظر: أرغـون أوزبـودون، القانـون الدسـتوري التركـي، منشـورات يتكيـن، أنقـرة ٢٠١١، ص٤٥-٤٦ و٦٩-٧٠.

مراقبة السلطة السياسية وتقييدها استخدم وطوّع مؤسسات ومنظمات مثل مجلس شيوخ الجمهورية، ورئاسة الجمهورية، ومجلس الأمن القومي، والمحكمة الدستورية، والقضاء العسكري. يضمّ مجلس شيوخ الجمهورية الذي أُسِّس لتقييم مجلس الأمة ومراقبته -إلى جانب الأعضاء الذين يُختَارون بالانتخاب- أعضاءً طبيعيين يُعيَّنون، وهؤلاء يشكّلون داخل مجلس الشيوخ ثقلاً مهمًّا. يُختَار العسكريون في منصب رئاسة الجمهورية [ومنصب رئيس الجمهورية تختلف مدة مهمته عن مدة دورة مجلس الشعب التركي الكبير، ويصفه الدستور بالحيادي وفوق السياسة] خلال فترة دستور عام ١٩٦١ على الدوام. في عمليات تغيير الدستور عُزِّز دور القوات المسلحة التركية التي تَشغَل موقعًا مركزيًّا في الكيان الوصائي داخل الدولة، ووُسِّع مجال تدخلها في الشؤون السياسية من خلال مجلس الأمن القومي.

كما أن المؤسسة القضائية كانت تحمل قدرًا كبيرًا من هذا الفهم الوصائي إلى جانب القوات المسلحة التركية. وقد أُخرِج أعضاء السلطتين التشريعية والتنفيذية أو خُفِّض تأثيرهم في تشكيل بيروقراطية القضاء والمحاكم العليا. وتُمكن رؤية التوجه الوصائي في بنية الأجهزة القضائية، وفي مقدَمتها المحكمة الدستورية، والمحاكم العليا الأخرى وقراراتها، وفي سمات العضوية.

شهد القضاء الأعلى والمحاكم من الدرجة الأولى تصفيات حقيقيةً في أعقاب انقلاب ٢٧ أيار ١٩٦٠. وعُيِّن جميع رؤساء وأعضاء ديوان العدل الأعلى (الذي أُنشئ بعد الانقلاب وقام بالمحاكمات غير القانونية في [جزيرة] ياسّي أضا)- رؤساءَ

وأعضاءً في المحكمة الدستورية وفي المحاكم العليا. وقد تعزّز نفوذ هؤلاء الأشخاص في القضاء، واشتد تأثيرهم في السنوات اللاحقة. وإلى جانب ذلك، ازدادت آثار الوصاية في تأسيس المحاكم وتعيين الأعضاء وفي القرارات واللوائح ذات الصلة بمهامّها وصلاحياتها. ومن المفيد التدقيق في التقرير الذي أعدّه أرغون أوزبودون، ولاسيّما في البحث في قرارات المحكمة الدستورية:

تُمكنُ ملاحظة أنّ [المحكمة] حقّقت مآرب النخب المركزية التي أَوجدتها، وأنها أصدرت قرارات منسجمة مع معايير هذه النُّخَب الأساسية ومصالحها. وأظهرت المحكمة الدستورية فعالياتها المقيِّدة بشكلٍ كبيرٍ في موضوع الحقوق الفردية والسياسية من خلال محافظتها على المعايير الأساسية للدولة، ولاسيّما مبادئ العلمانية والدولة الوحدوية.(٢)

هذا التوجّه الذي يُلاحَظ في القوات المسلحة التركية والقضاء المدني ليس من المستَغْرَب أن يظهر في القضاء العسكري بشكل واضح أيضًا. والقضاء العسكري -سواء من خلال محاكمها البدائية أو المحاكم العليا- يشكّل أحد أبرز عناصر النظام الوصائي. إذ دخل القضاء العسكري إلى الدستور من خلال دستور ١٩٦١، ومع تعديلات ١٩٧١ أُنشئت المحكمة الإدارية العسكرية العليا، وحافظ دستور ١٩٨٢ علَى استقلالية موقع القضاء العسكري وعزّزها. وباختصارٍ، عزّز دستور ١٩٦١ والتعديلات الدستورية التي أُجريت عليه وظيفة القضاء العسكري، ومن بين الترتيبات التي أُجرِيت لتحقيق ذلك، أنّ

---

(٢) أوزبودون، القانون الدستوري التركي، ص٤٤٢-٤٤٣.

القضاء العسكري حصل على وضع دستوري، وحُوِّل إلى فرعٍ من القضاء موازٍ للقضاء العدلي، ووُسِّعت صلاحياته لتشمل المدنيين أيضًا(٣).

وهكذا يظهر أمامنا استخدام القضاء أداةً من أدوات الوصاية في صورٍ مختلفة. فمحاكم أمن الدولة والمحاكم الجنائية الخاصة التي أُنشِئت فيما بعد حوّلت القضاء إلى وسيلة من أجل حماية أيديولوجيا الدولة والأيديولوجيا المهيمنة على الدولة بدل العمل على تحقيق العدالة. ويمكن اعتبار هذه المحاكم امتداداً لتقليد المحاكم الاستثنائية، مثل محاكم الاستقلال، ومحاكم ياسّي أضا. لم يكن من المستغرب تغلغل أعضاء تنظيم غولن الإرهابي في المحاكم الجزائية الخاصة التي أُنشِئت بعد إلغاء محاكم أمن الدولة والنيابة العامة التابعة لها، ودخولهم في العديد من قضايا الاستئناف من خلال هذه المحاكم والنيابة العامة. حيث أدّت النيابات العامة هذا الدور الرائد في محاولات الانقلاب في ١٧ و٢٥ كانون الأول ٢٠١٣.

وعملت المحكمة الدستورية على مهمّة الحفاظ على (سلطة الدولة) وفكرتها وقيمها الأساسية ضد السلطة السياسية بدل الانشغال بهدر الحقوق الأساسية والحريات المحمية قانونيًّا في الدستور لفترةٍ طويلةٍ من خلال القوانين. وإصرار المحكمة على تجاوز صلاحياتها وسعيها الدائم للتحقيق في التعديلات الدستورية وإلغائها، وموقفها من دعاوى منع الأحزاب السياسية

(٣) من أجل رؤية القضاء العسكري بوصفه نوعًا من الوصاية والتعديلات المتعلقة بإزالة هذه الوصاية؛ انظر: فاضل حسني أردم ووهاب جوشكون، «القضاء العسكري، والوصاية العسكرية»، تحليلات ستا، العدد ٩، تموز ٢٠٠٩.

وإغلاقها، وقراراتها في قضايا التخصيص، ومطالبتها الدائمة بتوسيع صلاحيات التدقيق وإصدار القرارات الممنوحة لها من قبل الدستور- هي التطورات التي تمّت مواجهتها وكانت سببًا في صراعها مع السياسة منذ دستور ١٩٦١. إذ اختارت تعديل الدستور من أجل حلّ الخلاف بين المؤسسة السياسية والمحكمة الدستورية في بعض الأحوال[٤].

إنّ المحكمة الدستورية والمحكمة الإدارية تدخلتا أحيانًا في خيارات السلطتين التنفيذية والتشريعية حول الدستور والقوانين[٥]. ففي عام ٢٠٠٧ أصدرت المحكمة الدستورية القرار رقم ٣٦٧ عقب أزمة اختيار رئيس الجمهورية في عام ٢٠٠٧، القاضي بمراجعة التعديلات الدستورية من الأساس وإلغائها رغم الحكم الواضح في دستور ١٩٨٢، وفتحت دعوى لإغلاق حزب العدالة والتنمية، وأظهرت نفسها أنها أخذت تتبوأ موقع الوصاية بدلًا من القوات المسلحة التركية. وتُؤيّد هذا الوضعَ السياسي البياناتُ التي وزعتها المحاكم العليا والمجلس الأعلى للقضاة والمدّعين العامّين، والتصريحاتُ الصحفية التي أدلت بها إلى جانب قرارات المحكمة. وقد تشكّلت في تركيا (سلطة قضائية)؛ أي (المحلّفون الأرستقراط) و(حكومة القضاة)، ولم يكن هناك مفرٌّ من وقوع الصراع بينها وبين

(٤) أرغون أوزبودون، «النشاط القضائي للمحكمة الدستورية التركية وردود أفعال النخب السياسية»، جامعة أنقرة، مجلة كلية العلوم السياسية، المجلد ٦٢، العدد ٣، ٢٠٠٧، ص٢٥٧-٢٦٨.

(٥) ندوة السيادة الوطنية في عملية العولمة والديموقراطية، مجلس الشعب التركي الكبير، منشورات مؤسسة الثقافة والفن والنشر، أنقرة ٢٠١٠، ص٧٦.

السلطة السياسية. وقد استُخدِم موقع القضاء المستقل الآمن في الدولة الدستورية في ظل نظام الوصاية.

يشكّل مفهوم ديمقراطية الأغلبية أحد المفاهيم التي تقف وراء المفهوم الوصائي[٦]. ومفهوم ديمقراطية الأغلبية يعني أن حق الأكثرية في السلطة ليس طليقًا، وأنها مقيدةٌ بحقوق الأقلية. والدول الديمقراطية في الغرب تعتمد في الواقع على هذا المبدأ في أيامنا. لكن الديمقراطية التعددية تؤمن بحق الأغلبية في الحكم بدايةً، ثم تحدد حدود ذلك. أي أنّ الدولة في الديمقراطية التعددية وديمقراطية الأغلبية يديرها الأشخاص، أو الحزب الذي يحصل على أغلبية أصوات الشعب. لكن مفهوم الديمقراطية التعددية والفكر الدستوري تحوّل في بلادنا إلى أداة من الأدوات الوصائية التي تريد أن تسلب صلاحية الحكم المشروعة من يد السلطة السياسية. وقد لوحظ أن أدوات الوصاية الدستورية تشكّل مجالًا منفصلاً للسلطة من أجل حماية حقوق المعارضة وضمان التعددية.

القضاء، من الوصاية الدستورية إلى كيان الدولة الموازي لتنظيم غولن الإرهابي:

كان تأثير ٢٨ شباط ١٩٩٧ والتأثيرات القوية لنظام الوصاية لاتزال تهيمن على الحياة السياسة في السنوات الأولى من تولية حزب العدالة والتنمية السلطة، ورغم أن القوانين التي صدرت منسجمةً مع عملية الانضمام إلى عضوية الاتحاد الأوربي

(٦) كمال غوزلر، النظرية العامة للقانون الدستوري، منشورات أكين، بورصة ٢٠١١، ص٦٤٢-٦٤٣.

ومتطلباتها- عزّزت الحياة السياسية، إلّا أنّه كان لايزال نفوذ مؤيدي الجيش والقضاء، ورئيسِ الجمهورية، ونظامِ الوصاية في الساحة السياسية والإعلامية- قويًّا في الحياة السياسية. وقد تبنّى حزب العدالة والتنمية المفاوضات مع الاتحاد الأوروبي في هذه الفترة، واستمرّ في إجراء التعديلات الدستورية، وإصدار قرارات التكيف؛ بغية تعزيز الديمقراطية وحقوق الإنسان، وتجنب الصدام مع الجيش والقضاء.

استمرّ حزب العدالة والتنمية في السلطة حتى انتخابات رئاسة الجمهورية في عام ٢٠٠٧، من خلال مواقف الحزب التي تتجنب الأزمة في التوازن القائم بين السياسة والبيروقراطية الوصائية. في عام ٢٠٠٧ أتم رئيس الجمهورية أحمد نجدت سزر مدته الرئاسية، وتطلب الأمر انتخاب مجلس الشعب التركي الكبير رئيسًا جديداً للجمهورية. كانت الأحكام في بنود الدستور واضحةً للغاية، وكان حزب العدالة والتنمية يملك النصاب الكامل لاختيار رئيس الجمهورية.

وقد منحَ دستور ١٩٨٢ رئيس الجمهورية سلطةً أكبر بكثيرٍ من الحكومة البرلمانية. فكما أن رئيس الجمهورية يؤدّي دور المفتاح في تشكيل القضاء والتعليم العالي، يمكنه كذلك أن يتحكّم بالسلطة التنفيذية على نحوٍ واسع. وقد شهدت عملية انتخاب رئيس الجمهورية أزمات في السابق أيضًا، لكنه في هذه المرة، لم يكن هناك أيّ عائقٍ سياسي أو قانوني أمام اختيار مرشح حزب العدالة والتنمية لرئاسة الجمهورية. وعندما تبيّن أن حزب العدالة والتنمية سيخوض عملية الانتخاب بمرشحه رغم التهديدات الكثيرة التي تلقّاها؛ تمّ التقدم بالأصول الانتخابية

برؤية ٣٦٧، وتمّ تبنّي هذه الرؤية التي لا يمكن بيانها بالتفسير والقانون من قبل حزب الشعب الجمهوري المعارض الرئيس، وتمّ وضعها قيد التنفيذ. لم يشارك أعضاء الحزب الجمهوري في جلسة التصويت، فتمّ التحول إلى المحكمة الدستورية بحجّة عدم اجتماع النصاب الكافي للتصويت، وبينما كانت المحكمة تناقش الطلب، نشرت رئاسة هيئة الأركان بيانًا على موقعها الرسميّ على الإنترنت يستهدف الحكومة وحزب العدالة والتنمية. وبعد صدور هذا البيان الذي عُرِف في الأوساط العامة بالمذكّرة الإلكترونية "e-muhtıra" ألغت المحكمة الدستورية إجراء التصويت على انتخاب رئيس الجمهورية(٧).

إن الاطلاع على الموقف الذي اتّخذه مجلس التعليم العالي ورئيسه المحاضر في القانون الدستوري الأستاذ الدكتور أردوغان تازيج، في عملية انتخاب رئيس الجمهورية- سيعطينا المزيد من الأفكار حول تشعبات نظام الوصاية وعمله. إذ أصرّ تازيج بصفته رئيس مجلس التعليم العالي على الدفاع عن رؤية ٣٦٧، وقدّم مختلف المسوِّغات والانتقادات حول انتخاب مرشح حزب العدالة والتنمية، (وكان من المعتقَد أن يكون أردوغان في ذلك الحين)،

(٧) K.T. ٢٠٠٧/٥٤, K. ٢٠٠٧/٤٥, E. ١، أيار ٢٠٠٧، الجريدة الرسمية، ٢٧ حزيران ٢٠٠٧، العدد ٢٦٥٦٥. تقييم هذا القرار يتجاوز موضوع هذا المقال، ولكن هناك انتقادات لاذعة بشأنه. من أجل بعض هذه الانتقادات انظر: زهدو أرسلان، «المحكمة الدستورية و'احتكار التفسير'، الفوقية القضائية والديمقراطية»، إهداء إلى الأستاذ الدكتور أرغون أوزبدون، المجلد ٢، منشورات يتكين، أنقرة ٢٠٠٨، ص٦٧-٨٠. سامي سلجوق، «تضليلات القانون المتوالي ونموذجه الذي ضرب بدمغته على التاريخ: قرار المحكمة الدستورية ٣٦٧»، إهداء إلى الأستاذ الدكتور أرغون أوزبدون، المجلد ٢، منشورات يتكين، أنقرة ٢٠٠٨، ص٥٧٩-٦٣٣. كمال غوزلَر، «بيان حول انتخابات رئيس الجمهورية»، يوميات تركية، العدد ٨٩ (٢٠٠٧)، ص١٧-٢٣. إيجه غوزتبه، «دراسة قانونية لانتخابات رئاسة الجمهورية: من يريد حماية الدستور غير المرغوب فيه؟»، بيريكم/Biriki، العدد ٢١٨ (٢٠٠٧)، ص٦٩-٨٥.

ولم يكتف بذلك، بل جمع رؤساء الجامعات الذين ليس لهم أيّ علاقة بالعمل في المجال القانوني، وأصدر بيانًا حول إلزامية رؤية ٣٦٧(٨). أي أن الجامعات حُوِّلت إلى جزءٍ من هذه الوصاية. ولا ننسى في هذا الصدد الدور الذي أدّاه بعض رؤساء الجامعات في اجتماعات الجمهورية.

على الرغم من كل ذلك، لم يتراجع حزب العدالة والتنمية أمام محاولات الجيش والقضاء، إذ لجأ إلى الانتخابات المبكّرة وتعديل الدستور. ونجح في الانتخابات المبكرة التي أُجرِيت في ٢٢ تموز عام ٢٠٠٧ برفع معدل التصويت لمصلحته من ٣٦٪ إلى ٤٧٪. وأُقرَّ التعديل الدستوري القاضي بانتخاب رئيس الجمهورية بالتصويت المباشر من قبل الشعب بمعدل ٦٨٪ من الأصوات.

وقد نجحَ حزب العدالة والتنمية في اللجوء إلى قرار الشعب في حل الأزمة. كما أن خسارة منصب رئاسة الجمهورية تسببت في حدوث صدمة حقيقية لدى مراكز الوصاية والمعارضة. وبعد فترةٍ قصيرة، فتحت رئاسة النيابة العامة العليا دعوى قضائية في تاريخ ١٤ آذار ٢٠٠٨، لإغلاق حزب العدالة والتنمية الذي لم يمض بَعْدُ عامٌ على حصوله على معدّل نصف أصوات الناخبين، بحجة قيامه بأفعال تتعارض مع العلمانية وبوقائع واهية جدًّا(٩). وامتنعت المحكمة الدستورية عن إغلاق الحزب بفارق صوتٍ

(٨) «(٣٦٧) شرطٌ للوصول إلى القصر»، حرِّيَت، ٦ نيسان ٢٠٠٧.

(٩) اقترح كمال غوزلَر تغيير أصول انتخاب أعضاء المحكمة الدستورية بسبب فتح دعوى من هذا القبيل رغم جميع التعديلات التي طرأت على الدستور لتعسير إغلاق الحزب. انظر: كمال غوزلَر، «ما شروط إغلاق الحزب؟ هل تعديل الدستور حَلٌّ أمام إغلاق الحزب؟»، يوميات تركية/ Türkiye Günlüğü، العدد ٩٣ (٢٠٠٨)، ص٢٤-٣١.

واحد فقط. إذ كان قرار الإغلاق يتطلب تصويت ثلاثة أخماس الأصوات لمصلحته، أي سبعة أصوات من أصل أحد عشر صوتًا. وكان التصويت على شكل ستة أصواتٍ لمصلحة الإغلاق وخمسة أصوات ضد الإغلاق. لكن المحكمةً أصدرت قرارًا بحرمان الحزب من مساعدات الدولة؛ بسبب تحوّله إلى مركزٍ للنشاطات المضادة للعلمانية[١٠]. وعند النظر في مسوِّغات القرار، لم يتبين أيّ سببٍ يدعو المحكمة إلى إصدار هذا القرار.

إنّ الصمود الذي أبداه حزب العدالة والتنمية بعد المذكّرة الإلكترونية «e-muhtıra» في ٢٧ نيسان ٢٠٠٧، والدعم الذي تلقّاه من الجماهير في الانتخابات- تسبّبا في انسحاب القوات المسلحة التركية إلى الخطوط الخلفية، وتنامي دور القضاء بصفته وسيلة من وسائل الوصاية. بدأت هذه العملية مع القرار ٣٦٧ والدعوى القضائية بإغلاق الحزب، وعاد الجدل حولها من جديدٍ مع إلغاء التعديلات الدستورية التي تهدف إلى إلغاء قرار حظر الحجاب في الجامعات. وتناولت المحكمة الدستورية التعديلات التي قُبِلت في المجلس بـ ٤١١ صوتًا من أصوات أعضاء حزبَي العدالة والتنمية وحزب الحركة القومية التركي من وجهتها الأساسية، ثم أبطلتها[١١]. وعندما نرى أن التعديلات الدستورية لعام ١٩٧١ ودستور عام ١٩٨٢ يحظران صراحةً إشراف المحكمة الدستورية على التعديلات الدستورية؛ نجد أن مثل هذا القرار جاء بدوافع سياسيةٍ بحتةٍ لا تتناسب مع

(١٠) «قرار المحكمة الدستورية»، الجريدة الرسمية، العدد ٢٧٠٣٤، ٢٤ أكتوبر/ تشرين الأول ٢٠٠٨.

(١١) «قرار المحكمة الدستورية»، الجريدة الرسمية، العدد ٢٧٠٣٢، ٢٢ أكتوبر/ تشرين الأول ٢٠٠٨.

المسوِّغات الضعيفة الواهية للغاية. وكانت المحكمة الدستورية رفضت قضيتين منفصلتين قبل سنة بالقرار الذي أصدرته في عام ٢٠٠٧، بأن زعمت أن صلاحيتها تقتصر على النظر في شكل التعديلات الدستورية، على نحوٍ مماثلٍ للقرارات التي أصدرتها في فترة دستور عام ١٩٨٢.[١٢] هذا فضلاً عن أن موجبات المحكمة في إلغاء القانون المتعلق بالتعديل الدستوري تستند إلى عدد من البيانات الواردة في موجبات التعديلات، لا إلى نصوص التعديلات.

وهذا التوجه الذي نجده في قرارات المحكمة الدستورية استمر في المحاكم الأخرى وأجهزة المجلس الأعلى للقضاة والمدّعين العامّين أيضًا. وخرج مجلس الدولة خاصةً عن إطار التفتيش القانوني في عدد كبيرٍ من وظائف الحكومة، وفي مقدمتها قضيتا حظر الحجاب ومعدل امتحان الدخول إلى الجامعة، إذ أجرى التفتيش المحلي، وأصدر العديد من القرارات بالنيابة عن الحكومة. وقد ذكر مجلس الدولة فيما سبق في قضية الدعوى المقدّمة حول إلغاء معدل الدخول، أن الحكومة هي التي تحدّد نظام الدخول إلى الجامعة؛ وعندما طلب مجلس التعليم العالي إلغاء المعدّل، أصدر مجلس الدولة قرارًا بعد السماح بإنجاز ذلك. وحدّد مجلس التعليم العالي بناءً على هذا القرار قيمةً صغيرةً جدًّا لهذا المعدل من أجل تخفيف الأضرار بمصالح طلاب الثانويات المهنية، لكن مجلس الدولة اعتبر هذه القيمة منخفضةً فأبطلها أيضًا. بناءً على

(١٢) «قرار المحكمة الدستورية»، الجريدة الرسمية، العدد ٢٦٦٠٦، ٧ أغسطس/ آب ٢٠٠٧. «قرار المحكمة الدستورية»، الجريدة الرسمية، العدد ٢٦٧٩٢، ١٩ فبراير/ شباط ٢٠٠٨.

اتخاذ هذا القرار بفارق صوتٍ واحد فقط، قال رئيس مجلس التعليم العالي يوسف ضياء أوزجان: «إنّنا أقنعنا قسماً كبيراً من أعضاء مجلس الدولة، وأعتقد أننا قادرون على إقناع الكل فيما لو بذلنا مزيداً من الجهد»[١٣]. وهذا المشهد الذي حدث ليس سوى مشاركة مجلس الدولة الذي ينبغي أن يقتصر عمله على التفتيش القانوني، في تحديد المعدّل من خلال بعض المساومات السياسية مع الحكومة.

وبهذا الشكل جرت محاولاتٌ مختلفةٌ في عهد حزب العدالة والتنمية للحدّ من تحوّل القضاء إلى وسيلةٍ من وسائل نظام الوصاية القانونية، لكنّ الاتجاه لم ينعكس إلّا من خلال التعديل الدستوري عام ٢٠١٠[١٤]. إذ تمّ من خلال التعديلات الدستورية عام ٢٠١٠ إجراءُ تعديلات مهمّة وشاملة في المجلس الأعلى للقضاة والمدّعين العامّين، وتشكيلُ المحكمة الدستورية ومهامها وسلطاتها، وتضييقُ مجال اختصاص القضاء العسكري، وتعزيزُ أمن القضاة العسكريين. كما صدر العديد من اللوائح حول محكمة التمييز ومجلس الدولة بناءً على هذه التعديلات، وشهدت المحكمة العليا تغييراتٍ جذريةً. ولا يمكن القول هنا إن القضاء بعد إبعاد الجهات الفاعلة لنظام الوصاية القديم

---

(١٣) «رئيس مؤسسة التعليم العالي أوزجان: مجلس الدولة ينقل مسألة التثقيل إلى نقطة جيدة»، الأخبار، ١٩ شباط ٢٠١٠.

(١٤) من أجل دراستين مختلفتين تناولتا تقييماً للتعديلات الدستورية من حيث دولة القانون الديمقراطية، انظر: يلماز أنصار أوغلو، «الحزمة الدستورية الجديدة في إطار حقوق الإنسان والتحول الديمقراطي»، تحليلات ستا، العدد ٢٧، أيلول ٢٠١٠. يوسف شوقي حقيَمَز، «التعديلات الدستورية ٢٠١٠ ودولة القانون الديمقراطية»، مجلة كلية الحقوق/ جامعة غازي، المجلد ١٤، العدد ٢ (٢٠١٠)، ص٣٨٧-٤٠٦.

عاد إلى القيام بوظيفته الأصلية تمامًا. وبتعبيرٍ آخر: انحسر الدور الوصائي للقضاء على السياسة جزئيًّا، ونشأت جهاتٌ وصائيّةٌ جديدة.

الوصاية القضائية لتنظيم غولن الإرهابي، والصراع معه في الطريق إلى ١٥ تموز:

إنّ تأثير تنظيم غولن الإرهابي في القضاء ظهر قويًّا فيما سبق، وكان بإمكانه السيطرة الكاملة على السلطة في عام ٢٠١٠. مقابل النفوذ القوي للتنظيم في محاكم الدرجة الأولى، والنيابة العامة، ومحاكم الجنايات الخاصة، قبل هذا التاريخ، كان له نفوذٌ محدودٌ في المحاكم العليا، والمجلس الأعلى للقضاة والمدّعين العامّين؛ لأسبابٍ مختلفة، مثل العمر والأهلية. وقد لوحظ أن العديد من الدعاوى القضائية المهمّة في الحياة السياسية وتاريخ القضاء التركي فتحها أو وجَّهها من قبل تنظيم غولن الإرهابي، حتى في الفترة السابقة لعام ٢٠١٠، من أجل تحقيق مصالحه الخاصة.

وقد تبيّن فيما بعد بشكل جليّ، وإن لم يظهر في تلك الفترة، أنّ عددًا من الدعاوى الكبيرة التي تابعتها الجماهير، مثل الأرغنكون، وبايلوز، وجامعة «يوزونجو يل» في وان، ومكتبة أوموت، والتجسس العسكري، والمقر الثوري، وتلفزيون أوضا، وشيكا- كانت من إعدادات كيان تنظيم غولن الإرهابي. وقد استخدم التنظيم هذه الدعاوى من أجل تصفية العناصر غير الموالية له في مختلف الهيئات والمؤسسات العامة، وفي مقدمتها المؤسسة العسكرية، وتحجيم الأشخاص الذين يُخشَى منهم القيام بتصرّفات تضرّ بمصالح الكيان في مختلف المجالات المدنية، أو إرهابهم، من

خلال التسلسل الهرمي الصارم لتنظيم الكيان الموازي داخل القضاء، وبدأ يهيمن على أجهزة القضاء كلّها، من دون مراعاة لأحكام القضاء نفسه، ومبادئ القانون الأساسية، مرهونًا بتسلسل هرميّ خارج القضاء تمامًا.

إنّ قيام تنظيم كيان غولن الإرهابي داخل القضاء، وتنفيذه العمليات التي يريد القيام بها عن طريق القضاء؛ وفّرا سهولةً كبيرةً ومشروعيَّةً لهذه العمليات. وإنّ هذا التنظيم الذي يمتلك البنية التحتية الاستخباراتية القوية والإعلام والقدم الجماهيري المغذّي للنشاطات التي ينفذها- استخدم القضاء أداةً مهمّةً للتمويه أيضًا. وأسّس سلسلة من الشرطة والنيابة العامة والمحاكم، ووُجِّهت من مركز التنظيم. وقد نجح التنظيم في إقناع الجمهور بالتحقيقات والدعاوى القضائية التي يُنفّذها من قبل امتداداته داخل السلطة القضائية. وأكّد في الدعاوى المذكورة، وربما العديد من القضايا غير المعلومة- استقلاليةَ القضاء، وطالبَ بعدم التدخل في شؤون المحاكم. وساد اعتقاد بأن الكثير من التطبيقات التي تعرضت للجدل والانتقاد وتحقّقت نتيجة قرارات القضاة والنيابة- قد مرّ خلال إجراءات قضائية وفقًا للقانون. ونجح تنظيم غولن الإرهابي في النهاية في استخدام القضاء لأهدافه التنظيمية بمهارة.

وفّرت التعديلات الدستورية عام ٢٠١٠، ونتائجها- إمكانية انتقال تنظيم غولن الإرهابي إلى العتبة العليا للقضاء. وظهر في الأيام اللاحقة بشكلٍ أوضح سبب تبنّي تنظيم غولن ومساندته لحزمة التعديلات الدستورية لعام ٢٠١٠ أكثر من حزب العدالة والتنمية. فالتعديلات الدستورية لعام ٢٠١٠ أسست على الورق

نظامًا يمكن أن يُعَدّ في الحقيقة ممتازًا من حيث استقلالية القضاء والضمانات القضائية. فكان يبدو أن أعضاء السلطة القضائية ازداد تأثيرهم في تشكيل المجلس الأعلى للقضاة والمدّعين العامّين، وأن التعددية والشرعية الديمقراطية قد تعزّزتا. لكن نتيجة الانتخابات التي أُجرِيت وفقًا لمتطلبات الدستور الجديد بيّنت أن الغالبية العظمى من أعضاء المجلس الأعلى للقضاة والمدّعين العامّين هم أعضاء في تنظيم غولن الإرهابي. وانتقلت الأمانة العامة، ومجلس التفتيش، والشؤون الجنائية، ومديرية الشؤون الذاتية، والمفتشون في المجلس الأعلى للقضاة والمدّعين العامّين، صاحب النفوذ والسلطة الأصلي فيما يتعلق بالقضاء- إلى سيطرة تنظيم غولن الإرهابي إلى حدّ كبير. كان تنظيم (فتو) يدعم أعضاءه القضاة والمدّعين العامّين بشتى الوسائل، في تعيينهم في المناصب الحساسة، وفتح الطريق أمامهم من خلال منحهم الدرجات العالية في التفتيش، وتسريع ترفيعاتهم، ومنحهم المكافآت من خلال إرسالهم في مهام خارجية. وفي مقابل ذلك كان يعمل على إهمال ومعاقبة الذين لا ينتمون إلى التنظيم أو الذين يشكّلون عقبة أمام الكيان. وسيطر التنظيم إلى حدّ كبير على بيروقراطية القضاء.

وهكذا تعزّز نفوذ تنظيم غولن الإرهابي في القضاء الأعلى أيضًا من خلال الأعضاء الجدد الذين عيّنهم المجلسُ الأعلى للقضاة والمدّعين العامّين في المحكمة العليا ومجلس الدولة. وقد توفّرت له إمكانية السيطرة على السلطة القضائية كلها من خلال المجلس الأعلى للقضاة والمدّعين العامّين. فكانت هذه الفترة فترة نشاط كبيرٍ للتنظيم الإرهابي، استَخدَمَ فيها القضاء برعونةٍ أكثر من ذي قبل؛ لتحقيق غاياته التنظيمية

بشكلٍ مناهضٍ للقانون والدستور تمامًا، وأجرى تصفيات في المؤسسة العسكرية والعديد من المؤسسات لفتح المجال أمام أعضائه. ولم يمض كثيرٌ من الوقت حتى بدأ يستخدم سلاح القضاء والقانون ضد الحكومة وحزب العدالة والتنمية في العديد من الإجراءات القضائية بدءًا من عمليات ١٧ و٢٥ كانون الأول ٢٠١٣، وأزمة الشاحنتين التابعتين للاستخبارات في ٧ شباط ٢٠١٤، والتحقيق مع «التَحْشيَجيلر» أو جماعة التحشية[١٥]، وانتهاء بالتنصتات اللاشرعية. وبعد عمليات ١٧ و٢٥ كانون الأول ٢٠١٣ بدأ صراع حزب العدالة والتنمية وحكومته مع تنظيم غولن الإرهابي، ومن خلاله نجح الحزب في إحباط العمليات القضائية التي قام بها التنظيم من بعض اللوائح الإدارية والقانونية في بداية عام ٢٠١٤.

شكّلت الانتخابات التي أُجرِيت في عام ٢٠١٤ أهمّ الخطوات في إبعاد تنظيم غولن عن السلطة القضائية. وعلى الرغم من أن الكيان فقدَ قدرته العملياتية في هذه السلطة بعد الانتخابات، لكنه بقي يحتفظ بأغلبية تقارب نصف أعضاء السلطة القضائية. وقد أعلن كلّ من رابطة القضاة والمحامين ومنصة الوحدة القضائية أسماءَ مرشحيهما في الانتخاب. وأعلن بعض المرشّحين خوض الانتخاب بصفةٍ مستقلة، وبدون الانضمام إلى أيّ جماعة (!) ومن دون أن يدعم بعضهم بعضًا (!). وتبيّن في نتائج الانتخابات أن عشرة من مرشّحي القضاء العدلي من الذين

(١٥) وهي جماعة تنتسب للشيخ سعيد النورسي، وتنتقد جماعة غولن، في قضايا كثيرة، منها أن الزكاة لا تصرف للمؤسسات بل للأفراد، وأنّ الحوار بين الأديان الذي يقوم به غولن يخالف الإسلام. وقد حشد التنظيم إعلامه في اتّهام هذه الجماعة بالإرهاب؛ تمهيدًا لتوجيه ضربة لها من خلال القضاء. م.

أعلنوا أنهم يخوضون الانتخاب بصفة مستقلّة -وهم أعضاء معروفون في الساحة القضائية بكونهم أعضاء في تنظيم غولن أو لهم علاقة بهذا الكيان- نالوا عشرات الأصوات، وأنّ خمسة من أعضاء التنظيم في القضاء الإداري نالوا مئات الأصوات. ومن الملاحظ هنا أن القضاة والمدّعين العامّين الخمسة آلاف الذين يشكّلون نصف القضاة والنيابة العامة الموجودين صوّتوا جملةً واحدةً لمصلحة المرشّحين الذين قيل إنهم مستقلّون ويجهل بعضهم بعضًا. وهكذا، ولأول مرة، تمّ الحصول على إحصائيةٍ حول الهيكل القضائي لتنظيم غولن الإرهابي.

كانت منصّة الوحدة القضائية هي مهندسة هذا النجاح الذي أُنجِز في مواجهة تنظيم غولن. فالشاهد الوثيق للأنشطة التي يقوم بها هذا الكيان الذي يتحرك وفق التسلسل الهرميّ الصارم والأجندة السرية داخل السلطة القضائية، وفقًا لمطالب منظّماته بغضّ النظر عن أيّ مبادئ وقواعد قانونية- هذا الشاهد من بين القضاة والمدّعين العامّين من كل القطاعات، تخلّى عن الآراء والاختلافات السياسية، وانتظم ضمن منصة الوحدة القضائية، وفاز في الانتخاب. وقد شكّلت نتيجة الانتخابات قائمة أعضاء هذه المجموعة المعروفين بانتماءاتهم اليسارية أو اليمينية أو القومية أو الديمقراطية الاجتماعية- الأغلبية في المجلس الأعلى للقضاة والمدّعين العامّين، وقدّمت في هذه الفترة العصيبة إدارة تعدّدية ناجحة. المنصّة التي تحوّلت فيما بعد إلى جمعية، حملت اسم جمعية الوحدة القضائية، كانت تمثل حالة ردود الفعل الاجتماعية والسياسية المشتركة التي ظهرت على الصعيد الوطني بناءً على المحاولة الانقلابية الفاشلة في ١٥ تموز ٢٠١٦؛ التي ظهرت في نطاق السلطة القضائية قبل عامين. وتمثّل هذه

الجمعية رمزًا لوحدة القضاة والمدّعين العامّين الذين يرون أن وجود غولن خطرٌ، وأنّ التغلّب عليه يتطلّب نضالًا يتجاوز أيّ اختلاف وجدل سياسي. كما ظهر رد فعلٍ آخر مماثل في ترك الأوساطُ الاجتماعية والأحزاب السياسية كلها تقريبًا المناقشات السياسية اليومية جانبًا، والعمل من أجل القضاء على تنظيمَي غولن وكيانه الموازي الإرهابيينِ اللذينِ باتا يشكّلان مشكلة أمنية وطنية، وباتا يهدّدان النظام الدستوري وجميع الحقوق والحريات.

القضاء قبل ١٥ تموز ٢٠١٦ وبعده

بدأت الإقالات والتحقيقيات تطال أعضاء تنظيم غولن الإرهابي في القضاء مباشرةً بعد أو بالتزامن مع العمليات الموجهة للقوات المسلحة التركية بعد إحباط محاولة انقلاب ١٥ تموز مباشرة؛ لأن وجود هذا التنظيم في القضاء وخطره كانا معروفَينِ منذ زمنٍ طويل، حتى إن الإجراءات التي اتُّخذت في جهاز الأمن ووزارة الداخلية حصلت بعد العمليات التي طالت القضاء. حيث أُقيل ٤٥٦٠ قاضيًا ومدّعيًا عامًّا من جميع المؤسسات القضائية، وعلى رأسها المحكمة الدستورية والمجلس الأعلى للقضاة والمدّعين العامّين ومجلس الدولة ومحكمة الاستئناف العليا[١٦]، والذي يجب بيانه هنا أن هؤلاء الأشخاص لم يتمّ تحديدهم واكتشافهم بين ليلةٍ وضحاها. فالمجلس الأعلى للقضاة والمدّعين العامّين حقق في شأنهم سابقًا بموجب وظيفته الدستورية، وغُيِّرت أماكن عملهم بحسب

(١٦) «قائمة القضاة والمدّعين العامّين الذين تمّت إقالتهم»، يني شفق، ٦ أكتوبر/ تشرين الأول ٢٠١٧.

القانون والمعلومات التي حُصل عليها، وعُيِّنوا في وظائف قليلة الأهمية، وطالت التحقيقات التأديبية أو الجزائية بعضهم.

وقف معظم أفراد المجتمع وجميع الأحزاب السياسية والدولة بمؤسساتها كافة في وجه محاولة انقلاب ١٥ تموز ٢٠١٦. ويمكننا القول عمومًا إن المجتمع التركي والمؤسسات التركية اجتازا هذا الامتحان بنجاحٍ كبيرٍ رغم بعض التصريحات المتردّدة والخجولة، وردود الأفعال المحرضة للانقلابات العسكرية، ورغم المزاعم بأن هذه المحاولة ستجعل حزب العدالة والتنمية ورئيس الجمهورية أردوغان أقوى من السياسة. فمن الأمور التي لفتت الانتباه أن وزير العدل بوزداغ على سبيل المثال كان واحدًا من الوزراء الأوائل (وربما الوزير الأول) الذين صرحوا بمعارضتهم الانقلاب في العديد من القنوات التلفزيونية[١٧]، وبقي مجلس الشعب التركي الكبير مفتوحًا رغم الهجمات التي تعرض لها. وإلى جانب هذا الموقف الشخصي لوزير العدل، لم يتأخر جهاز القضاء عن تقديم التصريحات اللازمة على غرار قوات الأمن، وشرع في التحقيقات والإجراءات العدلية.

تتضح أهمية ردود الأفعال هذه التي أبداها القضاء في وجه محاولة انقلاب ١٥ تموز عندما تعود بنا الذاكرة إلى المواقف اللاقانونية واللاديمقراطية التي أبداها حيال الانقلابات السابقة، ففي الفترات التي تدخل فيها الجيش في السياسة بصورةٍ مباشرةٍ أو غير مباشرةٍ كما في انقلاب ٢٧ أيار ١٩٦٠،

(١٧) «التصريح الأول من وزير العدل بوزداغ»، أقشام/ Akşam، ١٥ تموز ٢٠١٦.

ومذكـرة ١٢ آذار ١٩٧١، وانقلاب ١٢ أيلـول ١٩٨٠، وانقلاب ما بعد الحداثة ٢٨ شـباط ١٩٩٧ وأخيـرًا المذكرة الإلكترونية ٢٧ نيسـان ٢٠٠٧- تبنّـى القضـاء موقفًـا داعمًا للانقلابات بصـورةٍ علنية، بل موقفًـا يحرض علـى الانقلاب بعيدًا عـن الديمقراطيـةِ والحقوق، ولكـن فـي محاولة انقلاب ١٥ تمـوز ٢٠١٦ كان القضـاء واحدًا من المؤسّسـات التي سـارعت بتصريحاتها المناهضة للانقلابين، إلى درجـة أنهـا كانت كافيةً لتنظيف سـجله السـيئ هذا. ومـن ثَمّ فإن تنـاول القضـاء ومواقفه هـذه بتفصيلاتهـا ضروريٌّ لفهـم التحول الذي شـهده القضـاء في عهد حـزب العدالـة والتنمية.

وسـوف تتضـح الصـورة أكثر إذا ألقينـا نظرةً إلـى التصريحات التـي قدمتهـا المحاكـم والنيابـة ليلة الانقـلاب واليوم الـذي يلي الانقـلاب عبر القنـوات التلفزيونية ووسـائل التواصـل الاجتماعي ومواقعهـا الرسـمية على صفحـة الويب.

التحقيقات الأولى المتعلّقة بمحاولة الانقلاب:

١٥ . ٠٧ . ٢٠١٦/٢٠, ٢٣

نيابـة الجمهوريـة العامـة فـي بَقرْكُوي أطلقـت يـوم ١٥ تموز السـاعة ٢٠, ٢٣ تحقيقاتهـا الخاصةَ بالمحاولـة الانقلابية تتضمن قـرارات التوقيـف والاحتجاز.

١٦ . ٠٧ . ٢٠١٦ / ٣٥, ٠٠

النائـب العـام علي دوغـان في بيـوك جكمجه إسـطنبول افتتح تحقيقاتـه الأولـى فـي موضـوع المحاولـة الانقلابيـة باتهاماتـه بمحاولـة الانقـلاب ضـد دولـة الجمهوريـة التركيـة وحكومتهـا ودسـتورها، وتعليماتـه بالتوقيـف.

١٦ . ٠٧ . ٢٠١٦ / ٠٠, ٠٤

النيابة العامة في أنقرة أصدرت قرارات التوقيف بحق الجنرالات والأميرالات والضباط وضباط الصف والعساكر الأعضاء في «لجنة المصالحة الوطنية» المزعومة وموظفي القضاء ممّن لهم علاقة بتنظيم غولن الإرهابي/ كيان الدولة الموازي وبعض أعضاء المجلس الأعلى للقضاة والمدّعين العامّين والقضاء ومجلس الدولة.

١٥ . ٠٧ . ٢٠١٦ / ٢٥, ٢٣

وزير العدل بكر بوزداغ أعلن عن القيام بما تمليه الإرادة الشعبية ضد المحاولة الانقلابية، وأنه أصدر تعليماته لقضاة النيابة العامة في أنقرة وإسطنبول بالقيام بالإجراءات اللازمة.

١٦ . ٠٧ . ٢٠١٦ / ٤٠, ٠٢ [١٨].

رئاسة المحكمة الدستورية تعلن رفضها كلّ المحاولات غير الديمقراطية ضد النظام الدستوري، ووقوفها إلى جانب دولة القانون.

١٦ . ٠٧ . ٢٠١٦ / ٥٣, ٠٥ [١٩].

نائب الجمهورية العام هارون كودالاك قال في البيان الذي صرح به من حسابه الخاص على موقع التواصل الاجتماعي: «تمّ دحر المحاولة الانقلابية بمقاومة قواتنا الأمنية البطلة وشعبنا البطل العظيم».

١٦ . ٠٧ . ٢٠١٦ / ١٠, ٠٩ [٢٠].

المجلس الأعلى للقضاة والمدّعين العامّين يجتمع لاتخاذ

---

(١٨) «إعلان»، المحكمة الدستورية، ١٦ تموز ٢٠١٦.

(١٩) الحساب الشخصي لهارون كوداكلي في الفيسبوك ، ١٦ تموز ٢٠١٦. تاريخ الزيارة: ١٥ كانون الأول ٢٠١٧:
https://m.facebook.com/story.php?story_fbid=10208766123457837&id=1455101583

(٢٠) «اجتماع للنظر في أعضاء المجلس الأعلى للقضاة والمدّعين العامّين»، TRT Haber، ١٦ تموز ٢٠١٦.

تدابير شديدة في موضوع القضاة والمدّعين العامّين الأعضاء في تنظيم غولن الإرهابي.

١٦ . ٠٧ . ٢٠١٦ / ٠٩,٣٨ [٢١].

نيابة الجمهورية العامة للقسم الأناضولي أعلنت من إسطنبول عن بدء التحقيقات المتعلقة بالمحاولة الانقلابية، واعتقال ١٣٢ عسكريًّا في الإطار.

١٦ . ٠٧ . ٢٠١٦ / ١٠,٤٠ [٢٢].

البيان الصادر من رئاسة مجلس الدولة أدان المحاولة الانقلابية، ودعا إلى حماية الديمقراطية والنظام الدستوري.

١٦ . ٠٧ . ٢٠١٦ / ١٣,٠٩ [٢٣].

رئيس المحكمة العليا إسماعيل رشدي جِريت أعلن في تصريحه الذي نشره بسبب المحاولة الانقلابية أن الخونة المتورطين في التمرّد سيُقدَّمون للحساب أمام القضاء في أقرب فرصة.

١٦ . ٠٧ . ٢٠١٦ / ١٣,٣٠ [٢٤].

رئيس المحكمة العليا في تصريحه الذي أدلى به لعن المحاولة الانقلابية، وأنه سيتابع العملية العدلية والإدارية المتعلقة بها حتى نهايتها.

١٦ . ٠٧ . ٢٠١٦ / ١٣,٤٧ [٢٥].

رئيس المحكمة العسكرية العليا أعلن أنه ضد كل محاولة انقلابية.

---

(٢١) «بيان صحفي: نيابة الجمهورية العامة للقسم الأناضولي من إسطنبول»، ١٦ تموز ٢٠١٦.

(٢٢) بيان صحفي، رئاسة مجلس الدولة، ١٦ تموز ٢٠١٦.

(٢٣) بيان صحفي، رئاسة مجلس الدولة.

(٢٤) بيان صحفي، مدّعي نيابة الجمهورية العامّة، ١٦ تموز ٢٠١٦.

(٢٥) «رئاسة المحكمة العسكرية العليا: نحن ضدّ أي محاولة انقلابية»، ستار، ١٦ تموز ٢٠١٦.

١٦.٠٧.٢٠١٦ / ١٤,٤١[٢٦].

في إطار التحقيقات التي أطلقتها الهيئة العامة للمجلس الأعلى للقضاة والمدّعين العامّين بخصوص المحاولة الانقلابية التي قام بها تنظيم غولن الإرهابي أصدرت قرارها بإسقاط عضوية ٥ من أعضاء المجلس الأعلى للقضاة والمدّعين العامّين. كما أصدرت الدائرة الثانية للمجلس الأعلى للقضاة والمدّعين العامّين قرار فصل ٢٧٤٥ قاضيًا عن أعمالهم، بينهم ٥٤١ قاضيًا من الدرجة الأولى في المحكمة الإدارية، و٢٠٠٤ قضاة من الدرجة الأولى في المحكمة القضائية.

إنّ السبب الأساسيّ لردود الأفعال السريعة والمؤثّرة للمؤسّسات القضائية في موضوع المحاولة الانقلابيّة وتنظيم غولن الإرهابي كما أوضحنا سابقًا؛ هو رؤيتها لكيان تنظيم غولن الإرهابي، وما يمكن أن يفعله هذا الكيان داخل القضاء، قبل أن يراه المجتمع والعديد من مؤسّسات الدولة الأخرى. إذ أصبح التنظيم فاعلاً بحقّ داخل القضاء في المرحلة الّتي سبقت سنة ٢٠١٤ على وجه الخصوص، ووضع يده على سائر المناصب المهمّة، ومارس ضغوطات جادّة وخطيرة على القضاة والمدّعين العامّين ممّن هم خارجَ إطار كيانه، وقام بتصفية الأشخاص الّذين سيشكّلون عائقًا أمام أهدافه بشتّى السبل، وحاول أن يجعل من القضاء أداةً يستخدمها من أجل أهدافه التنظيميّة المتنوّعة، وتكلّل طريقه هذا بالنجاح بمعدّل كبير. وشهد القضاة والمدّعون العامّون داخل القضاء كلّ هذه الوقائع

(٢٦) «حملة تطهير المجلس الأعلى للقضاة والمدّعين العامّين من عناصر تنظيم غولن الإرهابي طالت ٢٧٤٥ قاضيًا»، وكالة الأناضول للأنباء، ١٦ تموز ٢٠١٦.

عن كثبٍ، وشهدوا بأنفسهم خطورة التنظيم ولهذا السبب قاموا بردّة فعلٍ سريعة ومؤثّرة على المحاولة الانقلابيّة.

وبعد محاولتَي كانون الأوّل ١٧/٢٥ ٢٠١٣ أطلقت الدولة عبر المساعي الحثيثة لأردوغان رئيس الوزراء في تلك المرحلة مكافحةً شاملة ضدّ تنظيم غولن الإرهابي. وسجّل مجلس الأمن القومي هذه العملية مؤسساتيًّا بتعريف تنظيم غولن بأنّه تنظيم إرهابيّ، وأدخله في الوثيقة السياسيّة الأمنية الوطنية المعروفة باسم «كتاب الكيان الموازي الأحمر»[٢٧]. وتسارعت وتيرة المكافحة الّتي نُفِّذت ضدّ التنظيم بُعَيد انتخابات ١ تشرين الثاني ٢٠١٥، وانتشرت في العديد من الميادين، كما أدّت الهيئات القضائية في هذه المرحلة الواجبات أسندها إليها الدستور والقوانين في الموضوعات الّتي تدخل ضمن حيّز وظائفها الخاصّة، بل يمكن القول إنّ القضاء يأتي على رأس المؤسّسات الأنجح في موضوع مكافحة تنظيم غولن الإرهابي قبل ١٥ تمّوز ٢٠١٦، ووجد القضاء نفسه في هذه المرحلة مضطرًا إلى اتّخاذ العديد من التدابير الّتي ينبغي أن تقوم بها مؤسّسات أخرى.

وقُبَيل المحاولة الانقلابية الفاشلة في ١٥ تمّوز ٢٠١٦ أُجرِي العديد من التحقيقات المتعلّقة بتنظيم غولن الإرهابي من التنصّتات غير القانونيّة إلى قضية هرانت

(٢٧) «و... كتاب الكيان الموازي الأحمر»، صباح، ٢ كانون الثاني ٢٠١٥. واستعمال اسم تنظيم غولن الإرهابي FETÖ الأول بعد المحاولة الانقلابية في ١٥ تموز ٢٠١٦ في تاريخ ٢٠ تموز ٢٠١٦ في اجتماع مجلس الأمن القومي. «مجلس الأمن القومي يستخدم للمرة الأولى اسم «تنظيم غولن الإرهابي FETÖ»، مليِّت، ٢٢ تموز ٢٠١٦.

دينك، ومن قضية شاحنتي مؤسسة الاستخبارات القومية، إلى التحقيقات في الامتحانات العامة للتوظيف، كما تمّ القيام بإجراءات قضائية متنوعة.

ويتصدّر التحقيقُ الرئيس مع التنظيم الّذي أجرته النيابة العامة للجمهورية في أنقرة طليعة هذه الإجراءات؛ بسبب تناوله موضوع التنظيم ككلّ، وفي نتيجة هذا التحقيق أُعدَّت «مذكّرة الادّعاء الرئيسة ضدّ الكيان الموازي»، وقُدِّمَت إلى محكمة الأشغال الشاقّة الرابعة في أنقرة قبل ١٥ تمّوز[٢٨]. وثانيها هو التحقيق الّذي أُجرِي بخصوص التجسّس العسكري المنفّذ في إزمير[٢٩]، حيث جُهِّزت مذكّرتا الادّعاء هاتان بوصفهما نتيجة لعملٍ طويلٍ وشاملٍ، ورُفِعت الدعاوى بعدها، بل صدرت كذلك قرارات الاعتقال بحقّ ضبّاط برتبٍ عاليةٍ على مستوى أميرال في تاريخ ١٠ تمّوز ٢٠١٦ قبل المحاولة الانقلابيّة مباشرةً، في إطار التحقيق الّذي أُجرِي في إزمير، وجرت بعض الاعتقالات أيضًا[٣٠]. وقد شكّلت التحقيقات التي جرت في أنقرة وإزمير والعمليات التي استهدفت تنظيم غولن العسكري ووضوح أن هذه العمليات ستستمر- محرّكًا مهمًّا لمحاولة ١٥ تمّوز[٣١].

(٢٨) من أجل خبرين مفصّلين حول مضمون ادعاء النيابة العامة انظر: صلاح الدين غونباي، «بنية الكيان الموازي الادعاء الأساسي ١: غولن كأنه نصف إله ...»، الجزيرة التركية، ١٥ تموز ٢٠١٦. «بنية الكيان الموازي: الادعاء الأساسي ١: تعزز في أعقاب [انقلاب] ٢٨ شباط»، الجزيرة تورك، ١٥ تموز ٢٠١٦.

(٢٩) «انتهى استكمال ملف دعوى التجسس العسكري في إزمير»، خبر تورك، ١٥ نيسان ٢٠١٦.

(٣٠) «عملية تنظيم غولن الإرهابي طالت الأميرالات»، صباح، ١٠ تموز ٢٠١٦.

(٣١) «كان الانقلابيون سيُعتَقلون في نهاية الأسبوع»، صباح، ١٩ تموز ٢٠١٦.

وفي النتيجة يمكننا أن نقول إنّ القضاء أبدى نجاحًا مهمًّا في موضوع مكافحة تنظيم غولن الإرهابي قبل ١٥ تمّوز وبعدها.

وبُعَيد ١٥ تمّوز تجاوز عدد القضاة والمدّعين العامّين الّذين تمّ إقصاؤهم بداعي عضويتهم في تنظيم غولن الإرهابي/ كيان الدولة الموازية ٤٥٠٠ قاضٍ، وتخطّى نسبة حاجز الثُّلُث من إجمالي القضاة والمدّعين العامّين. وللحيلولة دون أن يتسبّب هذا الوضع بمشكلات عبء العمل في القضاء عيّنت وزارة العدل والمجلس الأعلى للقضاة والمدّعين العامّين القضاة المرشّحين الّذين يخضعون لدورة تدريبيّة، ليكونوا قضاةً ومدّعين عامّين جددًا، وبفضل هذه التدابير سُدّت ثغرة القضاة في فترةٍ وجيزة تناهز السنة.

وختامًا، حصل بُعَيد ١٥ تمّوز إصلاحٌ مهمّ متعلّق بالقضاء مع التغيير الدستوري الّذي تمّت الموافقة عليه في استفتاء ١٦ نيسان ٢٠١٧، والهدف الأساسي من التغيير الّذي أجري هو التخلّي عن النموذج الموجود في دستور ١٩٨٢ الذي لم يتمتّع بخاصيّة نظام برلمانيّ نزيه في الآونة الأخيرة، وتأمين الانتقال إلى النظام الرّئاسيّ، بيد أنّه من الضروري أن نبيّن أنّ نظام الحكم الذي تمّت الموافقة عليه في الاستفتاء ليس نظامًا رئاسيًّا تمامًا، بل هو نظام رئاسة جمهوريّ خاصّ بتركيا. ويبدو أنّ أهمّ الترتيبات القانونيّة المقترحة إلى جانب نظام الرئاسة الجمهوري ترتيباتٌ متعلّقة بالقضاء، وقد تمّ التشديد على حيادية القضاء إلى جانب استقلاله، وفي ظلّ اتّفاقٍ سابقٍ للأحزاب أُلغيت محاكم الدرجة الأولى في القضاء العسكري بما فيها المحاكم العليا، وقُلِّلَ عددُ أعضاء المجلس الأعلى للقضاة

والمدّعين العامّين، وغُيِّرت قوانين انتخاب الأعضاء، وأخيرًا طُرِح من الدستور الحكم الّذي يترك الإجراءات الّتي يقوم بها رئيس الجمهورية بمفرده خارج رقابة القضاء.

عمليات إصلاح القضاء في عهد حزب العدالة والتنمية:

لابدّ من القول إنّ هناك مشكلات بنيويّة في القضاء في غاية الأهميّة تنتظر الحلّ، رغم الإنجازات الّتي أُحرِزت ضدّ الوصاية القضائية، وإنّه يجب قطع طريق طويلٍ جدًّا من أجلّ حلّ مستديمٍ لها، وقد حقّقت حكومات حزب العدالة والتنمية العديد من الإصلاحات الرئيسة في الحقلين القضائي والقانوني، ولا تزال تواصل تحقيقها أيضًا، إذ تسلّم حزب العدالة والتنمية بوصوله إلى السلطة في شهر تشرين الثاني سنة ٢٠٠٢- عمليةَ التكيف مع الاتحاد الأوربي، ودفعها إلى مراحل متقدمة. ومع قوانين التكيف وحُزَمِ القوانين القضائية جرت عشرات الترتيبات القانونية في مجالات القضاء والقانون وحقوق الإنسان، وقُطِعت خطواتٌ مهمّة جدًّا، من إلغاء محاكم أمن الدولة، ورفع عقوبة الإعدام- إلى تأسيس أكاديميّة العدل التركيّة، ومن التدابير الّتي تنهي التعذيب برمّته إلى إصلاح قانون العقوبات.

وتشكّلت إستراتيجيّة لإصلاح القضاء، وأُعلن للرأي العام عن خطط ممتدّة لخمس سنوات بهدف تنفيذَ الأعمال الّتي أُجرِيت في حقل القضاء في عهد الحكم الثاني للحزب ضمن إطار خطّة واستراتيجيّة محددة، وحُدِّد عدد كبير من الأهداف، وأُجرِيت مئات الترتيبات القانونيّة تحت عناوين:

تعزيز استقلال القضاء وحياديّته من خلال إستراتيجيّة[٣٢] إصلاح القضاء الممتدّة لخمس سنوات، والتي تمّت المصادقة عليها لأوّل مرّة سنة ٢٠٠٩، ورُفعت إنتاجيته وفاعليته، وطُوِّرت الفاعلية المسلكيّة لأعضاء القضاء ونظام الإدارة في المنظّمة القضائية، وزيدت الثقة في القضاء، وسُهِّل الوصول إليه، وضوعفت طرق التدابير الوقائية للخلافات والطرق البديلة لفضّ الخلافات، وحُسِّن نظام تنفيذ العقوبات.

ولكن لم يكن من الممكن الحصول على نتيجةٍ في المستوى المطلوب من هذه الأعمال الّتي أُجرِيت في هذه المرحلة بسبب تلاعب تنظيم غولن الإرهابي بالقضاء والصراعات الّتي نُفِّذت بعده ضدّ الوصاية. وأعلن[٣٣] في أثرها في ٢٠١٥ عن الخطّة الاستراتيجيّة الّتي تمتدّ لخمس سنواتٍ ثانيةٍ لعامَي ٢٠١٥ و٢٠١٩، ونصّت هذه الخطّة على إجراء ترتيباتٍ قانونيةٍ لتحقيق أهدافٍ مماثلة، بيد أنّه لم يُتمكّن من إحراز تقدّمٍ فيها؛ بسبب الانتخاباتِ المتعاقبة الّتي جرت في هذه المرحلة، والعملية الّتي شهدتها محاولة ١٥ تمّوز الانقلابية وبعدها.

وفي عهد حزب العدالة والتنميّة انتُهي من الأعمال القانونيّة الأساسية المعمول عليها إلى جانب إصلاح القضاء منذ عشرات السنوات من دون أن تُتوَّج بالنتائج بأيّ شكلٍ من

---

(٣٢) «خطة وزارة العدل الإستراتيجية (٢٠١٠-٢٠١٤)»، وزارة العدل، ٢٠٠٩.

(٣٣) «إستراتيجية إصلاح القضاء»، وزارة العدل، ٢٠١٥.

الأشكال، حيث أُعِدّت نسخ حديثة عن القوانين الأساسية المؤلّفة من مئات المواد، ووُضِعت حيّز التنفيذ، ومن أمثلتها: قوانينُ العقوبات الّتي تعود في إعدادها ووضعها الأوّل حيّز التنفيذ إلى السنوات الأولى من الجمهورية، واشتدت الحاجة إلى إصلاحها في نهاية هذه الفترة- والقانونُ التجاريّ التركيّ، وقانونُ الديون، وقانونُ الإجراءات المدنيّة، وقانونُ الإفلاس التنفيذي.

والإصلاح المهمّ الآخر هو مباشرة محاكم الاستئناف) محاكم العدل المحليّة ومحاكم الإدارة المحليّة(في عملها في تاريخ ٢٠ تمّوز ٢٠١٦ في أعقاب محاولة ١٥ تمّوز الانقلابيّة مباشرةً، وقد بدأت الأعمال المتعلّقة بتأسيس محاكم الاستئناف موضوع الجدل طيلة خمسين سنة تقريبًا في تاريخ القضاء التركي منذ زمن طويلٍ، وأُجرِيت ترتيباتها القانونيّة، لكن هذه المحاكم لم تدخل حيّز التفعيل بأيّ شكلٍ من الأشكال. وعقب التحضيرات المطوّلة بدأت محاكم الاستئناف بموجب القرار المُتّخَذ سابقًا تتلقّى الطلبات المقدّمة في تاريخ ٢٠ تمّوز ٢٠١٦ رغم المحاولة الانقلابيّة.

وانتقل نظام القضاء التركي من الهيكلية ثنائية الدرجة المتمثّلة بمحاكم الدرجة الأولى ومحكمة التمييز إلى الهيكلية ثلاثية الدرجة المتمثّلة بمحاكم الدرجة الأولى ومحاكم الاستئناف ومحاكم التمييز، وبهذا الشكل تمّ استهداف تفعيل المحاكمات من جهةٍ، والتزامها بالقانون من جهةٍ ثانية.

الخاتمة:

قُطعت خطواتٌ مهمّة في موضوع استقلال القضاء وحياديته وفعاليته وإنتاجيته طوال حكم حزب العدالة والتنمية الّذي دام خمس عشرة سنة، وأُجرِيت خلالها تعديلاتٌ في الدستور، وتمّت الموافقة على حُزَمِ الأحكام وقوانين التكيّف مع الاتّحاد الأوروبي، وأعدّت إستراتيجيّاتٌ لإصلاح القضاء، وأُدخلت الإصلاحات الّتي تنتظر طيلة عشرات السنين حيّز التنفيذ. ولكن لم يكن بالإمكان وضع هذه الإصلاحات كافّة الّتي أجريت حيّز التطبيق بشكلٍ كاملٍ؛ بسبب مفهوم الوصاية الّذي يستخدم القضاء أداةً لها. وجرت مكافحة نظام الوصاية البيروقراطي فترةً طويلةً، ولكن ظهرت وصايةٌ جديدةٌ بدأت تتحكّم بالقضاء في العهود الّتي غلب الظنّ فيها أنّه خُفِّض تأثيرها بعد ٢٠٠٧، بل تجاوزها تمامًا مع التعديلات الدستورية ٢٠١٠، وبعد ذلك بدأ الكيان المسمّى بتنظيم غولن الإرهابي/ كيان الدولة الموازي يتحكّم بالقضاء بكلّ عناصره بصورةٍ أكثر خفاءً وخطورةً، وجعل منه أداةً لمآربه التنظيميّة الخاصّة. وتمّ كسر وصاية تنظيم غولن الإرهابي على القضاء سنة ٢٠١٤، ولم تحصل النتيجة المطلوبة من جميع الإصلاحات المتحقّقة الّتي خُطّط لها طيلة هذه المرحلة وإن كانت قد أُنهِيت كليًّا بُعيد ١٥ تمّوز ٢٠١٦. وإنّ ردّة الفعل الّتي أبداها القضاء على محاولة ١٥ تمّوز الانقلابية بشكلٍ مختلفٍ عن الانقلابات والمذكّرات السابقة، والمكافحة الفاعلة والمؤثّرة الّتي نفّذها ضدّ تنظيم غولن الإرهابي- تزيدان الآمال المنعقدة على القضاء. وإنّ أعضاء القضاء يؤدّون واجباتهم بجهودٍ جبّارة،

وإن كان القضاء قد أُثخِن بالجراح في هذه العملية. كما أنّ مطالب الإصلاح الّتي تُنفَّذ في حكومات حزب العدالة والتنميّة ستتيح إنشاء نظام قضائي أكثر فاعليةً وإنتاجيّة رغم المراحل الحرجة.

السيرة الذاتية للكتّاب

السير الذاتية للكتاب

- **برهان الدين ضوران**

رئيس مركز سيتا للدراسات السياسية والاقتصادية والاجتماعية، وعضو هيئة التدريس في جامعة ابن خلدون، وهو مؤلف ومحرر لعدة كتب حول تاريخ تركيا والسياسة الخارجية التركية وحاضرفي أقسام العلاقات الدولية في عدة جامعات مثل جامعة إسطنبول شهير وجامعة أنقرة للعلوم الاجتماعية وقد حصل على شهادة الدكتوراة من جامعة بلكنت.

- **ماهر أونال**

المتحدث الرسمي بإسم حزب العدالة والتنمية الحاكم، يحمل درجة الدكتوراة في علم الاجتماع من جامعة مرمرة، نائب في البرلمان عن مدينة كهرمان مرعش ويعد من الذين يشرفون على استراتيجية عمل حزب العدالة والتنمية في العمليات الانتخابية منذ عام ٢٠٠٤ وحتى الآن.

- **بولنت توران**

نائب عن حزب العدالة والتنمية عن مدينة جناقكلة كما عمل رئيسا للكتلة البرلمانية لحزب العدالة والتنمية يحمل درجة الماجستير في الاقتصاد والعلاقات الصناعية، عمل عضوا في عدة لجان برلمانية مثل لجنة العدالة ولجنة حقوق الإنسان، له العديد من الكتابات بالإضافة إلى كتاب «استراحة» الذي يوثق جزء من الرحلات والجولات التي قام بها.

- **ياسين أقطاي**

نائب في البرلمان عن مدينة سيعرت ونائب رئيس حزب العدالة والتنمية في شئون حقوق الإنسان كما يعمل كناطق باسم الحزب، عمل كبرفسور في جامعة يلدرم بيازيد، كاتب لعمود صحفي في صحيفة يني شفق وله العديد من المقالات والأبحاث باللغات التركية والإنجليزية.

- **علي أصلان**

باحث في مركز ستا، حصل على درجة الدكتوراة من الولايات المتحدة في عام ٢٠١٢ في تخصص العلاقات الدولية، يعمل محاضرا في قسم العلوم السياسية والعلاقات الدولية في جامعة ابن خلدون، وله العديد من الأبحاث والمقالات في مجالات السياسة الخارجية والسياسة الدولية.

- **يوسف أوزكير**

اكاديمي حاصل على درجة الدكتوراة من جامعة مرمرة يعمل محاضرا في جامعة ميدبول إسطنبول في قسم الصحافة والإعلام، كما يعمل رئيسا للتحرير لمجلة كريتر الشهرية الصادرة عن مركز سيتا للدراسات،صدر له كتاب تنظيم غولن: الانقلاب والإعلام وله العديد من المقالات والدراسات.

- **رمضان أكّير**

أنهى درجة الدكتوراة من جامعة سكاريا عام ٢٠١٦، كتب في عدة صحف تركية مثل يني شفق وستار وراديكال، صدر عنه كتاب «المحافظية في تركيا» وكتاب تنظيم غولن والانقلاب من ديسمبر ٢٠١٣ حتى يوليو ٢٠١٦.

- **محي الدين أتامان**

رئيس تحرير مجلة İnsight Turkey، يحمل درجة الدكتوراة في العلاقات الدولية عمل في جامعة عزت بايصال منذ عام ٢٠٠١ وحتى ٢٠١٤ في قسم العلاقات الدولية وعضو الهيئة التدريسية في جامعة يلدرم بيازيد منذ عام ٢٠١٤ وإلى الآن، عمل في الفترة ٢٠١٢-٢٠١٤ منسقا عاما لمؤسسة أواك وهي المجلس التنسيقي بين الجامعات التركية، وله العديد من الكتب والأبحاث في قضايا السياسة الخارجية والشرق الأوسط والشأن الخليجي.

- **سعيد الحاج**

كاتب سياسي في الشأن التركي خاصة، وفي القضية الفلسطينية وقضايا المنطقة عموماً، كتب مئات المقالات الدورية، حاصل على بكالوريوس الطب من جامعة هاجتبة في أنقرة – تركيا عام ٢٠٠٢، قدم العديد من الندوات والمحاضرات في الشأن التركي صدر عنه كتاب "العلاقات التركية – العربية: الآفاق والصعوبات». له عدة دراسات وأبحاث في الشأن التركي.

- **بلال باغيش**

أكاديمي يحمل درجة الدكتوراة في الاقتصاد تخرج من جامعة كاليفورنيا وله عدة كتب وأبحاث ويعمل محاضرا في جامعة صبانجي وجامعة كاليفورنيا وبالإضافة لخبرته الأكاديمية يوجد لديه خبرة عملية من خلال عمله في عدة بنوك مثل بنك زراعات وأك بنك والخطوط الجوية التركية، يعمل محاضرا في جامعة بينغول/ كلية العلوم الاقتصادية والإدارية.

- **كرم ألقين**

أكاديمي يحمل درجة الدكتوراة من جامعة اسطنبول في مجال الاقتصاد، عمل محاضرا في جامعة إسطنبول التجارية في الفترة بين ٢٠٠١-٢٠١٣ كما عمل في إدارة تلفزيون بلومبرغ في الفترة بين ٢٠١٠-٢٠١٣ ومنذ مارس ٢٠١٥ يعمل محاضرا في جامعة ميدبول.

- **جيم دوران أوزون**

حاصل على درجة الدكتوراة في الحقوق من جامعة أنقرة، عمل كباحث زائر لمدة عام في جامعة نورث كارولينا، عضو هيئة التدريس في جامعة تشانكايا، ومدير قسم الحقوق في مركز سيتا وله العديد من الدراسات والأبحاث في المجال الحقوقي.

- **رمضان يلدرم**

أستاذ كلية الإلهيات بجامعة إسطنبول، ورئيس تحرير مجلة رؤية تركية وهي مجلةٌ فصليَّةٌ مُحَكَّمَةٌ تصدر عن مركز الدراسات السياسية والاقتصادية والاجتماعية (ATES)، وهي الوحيدة الأولى التي تصدر باللغة العربية في تركية. له عدة كتبٍ منها؛ « نقاشات حول الخلافة»، و«الجدل والكلام عند المعتزلة»، ومتخصص في مواضيع العلاقة بين الدين والدولة ومدارس علم الكلام، وله عدة دراساتٍ وأبحاثٍ حول الحركات الدينية والإسلامية. يشارك بشكلٍ فاعلٍ في توثيق العلاقات الأكاديمية والبحثية التركية العربية من خلال المؤتمرات والفعاليات المشتركة المختلفة. حصل على شهادة الدكتوراة في كلية الإلهيات من جامعة أنقرة.